ÉTUDIANTS ET CAMPUS DU NIGERIA

Couverture : *Matriculation ceremony* (Pius Adesanmi).

ISBN : 2-86537-759-8

Yann Lebeau

Étudiants et campus du Nigeria

Recomposition du champ universitaire et sociabilités étudiantes

Préface de Jean Copans

Éditions KARTHALA
22-24, boulevard Arago
75013 Paris

Cet ouvrage est publié avec le concours du Centre d'études d'Afrique noire de Bordeaux.

Faute de reconquérir son autonomie, l'université continuera à être soumise aux lubies et aux caprices de politiciens et de militaires, qui, soucieux de protéger leurs propres institutions, s'emploient à affaiblir une communauté qu'ils perçoivent souvent comme une source de contestation de leurs excès. L'université doit cesser d'exister par décrets et d'être suspendue aux aumônes de *First Ladies* dispendieuses, en échange des courbettes des vice-chanceliers et de la remise de doctorats *honoris causa* flatteurs.

Wole Soyinka[1]

1. « Democracy and the university idea : the student factor », discours du Professeur Wole Soyinka (Obafemi Awolowo Memorial Lecture), *The Guardian*, 27 mai 1994.

Préface

« Home sweet home » ou l'identité faussement paradoxale des étudiants

L'une des figures classiques de la crise et de la martyrologie africaines est celle de la manifestation étudiante violente. Dès l'aube des indépendances et sous tous les régimes politiques l'intervention publique et politique des étudiants a symbolisé, de façon évidente, la revendication démocratique de justice sociale, scolaire ou culturelle, d'opposition à l'arbitraire et à la répression. Et pourtant cette image très Mai 68 est, comme beaucoup d'instantanés de la politique africaine, fondamentalement inadéquate. La première cause de cette erreur provient de l'incertitude sociologique qui entoure la notion même de mouvement étudiant souvent plus large puisque comprenant les lycéens, les élèves des écoles professionnelles... leurs petits frères, leurs cousins, les exclus du système scolaire et même les enfants des rues et les sans-emploi. La seconde cause, tout aussi grave, nous vient de la totale ignorance où nous sommes quant au statut des étudiants eux-mêmes dans leur activité et vie d'étudiant. Mais cette lacune ne concerne pas que l'Afrique noire, la sociologie de cette catégorie sociale étant des plus minces si l'on en croit les bibliographies de sociologie de l'éducation et du monde universitaire[1]*. Enfin comme pour toute question africaniste il est évident qu'il y a une variété de cas d'espèce, nationaux et régionaux, que l'étudiant africain est une illusion d'optique et que la définition d'une méthode de « construction de l'objet » reste primordiale. Bref tout est à faire ou presque et c'est ce qui rend l'exercice à la fois périlleux et passionnant.*

Yann Lebeau a réussi cette première d'autant que ses remarques et ses conclusions nous disent aussi quelque chose à propos de la situation française et occidentale en général. Et c'est bien le moindre des paradoxes que de découvrir ici, au Nigeria, pourtant si particulier dans le seul contexte africain, des leçons ordinaires sur la construction

1. Voir la thèse de Laurence Proteau, EHESS, 1996 et de façon plus générale M.-F. Lange et J.-Y. Martin (éditeurs scientifiques), « Les stratégies éducatives en Afrique », *Cahiers des sciences humaines*, vol. 31, mars 1995.

des identités étudiantes et sur l'apparente place seconde des fonctions de savoir et de formation au sein de ce processus. A ceux qui s'interrogent, avec nostalgie ou inquiétude, sur le devenir et le profil des études supérieures, voici un commentaire incontournable, une conclusion irrécusable : la défense du statut étudiant n'a peut-être rien à voir avec les études ! Voici donc une étude de sociologie et d'ethnologie qui rappelle les évidences du fait social, de son autonomie, de sa dynamique et de sa nécessaire indépendance à l'égard des idéologies et des préférences personnelles de l'observateur.

La qualité première de ce travail est de rappeler l'historicité active des sociétés africaines. Un demi-siècle déjà nous sépare de la création des plus anciennes universités (Ibadan voit le jour en 1948) et ce demi-siècle est déjà une longue durée pour l'historiographie de l'Afrique contemporaine. Le modèle néo- ou post-colonial a vécu et pourtant il reste encore largement abstrait car son histoire est approximative et sa sociologie inexistante. Si à ses débuts l'université d'Ibadan peut symboliser une occidentalisation parfaite c'est par voie de mimétisme et par équivalence nationale et nationaliste. L'évolution complexe de la Fédération, la multiplication des campus et la diversité de leurs contextes vont exprimer à la fois une indigénisation progressive du modèle et une régionalisation qui remettent en question un processus uniforme de formation des élites. Ou plutôt ces élites apparaissent comme diversifiées d'emblée et fort hétérogènes sur le plan interne. La description anthropologique de Yann Lebeau ne laisse aucun doute sur les ratés *de la mobilité universitaire et sociale, mais cette mise à distance révèle brutalement ce que masquait la centralité du modèle d'abord solitaire (mais surtout colonial) d'Ibadan puis pluriel avec les quatre universités de l'Indépendance jusqu'aux trente trois d'aujourd'hui. Cette multiplication est à la fois réponse aux crises (guerre civile, coups d'état, crise du pétrole, du Plan d'ajustement structurel, etc) et aux demandes sociales et politiques (accroissement démographique, création de nouvelles régions, retombées inégales du développement, besoins locaux). L'espace nigérian est suffisamment vaste pour qu'un grand nombre des questions sociales et institutionnelles repérées à travers les différents pays de l'Afrique de l'Ouest sinon de l'Afrique tout entière soit posé au sein d'un cadre national c'est-à-dire comparatif de fait.*

L'université a représenté pendant longtemps un double processus : celui d'un aboutissement de la formation aux grandes valeurs de la conservation et de la transmission du patrimoine culturel et scientifique mondial ***y compris africain*** *et celui de la certification de groupes partiellement ou provisoirement* présélectionnés *pour assurer les fonctions d'administration de la société et de domination politique de l'Etat-Nation. Certes le maintien du recours à la formation métropolitaine puis américaine ou même européenne confirme la dualité du processus et, d'une certaine façon, sa disjonction principielle. Le* *partage des privilèges a des limites ; en fait la modernisation des petites-bourgeoisies et élites régionales auto-proclamées, ou même infra-régionales et tout à fait locales, semble suffisante pour assurer une demande universitaire. Mais ce faisant le contenu du modèle change ou du moins les formes typiquement* british *du campus résidentiel perdent leur fonction discriminante. Le double exotisme (pour un lecteur français s'entend) et du Nigeria et du modèle traditionnel britannique cède la place à des préoccupations plus terre-à-terre de débrouillardise, de statut social au sein d'une communauté, de réévaluation de l'usage du diplôme sur un marché du travail éclaté et in-défini. L'université socialise aujourd'hui au sens commun d'un élitisme à la fois bon marché et de proximité. La* **dé-nationalisation** *de l'université (même si Ibadan garde ses* fans) *confirme à sa façon la dénationalisation de tous les espaces publics et politiques mais impose du coup une concurrence régionale tout à fait particulière. L'université socialise aussi à la crise avec l'amenuisement des ressources spécifiques que son accès permettait de contrôler et l'apprentissage obligé d'une culture de survie. La culture universitaire apparaît enfin pour ce qu'elle est : une expérimentation des nouvelles valeurs sociales de l'incertitude et de l'aléatoire, de l'individualisation des risques et d'une compétition sociale restreinte. La modération des ambitions est inéluctable dans la mesure où la reproduction sociale se vit directement comme le seul projet tangible de la vie universitaire. L'acquisition de connaissances et de savoir-faire ne sont pas (ou plus ?) les moyens de l'ascension sociale ou politique, les garants d'un revenu et de ressources satisfaisantes. Cette lecture actuelle permet de faire un retour en arrière et de s'interroger sur la nature pratique réelle qu'ont pu manifester les universités africaines il y a 25 ou 30 ans. L'adéquation entre la forme et la fonction, c'est-à-dire la formation d'élites modernes et éclairées du sens public et du savoir à l'occidental, devait trouver une triple confirmation : celle de la théorie sociologique, qu'elle fut d'inspiration conservatrice, libérale ou révolutionnaire, celle de la culture politique occidentalocentrée comme seule perspective signifiante et enfin celle des catégories sociales grâce à la congruence postulée entre diplômés du supérieur et personnel de l'appareil d'État. Il a fallu que l'évolution historique mette en cause empiriquement et idéologiquement cette homologie pour qu'une analyse* critique *s'impose plus naturellement*[2]. *Mais cette constatation ne minore nullement les efforts de Y. Lebeau, bien au contraire. Depuis près de dix ans le paradigme de la crise est périodiquement invoqué pour dénaturer les évidences de la sociologie et de l'anthropologie. Sous prétexte de remettre à jour des descriptions et des constatations*

2. Voir les travaux de Boubacar Niane sur les fonctionnaires et sur les élites et notamment « Des énarques aux managers. Note sur les mécanismes de promotion au Sénégal », *Actes de la Recherche en sciences sociales*, 86/87, mars 1991, pp. 44-57.

obsolètes on fait l'impasse sur les erreurs analytiques d'hier, sur les lieux communs eurocentrés et on découvre des évidences camouflées par un quart de siècle de théories de la modernisation ! Le milieu universitaire et étudiant sont une des plus belles victimes de ce syndrome de la modernité dans la mesure où l'apparente existence d'une intellectualité politique induirait sociologiquement le groupe qui en est le porteur.

En effet la plupart des réflexions et des études sur les étudiants se contentent d'appréhender ces derniers comme acteurs conscients du mouvement social. Ce sont les déclarations, proclamations, brochures et tracts d'une part, le déroulement des événements exceptionnels des conflits, des manifestations, des négociations et des répressions de l'autre, qui définissent l'être étudiant africain. Cette sociologie politique (et politisée) se prolonge souvent en une macrosociologie historique des intellectuels et de l'intelligentsia. Une telle conception du monde vise à remettre en cause l'ordre capitaliste et impérialiste établi, à interpeller l'État africain qui n'assume pas la plénitude de ses fonctions modernisatrices et qui corrompt passivement ou activement les dits intellectuels. Le classement des étudiants dans cette même catégorie généralise la minuscule expérience néocoloniale de cooptation des élites où le destin estudiantin s'identifiait à celui de la construction administrative (y compris universitaire) de l'État. La fameuse crise des débouchés, de la reproduction élargie puis restreinte des appareils d'État (PAS oblige) sont également une normalisation sociologique de l'être étudiant dont l'avenir devient anonyme : la formation se révèle finalement à terme une qualification très ordinaire de la force (pas forcément intellectuelle) de travail. Bref en déconnectant le devenir étudiant du développement et de la maturation étatique le chercheur en sciences sociales s'oblige à en établir la carte d'identité, à vérifier empiriquement si les étudiants possèdent bien une identité en-soi et si leur pour-soi relève de catégories sociales respectables non-étatiques *(ce qui ne veut pas dire non-politiques)*[3]. *Pour ce faire il fallait saisir les étudiants là où ils vivent, là où ils passent l'essentiel de leur temps, là où se concrétisent leurs efforts et leurs imaginations. Que ce terrain ne soit pas celui de la salle de classe, que les relations intra-étudiantes prennent la pas sur les relations intra-universitaires ou tout bonnement pédagogiques ne surprendra nullement l'habitué du monde universitaire ordinaire d'aujourd'hui. Le développement de l'université de masse n'est pas qu'un phénomène africain comme nous le savons bien en France depuis dix ans.*

Pourtant Y. Lebeau nous prévient que la population étudiante est véritablement marginale, démographiquement et socialement parlant,

3. Dans *La longue marche de la modernité africaine,* Karthala,1990. J'ai développé la notion de « société d'État » (notamment pages 207-211) pour expliquer cette propension naturelle de l'État africain à prendre racine partout et inversement pour les groupes sociaux à s'articuler entre eux par le biais de ce même État.

au sein de la société nigeriane. Les leçons se situent donc ailleurs. Il y a tout d'abord le modèle du campus résidentiel qui structure, même par défaut là où il n'a jamais existé, les formes et les raisons d'être des sociabilités étudiantes. Le problème central est celui de « la désinstitutionnalisation de la cohésion sociale » (p. 100), c'est-à-dire de la prise en charge par les acteurs eux-mêmes des fonctions d'assistance et de contrôle social local et de groupe. Le montage identitaire a certes besoin de se ressourcer à l'extérieur : familles, églises, appartenances culturelles, ethniques sont mises à contribution. La construction des genres et des relations de genre y trouve des espaces pour se conforter : la vie étudiante est fondamentalement campusienne *mais elle apparaît aussi comme l'occasion de transformer* le temps mort *entre les cours et les obligations studieuses en un temps bien vivant qui finalement prend le dessus et s'assigne des finalités premières productrices de sens. Les études ne sont pas un simple prétexte car la vie de l'étudiant n'est pas si facile et l'avenir n'a plus ce caractère prédéfini qu'il connaissait il y a encore quinze ou vingt ans. Mais cette volonté tenace, à la fois collective et individuelle, consciente et inconsciente, révèle une réelle imagination sociologique pratique. Malgré tous les abus commis en son nom, l'anthropologue peut s'interroger ici légitimement sur la pertinence de la notion de culture. Cette culture a le profil bas, elle est une culture de la pauvreté étudiante ; elle n'est ni celle de l'institution ni celle des groupes sociaux d'origine et encore moins celle des filières pédagogiques. Mais elle a ses codes et ses logiques, ses dynamiques et ses légitimations ; elle donne sens, elle maintient une cohésion relative entre les générations, elle occupe le temps qui passe et permet très certainement de conserver une valeur positive à un enseignement aux performances très limitées ou qui apparaissent comme telles aux usagers. D'ailleurs Y. Lebeau ne nous laisse-t-il pas entendre que les choses ne sont pas si différentes pour les personnels enseignant et administratif ? Ce qui frappe donc c'est l'espèce d'image de désintellectualisation que semble véhiculer la vie du campus. Et pourtant les étudiants vont en cours et profitent de leur séjour sur le campus.*

Le problème, si problème il y a, provient du décalage entre nos lectures sur les universités et les intellectuels, de l'image de l'étudiant manifestant (qui existe bien pour Lebeau puisqu'il a dû s'accommoder de la fermeture des campus et des crises politiques nationales concomitantes) et cette réalité à la fois prosaïque et colorée de la vie quotidienne que certains qualifieraient d'africaine si elle n'avait pas pris naissance formellement aux bords de la Cam et de la Tamise il y a plusieurs siècles. Cette dichotomie, car c'en est une malgré tout, provient du point de vue adopté et de la démarche (**des démarches**) *suivie.*

Comme un nombre grandissant de chercheurs en sciences sociales, l'auteur de cet ouvrage s'accommode d'un double point de vue, en quelque sorte d'une double construction de l'objet. Pour une raison fort évidente : il est impossible de dissocier le campus universitaire et ses univers spécifiques de ce qui fait l'histoire politique, sociale, éducationnelle du Nigeria. La diversité régionale donc historique des campus impose le comparatisme mais le campus n'est plus tout à fait une institution puisqu'il n'est pas général, qu'il est en perte de vitesse dans ses lieux de naissance et que c'est lui qui construit le statut étudiant et non l'inverse. Bref les communautés étudiantes sont comme un compromis entre des contraintes externes et internes des plus contradictoires : le maintien de l'institution universitaire comme preuve de modernité mais l'abandon de fait des institutions nationales publiques comme lieux de fabrication et de reproduction des élites ; le poids des demandes sociales et familiales mais l'apparition d'une contrainte interne forte : celle de la survie et de l'accommodement collectif et culturel.

Le campus n'est pas un objet micro-sociologique : il doit être construit de l'intérieur par observation participante puisque sa définition formelle ne dit absolument rien sur son mode de fonctionnement concret. Mais on sent bien à la lecture que le marquage de l'espace est des plus subtils et des plus précis. Ce repérage des communautés d'intérêts plus restreintes et mieux adaptées à leur environnement économique actuel (p. 149) est décisif et premier. Mais comme l'écrit toujours Y. Lebeau, il existe des campus (par exemple à Zaria) où se reproduisent les hiérarchies sociales en vigueur « off campus » (page 149). Le chercheur aujourd'hui se doit de construire une méthode à géométrie variable pour contrôler **de lui-même** *les données du local, du global et de leur articulation. De plus en plus, que ce soit sur les terrains* exotiques *ou du Nord, sociologues et ethnologues pratiquent une combinaison raisonnée (mais encore très bricolée) des théories et des méthodes des deux disciplines. Cette combinaison n'est pas donnée par avance. J'ai essayé de montrer que dès les premiers travaux de G. Balandier (et des réflexions de M. Leiris et R. Bastide) certains chercheurs français avaient articulé la sociologie (globale) de la modernité et l'ethnologie — ou l'anthropologie — (locale) de la société ou de la culture*[4]. *Il semblait toutefois que la révolution théorique qui présidait à cette contextualisation globale, en l'occurrence coloniale, des descriptions et des explications ethnologiques, n'avait pas eu d'impact direct dans la mesure où il fallait révolutionner aussi les concepts de l'ethnologie. La tentative structuraliste fit l'impasse sur le global et le marxisme, par aveuglement théoriciste, fit l'impasse sur la reconsidération empirique des matériaux de terrain. Quant aux post-modernes et aux mondialistes, leurs solutions aux articulations*

4. Voir J. Copans, « La communauté des ethnologues: le cas des africanistes français et de leurs *objets* face à la décolonisation », in *Identité-Communauté, Les Cahiers du CEFRESS* (sous la direction de N. Marouf), L'Harmattan, 1995, pp. 99-126.

réciproques du local et du global restent plus rhétoriques que pratiques et produisent cette fameuse (fumeuse ?) nuit où toutes les déterminations sont grises. C'est par exemple le cas des sociologues de l'entreprise qui s'efforcent d'acclimater l'anthropologie de la culture à leur démarche mais leurs emprunts restent illusoires[5].

***Étudiants et campus du Nigeria** ne proposent aucune révolution méthodologique ou théorique mais dix ans de fréquentation de cette réalité ont permis à Yann Lebeau de reprendre à plusieurs reprises le fil qui mène du général au particulier **et retour**. Entre les aléas du terrain (la fermeture momentanée des Universités et surtout des moyens insuffisants pour un séjour de longue haleine), les logiques provisoirement incontournables d'une thèse en sociologie, l'absence totale de modèle analytique disponible et la marginalisation progressive des recherches sur les autres sociétés que la nôtre, les obstacles pouvaient s'accumuler de façon formidable. C'est le contraire qui s'est produit par une espèce de fuite en avant qui a littéralement obligé le chercheur à construire un objet non seulement inédit mais peut-être imprévu. J'aurais tendance à penser qu'un épisode du curriculum vitae de l'auteur a permis de sédimenter et de légitimer cette réflexion à savoir celui de ses mois d'ATER*[6]*, véritable expérience grandeur **nature** de comparatisme imposé. A l'évidence il faut s'attaquer à des* grands et beaux sujets *qui par une ironie de l'histoire scientifique ne relèvent pas encore d'un paradigme établi. La préconstruction de l'objet ne s'étant pas encore imposée au point de fonder une tradition la liberté d'innover comme de se tromper est totale. La conclusion n'affiche pas de choix disciplinaire et je ne me permettrai pas d'en faire un à la place de Yann Lebeau. J'ai bien entendu une préférence pour l'anthropologie sociale mais les dérives ou les bâtardises dont celle-ci est l'objet, en France notamment, sont certes peu convaincantes. Toutefois que dire de la sociologie de plus en plus explicitement, mais sous une apparence d'engagement social, aux ordres d'un consensus et assistancialisme mou, d'un État libéral en déroute ? Il ne peut exister de juste milieu entre la sociologie et l'ethnologie telles qu'on les définit et qu'on les pratique majoritairement en France aujourd'hui. Mais il existe des greffes ou des croisements féconds surtout lorsqu'ils sont capables, d'un même mouvement, de nous apprendre quelque chose sur autrui et de nous faire réfléchir sur nous-mêmes.*

Et pourtant il faut se poser la question politique de base : quel est l'avenir des étudiants en Afrique noire, l'avenir de leurs universités et en fin de compte l'avenir de leurs enseignants, trop facilement promus au statut d'intellectuels, mais n'en est-il parfois pas de même pour les

5. Voir J. Copans, « Sociologie/Anthropologie du travail, de l'organisation, de l'entreprise ? », *Journal des Anthropologues*, 66-67, 1996, pp. 29-39.
6. Attaché temporaire d'enseignement et de recherche. Poste contractuel provisoire dans l'université française offert en théorie aux doctorants en train de terminer leur thèse et qui correspond à un horaire d'enseignement complet.

étudiants ? Car comme nous l'avons déjà fait remarquer la sociologie de ce domaine fonctionne plus à l'extraordinaire qu'à l'ordinaire. Toutefois le plus grave n'est pas cette erreur d'orientation en soi, ce sont les illusions politiques que cette dernière suscite. En 1985, Achille Mbembe dans son ouvrage novateur, **Les jeunes et l'ordre politique en Afrique noire**[7]*, n'hésitait pas à affirmer : « Le désapprentissage de la vie, qui s'effectue par le biais des institutions universitaires africaines, place les étudiants dans des situations telles qu'il leur devient difficile de créer leurs propres moyens de subsistance et d'assurer leur existence en dehors de tout paternalisme » (page 65). En fait le paternalisme se lit dans tous ces travaux qui projettent le destin de l'intellectuel critique comme le seul capable d'expliquer le statut et le devenir étudiant. Cet ethnocentrisme n'est pourtant pas que francophone bien que ce point de vue reflète, à notre avis, le mirage sartrien des années 1960-1970. On ne sera donc pas surpris de lire par exemple un texte sur les étudiants nigérians face au Plan d'ajustement structurel, pourtant rédigé à la même époque que l'ouvrage de Yann Lebeau, qui se concentre sur les mouvements étudiants et élude complètement les problèmes de coût de la vie, de débouchés professionnels et de vie sur les campus*[8].

Il est certain toutefois que la réflexion sur les universitaires et les intellectuels est bien plus avancée comme en témoignent depuis une demi-douzaine d'années les analyses sociologiques et politologiques, les critiques politiques et les auto-critiques personnelles[9]*. Ces travaux, sur le Sénégal notamment, permettent d'examiner cette dés-étatisation ou dé-nationalisation des intellectuels et des universitaires et même des étudiants*[10]*. Dans l'ouvrage sur la* **Liberté académique en Afrique**[11] *pas un seul texte ne porte, ne serait-ce que partiellement, sur les tâches pratiques des enseignants-chercheurs face à leurs étudiants et à leurs familles. L'apprentissage de cette liberté académique reste un mystère et sa nécessité une illusion surtout si l'on tient compte des conditions de vie, par conséquent d'études, et des perspectives professionnelles de la communauté étudiante comme nous les rapporte Yann Lebeau. Ces*

---

7. L'Harmattan,1985.
8. Lire Isaac Olawale Albert, « University students in the politics of structural adjustment in Nigeria », in T. Mkandawire and A. Olukoshi (ed), *Between Liberalisation and Oppression - The politics of structural adjustment in Africa,* CODESRIA Book series, 1995, pp. 374-392.
9. Voir le numero 51 (octobre 1993) de la revue *Politique Africaine* pour un bon exemple de ces réflexions.
10. Voir les articles de A. Diaw (« La démocratie des lettrés ») et de Momar Coumba Diop (« Le syndicalisme étudiant : pluralisme et revendications ») in M.C. Diop (sous la direction de), *Sénégal, trajectoires d'un État*, Livres du CODESRIA, 1992.
11. Sous la direction de Mamadou Diouf et Mahmoud Mamdani, CODESRIA, 1994. Il s'agit de communications présentées à un colloque tenu à Kampala en novembre 1990.

textes datent de 1990 mais que dire du contenu du Programme de recherche du CODESRIA 1997-2001[12] *qui ne prévoit aucun projet pour remédier au cours des années de formation des étudiants aux défauts si bien caractérisés de leurs enseignants actuels ? Bref l'habitus étudiant d'hier, et peut-être encore plus d'aujourd'hui, a quelque chose à voir avec la cooptation, le déclassement de l'universitaire. A refuser de voir où se construisent la légitimité et la prétention universaliste de l'intellectuel et comment elles se justifient aux yeux des étudiants, ce programme est incapable de tenir toutes ses promesses*[13].

La versatilité et le caractère temporaire de la condition étudiante sont bien connus. C'est pourquoi il est souvent difficile et dangereux de généraliser à partir d'un cas ou d'un moment donné. Il faut pratiquer sur ce point comme une anthropologie sociale ***immédiate,*** *qui témoigne de près de la* pensée *étudiante, dans ses contradictions et ses propositions. Il n'est peut-être pas étonnant après tout que l'inventeur de* l'histoire immédiate, *Benoît Verhaegen, soit également l'un des rares africanistes de renom à avoir écrit sur les universités et les étudiants africains et pas seulement d'un point de vue politique*[14] *! La recherche de Yann Lebeau n'a pas été conçue et poursuivie dans cette optique. Mais en attribuant le premier un* statut scientifique *à l'analyse d'une condition étudiante africaine précise, il fait d'une pierre deux coups puisque maintenant il est possible de comprendre les cheminements des cultures étudiantes et par conséquent les racines sociales et symboliques de leur politisation. De manière plus générale en banalisant en quelque sorte l'université cet ouvrage nous rend un service très précieux : celui de nous empêcher de tomber dans le culte du messianisme étudiant, mouvement social typiquement mené par procuration. Et surtout de jeter, comme on dit, la balle dans le camp des universitaires, en leur suggérant, au vu de leur place stratégique, d'enquêter eux-mêmes sur leur terrain quotidien et concret d'exercice professionnel. Après tout n'est-ce pas là où peut se mesurer la perspicacité politique supposée de l'intelligentsia universitaire ? Sur ce point les universitaires occidentaux sont aussi coupables que leurs collègues africains et pour une fois l'autocritique vaut pour tous.*

Jean Copans

---

12 Dakar,1996.

13. Ce programme est une espèce d'état des lieux pragmatique de la recherche puisqu'il est destiné à l'ensemble de la communauté des chercheurs africains en sciences sociales et aux bailleurs de fonds internationaux du Codesria. Ses larges perspectives et sa fonction de prospective lui donnent un statut praticulier et il n'est pas question de critiquer ponctuellement un oubli parmi d'autres. Voir mes remarques à paraître « Dr.Mandela, I presume », *Politique Africaine*, 1997. Je remercie Achille Mbembe, secrétaire exécutif du CODESRIA, de m'avoir communiqué ce document pour avis.

14. Lire J. Tshondo Omasombo (sous la direction de), *Le Zaire à l'épreuve de l'histoire immédiate, Hommage à Benoît Verhaegen,* Karthala,1993 et en particulier la bibliographie des travaux de ce dernier sur ce domaine (pp. 306-307).

Avant-propos

Amos vient d'avoir vingt-neuf ans. Elevé par un oncle dans un pays francophone voisin, il est rentré au Nigeria après ses études secondaires. Il a enseigné le français pendant trois ans dans une école de l'Oyo State, non loin d'Ibadan, avant que sa famille n'accepte de contribuer financièrement à son projet d'études supérieures. Amos est fier d'avoir « obtenu » l'université d'Ibadan, son choix n° 1 parce qu'elle est la plus prestigieuse et aussi parce qu'elle est la plus proche de chez lui.

Obare aussi a vécu en Afrique francophone, en Côte d'Ivoire, où tous les habitants de son « village » ont de la famille. A vingt-trois ans, il n'a encore jamais travaillé. Ses parents voulaient qu'il fasse des études longues, comme son frère qui travaille aujourd'hui à Port Harcourt pour une compagnie pétrolière française. Obare se plaint souvent : l'argent manque et il est presque impossible de trouver un emploi à temps partiel à Ibadan. Quand on en trouve un, « ça ne colle jamais avec l'emploi du temps, parce qu'avec les grèves et les fermetures répétées de l'université, on est toujours en train de rattraper des cours ». Et puis Obare est soucieux : les perspectives d'emploi au Nigeria avec une licence de français sont très limitées pour qui n'a pas envie d'enseigner dans le secondaire. Il envisage sans trop y croire de poursuivre un troisième cycle en Europe, mais il repousse sans cesse ce « voyage » à Lagos, où un conseiller de l'ambassade de France reçoit, parait-il, les étudiants pour leur expliquer les démarches à suivre.

Wumi, très brillante en langues au lycée, hésita une année avant de s'engager dans des études de français. Elle s'accommoda à l'université fédérale de Lagos, d'une double inscription en première année (français/anglais), durant laquelle elle résidait chez ses parents à Ikoyi, un quartier résidentiel de la ville. Wumi a obtenu sans problème une inscription « directe » en deuxième année à Ibadan grâce à son « A Level ». Elle n'a jamais vécu en pays francophone, et son attrait pour les langues étrangères lui vient, pense-t-elle, de ses séjours touristiques en Europe.

Amos, Obare et Wumi sont en dernière année de licence de français à l'université d'Ibadan. Tous trois sont également logés sur le campus, dans des chambres de cités universitaires qu'ils partagent avec au moins trois colocataires officiels. Amos et Obare sont dans la même chambre au troisième étage d'un bloc de Independence Hall, la plus peuplée des cités universitaires du campus. Wumi est logée à Queen Elizabeth Hall. Initialement l'administration l'avait affectée à Idia Hall, l'autre résidence exclusivement féminine de UI. Celle où les filles s'entassent à huit par chambre pour ne pas avoir à se loger en ville. Les installations sanitaires y datent d'une époque où le hall comptait quatre fois moins de résidentes. Celle où « entre qui veut » parce plus personne n'est là pour relever la palissade endommagée. Celle enfin, située à plus d'un quart d'heure de marche des facultés et de la porte principale du campus. Heureusement, Wumi a rencontré cette fille venue de l'Est, prête à échanger sa place pour quelques centaines de nairas. C'était il y a trois ans. Depuis, Wumi est toujours restée *queenite*, tout comme Amos et Obare sont *indites* depuis la première année. Une tradition de l'université veut que l'on appartienne à son hall pour toute la durée du cycle, même si la crise du logement sur le campus a obligé l'administration à instituer l'obligation d'une année « off campus » pour tout le monde.

Obare et Amos se connaissent depuis longtemps. Ils sont originaires de villages yoruba distants l'un de l'autre de moins d'un kilomètre, et leurs familles fréquentent la même église baptiste. Pas de problème de confiance entre eux, ils se prêtent tout : les livres, les ingrédients pour la cuisine, les vêtements et même de l'argent parfois.

Obare dispose d'une seule source de revenus qui vaille la peine d'être mentionnée : ses parents. La somme qu'ils lui octroient à l'occasion de son unique visite mensuelle au village lui permet de prendre un repas par jour « dehors », c'est-à-dire dans l'une des petites gargotes du campus, le Joy of the Lord, où il a l'habitude de retrouver ses « frères et sœurs » du *Baptist Fellowship* autour d'un plat de *gari* ou de *fufu*. Il peut également s'acheter de temps à autre un livre chez Odusote, la librairie la plus réputée de la ville, mieux approvisionnée en tous cas que celle du campus où ne restent que « de vieux manuels d'enseignement secondaire hors de prix ». Il lave lui-même son linge le samedi, mais le fait repasser par une commerçante du campus. Pour l'eau nécessaire à la toilette, Obare s'arrange en général avec les camarades de chambre, sauf en période d'examen ou d'exposé, où il n'hésite pas à envoyer quotidiennement jusqu'aux réservoirs installés dans la cour de la cité, un de ces gosses toujours aux aguets aux portes des halls.

Amos ne retrouve Obare au « Joy » que lorsqu'il est invité. Ses revenus ont considérablement baissé depuis que son jeune frère est entré au Collège d'Education d'Oyo. Ses sources financières sont aujourd'hui aussi diverses qu'irrégulières (un cousin de la ville dont il aide les enfants à faire leurs devoirs, un frère de passage à Ibadan qu'il héberge une nuit sur le campus...). Elles lui assurent un revenu moyen hebdomadaire inférieur de moitié à celui de Obare. Amos achète ses ingrédients au marché de Bodija pour cuisiner son *gari* sur le balcon de la chambre. Chaque samedi, il passe deux à trois heures au pied des réservoirs d'eau à laver son linge (quelques chemises et deux pantalons confectionnés par un couturier du quartier Agbowo, voisin du campus). A cela s'ajoute l'heure qu'il perd quotidiennement à faire la queue pour l'eau nécessaire à la cuisine et à la toilette. Il n'achète jamais de livre, ne fait jamais de photocopie, et passe des heures à recopier les pages de l'unique exemplaire disponible d'un manuel nécessaire à son explication de texte. Fort heureusement, les salles de cours des facultés ont de l'électricité toute la nuit, parce qu'à huit par chambre en comptant les squatters, l'atmosphère à Independence Hall n'est pas très studieuse.

Lorsque Wumi écrase son deuxième mégot de Rothmans, elle vient de consumer le prix d'un repas à la cafétéria centrale du campus. Rebutée par le marché et par la cuisine, Wumi déjeune et dîne quotidiennement dans un restaurant du Student Union Building « parce qu'on y sert de la cuisine continentale » (du poulet et des frites). L'argent « file si vite » qu'elle doit, pour se renflouer, se rendre presque toutes les semaines à Lagos où elle s'adresse alternativement à son père, à sa mère et à sa sœur déjà mariée. Elle profite en général de ces escapades pour laisser son linge sale à la maison, et pour retrouver ses amis. Ces allées et venues lui font certes perdre du temps, mais Wumi s'ennuie à Ibadan (où Amos « profite de la vie d'étudiant »), elle connaît peu de monde et ne reste que parce que « le niveau est plus élevé qu'à Unilag », et qu'il n'y a selon elle que ce moyen pour accéder à un institut privé de Lagos, de formation aux carrières internationales.

Trois visages de la licence de français de l'université d'Ibadan, trois stratégies de carrière et trois porte-monnaie… Obare et Amos quitteront le campus à la fin de cette année, en emportant leurs souvenirs communs, ceux de Independence d'où sont parties les deux dernières grandes révoltes étudiantes, où ils se sont liés d'amitié avec Sunday, Wahab et Tokumbo leurs compagnons de chambre. Independence Hall et sa glorieuse équipe de footballeurs, deux fois vainqueurs de la coupe inter-halls ces trois dernières années, écrasant en finale les frères ennemis d'Azikiwe Hall. Ils n'auront partagé avec Wumi que les cours du département, et quelques activités du Cercle de français. Une excursion à Kaduna avec visite de l'usine Peugeot, et ces soirées de clôture des « semaines françaises », notamment la dernière où Amos s'était illustré en remportant le prix du meilleur sketch : un dictionnaire bilingue offert par l'ambassade de France, qu'il avait réussi à revendre trois cents nairas à Wumi.

Obare, Wumi et Amos sont restés à ma disposition durant ces quelques mois, et nous scellons ce soir notre amitié par les traditionnelles photos souvenirs dans le Class Bar où je les invite à dîner. Je retrace une dernière fois le schéma du système éducatif français, j'explique les modalités d'admission en DESS, je rappelle ce que sont les cités universitaires de mon pays. Nos voisins de table se penchent, écoutent puis questionnent. Alors il me faut fouiller dans mes souvenirs de vacances londoniennes, et puis comparer avec Paris, et enfin mettre en garde contre les clichés, dire avec quelque hésitation que tout n'est pas rose là-bas non plus. Mais Wumi a d'autres images de l'Europe à leur offrir, elle prend vite le relais, et le mythe, soyons-en sûrs, en ressortira intact. Sourires, photos… « ambiance ». Dehors pourtant, les discussions s'enflamment dans les allées du hall, le projet de grève générale se précise et le gouvernement a affermi ses positions ces deux derniers jours. Ils vont fermer, c'est certain… à deux semaines des examens terminaux de Wumi, Obare et Amos.

Introduction générale

Quand en septembre 1995, l'université Ahmadu Bello de Zaria (ABU) vivait les derniers jours de sa session 1993-1994, dans la traditionnelle frénésie qui anime un peu partout dans le monde les périodes de révisions pour les examens terminaux, celle de Sokoto accueillait sans cérémonie les « jambites » de sa session 1995-1996. Il n'y aura pas dans les annales de ABU trace de l'année universitaire 1994-1995. Après quelques semaines de vacances, les étudiants retrouveront leur chambre de cité flanquée d'un nouveau lit à étage et leur département délesté de quelques professeurs. On rattrapera en quelques semaines le retard sur les universités les plus avancées et, si tout se passe normalement, le Nigeria aura retrouvé en août 1996 un calendrier universitaire uniforme.

On voit mal cependant au regard du rythme chaotique qu'a suivi la vie universitaire nigériane depuis près de dix ans, et au vu des tensions qui ces deux dernières années ont totalement paralysé le système[1], comment la session à venir pourrait s'annoncer sous de meilleurs auspices.

L'exemple de ABU, l'une des plus anciennes universités fédérales du pays, indique qu'il n'est plus désormais de façade pour cacher ce que les universitaires nigérians qualifient aujourd'hui d'« effondrement » d'un système en crise depuis plus de dix ans[2]. D'une année sur l'autre, les signes de dégradation des structures d'accueil des étudiants sur tous les campus se constatent *de visu*. Les grandes universités résidentielles, jadis l'une des fiertés du Nigeria indépendant, n'ont plus les moyens d'assumer la gestion de leurs communautés de vie et refoulent vers la ville les étudiants trop nombreux. Les enseignants

1. Sur les raisons de la désorganisation actuelle du calendrier universitaire nigérian, voir Y. Lebeau, « L'interminable transition démocratique au Nigeria : les universités dans la tourmente », *L'Afrique politique 1996*, CEAN/Karthala, 1996.
2. Voir sur ce point les contributions rassemblées dans O.O. Akinkugbe (ed), *Nigeria and Education. The Challenges Ahead,* Proceedings and Policy Recommendations of the 2nd Obafemi Awolowo Foundation Dialogue, Spectrum, Ibadan, 1994, et en particulier J.-F. Ade Ajayi, « Nigerian National System of Education : The Challenges of Today » pp. 9-37.

s'enfuient ou sont chassés par un climat politique oppressant[3] et par les conditions de vie que leur offrent leurs salaires. L'université d'Ibadan elle-même, fleuron et pilier de la philosophie du système, campus propret et possible trompe-l'œil, exhibe désormais les symptômes d'une sous-budgétisation chronique. Les discours officiels, ceux par exemple du Vice-Chancelier lors des cérémonies de bienvenue aux nouveaux étudiants, ne parviennent plus à exhorter ces derniers à la fierté d'être de la « Premier University of Nigeria ».

Le système est en ruine mais les nouveaux États de la Fédération inaugurent leurs propres institutions. Dans un contexte politique instable et répressif, marqué par l'échec du programme de transition démocratique, l'université nigériane reste, paradoxalement peut-être, à la fois un enjeu et une force de contestation à surveiller. Les étudiants des années quatre-vingt-dix, présentés par la presse comme des traîne-misère sans bagage ni avenir, ont fait part au public et au pouvoir de leurs inquiétudes, lors d'un mouvement « national » de grève dont l'ampleur pouvait, début juin 1992, s'évaluer au grand nombre d'établissements fermés dans la hâte. Ils furent également aux avant-postes de la protestation contre l'annulation, par la junte militaire au pouvoir, des résultats électoraux de juin 1993.

Ce tableau pessimiste pourrait être transposé à l'identique dans bon nombre d'espaces nationaux africains. Ce pas est d'ailleurs franchi depuis longtemps par un discours politique et économique sur la crise que traverse l'Afrique depuis le début des années quatre-vingt, qui « dilue la spécificité et transforme les particularités nationales en autant d'encadrés dans les rapports de la Banque mondiale »[4]. La crise qui affecte aujourd'hui les conditions d'études dans les universités nigérianes traduit des processus de changement et de stratification sociale, qui s'inscrivent dans l'histoire de la construction d'un État et dans des contextes politiques, culturels et sociaux très divers. Elle stimule de la part de la population étudiante de multiples stratégies locales d'adaptation, sous forme d'initiatives sociales, culturelles et économiques, qui attestent de l'instabilité des expériences et des identités et nous rappelle que « les sociétés africaines ne sont pas des organisations déstructurées, en proie à un état de crise latent et permanent »[5].

Les transformations en cours de l'identité et du statut de la population étudiante nigériane que je me propose d'expliciter, nous oblige-

---

3. A propos des contraintes structurelles et juridiques qui pèsent au Nigeria sur les libertés académiques et sur l'autonomie des universités, voir U. Nwala, « Libertés académiques en Afrique : L'expérience nigériane », in M. Diouf et M. Mamdani (eds), *Liberté académique en Afrique,* CODESRIA, Dakar, 1994, pp. 202-219.
4. J. Copans, « Sous-développement et économie mondiale », in E. M'Bokolo, *Afrique noire. Histoire et Civilisations,* tome II, XIXe-XXe siècles, Hatier, Aupelf, Paris, 1992, p. 501.
5. *Ibid.*, p. 499.

ront à un va-et-vient entre l'intérieur et l'extérieur de l'institution, entre le micro et le macro-social, et entre la longue durée et la force des bouleversements économiques et politiques en cours. Il nous faudra d'abord fouiller dans l'histoire sociale et politique du système éducatif nigérian, en proposer une périodisation qui rende compte de la confrontation entre sa philosophie coloniale et les choix déterminants effectués dans les années soixante-dix pour réguler l'accès à l'enseignement supérieur au nom de l'équilibre géopolitique de la Fédération. Ce sont ces choix qui, dans le contexte particulier du fédéralisme nigérian, ont dessiné un paysage universitaire unique en Afrique noire, sur lequel sont venues se greffer à partir de 1986 les contraintes du programme d'ajustement structurel (PAS). Cette première partie s'achèvera sur une sociographie actuelle de la population étudiante, profondément modifiée par les restructurations d'un champ universitaire instable.

La population étudiante constitue au Nigeria comme ailleurs un groupe social dont la caractéristique commune majeure est l'homogénéité d'âge[6]. La rupture (symbolique) d'avec le milieu familial, souvent considérée comme le pivot de la définition du mode de vie étudiant, place les apprentis intellectuels nigérians sous une autre tutelle, administrative celle-ci, l'université. Dans le cadre du campus résidentiel, la substitution de l'État à la famille comme instance de socialisation ne prend pas de voies détournées, elle tend au contraire à s'imposer physiquement à l'étudiant. C'est dans cet espace, par définition clos et par nécessité ouvert sur la modernité, que l'étudiant travaille (d'abord) à sa propre disparition en tant que tel. C'est là que se construit cette identité éphémère, par bien des aspects universelle, dans la confrontation quotidienne d'habitus et d'intérêts différents, voire divergents. J'essaierai dans la deuxième partie de montrer de quels moyens les universités nigérianes usent pour assurer la cohésion de ce groupe social, avant d'insister sur les conséquences de la crise venue perturber cette forme institutionnalisée de régulation des rapports entre les différentes catégories de personnel et les étudiants.

Dans ce système, la hiérarchie interne à la population étudiante, basée initialement sur celle des cycles d'études, s'étend à tous les aspects de la vie quotidienne sur le campus. Or, dans un contexte où les fonctions de transmission du savoir de l'université sont mises à mal par l'inadaptation des méthodes d'apprentissage et de recherche, par la dévalorisation de la fonction enseignante, et par une baisse manifeste de rentabilité des diplômes sur le marché du travail, la classe et le département tendent à occuper une place de plus en plus marginale dans l'emploi du temps et dans les préoccupations quotidiennes des étudiants Nigérians. Ce n'est pas le moindre des paradoxes de la situation

6. Encore que, comme nous le verrons plus loin, la palette soit ici plus large qu'en Europe, du fait d'une entrée possible en université à l'âge de seize ans.

de crise qui nous intéresse ici : les étudiants nigérians parlent moins de leurs études que de leurs stratégies pour se maintenir à tout prix sur le campus. A l'université d'Ibadan, c'est aujourd'hui la cité universitaire qui constitue la quintessence de la construction des identités étudiantes individuelles et collectives. C'est à partir de sa résidence que chaque étudiant s'insère petit à petit dans un tissu associatif dense, qu'il se construit des réseaux croisés de sociabilité et de solidarité. *Undergraduates* et *postgraduates* ne partagent pas, en principe, les mêmes ensembles résidentiels, et à l'intérieur d'un même hall les plus diplômés disposent toujours de plus d'avantages et de plus d'autonomie que les autres. Les halls constituent en ce sens autant de territoires à l'intérieur desquels les pratiques de démarcation et d'appropriation nous informent autant sur le statut des étudiants que sur les déterminants des hiérarchies statutaires. Nous envisagerons dans la troisième partie, à la lumière des bouleversements hiérarchiques en cours, les mutations de l'espace social des campus, et en particulier les nouvelles partitions des espaces étudiants, résidentiels et non résidentiels.

Que l'université n'ait plus au Nigeria les moyens d'assurer le fonctionnement des mécanismes traditionnels de l'identification étudiante, et que la hiérarchie des statuts socio-économiques tende à surpasser celles basées sur le sexe et le niveau d'études des étudiants, ne semble signifier ni la désintégration, ni la désidentification de ce groupe social. Privée du soutien, et de plus en plus soustraite au contrôle de l'institution, la vie associative, religieuse et syndicale des étudiants s'est elle-même adaptée à la crise. La quatrième et dernière partie de ce livre sera consacrée aux transformations des associations, à leur rapport avec des groupes extérieurs aux campus, et aux modalités actuelles de l'exercice du leadership dans ces structures.

La méthode

Des termes tels que « identité », « socialisation » ou « culture » concernent aujourd'hui toutes les disciplines des sciences sociales et tous leurs domaines d'étude. L'éducation et l'école n'échappent pas à ce mouvement. Les fonctions socialisatrices de l'institution scolaire ont intéressé la sociologie dès son origine, et cet intérêt ne s'est depuis lors jamais démenti, même si selon les époques et les pays, des traditions, voire des paradigmes, se sont installés, privilégiant ici l'approche systémique, et là une perspective culturaliste ou encore interactionniste de ce fait social.

Aujourd'hui chacune de ces perspectives a produit des résultats et des méthodes dont la transposition, à d'autres terrains que celui sur lequel ils ont été éprouvés, appelle les mêmes précautions d'emploi que l'utilisation des concepts évoqués plus haut. Autrement dit, il ne suffit pas d'avoir été sensible à ce que l'anthropologie anglo-saxonne de l'éducation a produit comme connaissances sur la construction des identités étudiantes à l'intérieur des institutions d'enseignement supérieur, américaines ou britanniques, pour appliquer ces catégories d'analyse aux universités nigérianes, sous prétexte que ces institutions sont d'inspiration « oxbridgienne ». De même, une approche qualitative, à l'intérieur des établissements scolaires, sur la transformation des pratiques sociales des étudiants et leur adaptation à l'environnement de l'institution, n'exclut pas le recours aux apports théoriques de courants plus axés sur la recherche des déterminants structurels des systèmes d'enseignement.

Les spécificités d'un terrain d'étude, peu investi à ce jour par l'anthropologie et la sociologie de l'éducation, m'ont conduit à procéder à un « bricolage » méthodologique, entamé en partie lors d'une première étude en 1987 sur les étudiants de l'université de Port Harcourt[7]. Il s'agissait alors pour moi de comprendre la sociabilité étudiante d'un campus résidentiel nigérian. Le campus d'université y est perçu comme un espaces clos, coupé des réalités de la société nigériane, où les étudiants, majoritairement d'origine modeste et rurale, subissent une forme de déculturation visant à les préparer à leur futur statut d'élite bureaucratique, et d'où les informations ne s'échappent que sous forme de rumeurs distillées par la presse[8]. Les orientations que je donnais à cette recherche monographique n'étaient ni sans fondement (le système universitaire résidentiel n'est pas un artifice importé mais une réalité sociale bien ancrée dans le champ éducatif nigérian), ni sans antécédent[9]. Pourtant, en isolant l'entité de la structure (le système éducatif nigérian, son histoire, ses modes de sélection, la distribution géographique des institutions et des cursus) et du contexte (les universités nigérianes s'inscrivent dans des aires culturelles, économiques et politiques très diverses), je m'interdisais toute interprétation, ou alors de portée extrêmement locale.

Or le champ de l'enseignement supérieur nigérian regroupe plus d'une centaine d'institutions dispersées sur l'ensemble du territoire national. Cette particularité unique en Afrique noire nous impose en permanence de préciser de quels étudiants nous parlons.

---

7. Y. Lebeau, *Stinking Varsity. Approche sociologique des conditions d'existence des étudiants sur un campus nigérian*, mémoire de maîtrise, université de Nantes, 1987, 159 p.
8. J'ai d'ailleurs beaucoup utilisé la presse comme source d'information sur la vie des campus, avant d'étudier beaucoup plus tard, son propre rôle dans la diffusion de ces informations.
9. J'ai rapidement eu connaissance des travaux monographiques menés par J. E. Goldthorpe au collège de Makerere en Ouganda (1965, *op. cit.*), de P. Van den Berghe à l'université d'Ibadan (1973, *op. cit.*), et de l'étude psychosociologique menée auprès d'étudiants de différentes universités nigérianes par P. Beckett et J. O'Connel, *Education and power in Nigeria*, Hodder et Stoughton, 1977.

La présente recherche est également articulée autour d'un travail de type monographique mené à l'université d'Ibadan (UI), mais la monographie n'est en revanche pas en soi l'objet de cette étude. Si j'ai bien opté pour une aire limitée, je n'en ai pas étudié de manière intensive tous les aspects, puisqu'une population particulière de cet ensemble se trouve au centre de ma recherche. Les autres groupes sociaux présents sur le campus ne sont évoqués ici que dans l'analyse de leurs interactions avec les étudiants. Cette étape de la recherche a été conduite en 1991 avec le soutien financier et l'assistance du CREDU[10]. Je bénéficiais sur place d'un statut d'étudiant en doctorat me donnant droit à une chambre en cité universitaire. Je suis resté trois mois et demi sur le campus, où ma recherche n'a fait l'objet d'aucune autorisation administrative (pas plus que la précédente à Port Harcourt ou les suivantes à Kano, Zaria, Jos, Yola, Nsukka, Ilorin et Ago-Iwoye).

La collecte des données sur place, guidée par une série de thèmes, s'est organisée de manière assez désordonnée eu égard aux contraintes d'emploi du temps et de vie des étudiants, mais n'a été interrompue ni par des congés universitaires, ni par les fermetures brutales d'établissements auxquelles j'ai dû faire face l'année suivante à Zaria et à Ibadan ou en 1995 à Nsukka. Ce travail de terrain fut avant tout une étude par observation participante basée sur le hall où je résidais. C'est, comme le font les étudiants, à partir de cette résidence que j'ai bâti mon réseau de connaissances dont quelques membres sont devenus à titre amical de véritables informateurs. Certains venaient de pays voisins de l'Afrique de l'ouest, les autres étaient originaires de diverses régions du Nigeria. Leurs cursus et leurs niveaux d'étude étaient très variés, autant d'atouts liés à la particularité de notre hall[11]. Ces contacts m'ont ensuite permis de me faire connaître auprès de diverses associations étudiantes, et même de m'intégrer à des groupes informels (une équipe de football, un groupe d'étudiants étrangers...).

L'essentiel du travail à Ibadan a porté sur l'observation de certaines pratiques sociales des étudiants (restauration, vie associative, syndicale et religieuse, activités sociales des halls de résidence). J'ai également rapporté une série d'entretiens sur ces mêmes thèmes, enregistrés ou non. En marge de ce travail de terrain, j'ai procédé dans les bibliothèques des départements de sociologie et de sciences de l'éducation et à la bibliothèque centrale, au recensement et à la lecture ou photocopie des ouvrages et thèses disponibles sur le système éducatif nigérian, et sur l'histoire sociale de l'université d'Ibadan. Mon travail sur la presse

10. Centre de recherches, d'échanges et de documentation universitaire. Cet organisme français (rebaptisé IFRA), dépendant du ministère des Affaires étrangères, est associé sur place à l'Institute of African Studies de l'université d'Ibadan.

11. Seule cité universitaire mixte du Nigeria, Awolowo Hall est également un des rares cas de regroupement d'étudiants *undergraduates* et *postgraduates* (les deux cycles du système universitaire nigérian). C'est également dans ce hall de résidence que la plupart des étudiants étrangers sont logés.

nigériane nationale et régionale, et en particulier sur son rôle dans le règlement des révoltes étudiantes, a été effectué à la bibliothèque du CREDU. L'analyse de contenu de la presse étudiante interne au campus s'est faite grâce au concours de quelques étudiants qui se sont chargés de retrouver ici ou là des exemplaires de ces journaux. Enfin, j'ai procédé à un travail de recomposition statistique à partir des données propres de l'université et de celles de la Commission nationale des universités (NUC).

Les principaux thèmes sur lesquels portait ce travail monographique (évolution des fonctions associatives étudiantes en période de crise, relations avec le personnel, hiérarchies et statuts de la population étudiante, formes actuelles de l'identification à l'établissement, aux facultés et aux halls...) ont ensuite fait l'objet de comparaisons sur certains points avec d'autres établissements. J'ai effectué pour ce faire de brefs séjours en 1992 dans quatre établissements, de génération ou de statut différents de UI. Dans tous ces établissements mon travail a été rendu difficile, soit par l'absence de contacts préalables, soit par la fermeture de l'établissement pour cause de « troubles ». Ces séjours m'ont permis cependant de renverser la perspective de mon regard sur la condition étudiante (je résidais selon les cas en *Guest House*[12], chez des enseignants, des coopérants, ou chez des étudiants logés hors-campus), et de rapporter des entretiens et des récits de vie sur les points de comparaison retenus.

Les informations statistiques rapportées émanent de diverses sources. J'ai éprouvé de grandes difficultés à manipuler ces chiffres (j'en fais d'ailleurs une utilisation très limitée), en raison de la diversité des bases de calculs retenues dans les établissements. Cette diversité répond simplement à celle des statuts des universités. Certaines n'ont qu'un cycle d'étude, alors que d'autres en ont deux (le premier degré ou *bachelor's degree* et un niveau supérieur qui inclut selon les cas un diplôme *postgraduate*, la maîtrise, et le doctorat), ou plusieurs (comme UI qui propose des formations pour adultes et des « diplômes professionnels » en deux ans, comme le *Theatre Arts Diploma*). Certaines universités précisent dans leurs données chiffrées qu'elles incluent ou non telle ou telle formation, alors que d'autres ne donnent aucune précision. Les comparaisons deviennent très délicates, et les annuaires de la NUC ne peuvent établir aucune statistique couvrant l'ensemble des établissements (ici ne sont pas pris en compte les étudiants dispensés d'assiduité, là ce sont les étudiants de médecine qui sont exclus parce que leur faculté n'est pas sur le même site...). Les sources indirectes auxquelles je fais référence, notamment l'annuaire de l'UNESCO, le Commonwealth Universities Yearbook (CUYB), et quelques études nigérianes, s'appuient toutes sur ces mêmes données sans

12. Petits hôtels sur les campus résidentiels, où logent les visiteurs (enseignants et chercheurs de passage).

en signaler l'approximation. Les totaux obtenus peuvent ainsi varier du simple au double : pour l'année 1991 par exemple[13], le CUYB annonce 500 000 étudiants dans l'enseignement supérieur, alors que A. O. Sanda en compte 900 000[14]. Pour les chiffres que j'avance dans les chapitres suivants, j'ai dû procéder par recoupements d'informations et par estimation. J'invite cependant le lecteur à considérer toutes les informations statistiques présentes dans ce livre avec vigilance, puisque par ailleurs, aucune enquête quantitative transversale utilisant ses propres techniques de comptage n'est à ma connaissance disponible[15].

J'ai essayé dans ce travail de respecter un certain équilibre entre les différentes techniques d'objectivation des pratiques et de recueil des données utilisées. Je les considère avec une égale importance du point de vue de leur production de sens, c'est-à-dire qu'aucune ne vient illustrer un savoir pré-construit sur d'autres bases, même si la restitution textuelle de la réalité que je propose ne valorise assurément pas toutes ces techniques de la même manière. La structure narrative que j'ai adoptée limite la place du récit monographique en introduisant des perspectives comparatives à la fois diachroniques et synchroniques, pour lesquelles j'ai recours à des sources indirectes, et à des méthodes d'enquête diversifiées. La monographie proposée ici doit être comprise comme une étude de cas. Elle se démarque en ce sens de ce que M. Kilani qualifie d'« écriture conventionnelle » de la « science anthropologique normale », où « la monographie doit créer un effet chez le lecteur en produisant un sens de la totalité et de l'ordre »[16]. J'ai cherché à éviter cette « fiction de la totalité » en procédant à une sorte d'encadrement du récit proprement ethnographique. Le terme « terrain » que j'emploie de temps à autre ne renvoie qu'à un aspect du sens qu'il a dans le vocabulaire anthropologique : il désigne une unité sociale localisée, le campus d'Ibadan. Il ne se teinte par contre d'aucune référence à l'objet de mon étude[17], qui appelle de multiples références à des entités sur lesquelles je n'ai constitué aucun corpus de données ethnographiques.

---

13. En raison des perturbations qu'ont connues par la suite les calendriers universitaires, cette session est la plus récente pour laquelle nous disposions de chiffres sur l'ensemble des institutions.
14. A. O Sanda, 1991, *op. cit.*, p. 17.
15. Tous les éléments statistiques sont regroupés en annexe 2.
16. M. Kilani, « Du terrain au texte. Sur l'écriture de l'anthropologie », *Communications*, n° 58, 1994, p. 53.
17. Les étudiants nigérians ne sont pas mon terrain comme on dit des Nuers qu'ils sont celui de Evans Pritchard. Sur la fonction performative du terrain et son utilisation comme « mode de contrôle de la production des énoncés anthropologiques », voir M. Kilani, *op. cit.*, pp. 46-47.

Remerciements

De tous mes séjours au Nigeria, celui de 1991 sur le campus de l'université d'Ibadan aura été le plus fécond pour cette recherche. Mes remerciements vont d'abord à toutes celles et à tous ceux qui m'ont assisté durant ce séjour et en particulier à ceux dont les pseudonymes jalonnent les pages de ce livre.

Ils vont également à tous ceux qui ont contribué à la réalisation de ce travail en m'accueillant, en m'informant, en me conseillant, en discutant mes thèses, ou en corrigeant mon texte. Je voudrais citer parmi eux Jean Copans de l'université de Picardie, Bernard Caron, Georges Hérault et Pius Adesanmi de l'Institut français de recherche en Afrique d'Ibadan, Daniel Bach et Béatrice Humarau du Centre d'étude d'Afrique noire de Bordeaux, Alex Gboyega de l'université d'Ibadan, Jibrin Ibrahim et Hudu Ayuba de l'université Ahmadu Bello de Zaria, Benjamin Mmadike de l'Abia State University, Adebayo Salami de l'Ogun State University, Bode Omojola et Dayo Tolufase de l'université d'Ilorin, Taiwo Aboyade du Federal College of Education de Yola.

PREMIÈRE PARTIE

SÉDIMENTATION ET FRAGMENTATIONS

Éléments pour une histoire sociale du champ de l'enseignement supérieur nigérian

Nous abordons, avec la mise en perspective historique du « système » éducatif nigérian, les difficiles questions de datation et de périodisation, qui sous-tendent celles plus polémiques que nous aborderons plus loin, de l'origine et de la tradition auxquelles on peut affilier les institutions d'enseignement supérieur de ce pays. On pourrait objecter à la périodisation retenue ici, que l'histoire du système me permet d'évacuer un peu facilement la référence à des formes préexistantes de socialisation des enfants dans les ensembles culturels concernés. Sans doute l'ancrage historique de l'organisation formelle étudiée ici se perd-il *a priori* plutôt du côté du Moyen Age européen que dans l'islamisation progressive du Soudan occidental depuis le Xe siècle, dans les quatre phases de l'éducation traditionnelle yoruba[1] ou dans l'implication communautaire caractéristique de l'« éducation par assimilation » chez les populations ibo[2]. Les formes repérables d'une appropriation culturelle différenciée du fait scolaire (stratégies familiales dans l'inscription des enfants, reproduction de formes « traditionnelles » de coopération et de solidarité à l'intérieur des campus), seront développées plus loin dans l'étude ethnographique où l'organisation sociale de l'institution universitaire sera présentée comme produit de l'« interface entre les règles institutionnelles du système formel et les manipulations individuelles ou collectives de ces règles dans le système informel »[3].

Pour l'heure, on comprendra que la période coloniale et la gestion britannique de l'actuel Nigeria servent de borne de départ à un balisage historique visant avant tout à élucider la complexité actuelle du système éducatif nigérian[4], et à rapporter son évolution à celle de la

---

1. Z. A Ademuwagun, *An Investigation of the Relationship between Yoruba Culture and Formal Education in Nigeria*, thèse, Boston University, 1965, pp. 222-250.
2. C. C. Nwa-Chil, « Resistance to Early Western Education in Eastern Nigeria », in C. J. Calhoun et F. Ianni (eds), *The Anthropological Study of Education*, *op. cit.*, p. 52.
3. C. J. Calhoun & A. J. Ianni, « Notes on the Social Organization of High Schools », *op. cit.*, p. 217.
4. T. F. Aiyepeku en dresse le tableau général suivant en préalable à son analyse de la nouvelle politique éducative du pays : « Il n'y avait pas d'uniformité dans ce système de type colonial. L'on pouvait même difficilement appeler çà un système, surtout dans l'enseignement primaire et secondaire où l'on obtenait plutôt

situation politique et économique du pays. La nature des premiers contacts entre l'institution scolaire définie par les missions chrétiennes et les populations autochtones sera abordée en premier lieu, tant elle semble avoir influencé la diffusion du christianisme dans la région et, par là même, l'inégal développement de l'éducation scolaire. Cette première période analysée s'étendra de 1840 jusqu'au tournant de la grande dépression des années 30 et de la Deuxième Guerre mondiale. Je qualifierai cette phase de « période d'édification politique du Nigeria contemporain » (pacification, unification du protectorat puis développement de centres commerciaux, des infrastructures routières et ferroviaires...) pendant laquelle la réflexion sur le système éducatif de la colonie n'intervient qu'en second plan malgré la demande de plus en plus pressante des nationalistes nigérians.

Aux abords de la Seconde Guerre mondiale, le manque crucial de main-d'œuvre locale oblige l'administration britannique à envisager la formation sur place de fonctionnaires de haut rang. Cette nécessité est de plus renforcée par la victoire sur l'Allemagne, à laquelle les populations locales ont contribué, qui marque le début du processus de transition vers l'indépendance avec, comme corollaire, le reflux des fonctionnaires anglais vers la métropole. Pour le système éducatif et en particulier dans l'enseignement supérieur, cette deuxième période débute par la mise en place de commissions de réflexion et de programmation (les commissions Elliot et Asquith), et s'achève avec la guerre du Biafra qui sanctionne la gestion des équilibres régionaux initiée dès avant l'indépendance du pays.

La dernière période proposée, celle de la gestion militaire d'un système éducatif en crise, s'étale du début des années 70 (explosion de la demande scolaire, décuplement des ressources de l'État avec le premier choc pétrolier, lancement de nouveaux programmes d'enseignement supérieur, technique en particulier, nouveaux morcellements de la Fédération...) et s'achève à la fin des années 80 avec l'introduction du Programme d'ajustement structurel, et le lancement officiel d'un système éducatif unifié.

Une nouvelle période s'annonce, perceptible dans la présentation sociographique des populations étudiantes selon le statut et la localisation des établissements, qui conclue cette partie.

La périodisation retenue ne prétend pas à l'originalité (plusieurs universitaires nigérians l'ont déjà utilisée) ; elle vise plutôt la mise en valeur de variables constantes explicatives de l'état actuel du système éducatif en général et de l'enseignement supérieur en particulier du Nigeria : problèmes de la gestion des équilibres régionaux (ethniques, linguistiques, religieux, économiques), du financement et des débouchés de l'enseignement supérieur, etc... Ni la création de l'université

---

un assemblage de systèmes. », in T. F. Aiyepeku, *6-3-3-4 System of Education in Nigeria*, 1989, p. 2.

d'Ibadan en 1948, souvent présentée comme le point de départ de l'édification du système d'enseignement supérieur, ni celle de Nsukka, symboliquement inaugurée au lendemain de l'indépendance en 1960, n'ont ici fonction de bornes, tant elles s'inscrivent dans la logique insufflée par les commissions Elliot et Asquith (1943). De même ai-je, à dessein, placé l'introduction du Programme d'ajustement structurel (PAS, 1986) en position d'aboutissement, puisque les indicateurs sur le financement de l'enseignement supérieur et sur ses perspectives de développement situent vers le début des années quatre-vingt le renversement de tendance que d'aucuns, au Nigeria en particulier, cherchent à attribuer au seul PAS.

1

L'éducation dans le mouvement de conquête coloniale

La pénétration britannique sur le territoire de l'actuel Nigeria, depuis les premières expéditions missionnaires (*First Niger Mission*, 1841) jusqu'à la fusion des protectorats Nord et Sud en 1914, ne s'est pas faite sans heurts et s'est déroulée différemment selon les régions. On considère généralement cette période comme celle de la « formation de l'espace économique national »[1], marquée par la création d'un espace commercial pacifié, lui même servi par la progression des missions chrétiennes dans l'intérieur du pays, et celle de la Royal Niger Company[2] qui assure, au besoin militairement, la domination britannique sur le fleuve. Cette phase de définition du cadre social dans lequel s'est organisée l'installation du Nigeria dans une économie de marché, est également marquée par l'imposition d'un système d'administration indirecte (*indirect rule*) à l'ensemble de la colonie (1914) et, dans une moindre mesure, par l'ouverture d'écoles missionnaires et étatiques. Je tenterai dans ce chapitre de faire ressortir de cette période, au cours de laquelle le développement de l'enseignement ne semble pas être une priorité, quelques faits pouvant expliquer à la fois les conditions dans lesquelles vont surgir les besoins en main-d'œuvre autochtone qualifiée, dès les années trente, et les éléments décisifs de réponse de l'administration britannique en matière de formation et d'éducation.

1. D. Bach (éd), *Le Nigeria contemporain*, Édition du CNRS, Paris, 1986 p. 120. Voir également à propos de cette périodisation de l'histoire économique du Nigeria M. Crowder, *The story of Nigeria*, London, Faber, 1966.
2. Société commerciale à charte (1886)

Conquête coloniale et pôles d'urbanisation

La nouvelle donne créée par l'abolition de l'esclavage oblige les Britanniques à partir de 1807 à réorganiser leurs activités commerciales sur la côte ouest de l'Afrique, ce qui se traduit rapidement par une pénétration dans l'hinterland, et par l'établissement de protectorats devant permettre un contrôle exclusif des zones progressivement conquises. Les premiers contacts ainsi établis sur la côte de l'actuel Nigeria sont le fait des missions chrétiennes européennes, la première datant précisément de 1841[3].

Les missions vont rapidement se succéder dans le sillage de cette expédition qui marque symboliquement le lancement d'un programme d'installation d'écoles et d'églises « au travers desquelles elles pouvaient mener à bien ce travail d'évangélisation »[4]. Sur le plan économique, les traités d'échange établis par les missions (dans le Sud) ou par la Royal Niger Company (dans le *Middle Belt* et le Nord) avec les autorités locales imposent un renforcement de l'administration coloniale pour en contrôler l'application, d'autant que de fortes résistances locales à l'installation de colons se font jour[5]. Les historiens s'accordent aujourd'hui pour attribuer à ces résistances un rôle majeur dans la très lente progression des Britanniques vers l'intérieur, responsable à leurs yeux à la fois des forts déséquilibres du développement urbain (et des migrations qui s'en suivent) et de l'inégal accès des indigènes aux qualifications nouvellement requises pour une insertion dans le système économique colonial.

Ainsi l'économie coloniale repose-t-elle dans cette phase d'expansion territoriale sur le développement de pôles commerciaux et industriels très localisés qui deviennent rapidement les « enclaves coloniales »[6] où se concentrent le travail salarié, le petit commerce, les hôpitaux, les services d'eau et d'électricité, et bien sûr les écoles[7].

En opérant brutalement des rapprochements et une forme de compétition pour la survie entre des groupes culturels jusqu'alors sans contacts réguliers, ce modèle d'urbanisation a, semble-t-il pour beaucoup, stimulé le développement des associations communautaires (dont le ciment principal était linguistique), en particulier durant la

---

3. C. C. Nwa-Chil, in C. J. Calhoun & F. A. Ianni, *op. cit.*, p. 44.
4. *Ibid.*, p. 45.
5. Elles sont particulièrement vives dans l'Est malgré l'absence de structure étatique centralisée et d'armée organisée, à tel point que l'occupation du pays ibo et de certaines régions de l'hinterland oriental ne fut effective que dans les deux premières décennies du XXe siècle. Voir A. A du Boahen (éd.), *Histoire générale de l'Afrique noire,* t. VII, *L'Afrique sous domination coloniale (1880-1935)*, 1987, pp. 51 et 124.
6. O. Nnoli, *Ethnic Politics in Nigeria,* 1980.
7. Voir J. O. Igue, « Urbanisation, culture et État-nation », in D. Bach (éd.), *op. cit.*, p. 70.

période de dépression des années trente, que O. Nnoli qualifie de « période de gestation de l'identité ethnique »[8]. On peut en effet repérer les bases des grands mouvements politiques des années cinquante dans les associations communautaires qui se font jour entre 1925 et 1945 comme l'« Ibibio Welfare Union » à Ikot Ekpene en 1928, la « Urhobo Brotherly Society » à Warri en 1931, la « Ibo Union » à Lagos en 1936 ou encore l'« Egbe Omo Oduduwa » (Pan Yoruba Union) fondée à Londres en 1945 par Obafemi Awolowo. Ces regroupements communautaires sont doublement intéressants pour mon propos parce qu'ils annoncent d'une part le rôle que l'« élite éduquée » qui les dirige entend jouer au niveau politique (voir le découpage administratif actuel du pays qui en résulte), et d'autre part parce que des associations de ce type continuent à fonctionner dans le Nigeria contemporain, y compris chez les étudiants, et notamment chez les plus mobiles d'entre eux, les Ibo.

L'administration indirecte : parcellisation du pouvoir, hypertrophie de l'autorité locale et surproduction de l'ethnicité

Partant de ces enclaves coloniales, l'administration du territoire nigérian unifié en 1914, s'est construite autour du concept de l'administration indirecte, qui n'a pas été non plus sans conséquence sur les déséquilibres du développement de l'instruction que nous aborderons plus loin. Cet exercice de l'autorité coloniale a d'abord été expérimenté dans le nord du pays par Lord Lugard, devenu Haut-commissaire du protectorat du Nigeria septentrional, à partir de 1900[9]. L'objectif initial, au nord comme au sud (à partir de 1916), était de surmonter le problème du manque de personnel britannique qualifié et de limiter les dépenses. Dans la région Nord cependant, Lugard dut en plus composer avec une faible emprise sur le commerce, une production agricole d'exportation très peu développée et l'absence de port maritime[10], autant de sources de taxation des revenus qui leur firent défaut et qui rendirent nécessaire l'appui des dirigeants locaux. Deux conséquences immédiates de cette organisation administrative de la domination coloniale vont s'avérer déterminantes pour le devenir politique du Nigeria, et donc pour la conceptualisation de son système

8. O. Nnoli, *op. cit.*, p. 97.
9. Il mettait là en œuvre un principe (*indirect rule*) déjà expérimenté au Buganda dès 1890. Voir C. Coquery-Vidrovitch, *Afrique noire. Permanences et ruptures*, 1985, p. 245.
10. Le chemin de fer relie Kano à Lagos en 1911.

éducatif : le renforcement du pouvoir des chefs et l'élaboration de nouvelles appartenances communautaires.

Dérivée d'une « conception culturaliste des paysages humains soumis »[11], cette organisation du régime colonial britannique maintient les souverains en place comme *Native Authorities,* leur permettant d'« ajouter aux ressources habituelles de leur domination celles de l'économie occidentale et de l'État bureaucratique »[12]. L'aristocratie peule assure ainsi une domination sans partage sur la région Nord, intégrant au passage sous son autorité des populations non musulmanes jusqu'alors autonomes, notamment dans les provinces du Plateau et de la Bénoué. Il est intéressant de noter que la religion fut utilisée autant dans le nord du Nigeria que dans le sud, comme instrument de domination. Au travail direct d'intermédiaire économique, de propagateur du christianisme et d'une éducation « à l'occidentale » effectué par les missions chrétiennes dans le Sud, Lord Lugard oppose dans la région Nord une politique respectueuse du pouvoir local des émirats et de la culture islamique (notamment par l'absence des écoles missionnaires)[13].

L'extension de l'administration indirecte à l'ensemble de la colonie dans l'entre-deux-guerres accentue encore plus le caractère artificiel des pouvoirs et des zones d'influence des leaders locaux sur lesquels s'appuie le système. Dans le pays yoruba, où cette pratique a précédé l'institutionnalisation du système[14], c'est surtout géographiquement que se sont étendus les pouvoirs de l'Alaafin sur le gouvernement local de Oyo, de l'Alake sur Abeokuta, de l'Oni sur Ife, de l'Owa sur Ilesha et de l'Oshemawe sur Ondo. Fondamentalement, la structure du pouvoir diffère cependant peu de ce que pratiquaient les royaumes yoruba avant l'arrivée des Britanniques[15]. Dans le delta du Niger et l'Est, l'administration indirecte se heurte en revanche aux complexités du système traditionnel ibo de démocratie locale, système peu adapté aux besoins d'un État bureaucratique moderne[16]. L'absence de chefs traditionnels aux pouvoirs étendus donne lieu à la création d'une nouvelle classe de dirigeants, nommés par

11. Que J.-F. Bayart, *L'État en Afrique*, 1989, p. 77, oppose à la conception « franchement territorialisée » qu'en avait l'administration française « de souche jacobine et préfectorale ».
12. *Ibid.*, p. 165.
13. Cet usage de l'islam comme « outil de pénétration par l'alliance des chefs avec le nouveau pouvoir » est souligné par C. Coquery-Vidrovitch (*op. cit.*, p. 245) qui l'oppose aux méthodes de l'impérialisme français inspirées du modèle de l'Afrique du Nord « où l'islam s'est imposé comme une force constituée qu'il fallait surveiller et encadrer ».
14. J.-A. Atanda explique qu'elle s'exerce dès 1901 avec la promulgation du « Native Council Ordinance » in J.-A. Atanda, *An introduction to Yoruba Culture*, 1980, p. 53.
15. *Ibid.*, p. 51.
16. D. Bach (éd.), *op. cit.*, p. 56.

l'administration coloniale, les *warrant chiefs*. Sans aucune autorité traditionnelle, ils ne peuvent guère jouer le rôle que les Britanniques attendent d'eux, et s'illustrent le plus souvent par leurs pratiques de corruption[17].

L'exemple ibo traduit de manière éclatante et dramatique[18] une situation qui couve également dans les autres régions, à savoir le développement de réseaux de dirigeants corrompus ou de dirigeants traditionnels qui n'ont plus de compte à rendre à leurs administrés. Ce système empêche, dans un premier temps, toute organisation institutionnelle de revendication nationaliste, mais il génère également une totale défiance, notamment des élites éduquées dans les écoles missionnaires, à l'égard des autorités locales collaboratrices.

La parcellisation du pouvoir recherchée par les Britanniques aboutit, nous le voyons, à une hypertrophie de l'autorité locale, et surtout à une rupture, parfois totale, entre la sphère du pouvoir politique et la société civile. Le deuxième aspect essentiel de ce système concerne le renforcement des liens communautaires que les chefs traditionnels vont tenter d'opérer sous leur autorité. En stimulant ce renforcement et en étendant son champ géographique d'application, l'administration indirecte introduit un élément fondamental de l'actuelle structuration du champ politique nigérian, l'ethnicité :

> « Il s'est ainsi créé un mécanisme de rétroaction entre les stratégies sociales autochtones sous-jacentes à la colonisation et l'édification de l'appareil étatique. L'ethnicité en est l'une des résultantes dont les enjeux sont tous matériels : accès aux facteurs de la production économique et donc à l'accumulation, implantation d'équipements sanitaires, scolaires et routiers, communication avec les centres de décision et les marchés »[19].

Au Nigeria[20] comme dans la plupart des pays africains, ce phénomène de (sur) production de l'ethnicité s'ancrerait donc dans un passé de moins de cent cinquante ans, que la problématique de la « conversion identitaire », proposée par J.-L. Amselle et quelques autres, relie de façon parfois mécanique à la relation de pouvoir établie (ici dans le cadre colonial) entre dominants et dominés[21]. Je parlerai plus volontiers dans le cas nigérian de renforcement de la composante

17. *Ibid.*
18. Selon O. Nnoli, *op. cit.*, p. 115. Ce système est responsable d'un des plus sérieux soulèvement que le pays ait connu, la révolte d'Aba en 1929.
19. J.-F. Bayart, *op. cit.*, pp. 78-79.
20. Le pays compterait aujourd'hui environ 250 ethnies et 300 langues.
21. J.-L. Amselle, *Logiques métisses. Anthropologie de l'identité en Afrique et ailleurs*, *op. cit.*, p. 84. Pour une synthèse critique des travaux en langue française parus ces dernières années sur le thème de l'« ethnie produit de l'histoire coloniale », voir J. Copans, *La longue marche de la modernité africaine*, *op. cit.*, ch. IV « Y a-t-il des sociétés africaines ? ».

ethnocentrique des liens communautaires[22], dans l'attente d'informations plus précises sur l'histoire pré-coloniale des ethnies en question.

L'administration indirecte, qui distribue géographiquement des entités politiques définies sur des critères culturalistes, est enrichie à partir de 1910 d'un décret réglementant l'installation et le travail des migrants du Sud dans le protectorat du Nord Nigeria.[23] Le paysage urbain des grandes villes du Nord telle Zaria en sort modifié, reproduisant localement les discriminations sous-tendues par l'administration indirecte à l'échelle de la colonie toute entière[24]. Dans le même temps le pouvoir des élites en place se renforce et avec lui la cohésion de populations regroupées autour de valeurs toujours plus locales :

> « Les membres (du *chiefdom*) commencèrent à partager des expériences communes dans leurs relations avec les autres et de fait, une histoire, des traditions et des intérêts communs. Ceci renforça leur sentiment d'exclusivité, et en conséquence, leur perception d'une distance sociale qui les séparerait des autres *chiefdoms* » [25].

Nous avons vu que le système de l'administration indirecte au Nigeria était le pendant d'une forme de colonisation très sélective de la part des Britanniques, qui, en suscitant le développement rapide de pôles industriels et urbains, avait entraîné très tôt d'importants mouvements migratoires (exode rural principalement)[26]. Ceux-ci ont joué un rôle prépondérant dans le renforcement des liens communautaires évoqués plus haut. La littérature historique francophone associe généralement au phénomène d'urbanisation contemporaine en Afrique, et au processus de concentration/prolétarisation qui en découle, la genèse de formes « modernes » de résistances (syndicalisme, grève, protonationalisme), ou encore la naissance des élites urbaines, « scolarisées et modernisées »[27]. L'ethnicité n'y apparaît guère comme consé-

22. L'idée est développée par O. Nnoli, *op. cit.*, p. 116.
23. Le *Land and Native Rights Ordinance* concerne à l'origine l'immigration des « sudistes » vers le nord, leur attribuant des quartiers résidentiels spécifiques... Lord Lugard, en protégeant ainsi les autorités du Nord des risques politiques encourus par ce fort mouvement migratoire, assurait la perpétuation de l'alliance sur laquelle reposait *l'indirect rule*.
24. La population locale occupe le cœur *intra muros*, Tudun Wada abrite les populations du Nord mais non originaires de la ville, Sabon gari enfin, ville moderne, rassemble ceux que l'administration britannique qualifiait d'étrangers indigènes (« native foreigners »). Cf. O. Nnoli, *op. cit.*, p. 116.
25. *Ibid.*
26. Quatre volets importants de la politique coloniale ont stimulé ces flux : le travail forcé (sur les infrastructures routières et ferroviaires et dans les mines d'étain), l'introduction d'une monnaie d'échange unique, les taxes, les pénuries artificielles.
27. Voir C. Coquery-Vidrovitch, *op. cit.*, p. 268, et les quatre étapes de l'histoire

quence de la compétition pour l'accès aux ressources de la ville coloniale. Pourtant, dans le cas du Nigeria au moins, il semble évident que les pôles d'urbanisation ont relayé la politique d'administration indirecte dans ses fonctions de renforcement des liens communautaires, particulièrement durant la crise des années trente alors que se raréfiaient les ressources en question. Nous ne passerons pas ici en revue l'ensemble des motifs qui expliquent les grandes différences observées dans les mouvements migratoires des communautés, mais il est clair que la localisation et l'hypertrophie des centres urbains coloniaux sont les vecteurs essentiels de la « polarisation ethnique » qui en a découlé. Les années de crise précédant la Seconde Guerre mondiale suscitent le développement de nombreuses associations d'entraide à base communautaire (villageoise, familiale ou linguistique selon les cas)[28] auxquelles on confie, de fait, la gestion de la compétition pour l'accès aux emplois salariés :

> « Une fois que les membres d'un groupe particulier obtenaient un bon emploi ou une autre source de revenus, ils utilisaient leurs positions pour assurer un emploi aux autres, ou à tout le moins, pour les informer sur les possibilités d'embauche. Les répercussions se firent ressentir dans les niveaux et les taux inégaux de revenus et de chômage, aussi bien que dans l'inégalité des statuts sociaux parmi les groupes communautaires »[29].

Répondant à la croissance des flux migratoires vers les villes[30], et à l'absence de politique sociale du gouvernement colonial, la base de recrutement de ces associations s'est élargie, au point que certaines frontières linguistiques ont été surmontées, que certains ennemis ou rivaux d'antan s'y sont retrouvés au nom d'appartenances communes nouvellement définies. Le fait est remarquable chez les Yoruba, où l'urbanisation a de plus pour effet secondaire majeur le resserrement de cette société « autour de ses valeurs et des normes édictées par le pouvoir urbain », aux dépens de « la personnalité de sous-groupes comme les Ijebu, Egba et Ekiti »[31].

Développement de l'ethnicité et du pouvoir local, et « polarisation ethnique » s'ancrent indubitablement dans l'histoire coloniale du Nigeria, et plus particulièrement dans le croisement d'une politique d'administration indirecte du territoire, et du développement rapide de centres urbains industriels et commerciaux, tournés vers l'extérieur. On comprendra qu'au Nigeria, la ville, facteur de constitution d'une

---

de la ville africaine contemporaine d'essence coloniale.

28. Les « voluntary communal associations » et les « saving clubs » (tontines).
29. O. Nnoli, *op. cit.*, p. 98.
30. Les investissements britanniques au Nigeria reprennent rapidement après la guerre, et l'on observe une véritable explosion démographique des centres urbains durant les années cinquante, marquées par le triplement du kilométrage de routes goudronnées et de voies ferrées.
31. J. O. Igue, *op. cit.*, p. 74.

élite, n'ait pas pu jouer ce rôle attendu d'elle, de production d'une couche sociale (celle des dirigeants) « autonome par rapport à son environnement spécifique » tant le saupoudrage urbain fut inégal et avec lui les centres de formation de l'élite locale, très engagée dans la « création et la reproduction de la conscience ethnique »[32].

Systématisation de l'enseignement missionnaire : le « ciment culturel », instrument de marginalisation

Les deux vecteurs de la colonisation exposés ci-dessus nous permettent tout de suite de rectifier deux prénotions encore fortement ancrées tant chez les Européens que chez les Nigérians. La première définit une prédisposition ibo à consommer une éducation de type occidental, la seconde justifie l'actuel déséquilibre Nord/Sud repéré dans le développement de l'enseignement par le refus des élites dirigeantes du Nord d'inscrire leurs enfants dans des écoles non dirigées vers un enseignement coranique[33].

La diffusion d'une instruction scolaire en langue anglaise, ibo ou yoruba a, dans un premier temps, accompagné la progression des missions chrétiennes sur le territoire de l'actuel Nigeria, dans leur tentative de substituer à la traite esclavagiste des relations commerciales plus « légitimes », et bien entendu dans leur mission évangélisatrice. A lire les travaux de J.A. Atanda (pour le pays yoruba) ou de Chudi C. Nwa-Chil (a propos des Ibo), on peut immédiatement réfuter l'idée selon laquelle certaines ethnies auraient accueilli favorablement le projet éducatif de ces missions du fait de prédispositions culturelles, ou en raison d'une proximité supposée de leur système religieux. Les informations fournies par ces deux auteurs, quant à la localisation et la fréquentation des écoles missionnaires, confirment le mouvement déjà évoqué ci-dessus : ce sont les résistances autochtones qui ont bloqué longtemps les missions non loin des côtes. Leurs écoles ont été principalement implantées en milieu urbain (dans les « enclaves coloniales »). C'est enfin par la volonté conjointe des dirigeants traditionnels, au pouvoir dopé par l'*indirect rule*, et de l'administration britannique soucieuse de limiter au maximum les mouvements de po-

32. *Ibid.*, p. 75.
33. On trouve par exemple ce type d'explication dans A. A. Boahen (éd.), *op. cit.*, p. 350 : « Au Nigeria, les Ibo s'occidentalisèrent avec beaucoup plus d'empressement que les Peuls. Au Kenya, les Gikuyu comprirent les avantages de l'éducation occidentale longtemps avant leurs voisins. Le conservatisme et la résistance de la culture islamique, surtout dans le Soudan occidental, ont contribué à freiner le développement de l'influence occidentale, et surtout de l'éducation occidentale ».

pulation entre les trois régions, que les missions ont été littéralement interdites de séjour dans le Nord.

Dans le sud-ouest du Nigeria par lequel débute la conquête britannique, les premières missions s'installent à partir des années 1840, s'efforçant, à l'instar des Africains libérés (non convertis à l'Islam)[34] de retour de Sierra Leone, de diffuser le christianisme en pays yoruba.

Les écoles déployées sur le chemin des missions n'ont guère suscité, dans un premier temps, l'engouement des Yoruba, non pas parce que, comme il est encore souvent avancé, elles ôtent une part de l'éducation des enfants à l'autorité parentale[35], ni même véritablement en raison du manque à gagner économique, mais plutôt par résistance à cette « logique de l'affrontement » qu'a véhiculée à ses débuts le christianisme en Afrique noire. La « mission civilisatrice », vecteur de la domination coloniale et instrument de légitimation des guerres de conquêtes pouvait-elle être autrement perçue alors même que la propagation de la foi chrétienne s'attaquait aux piliers de l'ordre social indigène ? [36]

Dans l'est de la colonie, les missions se heurtent aux mêmes formes de résistance passive le long des côtes ou sur les bords du Niger[37]. La carte scolaire du Nigeria et avec elle celle de l'alphabétisation reproduisent fidèlement jusque dans les années cinquante au moins cette progression des missions, d'autant que leur monopole sur l'éducation scolaire dans le protectorat méridional est à peine entamé avant la Deuxième Guerre mondiale. Les méthodes de propagation du christianisme sont, ici comme ailleurs en Afrique de l'Ouest, responsables d'un mouvement contradictoire qui freine autant qu'il diffuse l'alphabétisation des populations colonisées. L'appréciation selon laquelle la religion constitue un maillon indissociable des cultures locales (ibo, ibibio principalement) aurait, selon toute vraisemblance,

---

34. J.-A. Atanda, bien que ne chiffrant pas précisément le nombre des convertis à l'islam, précise : alors que les chrétiens s'installèrent plutôt à Badagry, le groupe des musulmans s'installa à Lagos. Ils se distinguaient en deux groupes : ceux de Sierra Leone qui devinrent connus sous le nom de « Saro Muslims » et ceux rentrés du Brésil ou de Cuba connu sous le nom de « Aguda muslims ». Ces immigrants augmentèrent de beaucoup la population musulmane du pays yoruba entre 1840 et 1870, *op. cit.,* p. 38.

35. Z. A Ademuwagun (*op. cit.*, p. 222) observe d'ailleurs que sur les quatre phases de l'éducation traditionnelle des enfants yoruba, récurrentes sur l'ensemble de la région, deux au moins (le « jardin d'enfants » et le système post-pubertaire) éloignent déjà l'enfant de sa famille pour des temps spécifiques d'apprentissage.

36 A. Mbembe, *Afriques indociles. Christianisme, pouvoir et État en société postcoloniale,* Karthala, 1988, p. 43.

37. « Les premiers missionnaires à entrer dans l'est du Nigeria venaient de la Church of Scotland Mission qui s'installa à Calabar en 1846 ; ils furent suivis par la Church Mission Society qui démarra ses activités à Onitsha, sur le Niger en 1857, et par les catholiques avec leur première mission également à Onitsha en 1885. La mission Qua Iboe (protestante), dernière arrivée, s'installa dans la région de la Qua Iboe River à Uyo. » C. C. Nwa-Chil, *op. cit.*, p. 44.

stimulé la recherche de l'aliénation de cette culture chez les populations scolarisées par les missions[38]. La méfiance des populations locales se traduit par un refus de fréquentation des écoles missionnaires, dont la présence est par ailleurs toujours associée à la conquête coloniale (rappelons que des poches de résistance dans la région Est persistent jusqu'en 1920). Il se trouve pourtant dans ces régions côtières une population déjà évangélisée (les anciens esclaves et leurs descendants), ou impliquée de longue date dans des relations marchandes avec les Européens, qui constitue le noyau initial des « élèves » de l'enseignement missionnaire[39].

Gênées dans leur pénétration de l'hinterland, les missions tentent à la fin du XIXe siècle d'accompagner le processus de colonisation du Nord. Elles se heurtent à l'hostilité commune de la Royal Niger Company qui conserve jusqu'en 1900 le monopole des activités commerciales britanniques dans la région, des populations locales et en particulier de leurs leaders musulmans très au fait des objectifs généraux poursuivis par l'enseignement missionnaire, et de Lord Lugard, soucieux de préserver l'autorité des interlocuteurs musulmans de sa politique d'administration indirecte. Ainsi, malgré l'ouverture d'une école dans le Nupeland en 1903 (à l'invitation de l'Emir de Zaria), les missions se voient officiellement interdites d'installation dans le nord du Nigeria à l'exception du *middle belt* non musulman[40]. Parallèlement, le gouvernement colonial du Nord inaugure, dès 1906 (ouverture de la première école publique à Sokoto) et jusqu'en 1929, un programme d'éducation préservant soigneusement les équilibres politiques obtenus ou imposés :

> « Le modèle n'était pas le système en vigueur dans le Sud, mais plutôt celui du Soudan. Son but était de faire en sorte que la scolarisation ne remette pas radicalement en cause l'ordre social féodal traditionnel. Les écoles primaires étaient construites et administrées par les émirs. L'instruction religieuse islamique et l'arabe en étaient les sujets dominants. Ces écoles développaient également une éducation dans les domaines de la santé, des arts et artisanats locaux, du jardinage, de la menuiserie, du travail traditionnel du métal, de la mécanique... Sur les questions d'uniformes, d'attitude et de formes de salutation, les élèves étaient tenus de se conformer aux coutumes locales. »[41]

Avant même d'être placé sous l'autorité des administrations régionales, le développement de l'enseignement missionnaire génère des inégalités d'un genre nouveau, liées à la capacité des indigènes à ré-

---

38. *Ibid.* Voir également M. Crowder, *West Africa Under Colonial Rule,* 1968, et A. A. Boahen (éd.), *op. cit.*, pp. 358-359.
39. C. C. Nwa-Chil, *op. cit.*, p. 51.
40. O. Nnoli, *op. cit.*, p. 117.
41. *Ibid.*

pondre aux exigences de qualification de l'économie coloniale. Cette capacité ne s'acquiert que là où les missions se sont implantées, introduisant de nouvelles bases d'échanges commerciaux et de nouvelles qualifications. O. Nnoli, reprenant les données publiées par l'administration britannique (à partir desquelles est bâti, en 1942, le premier plan éducatif décennal), nous propose une projection plus précise de ce que la préservation affichée des entités politiques et culturelles en présence a pu produire comme inégalités dès le début du processus de scolarisation :

> « Jusqu'en 1898, tout l'enseignement était sous contrôle direct des missionnaires. Aussi tard qu'en 1942, ils contrôlaient 99 % des écoles, soit plus de 97 % des élèves inscrits ; les écoles étaient, à l'instar de la population coloniale et des possibilités d'emplois, concentrées dans les zones urbaines. La première école secondaire fut ouverte à Lagos en 1859. En 1895 le Hope Waddel Training Institute était créé à Calabar par la Church of Scotland Mission. Ces deux villes côtières très « avancées » prirent la tête du développement de l'enseignement colonial. En 1900 on comptait huit écoles secondaires au Nigeria réparties comme suit : cinq à Lagos, une à Calabar, une à Oyo, et une à Ogbomosho. En 1921, environ 40 % des Nigérians lettrés du Sud vivaient dans treize centres urbains rassemblant 2 % de la population totale du Sud »[42].

Conclusion

Inégalités et disparités pourraient être les caractéristiques majeures des principales actions coloniales sur le territoire de l'actuel Nigeria avant la Deuxième Guerre mondiale. Sans doute doit-on y voir d'abord la marque du peu d'intérêt que portait le *Colonial Office* à l'unification de protectorats (Nord et Sud) que rien à priori ne liait spécifiquement[43]. Même après la fusion de 1914, une politique régionaliste d'inspiration « culturaliste » a servi une dispersion des activités économiques coloniales le long d'un axe nord/sud sans équivoque. Le Sud, avec son enchaînement urbanisation-migration-scolarisation, s'opposant au Nord figé dans son ordre social et politique antérieur par une présence coloniale purement prédatrice : le tableau évoque, par certains traits, une situation contemporaine, j'en conviens, même si pour mon propos je garde surtout de cette période deux autres déterminants de la programmation et de la gestion ultérieure de

42. O. Nnoli, *op. cit.*, p. 48.
43. Avant que ne s'impose, suite en particulier au traité de Berlin, la nécessité de placer sous une même juridiction les deux espaces commerciaux conquis.

l'enseignement au Nigeria. En premier lieu je retiendrai ce brassage ethnique, opéré rapidement en milieu urbain et dans une logique de compétition pour l'accès aux ressources ; c'est dans ce contexte que l'école coloniale est née, se retrouvant tout de suite enjeu de ladite compétition. Le deuxième point (j'en donnerai plus loin une illustration concrète à propos des projets successifs de gratuité de l'enseignement primaire), me semble être la prééminence du pouvoir local dominant (même sous tutelle). L'administration locale, variable majeure de l'organisation politique, civile ou militaire du Nigeria contemporain[44], ne puise-t-elle pas dans l'*indirect rule* cette conception monopoliste de la production des élites, où la prolifération des établissements d'enseignement supérieur suit presque mécaniquement celle des entités politico-administratives ?

---

44 Voir à ce sujet le numéro 32 de *Politique africaine*, « Nigeria : Le fédéralisme dans tous ses États », décembre 1988.

2

De la Deuxième Guerre mondiale à la guerre civile

L'université nigériane sous caution

Le Nigeria ne dispose pas de système unifié d'enseignement primaire et secondaire lorsqu'en 1945 sont publiés les rapports de deux commissions mises en place par le gouvernement britannique pour définir les besoins en matière d'enseignement supérieur dans ses colonies (commission Asquith), et en Afrique de l'Ouest en particulier (commission Elliot). Cette année-là a valeur de symbole dans l'historiographie nigériane du système éducatif, et nous verrons à quel point en effet ces commissions ont déterminé les conditions de production de l'élite nigériane. Cependant, avant guerre, quelques établissements post-secondaires ont existé au nord comme au sud de la colonie. Dans le même temps, les établissements londoniens et le Fourah Bay College (en Sierra Leone) accueillaient des centaines d'étudiants nigérians. En somme, avant de devenir systématique et programmée, la formation de cadres subalternes locaux fut un souci de l'administration britannique et une revendication des mouvements nationalistes, et ce, y compris dans le contexte de crise économique des années trente. J'aborderai donc d'abord cette question de la stratégie coloniale ayant prévalu à la formation d'une élite locale dans le contexte du déclenchement de la Seconde Guerre mondiale. Ensuite l'évocation du développement programmé des universités nous conduira au-delà de l'indépendance du Nigeria puisque ce sont principalement les conséquences de la guerre civile qui ont provoqué les réorientations des années 70.

Crise et guerre : formation des cadres nigérians à la lumière des prévisions britanniques sur l'avenir stratégique de la colonie

Nous avons survolé dans le chapitre précédent les conditions dans lesquelles s'est constitué l'espace administratif et économique nigérian. Si j'ai particulièrement insisté sur le facteur urbain, c'est non seulement en raison de ses conséquences majeures comme le brassage ethnique ou la concentration d'établissements d'enseignement, mais aussi pour introduire un élément de distinction essentiel des pays de la British West Africa par rapport à ceux de l'Afrique Occidentale française : la constitution d'une véritable bourgeoisie urbaine. Celle-ci rassemble en 1939 l'essentiel de la population lettrée et de la clientèle de l'enseignement missionnaire payant. Les campagnes du Sud ont vu également dans le cadre colonial, l'apparition et l'enrichissement de catégories de paysans favorisées par l'extension des cultures de rapport telle que le cacao[1] ; ces nouvelles catégories revendiquent plus de libertés économiques, plus d'écoles en milieu rural en même temps qu'elles remettent en cause le pouvoir des chefs (plus ou moins) coutumiers protégés par l'administration britannique[2]. Ces groupes sociaux vont déterminer dans l'entre-deux-guerres la nature particulière d'un nationalisme nigérian (sans référence à la région Nord) très précis dans ses revendications relatives au système éducatif de la colonie.

Entre 1930 et 1945, l'économie du Nigeria connaît les convulsions habituellement décrites à propos des possessions européennes en Afrique : baisse brutale des cours du cacao et de l'arachide en 1930, hausse des tarifs douaniers (portés à 100 % en 1934) sur les importations non britanniques destinées à soutenir les productions manufacturières de la métropole, arrêt momentané des programmes publics d'équipement, licenciements massifs, retour à des formes de travail forcé... Globalement, on assiste à une recrudescence de la contrainte dans les relations économiques, révélatrice selon W. Rodney de la « nécessité de renforcer, en période de crise, l'économie coloniale par des moyens non économiques »[3]. Quelques éléments cependant permettent au pays de ne pas connaître une crise de l'ampleur de celle des colonies voisines, ou contribuent tout au moins à une reprise anticipée des activités économiques. Citons tout d'abord le fort degré d'urbanisation qui permet au Nigeria, fait unique en Afrique de l'Ouest, de bénéficier dès les années 30 de quelques industries locales de transformation, capables de maintenir au plus fort de la crise un minimum d'activité. Autre caractéristique atypique pour une possession coloniale, ce pays dispose dès 1911, et ce grâce à l'importance de

1. A. A. Boahen, *op. cit.*, p. 671.
2. A.E. Afigbo, in A. A. Boahen, *ibid.*, p. 544.
3. W. Rodney, *ibid.*, p. 379.

ses infrastructures ferroviaires notamment[4], de trois cultures d'exportation (cacao, huile de palme, arachide) qui lui permettent mieux qu'à d'autres (la Gold Coast par exemple[5]) de résister aux baisses brutales mais passagères des cours. Signalons encore le fait que cette possession ne fut jamais colonie de peuplement, ce qui lui épargna la paralysie, consécutive, chez certains de ses voisins, au départ massif des Européens éloignés par des faillites ou des replis stratégiques sur leurs métropoles.

Après dix années de stagnation, la guerre va donner un coup de fouet à l'économie du Nigeria au travers de l'effort de guerre auquel chaque colonie est astreinte mais aussi en raison d'une situation géographique que l'évolution du conflit rend stratégique[6].

Dans ce contexte, on comprend que le problème de la formation d'une main-d'œuvre qualifiée se soit rapidement et durablement posé. Nous avons vu dans le chapitre précédent qu'à la veille de la seconde guerre mondiale, la quasi-totalité des écoles du sud Nigéria étaient dirigées par des missions chrétiennes. Certains ont pu y voir une forme de démission de l'administration britannique sur cette question éducative, explication hâtive qui fait à mon sens peu de cas des déterminismes locaux.

Dans le domaine éducatif comme sur le plan politique, le gouvernement colonial gère très distinctement les régions Nord et Sud jusqu'à la fin des années 40 au moins. Dans le Sud, plus industrialisé et plus urbanisé, l'enseignement missionnaire assure la scolarisation des enfants, et partiellement la formation professionnelle[7]. Malgré le coût élevé des frais de scolarité, ces écoles attirent proportionnellement plus d'élèves que les écoles publiques des pays voisins de l'AOF. La première explication tient sans doute au développement économique des régions côtières sous domination britannique et à ses conséquences sociales évoquées plus haut. Les modes de conquête ont également

4. J. Egg et J. Philippe, in D. C. Bach (éd), 1986, *op. cit.*, p. 121.
5. Qui fournissait en 1934, 40 % de la production mondiale de cacao.
6. « L'extension de la guerre à l'Afrique du Nord, au Moyen Orient et à l'Inde renforcèrent la valeur stratégique du Nigeria comme station pour les troupes et le matériel en route pour ces régions. En conséquence, des aéroports, des camps militaires, de nouvelles routes et d'autres infrastructures nécessaires furent construits. Ces activités se concentrèrent autour de quelques centres urbains clés, particulièrement Lagos, Ibadan, Kaduna, Kano, Maiduguri, Jos et Enugu. L'un des effets fut l'accélération de l'urbanisation. En 1939, le nombre de salariés au Nigeria était de l'ordre de 183 000. En 1946 ce nombre était passé à 300 000. » (O. Nnoli, *op. cit.*, p. 102).
7. Ce qui ne signifiait pas pour autant absence de contrôle administratif comme le rappelle M. Crowder (1968, *op. cit.*, p. 375) : « Les gouvernements de l'Afrique de l'Ouest sous domination britannique, à l'exception du Nord Nigeria, n'administraient directement qu'une infime partie du système scolaire. Leur principal effort éducatif fut entrepris au travers de l'action des écoles missionnaires, qu'ils ne soutenaient qu'à la condition qu'elles se conforment à leurs exigences ».

influencé le type de système éducatif retenu. Rappelons que dans l'AOF, « fabriquée » d'abord à partir de pays musulmans, les missions ont joué un rôle infiniment moins important que dans la British West Africa[8]. Bien que les statistiques d'alors portent sur des établissements parfois très différents, on peut se faire une idée assez précise de la « supériorité » des régions sous domination britannique à la veille de la Deuxième Guerre mondiale :

> « On comptait en 1938 pour environ 13 millions d'habitants dans toute l'AOF, 71 000 élèves de l'enseignement primaire officiel et gratuit. La même année 73 000 élèves fréquentaient les écoles – toutes missionnaires et payantes – de la seule Gold Coast (4 millions d'habitants), mais 25 000 élèves seulement celles de la Nigeria du Nord (13,5 millions d'habitants) où les écoles étaient organisées par le gouvernement, les *Native Authorities* ou bien par les missions (mais seulement dans le *Middle Belt* non musulman) »[9].

Ces données ont l'intérêt de relativiser l'image très « systématique » que nous avons encore du développement de l'enseignement dans ces régions. Loin de moi l'idée d'esquiver l'importance de la « conception » du système éducatif qui prévalait alors chez les puissances coloniales[10] ; mais nous voyons bien ici que leur pragmatisme autant que les contingences locales ont multiplié les exceptions. Ainsi le nord du Nigeria peut-il être comparé aux régions voisines de l'AOF tant au niveau des taux de scolarité enregistrés durant la période coloniale qu'à celui de l'implication de l'administration dans les programmes et la gestion des écoles[11]. De même, on relève pour l'entre-deux-guerres, des pourcentages de scolarité très élevés dans les quelques régions de l'Afrique française où dominent les écoles missionnaires subventionnées (parties sud du Dahomey, du Togo et du Cameroun).

---

8. C'est dans *Histoire de l'Afrique contemporaine de la Deuxième Guerre mondiale à nos jours,* (1972, ch. I) de M. Cornevin que j'ai trouvé les éléments les plus intéressants pour une synthèse comparative sur cette question. Les « manuels » d'histoire africaine, et en particulier les volumes édités par l'Unesco, sont étonnamment discrets sur cette question de l'enseignement sous domination coloniale.
9. *Ibid.* p. 23.
10. Le principe d'un enseignement étatisé, laïc et gratuit est incontestablement présent dans les décrets organisant l'enseignement en AOF (1903) et en AEF (1907).
11. Avant 1945, les missions installées dans le Sud n'ont pas besoin d'autorisation gouvernementale pour ouvrir une école, et l'on assiste d'ailleurs dans les années 30 selon M. Cornevin (*op. cit.*, p. 25) à « une véritable inflation de diplômés, que l'administration britannique refuse d'employer à des postes de responsabilité correspondant à leur diplôme ».

Globalement, au Nigeria comme dans les autres colonies, les taux de scolarité évoluent en fonction des opportunités d'embauche dans le secteur industriel et dans l'administration. L'« inflation de diplômés » relevée par M. Cornevin est bien entendu très relative, et le refus de l'administration d'introduire, malgré les pressions croissantes des nationalistes, un enseignement primaire gratuit sur l'ensemble du territoire doit être interprété comme un élément de régulation des migrations, et du rapport entre le nombre d'emplois qualifiés disponibles et celui de la population scolarisée. Par conséquent, le faible engagement financier de la Couronne dans la formation scolaire et professionnelle des autochtones, rendu possible par la présence de l'enseignement missionnaire, ne doit pas occulter la clairvoyance de l'autorité coloniale dans ce domaine. Dès les années 30, le gouvernement se montre convaincu de la nécessité de développer à la fois des formations professionnelles et un enseignement supérieur ; quelques établissements post-secondaires existent déjà, même s'ils sont loin de satisfaire la bourgeoisie de Lagos et les milieux nationalistes, qui font de la notion d'équivalence (avec les diplômes de la métropole) un préalable à toute négociation sur l'enseignement. Citons par exemple, le King College et le Training College de Lagos dont les programmes très « professionnels » sont selon A. O. Sanda, l'exacte traduction de la manière dont le gouvernement entend, au début des années trente encore, répondre au manque de main-d'œuvre qualifiée[12]. Cet enseignement prolonge sans aucune rupture l'enseignement dispensé dans les écoles secondaires du sud, et plus particulièrement dans les écoles gouvernementales :

> « Le cursus comprenait des formations professionnelles telles que la menuiserie, le travail du bois, l'artisanat d'art, des activités culturelles, de la science agricole, en plus des disciplines académiques... Par exemple, chaque « résidence » de l'Edo College de Benin City, comme dans tout collège gouvernemental, avait un terrain à cultiver, l'école assurait l'enseignement du dessin technique et du travail du bois, les locaux étaient nettoyés, tout comme étaient tondues les pelouses, par les élèves »[13].

Dans le Nord, c'est sur l'élite sortie du Katsina College que les Britanniques entendent faire reposer leur administration indirecte. L'établissement, peu axé sur l'enseignement technique, a longtemps servi de tremplin à la nomenklatura politique nordiste :

> « Barewa College, créé en 1921 à l'époque coloniale avec l'appellation de « Katsina College », avait pour objectif la création d'un

---

12 A. O Sanda, 1991, p. 25.

13. E. U. Emovon, « University Education : a Scientist's Viewpoint », in J. A. Atanda et T. N. Tamuno, *Nigeria since Independence. The first 25 Years*, vol. 3, « Education », 1989, p. 267.

> corps de leaders nordistes, musulmans et conservateurs. Les notes y étaient données uniquement sur la base de « qualités de commandement ». Seuls le régime du général Ironsi en 1966 et celui du général Babangida n'ont pas été dominés par les Barewa Old Boys »[14].

Aucun de ces établissements, pour réputés qu'ils soient, ne peut être considéré comme relevant de l'enseignement supérieur. Ce sont les années de crise économique, alors que se radicalise la revendication nationaliste, que s'accroît l'influence américaine dans la région[15] et que se précise la menace d'un nouveau conflit mondial, qui véritablement ouvrent le champ de l'enseignement supérieur nigérian. La création du Yaba Higher College (Lagos) en janvier 1934 constitue en ce sens, à la fois une réponse précipitée aux pressions locales et un premier pas vers l'ouverture de l'université-collège d'Ibadan, suivis en 1938 du lancement d'un programme de bourses d'enseignement supérieur et en 1939 de la mise en place des commissions Elliot et Asquith.

Le Yaba Higher College répond provisoirement au problème de débouchés qui se pose à la sortie des écoles secondaires et professionnelles du pays en assurant des formations de haut niveau jusqu'alors inexistantes (enseignants, ingénieurs, médecins...). Pourtant son statut génère immédiatement un mécontentement au sein l'élite nigériane concernée. La presse de Lagos[16] fustige un établissement qualifié d'« université au rabais » ; s'ensuit « une tempête politique analogue à celles que des projets similaires engendrèrent dans d'autres colonies,

---

14. J. Ibrahim, « La société contre le bi-partisme ? », *Politique africaine*, n° 32, déc. 1988, p. 8. Cet établissement est également présenté par J.-F. Bayart (*op. cit.*, p. 203) comme l'une des grandes filières scolaires (avec le Makerere College, Fourah Bay ou encore L'Ecole William Ponty) de la « dynamique de l'assimilation réciproque des segments de l'élite sociale » (unification des élites et fabrication d'une classe dominante) caractéristique selon lui de l'Afrique noire.
15. Selon A. O. Nwauwa (« The British Establishment of Universities in Tropical Africa, 1920-1948. A Reaction against the Spread of American « Radical » Influence », *Cahiers d'études africaines*, 130, XXXIII-2, 1993), les explications traditionnelles de l'établissement des universités en Afrique de l'Ouest (sous domination britannique) ont négligé ce motif essentiel (p. 248). La réaction à cette influence considérée comme « néfaste » par l'autorité coloniale, est d'après lui manifeste dès les années 20, précisément depuis qu'une commission américaine (Phelps-Stokes Fund) s'est permis la publication en 1922 d'un rapport critique sur l'état de l'enseignement en Afrique de l'Ouest (p. 252) et alors que les principaux leaders nationalistes ont fait leurs études aux États-Unis (p. 256).
16. La presse africaine a été un élément fondamental de l'organisation du nationalisme ouest africain (1ère parution en 1855 à Freetown). Selon M. Cornevin (*op. cit.*, p. 19). « C'est peut être le fait capital qui distingue les proto-nationalismes africains noirs, britanniques et français. » Signalons dans le cas nigérian le « Comet » fondé par Duse Mohamed en 1933 et la Zik's Press Limited de N. Azikiwe avec en particulier le West African Pilot (1937). Voir également à ce sujet A. Boahem (éd.), *op. cit.*, ch. 25.

notamment aux Antilles »[17]. Sans doute les autorités britanniques ont-elles sous estimé l'importance accordée par les riches familles nigérianes (dont un ou plusieurs membres parfois ont fréquenté les universités d'Angleterre, d'Amérique ou de Sierra Leone) aux notions d'excellence et d'équivalence. Nul doute, en revanche, que cette équivalence ait été à dessein esquivée, au moins pour d'évidentes raisons financières :

> « Le niveau d'instruction obtenu de cette institution était réglé en dessous de ce qui aurait été obtenu dans une université conventionnelle. En conséquence, les diplômés du Yaba College étaient nommés à des postes inférieurs à ceux auxquels un diplômé d'université pouvait prétendre. Les diplômes ne faisaient en outre autorité que localement. Par exemple, les diplômés en médecine, en dépit de la rigueur des programmes du Yaba College, n'obtenaient que des postes d'assistants médicaux »[18].

Le débat sur le *standard* du Yaba Higher College est très révélateur à fois de la tension qui se cristallisait dans les années 30 autour de l'enseignement supérieur en gestation dans la colonie, et de l'enjeu qu'il représentait déjà pour la bourgeoisie locale. Jusqu'alors l'enseignement avait été pensé, dans sa conception au moins, en réponse à des besoins immédiats de main d'œuvre. L'introduction du troisième cycle traduit également une projection dans le long terme à laquelle les autorités coloniales s'étaient jusqu'alors refusé, puisqu'elle impliquait un débat sur la planification et le financement de l'enseignement mais aussi sur l'autonomie politique de la colonie. Bien sûr la guerre et la victoire pour laquelle les colonies ont tant donné, ont placé l'administration coloniale en position délicate face aux nationalistes nigérians soucieux d'obtenir des compensations. Mais le projet de l'université-collège est véritablement né de cet avant-guerre que je viens d'évoquer et qui s'achève avec la mise sur pied des commissions Asquith et Elliot.

---

17. A.B. Aderibidge, « The Universities of Nigeria », *Commonwealth Universities Yearbook,* 1992, p.2449.
18. E. U. Emovon, *op. cit.*, p. 268.

Le développement programmé de l'enseignement supérieur : commissions, équilibres, modèles

Les commissions et leur impact

La publication en 1945 des rapports de ces deux commissions annonce une dimension nouvelle du système éducatif nigérian : sa planification. Par ailleurs leurs recommandations, et plus particulièrement celles émises par la commission Elliot, s'inscrivent résolument dans la perspective d'États indépendants. Elles sous-entendent de fait une révision de la politique à adopter, privilégiant le développement de véritables universités internationalement reconnues, plutôt que d'établissements post-secondaires d'enseignement technique.

L'instauration du *UPE Scheme* en 1975 fut le premier véritable coup de canif donné à la programmation du système éducatif préconisée par les commissions. Elles auront donc fait autorité (relayées en 1959 par la commission Ashby) pendant plus de trente ans au total, et plus de quinze années après l'indépendance. Les débats sur leurs recommandations ont accompagné jusqu'à ce jour les bonds et revirements de la politique éducative du Nigeria (naissance de l'université collège d'Ibadan, de Nsukka, *UPE Scheme*, *6-3-3-4 System*), au cœur desquels nous retrouvons systématiquement les questions du financement et de la priorité à retenir entre éducation de masse et enseignement supérieur.

L'impact le plus immédiat des commissions Asquith et Elliot fut la création des universités-collèges d'Ibadan au Nigeria et de Legon en Gold Coast. Le fait que leurs rapports aient été tous deux présentés en juin 1945 au Parlement britannique tend à confondre les recommandations des deux commissions dans un même mouvement. L'une pourtant, sous la responsabilité de Walter Elliot, comprenait entre autres personnalités, des notables comme K. A. Korsah du Ghana ou le révérend I. O. Ransome Kuti du Nigeria. Sa mission consistait plus spécifiquement en un examen des besoins en matière d'enseignement supérieur dans la British West Africa et en une série de recommandations sur la manière d'y répondre. C'est précisément à Elliot et ses collègues que le Nigeria et le Ghana doivent l'implantation de leurs premières universités. Le type d'établissement retenu (université-collège) est par contre dû aux recommandations de l'autre commission convoquée en 1943 sous la direction de Justice Asquith, et qui était « principalement concernée par la forme que prendraient les universités envisagées dans les colonies et par les principes qui les guideraient »[19].

19. F. Ojo, *Nigerian Universities and Manpower High Level Development,* 1983 p. 26.

Souhaitée de longue date par les nationalistes et la bourgeoisie nigériane (du Sud) la première université du Nigeria naît donc en 1948 à Ibadan sous la forme d'une université-collège. L'on peut aujourd'hui se demander si cette date ne marque pas la naissance du système éducatif dans son ensemble, plutôt que celle du seul enseignement supérieur, et ce pour deux raisons : aucune commission similaire ne s'est préoccupée antérieurement de la projection dans le Nigeria indépendant (ni même colonial) d'un système unifié d'enseignement primaire et secondaire. Par ailleurs, les rapports Elliot et Asquith se rejoignent sur un point essentiel (également partagé par la plupart des nationalistes de l'époque), la nécessité de doter la nouvelle nation de véritables « conseillers » indigènes. Autrement dit, Ibadan qui symbolise encore aujourd'hui le sommet du (très) pyramidal système éducatif de la Fédération, fut immédiatement conçue comme la première pierre de l'édifice :

> « Suggérer que le niveau d'une université dépende directement du niveau général d'instruction de la population, c'est ignorer tout de l'histoire des universités elles-mêmes. Les grands savants des siècles passés ne furent pas les produits d'une instruction « universelle » étendue à la hutte de chaque paysan. Ce fut au contraire exactement l'inverse. L'éducation du plus grand nombre fut rendue possible par les recherches intenses et prolongées de quelques-uns »[20].

La commission Asquith n'envisageait pas autrement le décollage éducatif des possessions britanniques :

> « Les leçons à tirer de l'histoire sont infiniment claires, même si elles peuvent sembler paradoxales à première vue ; elles nous enseignent que là où l'instruction dans son ensemble est en retard, l'effort est mieux récompensé s'il se porte sur les niveaux les plus élevés. Il faut se souvenir que le développement des universités en Europe a précédé l'organisation systématique d'un enseignement de masse »[21].

Sur le terrain nigérian, de telles positions sur l'école ne pouvaient que satisfaire la bourgeoisie du Sud, encore échaudée par l'expérience du Yaba Higher College. Sans doute le choix du statut d'université collège préconisé par le rapport Asquith pour les colonies fut-il largement influencé par les remous nationalistes[22] que Yaba créa au-delà

---

20. Cmd 6655 : *Report of the Commission on Higher Education in West Africa*, (the Elliot Report), juin 1945 p. 18, cité dans T. N. Tamuno, *Nigerian Universities, their Students and their Society*, 1989, p. 128.
21. Cmd 6647 : *Report of the Commission on Higher Education in the Colonies* (the Asquith Report), juin 1945, p. 12, cité dans T. N. Tamuno, *ibid.*, p. 129.
22. Pour M. Crowder le statut inférieur du Yaba Higher College dans les années 30 et

même des frontières nigérianes. Définie comme « une institution d'enseignement supérieur de niveau universitaire n'étant pas habilitée à délivrer de diplômes »[23], l'université-collège d'Ibadan fut affiliée à l'université de Londres jusqu'en 1962, offrant ainsi les garanties d'équivalence et d'excellence revendiquées par les « anti Yaba »[24].

L'ouverture de l'université-collège en 1948 ne marque pas seulement le choix à long terme d'une politique éducative éminemment élitiste. Elle officialise les déséquilibres régionaux déjà très marqués dans la dispersion des institutions d'enseignement, alors même que ses concepteurs l'imaginent dans la perspective d'un État indépendant comme instrument de fabrication d'une élite entièrement dévouée à la cause de l'État :

> « C'est l'université qui doit offrir les meilleurs moyens de neutraliser l'influence des différences raciales et des rivalités régionales qui entravent la formation des institutions politiques sur une base nationale. Plus encore, les universités servent le double objectif de maintenir et de raffiner ce qu'il y a de mieux dans les cultures et traditions locales, tout en représentant dans le même temps le moyen par lequel ceux qui ont été élevés sous l'influence de ces traditions et cultures peuvent entrer sur un pied d'égalité dans la communauté intellectuelle internationale »[25].

Les rapports des commissions ont fait l'objet de sérieuses critiques dès les années 50, notamment à propos des très faibles effectifs et de l'inadaptation relative des formations dispensées aux besoins du pays, alors que se précisait le départ des fonctionnaires expatriés. Ces critiques ont souvent mis l'élitisme des recommandations Asquith et Elliot sur le compte d'une tradition britannique doublée d'une méconnaissance du contexte nigérian. Pourtant, quelques années plus tard, la commission Ashby, spécifiquement investie d'un projet de planification de l'enseignement supérieur nigérian sur vingt ans, défendait un cap similaire. Dans son document[26] préfigurant le paysage universitaire des premières décennies du Nigeria indépendant (bouleversé ensuite par la guerre civile et le boom pétrolier), la commission qui comprenait, entre autres éminents notables et universitaires, Kenneth O. Dike (futur Vice Chancelier de UI) et le sénateur Shettina Kashim

40 « fit plus que tout autre facteur pour réveiller le sentiment nationaliste parmi l'intelligentsia nigériane » in M. Crowder (ed), *The Cambridge History of Africa*. vol. 8, 1984, p. 373.

23. Cmd 6647, in F. Ojo, *op cit.*, p. 26.
24. Entre 1948 et 1962, les effectifs étudiants passent de 104 à 949 alors que le nombre de diplômés passe de 35 en 1953 à 141 en 1959.
25. Cmd 6647, in T. N. Tamuno, *op. cit.*, p. 129.
26. Intitulé : « Investment in Education : Report of the Commission on Post-School Certificate and Higher Education (1960) », Federal Ministry of Education Lagos, 1960.

(Waziri de Borno), insistait tout autant sur l'importance de l'équivalence internationale des diplômes nigérians :

> « Les universités ne sont pas comme les autres institutions d'enseignement ; elles ont un devoir de fidélité non seulement envers leur pays d'implantation mais aussi envers la communauté des universités du monde entier. Cette double fidélité est essentielle car les diplômes d'université d'un pays, à l'instar de sa monnaie, doivent être convertibles. De par une tradition vieille de six siècles, les universités aiment à reconnaître les diplômes des autres, à accueillir leurs chercheurs, car c'est là la seule façon de maintenir un niveau scientifique international. Les activités d'une université ne connaissent d'autres frontières que celles du savoir »[27].

C'est en gardant à l'esprit ces recommandations soutenues par des universitaires nigérians, qu'il convient de lire les pages consacrées plus loin à l'histoire sociale de l'université d'Ibadan. Le souci de perpétuer une tradition d'excellence, par exemple, doit avoir comme référent celui des premiers planificateurs de l'enseignement nigérian de l'élever immédiatement au niveau international déjà expérimenté à l'étranger par une partie de la bourgeoise du sud. Cependant, les conséquences du travail des commissions évoquées ici ne résident pas dans la seule dimension élitiste de l'enseignement supérieur nigérian. Le rapport Ashby, par exemple, s'appuyant sur une étude prospective relative aux besoins futurs de la Fédération en main-d'œuvre hautement qualifiée[28], établissait un calendrier précis des créations d'établissement (en partie respecté jusqu'en 1975) incluant les universités fédérales de technologie (FUT), et préconisait la mise en place d'une Commission nationale des Universités. Ainsi, bien que très inégalement dispersées sur le territoire nigérian, les premières institutions d'enseignement supérieur ont fait l'objet d'un souci d'harmonie nationale alors même que, ni l'enseignement secondaire ni même les nouvelles institutions politiques inaugurées dans les années 50, ne semblaient tendre vers cette option.

---

27. The Ashby Report, p. 31, cité dans T. N. Tamuno, *op. cit.*, p. 130.
28. Cette étude, plus connue sous le nom de rapport Harbinson (cité dans *The Ashby report*) a donné naissance au National Manpower Board établi en 1962 qui avait notamment pour mission « la détermination des besoins en main -d'œuvre de la nation dans tous les secteurs ; l'élaboration de programmes de formation (à destination du Conseil économique national du gouvernement fédéral) s'appuyant sur l'expansion de l'université, de la formation, des bourses et autres possibilités ; et la coordination des politiques et activités des ministères fédéraux et régionaux prioritairement concernés par les problèmes de main d'œuvre. » in *Federation of Nigeria Gazette* 15 février 1963, cité dans F. Ojo, *op. cit.*, p. 29.

Autour des constitutions Macpherson et Lyttleton : l'éducation dans le processus d'indépendance

Les années 50 sont marquées au Nigeria par un double mouvement politique : constitutionnel d'abord avec les constitutions Macpherson et Lyttleton qui, en accordant une autonomie politique importante aux trois « régions », composant alors le pays, jettent les bases du fédéralisme nigérian ; nationaliste ensuite, puisque sur les fondements des organisations pan-ethniques (stimulées par les fort mouvements d'exode rural des années 30) naissent trois grands partis[29] aux bases régionales conformes au découpage administratif opéré par les Anglais.

La constitution Lyttleton de 1954 intervient deux ans après que des élections générales aient renforcé les trois partis dans leurs régions. Depuis 1951 en effet (constitution Macpherson), le paysage politique et avec lui les prémisses du paysage éducatif sont tracés : le rêve, un instant caressé par les nationalistes, d'un système d'enseignement unitaire est balayé par un régionalisme dont les entités méridionales, déjà mieux dotées en institutions d'enseignement, vont se servir pour assurer la mainmise de leurs élites sur tous les postes clefs de l'administration libérés par les Britanniques. Les constitutions Macpherson et Lyttleton, bien que n'ayant accordé qu'un intérêt marginal à l'enseignement primaire et secondaire, ont marqué de ce point de vue un tournant dans l'histoire de l'éducation au Nigeria. Cette dernière se décentralise en même temps que le pouvoir politique, donnant aux différences notables entre les systèmes éducatifs du Nord et du Sud une forme institutionnelle[30].

Cette phase de transition vers l'indépendance qui caractérise les années cinquante au Nigeria est généralement qualifiée par les historiens de période de « nigérianisation ». Ce processus pourtant, loin de favoriser le développement d'une cohésion nationale nouvelle, fait paradoxalement de la compétition ethnique sa première conséquence, et l'on peut aujourd'hui considérer les inégalités scolaires et

29. Ces partis sont le National Council of Nigeria and the Cameroons de N. Azikiwe dans l'Est, l'Action Group de O. Awolowo dans l'Ouest, et le Northern People's Congress de Sir Ahmadu Bello dans le Nord.

30. L'autonomie laissée aux régions dans la gestion de leur système éducatif répondait à l'inégalité des systèmes électoraux en vigueur. A la veille de l'indépendance, lors des élections fédérales de 1959, le principe du suffrage universel était adopté dans l'Est, l'Ouest et à Lagos alors que seuls les hommes votaient dans la région Nord. De même, seule cette région maintenait un scrutin ouvert, le *queueing system,* alors que le vote à bulletin secret était en vigueur depuis plusieurs années dans les régions Est et Ouest. Voir O. Nnoli, 1980, p. 121 et également l'article de J. Ibrahim « Démocratie à la nigériane : les électeurs font la queue », *Politique africaine,* n° 43, 1991, à propos de la réactualisation de ce procédé électoral (sous l'appellation « principe de Fatima ») lors des élections aux collectivités locales de 1990.

l'autonomie politique des « régions » comme les principaux catalyseurs de cette compétition. Les projections idéalisées des commissions Elliot et Asquith (votées par l'assemblée britannique) sur le rôle de l'université en Afrique de l'Ouest ont quelques saveurs surréalistes lorsqu'*a posteriori,* on mesure les effets du fédéralisme qui dans le même temps se construisait au Nigeria :

> « Avec un niveau d'instruction très en retard sur celui du sud, la nigérianisation signifiait que les postes les plus élevés de chaque administration seraient occupés par les sudistes qui détenaient déjà les postes subalternes. Pratiquement tous les étudiants du supérieur aussi bien à l'étranger qu'au Nigeria étaient alors originaires du sud. Les sudistes diplômés accentuaient leur pression pour l'ouverture des postes à responsabilité aux Nigérians, alors que les nordistes, instruits ou non, qui n'étaient pas prêts à voir les gens du sud venir remplacer les expatriés dans leur propre région, souhaitaient le maintien quelques temps du personnel britannique dans leur administration régionale. Dans de telles circonstances il allait être difficile de maintenir longtemps la politisation de l'ethnicité hors de la fonction publique »[31].

Les universités Ashby entre modèles éducatifs et tentations régionalistes

La première conséquence concrète généralement attribuée à la publication du rapport Ashby est l'ouverture, dans les deux années suivant l'indépendance, de quatre nouvelles universités : l'université de Lagos (1962), financée par le gouvernement fédéral, la University of Nigeria (Nsukka 1960), Ahmadu Bello University (1962), et l'université de Ifé (1962, aujourd'hui Obafemi Awolowo University), financées respectivement par les gouvernements des régions Est, Nord et Ouest. Cependant, précisons que l'université de Nsukka était déjà programmée lors de la publication du rapport en 1960, et que celle de Ifé, en revanche, n'y figurait pas. Elle fut en effet ouverte contre l'avis de la commission, financée par la région Ouest arguant du coût de l'expatriation de milliers d'étudiants yoruba vers le Royaume-Uni[32]. Ces deux établissements, ou plus exactement les motivations ayant

31. O. Nnoli, *op. cit.*, p. 189.
32. 2 951 étudiants de la région Ouest étaient dans ce cas en 1959 parmi lesquels 312 boursiers. D'après « Western Nigeria, White Paper on the Establishment of a University in Western Nigeria », *Sessional Paper,* n° 12, 1960. Cité dans F. Ojo, *op. cit.*, p. 29.

conduit à leur ouverture, sont très caractéristiques des tentations (la recherche de modèles éducatifs plus démocratiques, le désir des régions de s'assurer le contrôle de « leurs » établissements) entre lesquelles le système universitaire nigérian a évolué jusqu'au milieu des années 70, sans que ne soit remise véritablement en cause la tutelle britannique.

Autour de l'université de Nsukka (University of Nigeria) : le débat sur l'élitisme

La controverse engagée avec la publication des rapports Asquith et Elliot, autour de la sélection à l'entrée en université, resurgit en octobre 1960 lorsque, quelques mois après la signature de l'indépendance, N. Azikiwe vient en personne inaugurer la première université du Nigeria indépendant.

Dans un contexte de vives tensions ethniques autour du contrôle des rouages administratifs abandonnés par les Britanniques, on imagine aisément l'enjeu politique de cette création. Le choix du site de Nsukka, au cœur de la région Est, est à cet égard plus que symbolique puisqu'avec une capacité annoncée de plus de 10 000 étudiants[33], le campus doit permettre à la région qui en assure la gestion un contrôle quasi absolu de la formation de son élite.

La création de Nsukka procède alors d'une sorte de rééquilibrage peu contesté dans son principe. Pourtant, en l'absence de « carte scolaire », les deux universités du pays se retrouvent très rapidement en compétition. Elles dévoilent alors les enjeux régionaux qui pèsent sur l'enseignement supérieur et la contradiction dans laquelle s'engage tout le système, entre la poursuite d'un plan éducatif d'inspiration coloniale et la tentation de faire accéder le plus grand nombre aux diplômes de l'enseignement supérieur.

Cristallisant des ambitions régionalistes, voire ethnicistes, un débat idéologique de fond et une compétition entre Britanniques et Américains pour la diffusion de leurs « modèles » éducatifs en Afrique anglophone[34], l'université de Nsukka se retrouve dès son ouverture au cœur d'une polémique portant sur son système d'admission :

---

33. La croissance des effectifs de Nsukka est sans commune mesure avec celle de UI. En 1962, lors de sa deuxième session, la « University of Nigeria » compte déjà pratiquement autant d'étudiants que sa rivale de la région ouest (1148/1688). Quatre années plus tard (1966/67) elle rassemble à elle seule un tiers de la population étudiante du pays (9170) qui compte alors cinq universités. Chiffres tirés de A. B. Fafunwa, *A History of Nigerian Higher Education,* 1971, p. 195.

34. Pour une vision « de l'intérieur » de tous ces enjeux, lire le roman satirique de V. Chukwemeka Ike, *The naked gods*, 1970, qui se déroule précisément dans la première université d'un grand pays anglophone d'Afrique de l'Ouest au lendemain de son indépendance. Y sont évoquées notamment les stratégies respectives

« L'université annonça qu'elle fonctionnerait prioritairement sur le principe de « quatre années pour une licence », mais que dans les faits elle ferait exception pour les titulaires du « A Level » (ou High School Certificate) pour qu'ils puissent passer leur licence en trois années. La presse et l'opinion publique concernée commencèrent à malmener cette université « de style Yankee » et à l'accuser de faire « baisser le niveau »[35].

La portée réelle de ce débat ne peut être bien saisie sans un retour sur l'année 1956. Cette année-là marque l'introduction au Nigeria du « prestigieux » modèle britannique de transition vers l'enseignement supérieur connu sous le nom de « Sixth Form ».[36] Bien qu'immédiatement décrié par une partie de la mouvance nationaliste (N. Azikiwe en tête), le système est rapidement appliqué par les écoles privées du sud de la fédération, relayées par l'université-collège d'Ibadan qui, la même année, commence à changer de stratégie en privilégiant un recrutement au « A Level » au détriment des *fifth formers* (détenteurs du « O Level »)[37].

En réalité il semble que cette élévation du niveau d'entrée en université ait globalement satisfait la bourgeoisie du Sud, jusqu'à ce qu'au début des années 60, le nombre de détenteurs du « A level » ne puisse plus satisfaire au nombre de places disponibles dans les nouveaux établissements. Ce que les détracteurs du *sixth form* dénonçaient, c'était toute la structure de l'enseignement secondaire que les *High Schools* drainaient, et en particulier l'orientation exclusive vers des cycles longs d'enseignement général[38].

En recrutant des *fifth formers* pour un cycle universitaire de quatre années, l'université de Nsukka ne jetait pas seulement le trouble sur la sélection d'entrée dans les université nigérianes, elle énonçait une philosophie de l'enseignement supérieur radicalement opposée à celle proposée par UI, inspirée directement de l'idée américaine du *Land Grant College*[39] :

des coopérants anglais et américains (exploitation des conflits internes...) pour « placer » leur « modèle ».

35. A.B Fafunwa, *op. cit.*, p. 238.

36. Ce système dispense un enseignement secondaire en cinq ans, sanctionné par un examen (Ordinary level GCE). Des résultats au « O Level » dépend l'admission dans une High School pour préparer en deux ans ce programme dit « sixth form » sanctionné lui aussi par un examen (Advanced Level, ou HSC), passeport obligatoire pour l'université.

37. Cette stratégie sélective permet à l'université-collège de maintenir un niveau d'enseignement très élevé. En 1960, après douze ans d'existence, elle ne compte que 2 500 étudiants, forçant chaque année nombre de jeunes Nigérians recalés à l'expatriation.

38. T. F. Aiyepeku, *op. cit.*, p. 32.

39. Ces collèges, suscités par le Morrill Act de 1862, symbolisent l'appui de l'État fédéral (jusqu'en 1914) à l'enseignement technique, surtout agricole. il n'est pas étonnant qu'ils aient inspirés le projet éducatif de N. Azikiwe pour le Nigeria, tant les similitudes de situations sont nombreuses dans les parcours de ces deux

« Nsukka introduisit un grand nombre d'enseignements nouveaux qui n'étaient habituellement pas acceptés dans les universités d'inspiration britannique des colonies comme de véritables enseignements universitaires : la musique, les beaux-arts, l'éducation physique, l'agriculture, l'enseignement professionnel et technique, le secrétariat, le commerce et le « B. A/B. Tous ces enseignements disposaient de la même reconnaissance que les enseignements de licence alors répandus comme le droit, la religion, la physique... »[40].

L'expérience novatrice de Nsukka, brutalement interrompue par la guerre civile, n'a pu marquer la rupture attendue de ses initiateurs, et les deux systèmes ont perduré côte à côte, à l'intérieur même des universités, pendant une vingtaine d'années, empêchant toute planification de l'enseignement secondaire[41].

Au cours des années soixante, session après session, le nombre de candidats admis en cours préliminaires, c'est-à-dire titulaires du seul *O Level,* ne cesse d'augmenter mais ne concerne pas également tous les établissements. La proportion d'admis selon l'un ou l'autre des modes devient même un critère officieux du niveau des institutions : à la rentrée 1972, tous les nouveaux admis à l'université de Benin City entrent en cours préliminaire, alors qu'ils ne représentent que 20 % des admissions à l'université de Lagos. L'université de Nsukka ne recrute cette année-là aucun candidat non titulaire du « A Level »[42], virage pour le moins spectaculaire de la part de l'instigateur de la « licence en quatre ans ».

Sans déprécier la portée du débat idéologique de fond engagé à l'occasion de l'ouverture de Nsukka, on peut considérer que son retentissement politique a été essentiellement dû à l'obligation pour les leaders indépendantistes de s'exprimer sur les relations à venir entre le Nigeria et son ancienne métropole. S'interroger d'abord sur la fonction d'intégration de l'université revenait à privilégier sa fonction politique, la fabrication de l'élite dirigeante, au détriment de sa fonction de stimulation de la mobilité sociale. Or, comme le souligne justement V.C. Ike, avant la fin des années 70, la reproduction de l'élite

---

pays vers leur indépendance. Par opposition aux universités créées antérieurement, les collèges américains du XIXe siècle ont l'ambition de « cesser d'être des cloîtres pour devenir des ateliers » en même temps qu'ils cristallisent de fortes attentes en matière d'intégration nationale. Voir à ce sujet A. Touraine, *Université et société aux États-Unis,* 1972, (pp. 27-30 en particulier pour les *Land Grant Colleges*).

40. D. Ademisokun-Turton, « Managing the higher education in transition : problems and challenges in periods of incertainity », in A. O Sanda, *op. cit.*, p. 39.

41. Sur la complexité des modes d'admission en université en vigueur dans les années 70, voir V.-C. Ike, *University Development in Africa : The Nigerian Experience,* 1976, p. 130.

42. Chiffres tirés de F. Ojo, *op. cit.*, p. 34.

dirigeante passe peu par l'université, et encore moins par celles du pays (exception faite d'Ibadan et dans une moindre mesure de Nsukka).

Le report *sine die* du choix d'un système national unique pour l'enseignement universitaire témoigne à cet égard des pressions externes et internes qui pesaient alors sur lui, en faveur du maintien des *High Schools*, garantes de l'équivalence internationale des diplômes, et donc de l'accès aux universités américaines et européennes.

Les tensions ethniques très vives, les rivalités internes pour le contrôle des régions dans un contexte de forte croissance industrielle[43], réclamaient en revanche, avant le déclenchement de la guerre civile, une main-d'œuvre formée aux nouvelles technologies dans des établissements moins sélectifs.

On peut expliquer ainsi les hésitations de la politique éducative nigériane immédiatement placée au cœur des enjeux auxquels la gestion de la transition vers l'indépendance a conduit. Le système dual qui en résulte rapidement ne s'affiche officiellement qu'à partir des années soixante-dix avec la généralisation de l'enseignement primaire gratuit, la création de sept nouvelles universités en 1975 (les « seven sisters »), l'ouverture d'universités de technologie, puis de *collèges polytechniques* et enfin celle des universités d'États en 1982.

Tout se passe donc comme si le nouvel élan nationaliste de l'« après Biafra », entretenu par les militaires dans un contexte d'expansion économique, avait permis de rompre avec la tutelle britannique (en en perdant au passage la caution), tout en maintenant le rôle central de l'éducation dans la société nigériane.

En conclusion, nous pourrions qualifier la phase de transition décrite ci-dessus comme celle de la lente agonie d'un système construit sur la base d'une idéologie élitiste, au profit d'un système inspiré en partie du « pragmatisme libéral » américain où l'ouverture du système n'est pas en contradiction avec sa fonction de classe[44].

---

43. En 1963 et 1978, le taux annuel moyen de la valeur ajoutée s'est accru de 9,3 %. En termes d'emplois industriels, ce taux a été de 10,8 %. Chiffres tirés de D. C. Bach, 1986, *op. cit.*, p. 156.

44. Selon A. Touraine qui compare ces deux idéologies (*op. cit.*, p. 118), le rôle du pragmatisme libéral « est seulement de définir la place moyenne occupée dans le système par les bureaucrates, agents d'exécution des centres de décision. ». selon l'auteur cette idéologie domine le système universitaire américain depuis l'entre-deux-guerre, avec à sa tête le thème de la « General Education » qui a pour but de consolider l'élite dirigeante (dans les « Liberal Arts Colleges »), et à la queue les « Community Colleges ».

3

Gestion militaire centralisée de l'explosion de la demande d'éducation dans les années 70 et 80

Au sortir de la guerre du Biafra en 1970, le régime militaire du général Gowon, à la recherche d'éléments unificateurs capables de redonner sa légitimité à la Fédération, inaugure un modèle de gestion centralisée du système éducatif nigérian. Ces réformes des années 70, reconduites par les administrations militaires qui se sont depuis lors succédées à la tête de la Fédération[1], ont façonné le paysage universitaire du Nigeria dans lequel s'inscrit la présente recherche. Je me propose donc dans ce chapitre d'en analyser les orientations politiques les plus déterminantes, autour des deux invariants dont j'ai évoqué précédemment l'émergence, à savoir l'équilibre géopolitique de la Fédération nigériane et la gestion duale du mode de reproduction de l'élite du pays.

A la recherche d'un recentrage fédéral de la question éducative

Le statut de Fédération que le Nigeria adopte au lendemain de son indépendance, n'a en soi jamais été remis en cause par les gouvernements militaires ou civils qui se sont succédés à la tête du pays. La parcellisation croissante de l'administration par la multiplication des États et des gouvernements locaux consécutive à la guerre civile, a elle-même contribué à entretenir une confusion entre autonomisation et atomisation de l'espace politique de la Fédération. Les études historiques menées sur la gestion de la politique éducative nigériane, révèlent

1. A. Adaralegbe, « University Administration Under Military Rule », in A. O Sanda (ed.), 1991, *op. cit.*, pp. 69-91.

à quel point celle-ci fut conditionnée depuis 1970 par la centralisation et la hiérarchisation des rapports entre les États et l'échelon fédéral, particulièrement sous les régimes militaires. Il convient donc d'aborder la prolifération des unités d'enseignement supérieur qui caractérise cette période, en distinguant ce qu'est l'administration politique du Nigeria, « un fédéralisme que l'on pourrait qualifier de scissipare »[2], de ce qu'elle n'est pas : un ensemble d'États fédérés sur le modèle des États-Unis, du Canada ou de l'Inde. Bien que plus marquée sous la domination militaire que durant la courte alternance civile et multipartite (1979-1983), l'extension des compétences du pouvoir central, sur la période considérée, doit être comprise comme un processus initié par la tournure dramatique qu'a prise la tentative de construction de l'« État unitaire » en 1966[3].

A l'exception de UI et de Unilag, les universités nigérianes créées avant la guerre civile l'ont été à l'initiative des gouvernements des régions, parfois même en opposition aux recommandations du rapport Ashby[4]. Le repli des populations sur leurs régions d'origine, consécutif aux exactions de 1966 et à la création de douze États à partir des trois régions héritées de la période coloniale[5], a accéléré le mouvement de régionalisation des sphères d'attraction des universités.[6] Deux me-

---

2. Selon D. C. Bach (« Les effets pervers du fédéralisme nigérian », *Politique africaine,* n° 32, déc. 1988, p. 22), cette scissiparité tient au fait que « l'accroissement du nombre des États a procédé exclusivement de la fragmentation d'entités pré-existantes, qui une fois divisées, ont acquis des caractéristiques fonctionnelles rigoureusement identiques ou en ont été dotées. Le développement du fédéralisme nigérian n'est pas intervenu par agrégat et incorporation d'unités extérieures à un ensemble initial. »
3. *Ibid.*, p. 23.
4. Dans son analyse des débats et expérimentations menés sur le plan éducatif dans la région Ouest entre 1960 et 1968, M. Krieger souligne la forte volonté d'unification ethnique que sous-tendaient chez leurs initiateurs (Awokoya, Banjo, Onabamiro) la politique d'« indigénisation » et l'ouverture de l'université d'Ifé. (« Education and Development in Western Nigeria : The Legacy of S.O. Awokoya, 1952-1985 », *The International Journal of African Historical Studies,* 1987, pp. 647-667)
5. Pour une analyse approfondie de la mobilité de la main-d'œuvre qualifiée dans les années 60 et 70 voir F. Ojo, *op. cit.*, pp. 104-113. L'auteur évoque la relative immobilité « inter-étatique » de la main d'œuvre nigériane. Selon lui « tous les anciens gouvernements régionaux étaient coupables de régionalisme extrême, puisque la stricte régionalisation de leurs administrations devint une religion pratiquée avec une totale dévotion » (p. 111). Ojo considère que la création des douze États n'a fait qu'amplifier le phénomène : « Dans la mesure où le redéploiement des fonctionnaires des anciennes administrations régionales s'opérait largement sur la base de l'affectation des salariés dans leur État d'origine, la structure du personnel de ces derniers était le plus souvent déséquilibrée (lopsided or top-heavy). » (p. 112).
6. Lors de la session 71/72, l'université de Benin (mid-Western State) recruta 95,2 % de ses effectifs dans les six États du Sud, alors que 4,4 % étaient originaires des six États du Nord. Durant la même session, 83 % des étudiants de ABU provenaient des États du Nord, alors que durant la session inaugurale de 1962,

sures, prises en 1973 et 1974, illustrent à la fois la volonté du régime du Général Gowon, de remédier à ce déséquilibre révélateur de fortes inégalités de développement, et son désir de centraliser dans les mains du pouvoir fédéral les grandes orientations de la politique universitaire nigériane.

Redistribuer les richesses produites

Une première mesure concernait directement l'élite sortant diplômée de l'université. Il s'agit de la mise en place du programme *National Youth Service Corps Scheme* (NYSC). A l'origine (juillet 1973), ce service civil d'une année concernait les étudiants, garçons et filles, âgés de moins de trente ans et titulaires d'une licence. Étendu depuis lors, le NYSC est désormais obligatoire pour les Nigérians suivants, quel que soit leur âge : licenciés d'une université nigériane ou étrangère, titulaires du HND (Higher National Diplomé) ou du NCE (Nigerian Certificate of Education), autres Nigérians titulaires d'un diplôme professionnel. Les objectifs du programme, définis dans le *National Youth Service Corps Decree 1973* n° 24[7], peuvent se résumer en trois points :

- fournir aux jeunes une première expérience professionnelle ;
- promouvoir l'« unité nationale » en envoyant les jeunes dans des États de la Fédération qu'ils ne connaissent pas afin qu'« ils surmontent leur ignorance en constatant eux-mêmes les nombreuses analogies entre Nigérians de tous groupes ethniques » ;
- fixer les jeunes diplômés sur leur lieu d'affectation dans le but d'entretenir une mobilité professionnelle inter-étatique.

Selon F. Ojo qui fut chargé en 1977 d'un travail d'évaluation du NYSC, c'est ce dernier point qui motiva la mise en route du programme, visant avant tout à « résoudre un important problème militant contre une utilisation efficace de la main d'œuvre qualifiée au Nigéria : la mobilité rurale/urbaine et inter-étatique »[8].

F. Ojo confirmait dix ans plus tard que sur ce point au moins l'impact du NYSC pouvait être considéré comme favorable :

> « Ainsi, étant donné l'irrégulière disponibilité de main-d'œuvre hautement qualifiée et le problème chronique de l'immobilité inter-étatique au

cette université dut recruter plus de 80 % de ses étudiants dans les États du Sud. (Chiffres tirés de A. M. Mohammed, « Student Enrolment into Ahmadu Bello University, 1962-1987 », *A History of ABU, 1962-1987*, 1989 pp. 270-271).

7. Cité dans F. Ojo, *op. cit.*, p. 114.
8. F. Ojo, *Evaluation Report on Four Years of the National Youth Service Corps Scheme,* Lagos : Directorate of the National Youth Service Corps, Nov. 1977.

Nigeria, l'on peut sans exagérer dire que le programme NYSC a contribué significativement à une redistribution du personnel hautement qualifié du pays… Par exemple dans certaines écoles secondaires en milieu rural, les *Corpers* ont été signalés comme les seuls enseignants diplômés »[9].

E. A. Ayandele, laissant de côté le pragmatisme économique qui sans aucun doute alimentait l'initiative du gouvernement militaire[10], s'interrogeait dès l'annonce du décret NYSC sur la portée idéologique du programme, y voyant un moyen de rompre avec « le système Ibadan » :

> « Le *National Youth Service Corps* est tenu de purger les diplômés de l'illusion et de l'irréalisme dans lequel ils ont vécu entre les quatre murs de l'université durant trois ou quatre ans, un monde complètement différent de celui des masses nigérianes » [11].

Les analyses de F. Ojo et de E. A. Ayandele font du NYSC une sorte de symbole, celui de l'achèvement de la carrière étudiante, marqué par un rite d'entrée dans la vie active. En poussant plus loin le raisonnement de E. A. Ayandele, on peut même voir dans ce service le règlement d'une dette envers l'État pour ces quelques années passées dans le cocon des campus aux frais de la communauté. Il est vrai que la fin de la guerre civile a coïncidé avec le boom pétrolier, et que l'accroissement rapide des revenus de la Fédération a entraîné un financement massif des universités dans leur ensemble, permettant aux jeunes issus des milieux les plus divers d'accéder à l'enseignement supérieur. Les bourses d'études d'alors, véritables salaires, permettaient globalement aux étudiants d'évacuer de leur quotidien les préoccupations d'ordre matériel, et soulageaient leurs familles, leur assurant même un appoint économique. Cette situation n'est plus d'actualité depuis longtemps au Nigeria, et si le monde universitaire décrit par Ayandele appartient au passé mythique des universités, le NYSC en revanche demeure. Il est un élément déterminant des trajectoires étudiantes qu'aucune approche microsociologique de ce milieu ne peut contourner. D'autant plus mal vécu par les étudiants qu'ils vivent aujourd'hui sur les campus dans des conditions matérielles plus proches de celles du Nigérian moyen que du « style de vie de

---

9. F. Ojo, 1987, op. cit, p. 117.
10. E. A. Ayandele, *The Educated Elite in The Nigerian Society*, 1974, p. 170. Selon l'auteur la philosophie du projet tient dans cet extrait du discours du chef de l'État prononcé lors de l'inauguration du programme : « Rassembler les jeunes Nigérians sous le même parapluie, dans l'objectif de leur inculquer ces qualités de dévotion, de patriotisme et de conscience nationale, sans lesquelles aucun pays ni personne ne peut être véritablement grand, et sans lesquelles nos jeunes gens ne peuvent prétendre aspirer à la conduite future de cette nation ».
11. *Ibid.*, p. 171.

l'homme blanc », sans bourse ni garantie d'emploi, le NYSC apparaît plus aujourd'hui comme une rupture dans le cycle d'études que comme un aboutissement. Le NYSC est systématiquement présenté comme une contrainte par les étudiants dès qu'ils évoquent le futur. Au Nigeria comme ailleurs (que l'on pense au service militaire en France), l'égalité face à ce type de contrainte n'apparaît qu'au travers des approches statistiques comme celle de F. Ojo, et encore ! Comment expliquer au nom du rééquilibrage inter-étatique que l'État de Lagos, premier bassin d'emplois du pays, concentre le plus fort taux de *Youth corpers* ? A Port-Harcourt comme à Ibadan, les étudiants en licence consacrent autant de temps à la recherche d'un « parrain »[12] capable de leur assurer une place dans le Sud, qu'à leurs révisions en vue des examens. Seuls les étudiants les plus pauvres, sans « relations », seront « confrontés au mode de vie d'autres Nigérians dans l'objectif de les débarrasser de leurs préjugés »[13] :

> «... C'est une commission de Lagos qui s'en occupe et ils t'envoient loin, en principe tu ne refuses pas ton affectation, bon tu peux le faire mais après tu dois attendre un an ou deux avant qu'on te propose autre chose, et pendant ce temps, tu ne peux rien faire, pas même des études. Moi j'aurais pu rester à Lagos ou Ibadan parce que je connaissais quelqu'un, mais j'ai eu envie de partir, de m'aérer un peu... Finalement à Port-Harcourt j'ai eu de la chance, tu en as qui sont envoyés vraiment loin dans le *bush*... Ah oui ! Et puis tu sais, on ne rentre pas chez nous pendant cette année, parce qu'ils nous donnent juste de quoi manger... c'est vrai ! C'est pour ça que beaucoup n'aiment pas le NYSC, tu imagines les fils ou filles de riches, habitués à leur petit confort, quand on les envoie dans le Borno ou le Gongola State[14] ? (rires) »[15]

En 1992, à l'invitation d'anciens étudiants d'Ibadan, j'ai séjourné dans la *corper's lodge* d'une école de Jos (Plateau State). Les *corpers*, originaires de Lagos, Ibadan et Benin City, arrivés depuis quelques mois, y préparaient déjà le retour dans le Sud (dossiers d'inscription en maîtrise...). La langue dominante du dortoir était le yoruba, et lorsque nous sortions le soir, c'était toujours pour retrouver d'autres *corpers* « exilés ». A Port Harcourt en 1987, la fin de mon séjour coïncidant avec la fin de l'année universitaire, j'ai pu observer les stratégies des « final year » du département de français dans leurs recherches de postes d'affectation. Les plus chanceux pouvaient prétendre à une place dans l'une des entreprises françaises de cette ville pétrolière. Les

12. Les étudiants de UI désignent ainsi (« godfather ») toute personne de leur entourage capable de leur donner un coup de pouce pour arriver à leurs fins.
13. Federal Republic of Nigeria, « National Youth Service Corps Decree 1973 », n° 24, *Official Gazette,* vol 60, Lagos : Federal Ministry of Information, 1973.
14. Le Gongola couvrait le territoire des États actuels de l'Adamawa et du Taraba.
15. Entretien avec Christian, étudiant en maîtrise de français à Uniport. Tiré de Y. Lebeau, 1987, p. 133.

autres, s'appuyant sur leurs réseaux de relations, pouvaient espérer un poste d'enseignant dans une école de la région[16]. Sur une promotion d'une vingtaine d'étudiants, seuls deux furent envoyés dans le Nord du pays conformément au décret qui prévoit que les jeunes « sont affectés à des emplois dans des États autres que leur État d'origine »[17]. Le gouvernement s'est donc heurté dès la mise en place du programme à ce refus de la plupart des étudiants d'une mobilité imposée. S'il est par ailleurs vrai, malgré la régionalisation des sphères d'attraction des universités, que l'explosion de la demande scolaire a entraîné dès la session 73/74 à l'initiative des étudiants, une reprise de la mobilité inter-étatique (au moins sub-régionale), P. Van den Berghe a en revanche démontré que dans ce processus, le rapport entre statut économique des familles et prestige des facultés disponibles l'emportait sur les préjugés ethnicistes[18].

Centraliser l'administration des universités : la National University Commission *en débat*

Avec l'introduction du NYSC, le pouvoir fédéral affirmait donc sa volonté de contrôler la gestion de l'élite locale (au sens restreint retenu par P. Van den Berghe de « university educated professionals »)[19] tant au niveau idéologique qu'au niveau économique. Il cherchait ainsi à opérer une redistribution des richesses intellectuelles entre les États sur le même mode que celle des revenus, laissant provisoirement aux États la responsabilité de la production d'une main d'œuvre hautement qualifiée.

La première marque d'extension à l'ensemble des institutions de l'implication du gouvernement fédéral dans le processus même de formation universitaire apparaît avec la « rénovation » de la National University Commission (NUC) en 1974[20]. Selon le décret n° 1 de 1974, la NUC devenait l'agence fédérale qui supervisait (et dans les faits administrait) le système universitaire nigérian. Cette commission,

16. Les entretiens biographiques réalisés en juillet-août 1995 auprès d'étudiants en année de licence confirment l'impact de l'origine sociale de l'étudiant sur son appréciation de cette année de « service » et sur sa capacité à contourner l'obligation de mobilité géographique.
17. Federal Ministry of Information, 1973, *op. cit.*
18. P. Van den Berghe, *Power and Privilege at an African University,* 1973, *op. cit.*, p. 154.
19. *Ibid.*, p. 153.
20. Une première commission est mise sur pied en 1962 (année de la création de l'université fédérale de Lagos et de la déclaration de souveraineté de celle d'Ibadan) par A. Tafawa Balewa, alors premier ministre, dans le but de coordonner et d'assurer un accroissement équilibré du nombre d'universités, selon un plan quinquennal (1963/68) finalement remis en cause par un coup d'État militaire puis par la guerre civile.

qualifiée de « preuve évidente de la reconnaissance par le pouvoir fédéral de la place spéciale des universités »[21] par son premier secrétaire exécutif (devenu ministre de l'éducation sous l'administration Babangida), qui la présentait également comme un moyen pour les « conseils d'universités » de ne pas être placés sous l'autorité directe du ministre fédéral ou de l'État, fut surtout considérée comme une perte de souveraineté par les États et par les administrateurs d'universités.

La promulgation du décret dévoilait en effet implicitement « l'intention du gouvernement fédéral de devenir le seul créateur d'universités »[22] ; elle préparait en quelque sorte le pouvoir fédéral à assumer seul l'explosion universitaire des années suivantes. Dans ce système, toujours en vigueur, ce sont surtout les conseils d'université, autrefois instances suprêmes de décision, qui ont perdu leurs prérogatives initiales, en particulier la nomination du Vice Chancelier de l'université. Depuis 1973 les conseils ont une fonction plus consultative ; les décisions les plus importantes sont prises par la NUC, dont les pouvoirs peuvent être regroupés en trois pôles :

- la planification de la création de nouvelles universités ou facultés,
- le contrôle des modes de sélection à l'entrée des universités, du contenu des programmes et des modes de validation,
- la détermination des besoins financiers des établissements et l'octroi des fonds.

La NUC a paradoxalement rendu plus complexe l'organisation administrative du système, tant sur le plan du financement des universités que dans le règlement des conflits internes aux établissements. Sur ce point ses détracteurs n'ont, jusqu'à ce jour, jamais tu leurs critiques, dénonçant « la confusion des canaux de communication entre les universités et les services de l'État impliqués dans leur gestion » et les « fréquentes ingérences des différentes instances décisionnelles dans les questions du ressort normal de l'administration interne des universités »[23].

Faisant le bilan de treize années de fonctionnement, J. Aminu remarquait en 1987 que le rôle de la NUC n'avait pas toujours été bien compris par les universitaires et leurs administrateurs. Le ministre entendait à l'évidence maintenir le débat sur le terrain administratif :

21. J. Aminu, « Traffic Warden at Ribadu Road », in NUC, *25 Years of Centralised University Education in Nigeria*, 1988, *op. cit.*, p. 10.

22. I. O. Oladapo, « The emergence of State and private universities », in NUC, *Ibid.*, p. 71.

23. A. O Sanda, « Crisis in Nigeria University System : A chalenge to management's administrative capacity », in A. O Sanda (ed), *op. cit.* p. 64.

« La NUC, en dépit des pouvoirs qui lui sont conférés par les lois du pays, requiert la coopération des conseils d'universités, toujours ouverts, et celle des administrations d'universités, plus réticentes, pour des motifs parfois spécieux. Dans chaque cas l'énormité des tâches que la NUC assume, de même que leur caractère multidimensionnel supposent qu'elle s'appuie sur le personnel des universités elles-mêmes. Il est curieux de noter qu'il n'est pas toujours facile pour le personnel des universités d'apprécier ce simple fait, c'est-à-dire que presque toutes les lignes directrices, les lois et les règles venant de la NUC, sont le résultat de conseils motivés et réfléchis d'universitaires hautement qualifiés. La NUC n'a tout simplement pas la capacité de faire toutes ces choses seule, ni même en s'appuyant sur d'autres corps constitués que les universités »[24].

L'opposition fréquente des syndicats de personnel d'université (ASUU) et d'étudiants (NUNS puis NANS) aux décisions de la NUC, ou encore les nombreuses analyses critiques de son rôle publiées tant au Nigeria que dans des revues étrangères, portent cependant moins sur ces problèmes d'organisation de la NUC que sur le principe de son existence en tant qu'« instrument de contrôle de l'État »[25], sorte d'écran derrière lequel les régimes militaires auraient rogné petit à petit le « principe de l'autonomie » de l'université.

« Malgré les dispositions détaillées relatives aux pouvoirs et fonctions de la NUC, les contournements de la commission, à la fois par le Président au titre de « visitor » et par le ministre fédéral de l'éducation, sont monnaie courante. »

Imposer le « tout fédéral »

Premier signe de la « tendance centralisatrice de l'administration militaire », l'importance de la mise en place de la commission peut être mieux comprise avec le train de mesures qui la suit :

« Entre 1973 et 1978, alors que l'économie nigériane semblait très solide, le gouvernement fédéral inaugura une politique d'investissements massifs dans l'éducation. Il s'arrogea tout d'abord un contrôle exclusif sur la propriété et sur le financement des universités, sans aucune assise légale, contrairement aux dispositions de la constitution républicaine de 1963 sur les pouvoirs respectifs des gouvernements fédéraux et régionaux à propos de l'enseignement supérieur, et notamment des universités. Ré-

24. J. Aminu, 1988, *op. cit.*, p. 12.
25. A. O Sanda (ed), 1991, *op. cit.*, p. 62.

> sultant de cet état de fait, quatre universités d'États (Nsukka, ABU, Lagos et Ifé) furent fédéralisées en 1975. Cet exercice devait accroître considérablement le poids financier du gouvernement fédéral, en plus de la création de sept nouvelles universités d'un seul coup »[26].

Les créations d'universités d'État avaient été stoppées, sur décision du gouvernement Gowon, en 1972. La « fédéralisation de Nsukka » ne fut pas une surprise puisque prévue dès 1973. L'année 1975 marque surtout une accélération du processus de centralisation. Il n'est pas surprenant que les universitaires et les élites politiques locales, en particulier celles des États les plus riches, aient porté le débat sur le terrain de la liberté et de l'autonomie de l'enseignement supérieur. On peut cependant avec J. Aminu s'interroger sur la nature des liens qui jusqu'alors unissaient les universités et leur État de tutelle, et par conséquent sur l'effectivité de l'autonomie de l'université nigériane à quelque époque qu'on la considère :

> « La manière dont les gouvernements gèrent les universités dans ce pays est plus déterminée par leur humeur du moment que par une quelconque philosophie fondamentale. En clair, l'« humeur du moment » sera influencée par différents facteurs notamment les situations politique, économique et de sécurité du pays, l'image du personnel et des étudiants, ou encore les relations entre les leaders des universités et ceux du gouvernement. Par conséquent, dans la plupart des circonstances où l'université a pu sembler autonome, on peut à coup sûr tracer des affinités personnelles ethniques ou politiques entre ceux qui dirigeaient l'université et le gouvernement qui les finançait. Un gouvernement qui, par exemple, désigne les principaux responsables et place ses alliés politiques au conseil d'administration, n'éprouvera pas de difficulté à « laisser faire » l'université »[27].

Dans sa défense du principe de centralisation, J. Aminu invoque l'équité du financement des universités placées sous une même tutelle. Le fait est qu'avant 1975, l'« investissement fédéral » dans les universités régionales puis d'États pouvait varier (en fonction notamment du degré d'allégeance des États à l'autorité centrale) de 30 % pour Nsukka à 75 % pour ABU (1973)[28]. Les États estimaient en revanche, comme bon leur semblait, le reste de l'allocation budgétaire de « leur » université, cette dernière étant par ailleurs à même (avant la

26. A. Adaralegbe, *op. cit.*, p. 79.
27. J. Aminu, « The Factor of Centralisation in two Decades of Nigerian University Development », paper written for the special (june 1983) edition of the bulletin of the National University Commission to commemorate twenty years of University education in Nigeria, in J. Aminu, *Quality and Stress in Nigeria Education*, 1986, p. 107.
28. *Ibid.*, p. 91.

création de la NUC) de rechercher, auprès de partenaires privés ou de fondations étrangères, d'autres sources de financement.

Reproduction des stratégies sociales et politiques dans le nouveau cadre institutionnel

Au principe d'équité le processus de centralisation ajoutait avec la création des *seven sisters*, des *catchment areas*, du *quota system*, du *JAMB* et avec l'abolition des droits d'inscription, celui de l'équilibre entre les États dans la dispersion des universités et de leurs populations.

Les universités fédérales de Kano (BUK), Calabar, Port Harcourt (Uniport), Ilorin, Maiduguri, Jos et Sokoto (UDU)[29] ont constitué, durant leurs deux premières années d'existence, une réponse sans équivalent en Afrique noire, à la formidable explosion de la demande universitaire que le continent a connue au milieu des années soixante-dix[30]. Ce rééquilibrage géographique de l'offre, auquel succéda rapidement la création de nouveaux États sous l'administration M. Mohammed/O. Obasanjo (1975-1979), influença en retour la demande en facilitant l'accessibilité des institutions :

> « Avant 1975 par exemple, la plus courte distance qu'un étudiant de Sokoto, dans le Nord du pays, devait parcourir pour s'inscrire en université était de quatre cents kilomètres. Il s'agissait de Zaria. De même un étudiant de Calabar devait parcourir deux cents kilomètres pour s'inscrire à Nsukka. Aujourd'hui, les étudiants de ces deux villes sont à moins de cinq kilomètres de l'université la plus proche.»[31].

29. Ces « seven sisters » sont créées en 1975, mais Bayero, Uniport et Ilorin prennent d'abord le statut d'université-collèges. Elles n'obtiennent le statut d'universités fédérales qu'en 1977. Cf. A. B. Aderibigbe, *Commonwealth Universities Yearbook 1992*, p. 2449.
30. P. A. Akpan, « The spatial Aspects of Higher Education in Nigeria », *Higher Education,* vol. 16 (5), 1987, p. 548. L'auteur souligne par ailleurs que « depuis l'explosion initiale de 1960, la tendance a été au doublement du nombre d'universités tous les dix ans ». Pour mieux prendre la mesure de la pression démographique qui pèse sur l'enseignement supérieur à partir du milieu des années soixante-dix, rappelons qu'« entre 1960 et 1980, les effectifs de l'enseignement primaire et secondaire augmentent de 400 % » (D.A. Ityavyar, « The deepening Crisis in Nigerian Education : A Contribution to the Debate on the Demise of Universal Primary Education », *Afrika Spectrum,* 21 (2), 1986, p. 168).
31. P. A. Akpan, *op. cit.*, p. 550.

Une lecture sociologique des mesures de massification et de rééquilibrage inter-étatique de l'accès à l'enseignement supérieur

L'accroissement global de la demande scolaire sur cette période tend à masquer la réalité de la mobilité géographique étudiante. Si la création des *seven sisters* a incontestablement entraîné une régionalisation des sphères d'attraction des universités de la première génération, il convient de mentionner les inégalités observables à ce sujet. D'une part nous avons constaté avec P. Van den Berghe que l'origine socioculturelle des étudiants, déterminante dans le choix des filières d'enseignement, devait être considérée comme un facteur explicatif majeur de cette mobilité. Cette analyse contredit en partie l'assertion couramment avancée, qui fait de l'université, et par conséquent du statut étudiant, une fin en soi, dans l'imaginaire social nigérian. Malgré la polyvalence systématique des *seven sisters* relevée par S. O. Oduleye[32], le pouvoir d'attraction de ABU, UI et Nsukka fut à peine entamé par cette concurrence. Nous étudierons plus loin, à propos d'Ibadan, comment ce pouvoir est entretenu. Signalons simplement pour le moment qu'au début des années quatre-vingt, les trois universités mentionnées ci-dessus, auxquelles nous devons ajouter Unilag étaient les seules à maintenir un recrutement « national ». Plus encore, la projection visuelle établie par J. Aminu à propos de la fréquentation des universités selon l'État d'origine des étudiants, sur la période 1980-1984, indique clairement que plus l'université est récente, plus sa sphère d'attraction est locale[33].

La multiplication du nombre d'établissements, loin d'annuler les inégalités d'accès à l'université, n'en aurait donc, d'une certaine manière, que modifié la nature. En 1975 toujours, le gouvernement soucieux de maîtriser l'ensemble du processus de fabrication de l'élite, introduisit une mesure d'accompagnement destinée sinon à anéantir, du moins à contrôler le déséquilibre des fréquentations. Ce *quota system*, toujours en vigueur, attribue aux universités une zone de recrutement (*catchment area*) réduisant ainsi leurs compétences en matière d'admission[34].

Véritable aubaine pour les universités et les collèges fédéraux d'éducation, situés dans des zones déficitaires, cette mesure reste toujours très mal perçue par les étudiants et les enseignants d'une université comme Ibadan qui entretient le culte de la méritocratie et de l'excellence. Le discours ambiant dans cette université sur la baisse du niveau s'alimente volontiers de cette mesure imposée d'en haut,

32. S. O. Oduleye, « Decline in Nigerian Universities », *Higher Education*, vol. 14 (1), 1985, p. 23.
33. J. Aminu, 1988, *op. cit.*
34. E. U. Emovon, *op. cit.*, p. 278.

comme en témoignent ces propos d'un professeur retraité de la faculté des Lettres :

> (A propos du choix de l'université dans les années soixante et soixante-dix) « Ibadan était toujours le premier choix, pas seulement parce qu'on la disait « première université du Nigeria », mais aussi parce qu'elle était réputée de très bon niveau. Tout étudiant capable d'entrer à Ibadan s'assurait que sa formation envisagée y figurait. [...]. Donc avant le système central d'admission, chaque étudiant était libre de postuler où bon lui semblait, et la plupart des étudiants postulaient à l'université d'Ibadan. Ce n'est qu'après avoir échoué là que les étudiants partaient pour Nsukka, Ifé ou Lagos... C'est à cause de ça que le gouvernement a décidé d'introduire son système central d'admission... pour un meilleur équilibre... A UI du fait du nombre de postulants, ils n'avaient qu'à choisir les meilleurs, telle était la situation... »
>
> (A propos du niveau actuel, je lui demande s'il confirme les propos alarmistes de ses collègues) « Oui c'est vrai... Je pense que cela vient des niveaux inférieurs du système : enseignement primaire et secondaire. A Ibadan à partir du milieu des années 70 si je me souviens bien, nous avons commencé à abaisser le niveau pour nous adapter aux quotas d'admission. Si nous avions maintenu le niveau, nous savions que nous aurions été largement au dessous des quotas. C'est donc sciemment que nous l'avons abaissé, pour admettre plus d'étudiants et donc maintenir les financements fédéraux »[35].

Le directeur adjoint du collège fédéral d'éducation de Yola (État de l'Adamawa, classé défavorisé), où j'ai séjourné deux semaines en 1992, voyait dans ces mesures, qu'il qualifiait de « justes », une chance unique pour les jeunes de la région d'accéder à un enseignement supérieur « largement dominé par certaines communautés »[36]. La zone de recrutement du collège comprenait alors, suite au redécoupage de 1992, sept États de l'Est du pays. Le système des quotas impose au collège de recruter au moins 65 % de ses étudiants dans la zone. 10 % des admissions se font par ailleurs selon le « National Merit » (du fait de leur excellente mention au JME, les étudiant sont pris quel que soit leur État d'origine), les places restantes étant attribuées « à la discrétion de l'établissement »[37].

35. Entretien enregistré le 1er juillet 1991 à l'Institut d'études africaines de l'université d'Ibadan. Retraité depuis peu au moment de l'entretien, M. Amadi fut successivement étudiant, enseignant (lettres classiques) puis *warden* (Mellamby Hall) à l'université d'Ibadan.

36. M. Mbajiorgu, directeur adjoint (*deputy provost*) du collège fédéral d'éducation de Yola. Entretien réalisé le 05 mai 1992 dans son bureau.

37. Officiellement, le système des quotas obéit aux directives suivantes : « dans les collèges d'enseignement technique, les écoles normales d'instituteurs et de formation des enseignants du secondaire, les polytechniques (équivalents de nos

Le Joint Admission and Matriculation Board *: instrument de mesure de l'inégalité des filières ?*

Au-delà de la contradiction d'un système qui favorise peu la mobilité inter-étatique des étudiants et qui reconnaît implicitement les inégalités entre établissements, on saisira mieux la portée réelle de l'imposition des quotas en évoquant la création en 1977, du *Joint Admissions and Matriculation Board* (JAMB). Cette commission, chargée par le gouvernement du Général Obasanjo de définir au niveau national les critères d'admission en université, achève le processus de centralisation évoqué plus haut. Désormais, les universités du Nigeria gèrent une population étudiante et un système de formation selon des critères communs, fixés en dehors de leur enceinte. Il eut été en effet difficile de concevoir un système de quotas d'entrées, un rééquilibrage des admissions en faveur des États « défavorisés », ou encore l'imposition d'un ratio entre effectifs des disciplines scientifiques (60 %) et littéraires (40 %), sans contrôle fédéral des critères d'admission. En ce sens, le JAMB parachève, par une régulation des flux d'entrée dans le système, l'entreprise centralisée de répartition des effectifs sur le territoire. La situation d'égalité « formelle » dans le recrutement, qui découla de cet ensemble de mesures, déboucha paradoxalement sur l'une des périodes de troubles les plus graves qu'aient connue les universités nigérianes. La localisation des manifestations les plus violentes dans les zones dites « désavantagées sur le plan éducatif » nous révèle à quel point la centralisation est venue conforter le jeu, déjà patent, des inégalités sociales et culturelles dans l'accès à l'enseignement supérieur. Globalement, comme le souligne A. Adaralegbe, l'introduction du JAMB confirme l'intention du gouvernement fédéral de contrôler le *statu quo* antérieur, c'est-à-dire « un modèle reflétant une forte inclinaison des universités sur des aires de recrutement »[38].

En somme, le système laisse à chaque université le soin de déterminer chaque année ses barèmes et ses quotas globaux d'admission par faculté et par département ; le JAMB se contentant de fixer à chaque rentrée le chiffre global des candidats admis à postuler en université et en collège polytechnique ou d'éducation, et de faire respecter le *60-40 ratio* en faveur des disciplines scientifiques. Comme l'explique le directeur-adjoint d'un FCE dans l'extrait d'entretien qui suit, le JAMB

IUT) et les facultés de lettres et sciences, 20 % du total des admissions peuvent reposer sur le critère du mérite. Les 80 % restant doivent être équitablement répartis entre les États. Dans les écoles secondaires fédérales, 20 % des candidats sont recrutés selon le critère du mérite, 50 % en accordant une représentation équitable à tous les États, et 30 % en prenant en compte l'environnement, le critère de qualification étant le lieu de résidence plutôt que l'État d'origine de l'étudiant. » D. C. Bach, déc. 1988, *op. cit.*, p. 24.

38. A. Aderelegbe, in A. O Sanda (ed.), 1991, *op. cit.*, p. 86.

ne remet en cause ni la compétition entre les établissements, ni la possibilité de stratégies étudiantes dans le choix de ces derniers :

> « Bon, vous savez qu'il y a un examen central au niveau national, le PCEE (Polytechnics and Colleges of Education Examination). On nous envoie les noms de ceux qui ont choisi notre collège comme premier choix. Nous on regarde leur État d'origine, on prend les meilleurs du *Catchment Area* et c'est tout. [...]... Nous avons respecté quelques guides, en favorisant surtout les sciences, çà c'est une politique nationale qu'on nous oblige de suivre (60/40). Et même pour les 40 % destinés aux Lettres, on a donné à peine 15 % aux Humanités, on favorise surtout les Sciences et ensuite les langues nigérianes.
>
> - C'est le JAMB qui décide de cela ?
>
> - Oui c'est le JAMB qui contrôle actuellement. A l'époque on était libre d'organiser notre examen, mais depuis 89 c'est le JAMB qui prend tout en charge. Il organise l'examen dans tout le pays, le même jour dans les différents centres. Donc quiconque veut entrer dans un collège, fédéral ou non, doit passer par l'examen.
>
> – Est-ce que tous les collèges recrutent au même nombre de points ?
>
> - Je crois qu'il y a certaines différences. Il y a un « minimum standard ». Ensuite certains collèges sont mieux équipés que d'autres et peuvent exiger plus, mais on ne peut passer en dessous du « minimum standard ». Par contre on est tout à fait libre de dépasser.
>
> - Les gens qui sortent avec le NCE ne sont pas tous de la même valeur...
>
> - Certainement pas. Mais le diplôme est attribué par la commission natonale des Collèges d'éducation, et le nom du collège n'y figure plus car les diplômés ont assuré le « minimum ». Cet organisme fait le tour des collèges pour voir les enseignants, les bâtiments, l'équipement... etc...pour nous donner le libre champ d'opérer un programme. Ils peuvent facilement venir ici et dire que le *Business Education* est mal équipé... on le ferme. C'est ce qu'on appelle « Accreditation Panel » de la NCCE. »[39]

Le système décrit ci-dessus, désormais similaire à celui en vigueur dans les universités fédérales depuis 1977, traduit explicitement la hiérarchie qui existe à l'intérieur de l'enseignement supérieur nigérian. Entre établissements de même statut d'une part, mais également entre collèges polytechniques et FCE d'un côté et universités de l'autre. Convenant que l'état de l'enseignement primaire et secondaire au Nigeria suscite peu de vocations, M. Mbajiorgu se fait peu d'illusions dans l'extrait qui suit, sur les véritables motivations des postulants au FCE de Yola. Son explication de l'équilibre des effectifs féminins et masculins me semble parfaitement refléter les stratégies de « carrières étudiantes » repérées ailleurs[40] :

39. M. Mbajiorgu, entretien du 05 mai 1992
40. Notamment au cours des entretiens réalisés en juillet-août 1995 dans les univer-

«... Par exemple en Sciences il y a moins de filles. On les oblige pratiquement. En revanche en Études bibliques ou en Sciences sociales, il y a beaucoup de filles... Globalement c'est équilibré, les filles dépassent un tout petit peu.

Q – Au Nigeria aussi la profession d'enseignant est plutôt féminisée...

R – Oui mais les choses commencent à changer, les femmes ne sont plus très intéressées, en tous les cas ce n'est pas ce projet qui les attire ici. Il y a des départements comme Business Education par exemple, le principe c'est de former des profs du secondaire pour les matières commerciales, mais il est rare que l'on trouve ces gens là dans l'enseignement. Il y a aussi ceux de la Science agricole qui finissent dans certains secteurs. [...]. Ceux qui finissent comme enseignants sont les étudiants de Langues surtout, et de « Integrated Sciences » (biologie, physique, chimie). Je crois que les choses changent vite, les femmes commencent à repousser l'enseignement, comme tout le monde d'ailleurs au Nigeria, ça ne va pas du tout. [...].

Q – Y a-t-il selon vous de véritables chances pour vos étudiants de réintégrer le circuit universitaire après ?

R – Ah oui en général, et ça pose un problème pour nous, presque tous les étudiants visent l'université. On n'en trouve pas beaucoup qui viennent sans penser aux études supérieures. Si on les oblige par certains moyens à rester dans le circuit NCE sans autre issue que l'enseignement à la fin, on aura beaucoup moins d'étudiants [...] les universités ellesmêmes sont intéressées puisqu'elles ont un programme spécial pour ceux qui viennent des NCE, qu'on appelle B. ed.[41][...] je pense que ça aurait été une catastrophe de les bloquer dans l'enseignement à la fin du NCE... tout le monde veut aller à l'université, surtout quand les choses changent si vite »[42].

UPE[43]/6-3-3-4 : une remise en cause formelle de l'héritage britannique sur les principes de sélection

J'ai volontairement présenté la liste des mesures commentées cidessus, comme une sorte de catalogue où les lois qui se succèdent se renforcent ou s'annulent en fonction des effets mesurés des précédentes et des aléas de la conjoncture. Le principe de centralisation,

sités de Nsukka, Ibadan, Zaria, Ilorin, Ago-Iwoye et Uturu (État de l'Abia).

41. Bachelor of Education, équivalent de la licence en Sciences de l'Education.
42. M. Mbajiorgu, entretien du 05 mai 1992.
43. Universal Primary Education.

décrit dans ses implications sur l'enseignement supérieur, doit en effet être considéré comme une vaste entreprise de « redéfinition du caractère fédéral » face au déséquilibre des richesses que J. Philippe qualifie de « péché originel de la Fédération »[44]. En somme la politique des quotas, le JAMB et la fédéralisation des universités, doivent être rapportés aux dispositions similaires visant l'organisation de l'armée, des entreprises publiques en général, et même des partis politiques, plutôt qu'à une véritable planification de la formation des cadres. En 1977, un schéma directeur de la politique éducative nigériane est cependant publié sous le titre *Federal Republic of Nigeria : National Policy on Education*. L'étude des deux principaux segments de cette ligne politique nous permettra de saisir d'une part les obstacles structurels aux efforts de planification du système éducatif nigérian, et d'autre part les transformations opérées en amont de l'enseignement universitaire.

L'école « gratuite et obligatoire » *en débat*

A l'initiative des régions Ouest et Est, une première tentative d'introduction du principe de gratuité de l'école primaire (UPE) eut lieu au Nigeria à la fin des années 50. Dans le contexte de « nigérianisation » et de fédéralisation qui caractérisait cette phase transitoire (cf. chapitre précédant), l'introduction du UPE participait de la compétition ethnique qui se jouait alors pour le contrôle des rouages de l'État, laissés vacants par les Britanniques. Cette mesure, mise en place en 1955 par S. O. Awokoya, alors ministre de l'Éducation de la région Ouest, fut rapidement abandonnée alors qu'elle avait été fort peu contestée dans son principe, qui visait à rendre obligatoires et gratuites l'école primaire et la formation pour adultes (le programme incluait l'enseignement secondaire et supérieur dans une seconde phase)[45]. L'échec relatif du *UPE scheme* fut rapidement attribué (notamment par les commissions Dike 1959, et Banjo 1960) à un défaut de planification de la part des deux gouvernements régionaux, qui auraient sous-estimé à la fois le nombre d'élèves concernés, le nombre d'enseignants nécessaires et surtout le coût global de l'opération. L'annonce par le général Gowon, en 1973, de la relance du UPE à l'échelon fédéral déclencha une polémique virulente au niveau politique, et inaugura un long débat chez les universitaires et les administrateurs du système, où l'expérience des années 50 fut le plus souvent érigée en leçon :

> « La planification inadéquate qui empoisonna le UPE dans les deux

44. J. Philippe « Le fédéralisme et la question économique », in *Politique africaine* n° 32, 1988, p. 32.
45. M. Krieger, *op. cit.* p. 655.

> régions à la fin des années 50 ne pouvait être plus sévèrement condamnée[46]. On pouvait par conséquent penser que les leçons de l'expérience des régions Ouest et Est pèseraient lourd dans l'esprit du gouvernement militaire fédéral lorsque ce dernier souhaita relancer le UPE. Admettons-le, une longue période de vingt ans s'était écoulée depuis que le UPE avait pour la première fois été lancé par la région Ouest, et la république fédérale du Nigeria était devenue un producteur de pétrole riche et indépendant, mais ceci n'aurait dû, en aucune circonstance, remplacer une planification minutieuse. Malheureusement, le Nigeria qui n'avait rien retenu des expériences du UPE dans les anciennes régions Ouest et Est, continua simplement à reproduire leurs erreurs, en se jetant dans le UPE sans planification adéquate »[47].

La philosophie du UPE, version Gowon, obéissait à une logique totalement opposée à celle des gouvernements des anciennes régions. Elle visait en effet à combler le fossé éducatif que ces dernières avaient contribué à creuser[48]. Devenue impopulaire, et menacée par l'intelligentsia du Nord[49], l'administration Gowon profita donc d'un climat économique favorable[50] pour tenter de répondre aux pressions intérieures et extérieures en faveur d'une démocratisation de l'enseignement. Sur le plan intérieur, outre la question cruciale de l'équilibre politique de la Fédération, dont le système éducatif devenait l'un des enjeux majeurs, une certaine opinion publique, relayée par les universitaires et par la presse, menait campagne pour une révision globale d'un système « sans aucun doute bon pour la société pour laquelle il a été conçu, bon pour l'Angleterre et la société britannique, mais certainement pas bon pour nous parce qu'il a négligé de prendre en considération notre identité culturelle et sociale... »[51]. Parallèlement, une série de conférences rassemblant sous l'égide de l'UNESCO les ministres de l'Éducation de plusieurs pays en développement (dont le Nigeria), conclut à la nécessité d'un enseignement primaire gratuit et obligatoire de six années pour ces pays[52]. Par con-

46. L'auteur fait ici référence aux rapports des commissions Banjo et Dike.
47. T. F. Aiyepeku, *op. cit.*, p. 9.
48. En 1970, une moyenne de 35 % seulement des enfants en âge scolaire étaient effectivement inscrits dans les écoles de la Fédération. Dans les États du Nord le pourcentage d'inscrits variait de 7 % dans l'extrême Nord à 26 % dans le Middle Belt. Alors que dans les États du Sud, il s'échelonnait de 62 % à 95 % à Lagos. Cf. T. F. Aiyepeku, *op. cit.*, p. 8.
49. Voir notamment sur cette question T. Forrest, in D. C. Bach, J. Egg, J. Philippe (eds), *op. cit.*, p. 101, et D.A. Ityaviar, *op. cit.*, p. 168.
50. En 1955, la région Ouest avait de la même manière bénéficié d'une flambée des cours du Cacao (en même temps que de la régionalisation des avoirs issus des « marketing boards ») pour lancer son programme UPE. Cf. O. Nnoli, *op. cit.*, p. 212.
51. Extrait du discours inaugural de la « National curriculum conference » (septembre 1969), cité dans T. F. Aiyepeku, *op. cit.*, p. 6.
52. *Ibid.*, p. 7.

séquent l'effort financier considérable que représenta la mise en place du UPE au Nigeria, et l'accroissement spectaculaire du taux de scolarisation qui s'en suivit, s'inscrivaient dans un mouvement général en Afrique, à ce détail près que la conjoncture économique favorable aux producteurs de pétrole annihila en partie les efforts entrepris par la plupart des pays voisins du Nigeria.

Le lancement officiel du UPE en 1976 par l'administration Obasanjo déclencha une sorte de panique aux portes des écoles primaires, obligeant les États à un recrutement *in extremis* d'instituteurs peu qualifiés. Les deux premières années du programme engloutirent à elles seules le double du budget initialement prévu pour les cinq premières années du *UPE scheme*[53]. Les bouleversements successifs de la planification (coup d'État de 1975, transition civile de 1979 à 1983) et les détournements de fonds à tous les échelons du programme[54] eurent finalement raison d'un plan reposant dès le début sur une mésestimation des besoins et des effectifs concernés en l'absence de statistiques fiables[55].

La forte croissance de la scolarisation primaire à partir de 1976 se propagea rapidement au secondaire pour atteindre l'enseignement supérieur au début des années 80. Ce dernier se trouva lui-même inclus dans le processus de *free education* dès 1976, lorsque le général Obasanjo retira aux universités l'une de leurs dernières prérogatives en matière de recrutement : la libre imposition des droits d'inscription[56]. L'enseignement supérieur gratuit devint rapidement un point de mire pour les Nigérians de toute origine comme en témoigne la progression des effectifs au tournant des années 80. La construction de huit universités d'État entre 1981 et 1983[57] laissa croire un instant à un possible équilibre entre l'offre et la demande, sur lequel se fonda le mythe de l'enseignement supérieur pour tous.

La baisse des revenus des universités, perceptible dès 1977, consécutive à la fois au défaut de planification, au manque de rigueur dans

53. *Ibid.*, p. 11.
54. Dans sa phase préparatoire (1974-1975), le *UPE scheme* se traduisit par une délégation de pouvoir et un accroissement substantiel des revenus des États. La gestion du programme devint même l'affaire exclusive des États à partir de janvier 1980, sans qu'aucun investissement de leur part ne fût nécessaire. Cette mesure, comme bien d'autres dans le processus de centralisation en cours sur la période, contribua à déresponsabiliser les États. Voir J. Philippe *op. cit.*, p. 38.
55. Selon T. F. Aiyepeku (*op. cit.*, p. 14), la projection avait sous-évalué de plus de 30 % le nombre d'élèves concernés par le programme l'année de son lancement.
56. J. Aminu, 1986, *op. cit.*, p. 105.
57. Les universités d'État furent à nouveau autorisées par la constitution civile de 1979. les universités privées furent elles-mêmes légalisées par la cour suprême en 1983 (il en existait alors vingt-six, ouvertes ou en projet, principalement dans le sud-est du pays) avant d'être fermées et totalement interdites par le décret n° 19 de juin 1984. Ce n'est qu'en 1993, dans un contexte politique tout autre, que furent à nouveau autorisés les établissements supérieurs privés.

la gestion tant à l'échelon fédéral qu'à celui des États, à l'abolition des droits d'inscriptions et de logement des étudiants, aux premiers signes de retournement de la tendance du marché pétrolier, et à l'augmentation du nombre d'établissements à financer, a conduit tout droit à l'abandon progressif du *UPE Scheme* et au rétablissement des droits d'inscription en université par l'administration militaire du Général Buhari à partir de 1984. La crise, dans laquelle se sont installées les universités à partir de cette période, ne peut être comprise en référence aux seules contraintes économiques auxquelles le Nigeria était alors confronté[58]. L'ensemble des mesures évoquées ci-dessus ont incontestablement rendu l'enseignement supérieur accessible à une large proportion de la population nigériane dès la fin des années soixante-dix. Les premières cohortes d'élèves « produits du UPE » se pressent aux portes des universités en 1982 alors que se trame la « réorientation qualitative », ou en d'autres termes la reconnaissance par l'État de l'impasse dans laquelle le système est engagé. Dès lors, le décalage entre l'offre et la demande d'enseignement supérieur s'accroît (en moyenne 15 % des candidatures satisfaites en université entre 1981 et 1985, pour 30 % entre 1972 et 1977), rejetant hors du circuit scolaire un nombre très important d'élèves sans formation.

Cet engouement pour l'université (non démenti sur la période malgré la création des collèges polytechniques et d'éducation) appelle une dernière explication : le système d'enseignement secondaire hérité de la période coloniale (le *Sixth Form*, voir chapitre précédant) ne valorisait que le cursus débouchant sur l'enseignement supérieur, et plus précisément même sur l'université. En phase avec le UPE, l'année 1977 marque l'introduction au Nigeria du *6-3-3-4 Education System*, censé réorganiser le système, notamment par l'introduction de cursus courts et techniques.

Une difficile rupture avec le système britannique

A première vue, en levant par exemple les yeux sur le porche d'entrée des écoles, ou en s'attardant sur les pancartes publicitaires en annonçant le statut (publique, privée, missionnaire) et la localisation, on est immédiatement frappé par la variété des appellations données

58. Le renversement en 1985 de l'administration militaire du général Buhari par le Général Babangida s'est produit en pleine discussion sur la capacité du Nigeria à résister aux injonctions du FMI (cf O. Vallée « Système Naira et crise financière », in D. C. Bach, J. Egg, et J. Philippe, *Nigeria, un pouvoir en puissance*, 1988, p. 50). La perspective puis l'acceptation d'un programme d'ajustement structurel sont devenues le motif principal, pour la presse et les syndicats d'étudiants et d'enseignants, d'explication de la crise traversée par le système éducatif (A. A. YUSUF, *The State, Student's Movement and Democratic Struggles in Nigeria, 1925-1990,* 1991, *op. cit.*, vol. I, ch. 6).

aux établissements. *Comprehensive School*, *Primary School*, *Grammar School*, *Junior* ou *Senior Secondary School*, *College*, *Technical College*, *High School*, *Secondary Modern School* coexistent dans les mêmes villes parfois, et proposent désormais en principe un même cursus. Ces noms sont en fait aujourd'hui les témoins de la sédimentation progressive du système éducatif nigérian ; leur maintien relève dans certains cas d'une volonté affichée de référence symbolique à telle ou telle strate du système.

La mise en place de la *National Policy on Education* à partir de 1977 visait, au travers du *6-3-3-4 system*[59], à une centralisation fédérale des cursus primaires et secondaires, à l'image de ce qui était entrepris depuis deux ou trois ans au niveau supérieur. Le projet d'une école gratuite et obligatoire devait en somme s'inscrire dans un cadre unique, et rompre définitivement avec la structuration du secondaire mise en place par les Britanniques. Nous avons vu au cours des deux chapitres précédents, que la notion même de système avec les principes de cohérence et d'interdépendance auxquels elle renvoie, n'avait jamais caractérisé l'enseignement secondaire nigérian sous domination coloniale. Ce fait n'exclut aucunement le pragmatisme d'une administration contrôlant alors soigneusement le cursus débouchant sur l'université (*fifth* et *sixth forms*), et déléguant aux missions le soin d'imaginer des formations adaptées aux besoins locaux et immédiats. Au lendemain de l'indépendance, la bataille politique et idéologique sur le contenu à donner à l'enseignement supérieur relégua au second rang le débat sur la restructuration du secondaire, finalement maintenu en l'état jusqu'en 1977. En somme, l'émiettement tant décrié par les nationalistes avait non seulement été maintenu, mais sa logique économique avait disparu sous les effets conjugués de la fédéralisation du pays et de son insertion en tant qu'État indépendant dans la nouvelle donne des échanges mondiaux[60].

Initialement la mise en place du 6-3-3-4 devait, à l'instar du UPE, débuter par le bas de l'édifice éducatif, mais la confusion, déjà évoquée à propos de la mise en place du UPE, ne permit pas de transformation substantielle de l'enseignement primaire, dont le cycle fut simplement uniformisé dans sa durée (six années). La réforme du secondaire fut entreprise à partir de septembre 1982 dans un contexte économique et politique sans rapport avec les prévisions. Seuls sept États s'engagèrent cette année-là dans la mise en place d'un enseignement secondaire de six années divisé en deux cycles (*two-tier secondary school system*)[61], conformément aux recommandations de la nouvelle politique.

La division du cycle secondaire en deux phases avait surtout pour

59. Voir le schéma du système 6-3-3-4 en annexe 2.B.
60. T. F. Aiyepeku, *op. cit.*, p. 2.
61. Une phase de trois années dite Junior Secondary School (JSS), et l'autre de même durée dite Senior Secondary School (SSS).

but de limiter l'accès aux universités à une certaine élite, tout en permettant à la majorité des élèves de s'orienter vers des cycles courts. Ce nouveau cursus devait ainsi limiter le gâchis provoqué par l'ancien système qui jusqu'en 1985, rejetait hors du circuit scolaire et sans formation professionnelle 70 % des candidats au *O 'Level.*

> « La situation actuelle, par laquelle tous les adolescents qui ne peuvent trouver de place en université ou en collège polytechnique peuvent se considérer comme étant en échec et chômeurs, constitue une bombe sociale à retardement pour la nation. Cette situation ne peut être désamorcée que par la nouvelle politique d'éducation, selon laquelle un cursus complet d'enseignement secondaire (six ans) n'est plus obligatoire ni même nécessaire. La *Junior Secondary School* sera une sortie pour beaucoup, qui s'inscriront alors dans d'autres institutions « post-primaires », comme les *teachers' colleges*, les *vocational centres,* les *craft schools* et les *technical schools*[62], ou qui s'engageront soit dans un cycle d'apprentissage, soit dans la vie active »[63].

Déléguée aux États, l'organisation du nouveau cursus connut sensiblement les mêmes avatars que la mise en place du UPE, avec en plus une conjoncture économique défavorable (retournement du marché pétrolier, dévaluation de la monnaie, programme d'ajustement structurel à partir de 1986). Lorsqu'en 1988, une dizaine d'États achevèrent la réforme du SSS, trois autres ne l'avaient pas encore entamée. Même les États les plus avancés dans la réforme à la fin des années 80 ne disposaient que rarement des équipements nécessaires à la mise en place d'enseignements techniques, et ce malgré la mobilisation de certains partenaires économiques du Nigeria pour soutenir l'implantation du 6-3-3-4[64].

Le paysage décrit plus haut ne témoigne pas simplement de quelques vestiges historiques. Certes le *Two-tier Secondary System* est aujourd'hui en vigueur sur l'ensemble du territoire de la Fédération, mais seule l'homogénéisation de la durée des cycles a été effectivement menée à son terme. Le contenu des enseignements JSS et SSS, défini par la *National Policy on Education*, n'est globalement respecté qu'au niveau des « minimum standards » fixés par le *National Council on Education* (NCE). Pour le reste, les établissements proposent, en fonction de leurs ressources, une palette plus ou moins fournie de

62. Les teachers' colleges forment en trois ans les enseignants du primaire (Grade II certificate) après le JSS. Les centres professionnels, écoles techniques et d'artisanat, implantés en principe dans chaque *Local government*, forment en trois ans des techniciens et des ouvriers qualifiés dans des domaines aussi divers que la mécanique automobile ou les métiers du secrétariat.
63. T. F. Aiyepeku, *op. cit.*, p. 51.
64. L'équipement pour les ateliers des JSS commença à arriver au port de Tin-Can Island à Lagos en novembre 1985, soit trois ans après le lancement du programme.

matières le plus souvent orientées vers les exigences de l'enseignement supérieur.

Les contraintes économiques et les aléas de la gestion du 6-3-3-4 ont d'une certaine manière contribué à légitimer les inégalités entre établissements secondaires en procédant au nivellement formel de leurs cursus. Je ne dispose, hélas, pas de statistiques sur les résultats au UME des élèves selon le statut de leur établissement d'origine, mais les observations et les entretiens menés à Jos en 1992 m'ont sur ce point bien informé. Il apparaît clairement que, sous l'appellation uniforme SSS, certains établissements d'enseignement secondaire, privés pour l'essentiel, mais également parfois fédéraux, continuent à dispenser sciemment un enseignement axé sur les seuls domaines littéraires et scientifiques, parmi lesquels les élèves doivent retenir les matières nécessaires à l'obtention de leur diplôme. Le choix de ces enseignements, sur lesquels ils joueront leur entrée en université, s'opère sur les conseils du collège, très au fait (il en va de sa réputation) des exigences des « grandes » universités[65]. Ces établissements reproduisent dans le nouveau cadre légal, le principe des *grammar schools* anglaises et du *Sixth form*, ouvrant à leurs élèves la voie des universités fédérales les plus recherchées. Les collèges polytechniques et d'éducation, débouchés dépréciés chez l'élite du Saint-Louis College, feront dans ces conditions l'objet d'une compétition entre élèves issus des SSS publiques, dont les perspectives en termes de prestige social et de placement sur le marché du travail n'inquiéteront jamais les promotions de Saint-Louis.

Conclusion

Les auteurs sur lesquels je me suis appuyé pour analyser cette période déterminante de l'histoire de l'enseignement supérieur nigérian, proposent des points de vue sensiblement divergents sur l'impact véritable des mesures exposées ci-dessus. Sans aucun doute la place occupée par les uns et les autres dans le dispositif universitaire a-t-elle influencé leur réflexion. Que les thèses insistent sur la cohérence nécessaire insufflée par les mesures Gowon/Mohammed/Obasanjo, ou

65. Certains de ces établissements, comme le Saint-Louis College de Jos (internat filles) ne se contentent pas de préparer scolairement leurs élèves à l'université. Ces internats (aujourd'hui privés pour la plupart) placent leurs étudiantes dans des conditions d'apprentissage et d'existence proches de la réalité des campus. Cette phase transitoire prépare les filles à leur futur statut d'étudiante, en même temps qu'elle amène leurs familles à se familiariser avec la longue séparation que ce statut impose (séparation qui reste un obstacle majeur à la scolarisation des filles dans l'enseignement supérieur).

qu'elles les fustigent au contraire, pour leur responsabilité dans le nivellement académique et la perte d'autonomie des établissements, le volume des articles publiés sur le sujet, témoigne à lui seul de l'impact idéologique qu'a eu le processus de centralisation du système.

Traité comme une ressource, au même titre que les revenus pétroliers par exemple, le potentiel intellectuel nigérian est devenu dans les années 70 objet de rivalités politiques entre communautés, régions et individus. Censée rationaliser (équilibre et régulation) la production de l'élite qualifiée, la centralisation, « en l'absence d'une idéologie explicite de l'État », a conduit à une bureaucratisation de la vie intellectuelle nigériane et à une confusion paralysante des mécanismes de décisions. Sans doute comme le rappelle Tom Forrest[66], « l'euphorie du pétrole », dans un contexte où « le plan consistait en une liste de projets du secteur public vaguement reliés aux projections macroéconomiques », a-t-elle contribué à une dérégulation des mécanismes de transferts et à un déclin de l'efficacité administrative. En somme, les mesures prises lors des deuxièmes et troisièmes plans ont concentré à l'échelon fédéral les tensions et les enjeux (sociaux, ethniques, religieux, politiques) qui, avant la guerre civile, prenaient la forme d'une surenchère éducative entre des régions autonomes à propos des modalités de gestion et de production de « leur » élite. Les pressions exercées de toutes parts aujourd'hui sur la NUC et le JAMB, régulièrement éclaboussés par des scandales, comme les stratégies de placement et de carrière des étudiants et des universités quel que soit leur statut, soulignent à quel point les bases socio-économiques de la sélection et de l'orientation des populations étudiantes ont su s'adapter aux principes d'égalité et d'équité attendus de la centralisation du système éducatif. La crise économique sans précédent à laquelle est aujourd'hui confronté le Nigeria, n'a fait que renforcer les inégalités sociales et géographiques évoquées ci-dessus. Privées d'une part sans cesse croissante de leurs ressources publiques, les universités abandonnent aujourd'hui au secteur privé nombre de leurs services autrefois gratuits ou largement subventionnés (restauration, logement, transports sur les campus...). L'adaptation à ces nouvelles contraintes révèle des stratégies différenciées tant du côté des universités que de la part des étudiants, désormais amenés à diversifier leurs sources de revenus. En somme, les mécanismes de la sélection et de l'orientation des étudiants repérés dans ce chapitre s'inscrivent aujourd'hui de manière plus manifeste dans le quotidien étudiant, au travers de pratiques différenciées, où s'entrecroisent logiques sociales et nouvelles hiérarchies statutaires de la population étudiante.

66. « Le régime civil et la crise nigériane », in D. C. Bach, J. Egg, J. Philippe (éds), *op. cit.*, p. 100.

4

L'université nigériane sous ajustement structurel

Sociographie actuelle de la population étudiante

Aux facteurs structurels exposés dans les chapitres précédents, annonçant une transformation du paysage universitaire des années 80, sont venues s'ajouter à partir de 1986 les conséquences de l'engagement du Nigeria dans un programme d'ajustement structurel, et plus encore un an plus tard, les conditionnalités d'un crédit de 120 millions de dollars accordé par la Banque mondiale aux universités nigerianes[1]. Mon propos ne sera pas ici de rechercher lesquels de ces facteurs sont les plus déterminants dans la situation actuelle des universités et de leur fréquentation. Il fait aujourd'hui peu de doute que les mesures d'ajustement imposées par la Banque mondiale n'ont fait que précipiter un mouvement, amorcé depuis plusieurs années déjà, de restrictions budgétaires sur l'éducation, marquées notamment par une compression des effectifs enseignants, un renforcement de la sélection, une baisse des crédits accordés aux fonctions sociales et académiques des universités[2].

L'enseignement supérieur est sorti profondément modifié des réformes de structure mises en place au cours des deux décennies passées, et je propose en un premier point d'en définir les contours ac-

1. S. Bako, « Education et ajustement en Afrique : Conditionnalités et résistance », in M. Diouf et M. Mamdani, *Liberté académique en Afrique, op. cit.*, p. 171.
2. S. Bako (*Ibid.*, p. 172) considère que le programme d'ajustement du FMI et de la Banque Mondiale n'a fait qu'aggraver une crise plus générale qui est celle du sous-développement. De même J.-L. Roy, dans son allocution d'ouverture au colloque de Bordeaux rappelait que « ce ne sont pas les programmes d'ajustement structurel qui ont créé la crise ; c'est la crise qui a généré le concept et la mise en œuvre des programmes d'ajustement structurel. », *Contraintes de l'ajustement structurel et avenir de l'éducation et de la formation dans les pays francophones en développement,* Actes du colloque ACCT, Bordeaux 1992, p. 16.

tuels, en rapportant les effectifs des institutions à leur statut, à leur localisation, et en apportant des éléments de comparaison avec la situation dans quelques pays voisins.

Les disparités régionales et sociales repérées dans la fréquentation des institutions, et dans les types de cursus recherchés, seront en second lieu soumises à une tentative d'interprétation des facteurs les plus déterminants (sexe, statut socio-économique des parents, région d'origine, milieu urbain/rural) de la demande d'enseignement supérieur et des choix stratégiques opérés par les étudiants, tant au niveau des institutions qu'à celui des cursus. Et puisque l'essentiel du travail de terrain sur lequel s'appuie cet ouvrage a été mené sur le campus de l'université d'Ibadan, quelques données quantitatives sur sa fréquentation nous permettront plus loin d'alimenter notre réflexion sur les transformations des mécanismes d'intégration de sa population étudiante.

Le paysage de l'enseignement supérieur nigérian des années 1980-1990

Le Nigeria compte aujourd'hui une centaine d'institutions d'enseignement supérieur (trente trois universités, une quarantaine de collèges d'éducation et trente collèges polytechniques). Les cursus proposés par ces établissements ne sont pas identiques[3]. Seules les universités dispensent des formations longues (premier degré, équivalent de la licence française, maîtrise, et doctorat)[4]. Les collèges polytechniques (équivalents des IUT dans le système français) et d'éducation (formation des enseignants du primaire et secondaire) proposent un cycle unique de deux ou trois années suivant le niveau d'entrée des candidats.

Statuts et distribution géographique des établissements

La sélection à l'entrée des établissements se pratique de la même manière quel que soit leur statut (fédéral ou d'État). Le JAMB organise chaque année deux examens, l'un pour les collèges polytechniques et d'éducation (PCEE) et l'autre pour l'entrée en université (UME). Selon leurs notes, les candidats admis postulent dans

3. Voir en annexe 2.B le schéma du système éducatif (6-3-3-4).
4. Les cycles supérieurs (maîtrise et doctorat) sont surtout proposés dans les universités fédérales.

trois établissements de leur choix, qui opèrent à leur tour une sélection, selon des modalités déjà évoquées[5].

Nous manquons de données pour pouvoir mesurer réellement la force attractive de ces différents types d'institutions. M. Mbajiorgu estimait dans l'extrait d'entretien cité au chapitre III, à propos du recrutement des collèges d'éducation, que la plupart des étudiants visaient en fait une inscription en université, et qu'ils tentaient d'intégrer la licence de leur spécialité, une fois titulaires de leur NCE. Le collège polytechnique peut être de la même manière considéré comme une solution d'attente pour les étudiants ayant échoué à l'entrée en université de technologie (FUT et UST). Enfin, des mesures telles que la définition d'une aire de recrutement propre à chaque établissement ou l'imposition d'un équilibre (60/40) entre disciplines scientifiques et littéraires, tendent à perturber le jeu de la concurrence entre établissements proposant des cursus similaires.

Les statistiques établissant le rapport entre candidatures et admissions selon les cursus sont cependant déjà significatives de l'inégal pouvoir d'attraction de ces derniers[6] : durant la session 1990-1991, les universités ont reçu plus de 290 000 candidatures en premier cycle (18 % d'admis), contre 134 000 aux collèges polytechniques et moins de 20 000 aux collèges d'éducation (30 % d'admis). Globalement, le Nigeria connaît une stabilisation du nombre des candidatures depuis cette session 1990-1991. Pour les seules universités, le tournant décisif se situe lors de la session 1984-1985. Jusqu'à cette date le nombre de candidatures augmentait d'environ 20 % par an. Entre les sessions 1984-1985 et 1989-1990 il ne progressa que de 7 % en moyenne par an. Ce premier coup d'arrêt (1984-1985) s'explique en grande partie par la création de nombreux collèges polytechniques et d'éducation. Le ralentissement progressif (jusqu'en 1989) et l'actuelle stabilisation de la demande prolongent quant à eux les tendances observées quelques années plus tôt aux niveaux primaire et secondaire.

Les contours du paysage actuel de l'enseignement supérieur nigérian sont tracés depuis le début des années 80. A première vue, la distribution géographique des établissements révèle une recherche d'équilibre régional unique en Afrique. Depuis 1985 en effet, « chaque État de la Fédération compte au moins une université ou un campus d'université, un ou plusieurs collèges d'éducation, et un ou plusieurs collèges polytechniques »[7]. Les bénéfices et les inconvénients de cette prolifération d'établissements ont donné lieu à un débat con-

5. Voir les entretiens avec le professeur Amadi de l'université d'Ibadan, et avec M. Mbajiorgu, directeur adjoint du collège fédéral d'éducation de Yola, cités dans le ch. 3.
6. Voir tableaux F et G en annexe 2.
7. P. A. Akpan, « The Spatial Aspects of Higher Education in Nigeria », *Higher Education,* vol. 16 (5), 1987, p. 548.

tradictoire dans les années quatre-vingt[8]. Certains y voyaient le moyen de renforcer le fragile équilibre politique et culturel de la Fédération (à chaque unité politique de la Fédération son institution d'enseignement supérieur ; à chaque entité ethnique la possibilité de promouvoir l'enseignement de sa langue et de son histoire), alors que d'autres, et en premier lieu les experts de la Banque mondiale, raisonnant en termes de coûts et de niveau d'enseignement, appelaient à une fermeture des facultés, voire des établissements, n'atteignant pas le ratio enseignants/étudiants jugé efficace[9].

En y regardant de plus près[10], et en ne considérant que la distribution des établissements les plus convoités (les universités), on s'aperçoit que la dispersion des établissements sur le territoire révèle en fait de profonds déséquilibres régionaux. Les anciennes régions Ouest et Est[11] (qui couvrent le tiers sud du territoire nigérian) concentrent aujourd'hui les trois-quarts des universités, près de 85 % des admissions en premier cycle, et au total plus de 70 % des étudiants inscrits en université. Ces déséquilibres sont encore plus marqués si l'on isole les universités fédérales pour lesquelles la compétition est la plus rude, tant au niveau du recrutement des enseignants qu'à celui de la sélection des étudiants. Les neuf universités fédérales du tiers sud du pays (sur les vingt que compte le Nigeria) ont recueilli plus de 70 % des candidatures étudiantes visant ce type d'établissement[12].

Si l'on considère la « valeur » des institutions (mesurée ici au nombre de demandes d'admission reçues), l'enseignement supérieur nigérian offre donc à la fois l'image d'une large dispersion des établissements, et celle d'un déséquilibre en faveur de la partie méridionale. Pour être complet, ce tableau contrasté doit intégrer un autre axe de disproportion : celui qui oppose les zones rurales et les zones urbaines. La localisation des institutions d'enseignement supérieur à l'intérieur des États obéit à une concentration quasi exclusive dans les capitales d'États (plus de 60 % des établissements) ou de Gouvernements locaux[13]. Les systèmes multi-campus adoptés par certaines universités

---

8. Voir le chapitre consacré à l'évolution de l'offre et de la demande universitaire au Nigeria (Y. Lebeau, « Identité et statut de la population étudiante au Nigeria », EHESS, 1990, p. 18.).
9. Les critères de cette efficacité, issus des universités occidentales biens établies et bien pourvues ont été contestés par les syndicats enseignants nigérians. Voir sur ce point S. Bako, *op. cit.*, p. 175.
10. Carte B en annexe 1.
11. Ces deux régions rassemblent environ 45 % de la population et couvrent les territoires des États suivants : Oyo, Osun, Ondo, Ogun, Lagos, Edo, Delta, Enugu, Anambra, Abia, Rivers, Imo, Akwa-Ibom, Cross River.
12. Cf. A. O Sanda (ed.), *op. cit.*, p. 14. Au total les universités fédérales ont reçu près de 75 % des candidatures en premier cycle.
13. P. Akpan, *op. cit.*, p. 549. La population urbaine représentait en 1991 35 % de la population totale du Nigeria. Les estimations la situe à 43 % pour l'an 2000 (cf. PNUD, *Rapport mondial sur le développement humain 1993*, p. 201.)

d'État [14], conçus à l'origine pour rapprocher l'enseignement supérieur des populations rurales, ont en fait surtout permis aux États en question d'élargir les bases de recrutement des établissements tout en maintenant l'essentiel des services, les facultés les plus convoitées et, le cas échéant, les activités de recherche, sur le campus de la capitale. Ces délocalisations ne concernent d'ailleurs quelques établissements, l'extension du programme ayant rapidement été abandonné en raison de son coût.

Quelques comparaisons internationales

Si le Nigeria se présente comme un cas atypique en Afrique, par le nombre et la distribution géographique de ces institutions, les tendances relevées plus haut quant à leur fréquentation sont dans l'ensemble assez conformes à celles enregistrées dans les pays voisins.

Le ralentissement de la croissance des effectifs scolaires à tous les niveaux (primaire, secondaire, supérieur) a marqué la dernière décennie au Nigeria comme dans l'ensemble des pays africains[15], alors que se maintenait dans le même temps le taux de croissance de la population[16]. Selon les niveaux, une lecture année par année des effectifs montre que la fracture se situe entre 1980 et 1985 pour l'enseignement primaire, 1985 et 1989 pour le secondaire, et à partir de 1989 pour l'enseignement supérieur des pays africains.

La proportion d'enfants scolarisés par rapport à la population totale du Nigeria est également comparable aux résultats moyens obtenus sur l'ensemble du continent. Le visage de l'enseignement supérieur en Afrique, bien que plus contrasté que celui des autres niveaux, révèle une même hiérarchie des pays. Un premier ensemble se distingue par une proportion d'étudiants supérieure à 1 000 pour 100 000 habitants. S'y retrouvent les pays arabes et l'Afrique du Sud. Viennent ensuite les pays d'Afrique centrale (le Congo et le Gabon par exemple) et d'Afrique australe avec près de 500 étudiants pour 100 000 habitants. Le Nigeria se situe dans le troisième groupe avec 282 étudiants pour 100 000 habitants en 1990 (la moyenne du continent se situant autour de 325 pour 100 000). Pour la plupart des pays, on observe une stagnation du nombre d'étudiants par rapport à la population totale depuis la fin des années quatre-vingt, consécutive au ralentissement, évoqué plus haut, de la progression des

---

14. Voir au chapitre V le fonctionnement de l'université d'Ago Iwoye (Ogun State University).
15. Cf. tableau E, annexe 2.
16. Le taux annuel d'accroissement démographique prévu pour la période 1991-2000 est de 3,1 %, soit un taux identique à celui enregistré entre 1960 et 1991 (cf. PNUD, *op. cit.*, p. 203).

effectifs. Mais pour quelques pays, dont le Nigeria depuis 1988, la tendance s'est d'ores et déjà inversée, et l'on peut présager d'une accentuation de ce phénomène pour les années à venir puisque leurs effectifs dans l'enseignement supérieur ne progressent plus depuis 1991.

Les filles représentaient en 1990 25 % de la population étudiante en Afrique noire. La croissance des effectifs féminins à ce niveau d'étude n'évolue plus guère depuis le milieu des années 80. Au Nigeria, les mesures de gratuité d'accès à l'enseignement primaire ont entraîné un accroissement rapide de la scolarisation des filles, qui s'est rapidement répercuté aux niveaux secondaire et supérieur. Les universités nigérianes qui comptaient 8,5 % d'étudiantes au début des années 60 en accueillent aujourd'hui près de 50 000, soit un peu plus de 27 % des inscrits[17]. Avec un taux brut de scolarisation des filles dans l'enseignement supérieur de 2 %, le Nigeria se situe aujourd'hui juste au niveau de la moyenne des pays de l'Afrique sub-saharienne[18], qui au sein des pays en développement, reste de loin la région où les inégalités d'accès à l'enseignement supérieur selon le sexe sont les plus marquées.

Les dépenses publiques allouées à l'enseignement constituent l'un des points les plus discutés concernant les implications des politiques d'ajustement sur l'éducation en Afrique noire. Les comparaisons sont dans ce domaine fort délicates, mais il est d'usage, afin de mesurer la réalité du prélèvement sur les ressources nationales courantes, d'exprimer cette ponction en pourcentage du PNB. A l'échelle mondiale et depuis les années 50, deux phases peuvent être distinguées, la première correspondant *grosso modo* aux « trente glorieuses » (croissance régulière des dépenses publiques d'éducation), et la seconde couvrant une période de stabilisation puis de récession allant du milieu des années 70 à nos jours[19]. On remarque sur cette dernière période que, pour les pays en développement, la tendance s'est maintenue à la hausse, particulièrement en Afrique sub-saharienne où l'effort est le plus marqué[20].

17. Les femmes représentent au total 52 % de la population nigériane Cf. PNUD, *Ibid.*, p. 175.
18. *Ibid.* Le taux brut de scolarisation féminine indique le nombre de filles inscrites à un cycle (niveau) d'enseignement (qu'elles soient ou non en âge de le fréquenter), exprimé en pourcentage du nombre de filles appartenant au groupe d'âge correspondant à ce niveau d'enseignement.
19. F. Orivel, « Contraintes budgétaires, développement des ressources humaines et croissance économique en Afrique sub-saharienne », Actes du colloque ACCT, *op. cit.*, p. 83.
20. Ce qui fait dire à F. Orivel (*Ibid.*, p. 85) que « dans la plupart des cas, les plans d'ajustement structurel ont atténué et non aggravé la crise budgétaire. Ils étaient assortis de financements extérieurs en l'absence desquels la crise budgétaire eût été pire. Ces plans intervenaient à un moment où des déficits publics croissants étaient financés par des capitaux extérieurs à taux d'intérêt non concessionnels, apports qui allaient de toutes façons se tarir pour faire place à des mouvements

L'attention portée au financement des différents niveaux du système éducatif révèle cependant des disparités qui ne recoupent pas les clivages régionaux observés quant à leur fréquentation. Le Nigeria par exemple se distingue en Afrique par un financement très « lourd » de son niveau d'enseignement supérieur par rapport à des effectifs étudiants conformes à la moyenne du continent. Ce fait tient à la fois au nombre, à la polyvalence systématique et à la distribution de ses institutions, mais également au coût élevé de l'entretien des campus d'universités résidentielles. Notons cependant que, globalement et en valeur absolue, le budget de l'enseignement supérieur a connu de sévères restrictions depuis 1986, qui ont conduit le Nigeria à négocier un prêt spécifique auprès de la Banque mondiale en 1987, dont les « conditionnalités » doivent être gardées en tête à la lecture des pages qui suivent[21].

Les quelques points de comparaisons internationales retenus ici indiquent clairement que les grandes tendances de la fréquentation et du financement de l'enseignement sont au Nigeria aujourd'hui plus proches de celles observées dans des pays comme le Sénégal, le Cameroun ou le Bénin, que de la situation prévalant dans des pays auxquels le Nigeria fut longtemps comparé (Brésil...). La présence de quelques universités réputées au-delà des frontières et l'existence de plus d'une centaine d'institutions d'enseignement supérieur, ont eu tendance à masquer les réalités du sous-développement du secteur éducatif dans un pays qui compte un taux d'alphabétisation des adultes à peine supérieur à 50 %, et un nombre moyen d'années de scolarité parmi les plus bas du monde (1,2 en 1990)[22].

Quelques traits essentiels du profil des étudiants nigérians

L'analyse de l'origine sociale des étudiants nigérians pose en premier lieu le problème de la définition d'un statut socio-économique qui puisse rendre compte à la fois de leur niveau de ressource et de leur propension à suivre des études longues. Dans un pays où la population salariée représente une minorité d'actifs, où le nombre

inverses de remboursement des dettes à court terme contractées avec une coupable légèreté. »

21. Ce prêt sur trois ans concernait les universités fédérales, et imposait les critères d'éligibilité suivants pour la première année : 1) réduction du personnel dans les limites fixées par la NUC (dont la moitié de personnel enseignant). 2) rationalisation des cours par suppression des troisièmes cycles dans les départements n'ayant pas de licenciés, et par suppression des départements n'ayant pas au moins quarante étudiants en premier cycle. S. Bako, *op. cit.*, p. 186.
22. PNUD, *op. cit.*, p. 159.

d'adultes diplômés de l'enseignement secondaire est insignifiant (près de quarante millions d'adultes sont analphabètes), l'utilisation d'indicateurs du type de ceux utilisés dans les pays industrialisés (les CSP en France) s'avère inopérante pour déterminer l'origine sociale des étudiants. Quelques études ont cependant cherché à mettre en valeur les inégalités sociales et culturelles repérées dans l'accès aux études supérieures. Ces recherches intègrent des déterminants essentiels à la compréhension de la nature de la demande dans le contexte nigérian tels que le sexe, le niveau de ressource de la famille, l'origine urbaine ou rurale de l'étudiant, et son État d'origine. Ces éléments révèlent à des degrés divers soit la propension des familles à encourager leurs enfants à suivre des études (sexe, niveau de ressource), soit l'accessibilité des institutions d'enseignement supérieur (État d'origine, milieu rural/urbain). Je propose donc de les rapporter ici à la lecture de la fréquentation des établissements selon leur statut et leur localisation.

Origine sociale et niveau de ressource des étudiants

La faiblesse du taux brut de scolarisation dans l'enseignement supérieur nigérian nous conduit à considérer les étudiants comme une petite minorité privilégiée. Cette notion peut cependant prêter à confusion puisqu'elle renvoie selon l'époque, soit au statut des étudiant, soit à leur origine sociale. Jusqu'au début des années 80, tous les étudiants étaient boursiers du gouvernement fédéral et/ou de leur État [23], et la plupart d'entre eux trouvaient sur les campus de quoi se loger et se restaurer à des prix subventionnés. Les privilèges évoqués alors concernaient le statut des étudiants plutôt que leur origine sociale. Je cite plus loin des propos d'anciens étudiants qui rappellent ce que signifiait pour eux l'appartenance à cette minorité, et les implications qu'elle avait en retour sur leurs relations avec leur famille. Il s'agit là d'étudiants d'origine modeste et rurale, ayant suivi un parcours « classique » à cette époque : suivi d'un enseignement primaire missionnaire dans le Sud, puis inscription dans un lycée de la ville la plus proche grâce aux conseils et à l'influence des autorités de l'école primaire sur la famille, et enfin, grâce à la mobilisation des proches, départ pour l'université d'une grande ville, où un membre de la famille

23. Le gouvernement fédéral n'attribue aujourd'hui pratiquement plus de bourses aux étudiants, sauf pour quelques programmes spéciaux (notamment à l'étranger). Elles sont donc distribuées à « leurs » étudiants par les gouvernements d'États qui en fixent librement le nombre et le montant, et qui définissent leurs priorités d'attribution (en général les premiers servis sont les étudiants optant pour un établissement de l'État… aucun critère social n'entre en vigueur). On remarque que les États disposant des meilleurs établissements, qui sont également ceux où la demande scolaire est la plus forte, ne distribuent pratiquement plus de bourses.

ou du village a déjà étudié, et où le jeune étudiant trouvera probablement une association « communaliste » (*Saving Clubs*...) capable de l'aider en attendant son intégration totale à la vie du campus. A l'université d'Ibadan jusque dans les années 70, cette population d'origine rurale et modeste représentait un tiers des effectifs :

> « Étant donné qu'il n'y a pratiquement pas de grands propriétaires terriens au Nigeria, ces étudiants sont typiquement des enfants de petits fermiers illettrés pour la plupart. Il est vrai que ces fermiers viennent plutôt du secteur des cultures de rente (cacao, arachide, huile de palme) que du secteur de l'agriculture de subsistance, et qu'ils ont des ressources supérieures à la moyenne, mais un petit nombre seulement d'entre eux peuvent être qualifiés de riches même selon les normes nigérianes »[24].

Les conclusions de l'enquête de P. Van den Berghe, menée avant la création des FUT et des universités d'États, nous donnent un aperçu significatif du profil social de l'ensemble de la population étudiante d'alors :

> « On peut estimer grossièrement qu'à peu près la moitié des étudiants viennent de familles nigérianes « moyennes », c'est-à-dire qu'ils sont les enfants de parents illettrés, qu'ils sont originaires de la petite paysannerie, du petit commerce et de l'artisanat. Ils viennent de familles nombreuses et souvent polygames, dont ils sont souvent les membres les plus éduqués. Économiquement ces familles se situent probablement légèrement au dessus de la masse des petits paysans, mais elles ne font pas partie de l'« élite », ni même de cette classe moyenne et urbaine de salariés de l'administration et du commerce. L'autre moitié des étudiants viennent de familles monogames, urbaines, ayant reçu une éducation primaire, et dont le chef de famille est salarié (employé de bureau, enseignant...). L'élite, au sens restrictif de « professionnel ayant reçu un éducation universitaire », ne concerne que 11 % des étudiants »[25].

Au moins deux facteurs expliquent le caractère relativement « populaire » du recrutement des universités jusqu'au début des années 70. D'une part l'élite dont parle P. Van den Berghe confiait encore à cette époque plus facilement ses enfants aux universités américaines et anglaises qu'aux établissements nigérians. D'autre part, et c'est l'auteur qui souligne ce point, le Nigeria avait dans les années 60 un besoin pressant de techniciens et de fonctionnaires, renforcé encore quelques années plus tard par le développement de l'industrie pétro-

---

24. P. Van den Berghe, *Power and Privilege at an African University*, 1973, *op. cit.*, p. 153.
25. *Ibid.*

lière[26]. P. Van den Berghe estimait qu'une fois passé ce cap, l'influence du statut socio-économique tendrait à devenir prépondérante (à partir du milieu des années 70) pour l'accès aux études supérieures.

Une étude menée en 1974 à Unilag (l'université fédérale de Lagos), de même statut que l'université d'Ibadan, concluait à une stratification sociale de la population étudiante similaire à celle observée quelques années plus tôt par P. Van den Berghe[27]. Les étudiantes (15 % de l'échantillon) se distinguaient cependant par une appartenance déjà plus marquée aux strates supérieures et urbaines de la société.

A partir de 1975 les données changent. La gratuité de l'enseignement primaire, puis la création de sept nouvelles universités fédérales, et enfin l'ouverture dans tout le pays de collèges polytechniques et d'éducation entraînent un gonflement des effectifs de l'enseignement supérieur. Le choix s'avère également plus ouvert malgré les systèmes de carte scolaire mis en place. La compétition pour l'accès aux universités et aux facultés les plus prestigieuses, déjà sensible alors que n'existaient que cinq universités dans le pays[28], se fait plus pressante, favorisant les élèves issus des collèges privés où le système du *Sixth Form* est toujours en place.

En 1984, K. L. Biraimah mène à l'université d'Ifé[29] (Unife, aujourd'hui OAU), voisine de celle d'Ibadan (80 kilomètres séparent ces deux villes), une étude sur l'origine sociale des étudiants *undergraduates*, reposant sur une définition détaillée de leur statut socio-économique[30]. L'auteur souligne le rapport entre ces changements structurels et la tendance à une sur-représentation des étudiants d'origine urbaine. Le profil social obtenu indique également un ren-

26. *Ibid.*, p. 154.
27. *Aspirations and Attitudes of University of Lagos Undergraduates,* University of Lagos, Human Ressources Unit, Faculty of Social Sciences, 1974. cité dans K. L. Biraimah, « Class, Gender, and life chances : A Nigerian University Case Study », *Comparative Education Review,* vol. 31, n° 4, nov. 1987, pp. 570-582.
28. F. Ojo (*Nigerian Universities and High-Level Manpower Development,* 1983, p. 41) tire les conclusions suivantes d'une étude menée à partir des registres d'inscription des universités de Lagos, Ifé et Ibadan en 1964-65 et 66-67 : « La plupart des étudiants postulaient dans quatre trois ou deux universités, alors que quelques uns seulement postulaient dans une seule université. Compliquant encore plus la situation, surtout dans les dernières années précédant la mise en place d'un organisme central d'admission, et alors que la compétition pour les admissions était plus intense, certains candidats postulaient dans plusieurs facultés à l'intérieur d'une même université. »
29. K. L. Biraimah, *op. cit.*
30. Les étudiants sont classés dan cette étude selon le niveau d'éducation et l'activité professionnelle du père, le nombre de biens matériels possédés dans leur logement permanent (télévision, automobile, eau courante...), et selon qu'ils ont passé la plupart de leur vie en milieu urbain ou en en milieu rural.

forcement de la proportion d'étudiants originaires des classes les plus aisées de la société nigériane par rapport à la situation des années 70 : 40 % des étudiants sont issus de familles au statut social élevé, 34 % viennent des classes moyennes, et 26 % de familles au statut économique et social bas[31].

Tous les indicateurs dont nous disposons aujourd'hui sur l'état de l'enseignement supérieur, nous permettent d'estimer qu'il y a eu ces dernières années dans les universités fédérales en particulier, une accélération des tendances observées par K. L. Biraimah. L'université d'Ibadan, où l'écart entre l'offre et la demande d'inscriptions en première année est le plus élevé[32] et où les étudiants boursiers ne représentent que 3 % de la population totale (tendance en baisse depuis près de dix ans)[33], recrute aujourd'hui l'essentiel de sa population dans les villes de l'Oyo et des États voisins. Les étudiants d'origine rurale, moins au fait des différences de valeur marchande des diplômes obtenus selon les établissements que leurs homologues des villes (où les collèges privés, aux droits d'inscription excessivement élevés, préparent leurs élèves à l'examen du JAMB en fonction des exigences connues des meilleures universités), se voient relégués dans les établissements moins convoités de la région (collèges polytechniques et d'éducation et universités d'État), où la sélection est moins marquée, et où ils peuvent plus facilement bénéficier des aides étatiques que dans les universités fédérales.

Les obstacles à la scolarisation des filles

La scolarisation des filles à tous les niveaux d'enseignement est considérée comme un indicateur du degré de développement humain d'un pays[34]. J'ai évoqué plus haut l'ampleur des inégalités de sexe face à la scolarité dans les pays africains. L'origine de ces inégalités et la manière dont elles influencent non seulement l'accès aux études, mais encore les choix de filières et les perspectives de carrière, ont fait l'objet de nombreuses études. Ces recherches ont dans un premier temps relativisé les tendances mesurées en termes macro-sociaux et

---

31. *Ibid.*, p. 574.
32. A UI, le nombre d'inscrits en première année a cessé de progresser depuis 1986, et il est en baisse depuis 1989.
33. University of Ibadan, *Digest of Statistics*, Planning Division, V.C.'s Office, 1988, réactualisés en 1991.
34. Le PNUD (programme des Nations Unies pour le développement) à introduit en 1990 une nouvelle mesure du « développement humain » : l'indicateur de développement humain (IDH), qui « en combinant les indicateurs du pouvoir d'achat réel, de l'enseignement et de la santé, permet de formuler une mesure du développement beaucoup plus complète que le seul PNB. » (p. 11 et p. 110 pour un explication détaillée sur l'élaboration de l'IDH).

macro-économiques, qui concluaient dans les années 80 à un allongement spectaculaire de la scolarité des filles. Une lecture plus fine des indices de fréquentation des institutions permettait, en effet, dès les années 70, de signaler, partout dans le monde, mais plus encore en Afrique noire, la vivacité des handicaps socio-économiques et culturels affectant la scolarisation des filles.

De la même manière au Nigeria, on a pu selon les indicateurs retenus signaler que dans les années quatre-vingt les filles avaient trois fois moins de chances d'accéder à l'enseignement supérieur que les garçons, ou qu'elles y étaient trois plus nombreuses que vingt ans auparavant. Mais la tendance à la stagnation du pourcentage de filles scolarisées, observée depuis quelques années à tous les niveaux d'enseignement, a conduit les chercheurs à dépasser ce débat pour se concentrer sur l'évolution des principaux déterminants du taux d'insertion des filles dans l'enseignement. Dans un premier temps, les inégalités relevées entre le Nord et le Sud ont dynamisé la recherche sur les facteurs culturels affectant la scolarisation des filles dans la partie musulmane et hausa de la Fédération[35]. La religion musulmane, de par la distribution des rôles masculins et féminins qu'elle préconise, apparaissait alors dans de nombreuses analyses comme l'explication la plus satisfaisante des déséquilibres régionaux observés.

Ces interprétations résistent mal aux comparaisons internationales pour peu que l'on ne focalise pas l'attention sur les quelques pays ayant connu, à l'instar du Nigeria, une implantation de l'école variable d'une région à l'autre, selon l'appréciation des réalités culturelles et religieuses par les administrateurs coloniaux[36]. Le phénomène de déscolarisation déjà évoqué, concomitant des autres symptômes de la crise économique que traverse le Nigeria, affecte plus les filles que les garçons quelle que soit la région étudiée. Il conforte la tendance à la prédominance des déterminants socio-économiques de la scolarisation des filles en période de crise.

Dans l'enseignement supérieur, cette tendance s'est progressivement renforcée depuis les années 60. Alors que l'étude de A. B. Fafunwa, portant sur la population étudiante des cinq universités

---

35. Pour une bibliographie fournie sur cette question, voir M. Csapo, « Religious, Social and Economic Factors Hindering the Education of Girls in Northern Nigeria », *Comparative Education*, vol. 17, n° 3, 1981.

36. M. Csapo (*Ibid.* p. 317) le montre très bien en utilisant le Nord du Ghana et la Côte d'Ivoire à titre de comparaison. Dans le cas du Ghana observe-t-il, la religion dominante est l'islam, et les parents « montrent une préférence pour les écoles coraniques plutôt que pour les écoles publiques, même depuis que l'école primaire est gratuite et obligatoire ». Pour le Nord de la Côte d'Ivoire, où « l'islam n'est pas dominant », M. Csapo signale une tendance similaire qui l'amène à conclure que « quand le choix doit être fait d'envoyer ou non un ou plusieurs enfants à l'école, quelle que soit la religion, l'éducation des garçons de la famille est toujours perçue comme un investissement économique plus intéressant que celle des filles, qui, par le mariage, quitteront la famille ».

existantes en 1965, s'en tenait à une explication culturaliste de la faible représentation féminine (8,8 % des inscrits), les études menées à UI et Unilag soulignaient déjà en plus, la très nette supériorité du statut socio-économique des filles sur celui des garçons.[37] L'étude menée dix ans plus tard à Unifé par K. Biraimah indiquait une accentuation du phénomène alors même que les étudiantes atteignaient 22 % des inscrits.[38] De plus, l'auteur signalait chez les filles une plus forte influence de l'effet de classe sociale sur le choix de la filière et les motivations de l'inscription en université. On ne s'étonnera donc pas de trouver une proportion plus élevée d'étudiantes dans les filières courtes et en particulier dans les collèges polytechniques et d'éducation, que dans les universités, et ce aussi bien dans le Sud à dominante chrétienne que dans le Nord musulman.

Le décalage croissant que l'on observe entre le statut socio-économique des filles et celui des garçons selon le statut de l'établissement est une donnée qu'il faut constamment avoir à l'esprit lorsqu'on aborde certains aspects de la vie sociale des campus nigérians. D'après les indications fournies ci-dessus, l'université fédérale d'Ibadan recrute sa population étudiante féminine au sein de ce que P. Van den Berghe et K. Biraimah appellent l'« élite urbaine » du Sud du pays. Nous verrons plus loin à quel point les différences de statut économique peuvent affecter les conditions d'existence des étudiants sur un même campus, surtout en période de crise économique. Ces données doivent également nous guider dans l'interprétation des préjugés et des stéréotypes qui régissent les relations entre garçons et filles sur le campus. Enfin, et même si je n'ai porté qu'une attention partielle aux différences entre modes de vie féminins et masculins, nous verrons que l'organisation des filles (partage des chambres, répartition des tâches...) est également très déterminée par une origine sociale qui a conduit la plupart d'entre elles à fréquenter les internats privés du secondaire, et à acquérir une expérience de la vie en collectivité que n'ont pas connue la plupart des garçons.

Origine géographique des étudiants selon les établissements

Une pratique assez courante au Nigeria, tant chez les chercheurs que du côté de l'élite au pouvoir, consiste à placer derrière chaque État de la fédération, un ensemble ethnico-religieux homogène (à l'exception cependant des États yoruba partagés entre islam et chris-

37. P. Van den Berghe, *op. cit.*, p. 154 et University of Lagos, Human Ressources Research Unit, *op. cit.*, p. 3.

38. 73 % des filles de l'échantillon vivaient en milieu urbain (44 % des garçons), et 63 % d'entre elles étaient originaires de familles à haut statut économique et social (25 % des garçons). Cf. K. L. Biraimah, *op. cit.*, pp. 573-574.

tianisme). Ces recoupements (tout à fait abusifs dans le cas de la moitié des États au moins) permettent une relecture systématique des pratiques administratives et des réalités géographiques en termes culturalistes.

Loin de moi l'idée de remettre en question l'importance de l'ethnicité dans la détermination des conduites individuelles et collectives, mais il me semble possible de reconnaître son expression sans succomber aux charmes de son prêt-à-porter explicatif. Lorsque je procède ici à des recoupements géographiques pour argumenter mon propos, je ne fais référence qu'au développement de l'enseignement dans ce pays, dont nous avons vu précédemment qu'il s'est diffusé inégalement en fonction d'intérêts politiques et économiques aujourd'hui bien identifiés.

L'inégale dispersion des institutions d'enseignement supérieur dans le pays, et leur inégale accessibilité (le tiers sud dispose de plus d'écoles primaires et secondaires), ont pour corollaire de forts déséquilibres dans les taux de scolarité. Plus schématiquement, on constate une moindre propension des jeunes du Middle Belt et du Nord à s'engager dans des études supérieures. A cela, il nous faut ajouter le déséquilibre du tissu industriel et la faiblesse de la mobilité interétatique, qui conduisent les étudiants des régions septentrionales à s'engager plus facilement dans des filières débouchant sur la fonction publique, alors que leurs homologues des États les plus industrialisés, tendent à suivre des formations plus valorisées sur le marché privé.

Je propose, pour illustrer ces tendances générales, d'isoler trois États de la Fédération, situés l'un au Nord (Kano), l'un au Sud-Ouest (Oyo) et l'autre au Sud-Est du pays (Anambra).[39] L'État de Kano est le plus peuplé des trois avec près de dix millions d'habitants (environ huit millions dans l'Oyo et six millions dans l'Anambra), mais sa densité de population et son degré d'urbanisation sont en revanche de loin inférieurs à ceux de l'Oyo et de l'Anambra. Ces trois États disposent d'au moins une université fédérale, un collège d'éducation et un collège polytechnique, mais on peut déjà relever que l'Anambra compte en plus une université d'État (technologie) et que l'Oyo compte deux universités fédérales (seul État du Nigeria dans ce cas).

En 1987, lorsque se dessinent les tendances actuelles de la fréquentation de l'enseignement supérieur, les étudiants originaires de l'État de Kano ne représentent que 2,6 % du total des inscrits en université, alors que l'Oyo et l'Anambra en fournissent chacun plus de 10 %. Si cette année-là marque une stagnation des effectifs en général, on remarque que dans les États du Nord l'inversion de la courbe des inscriptions s'est déjà produite depuis un an au moins. Cette tendance

39. Certaines statistiques utilisées ici, tirées des annuaires de la NUC étant antérieures au redécoupage administratif du pays (1992), j'ai conservé l'ancienne configuration des États en question. Ces trois États ont été choisis parce que leur « profil étudiant » reflète celui de leurs « régions » respectives.

est confirmée quelques années plus tard (1991) par les chiffres d'admission en première année d'université : l'État de Kano ne fournit plus alors que 1,8 % des nouveaux inscrits, contre 10,4 % pour l'Oyo et 10,2 % pour l'Anambra.

Les étudiants originaires des États du Nord ne sont pas seulement moins nombreux que ceux des autres grandes régions, ils sont aussi moins mobiles. En 1991, ceux de Kano étaient pour plus de la moitié d'entre eux inscrits dans l'université fédérale de leur capitale, alors qu'ils étaient moins d'un tiers dans ce cas dans l'Oyo et l'Anambra, tendance que confirme l'étude de la mobilité inter-étatique (ce sont, et de loin, les étudiants de l'Est qui sont les plus mobiles, surtout en direction des établissements du Sud-Ouest). Le repli des étudiants de Kano sur les institutions de leur région d'origine est manifeste alors qu'elles sont pourtant moins nombreuses, et que leurs formations sont moins diversifiées.

Le choix des filières enfin révèle des différences régionales suffisamment significatives pour que nous nous y arrêtions. Considérons pour ce faire, la répartition des nouveaux inscrits dans quelques filières des universités fédérales de Kano (BUK), Ibadan (UI) et Nsukka (University of Nigeria, située dans l'Anambra)[40]. Depuis près de dix ans, la faculté d'Éducation est, au Nigeria, celle qui attire le plus d'étudiants. Cependant, face à la crise de recrutement qui frappe l'enseignement, et au vu des opportunités d'emplois que d'autres filières peuvent offrir selon les régions, certaines facultés ont pu localement la supplanter. Ces rééquilibrages témoignent de l'influence du marché de l'emploi sur la nature de la demande locale de formation, et viennent au passage contredire l'image encore souvent véhiculée de l'étudiant africain percevant l'inscription en université comme une fin en soi[41]. En 1991[42], les facultés d'Éducation et de Lettres ont attiré plus de 25 % des nouveaux inscrits à BUK alors qu'elles n'ont pas atteint 17 % des inscriptions à Nsukka et UI. En revanche, alors que les formations d'ingénieurs stagnaient à 2 % des inscriptions à BUK, elles atteignaient respectivement 5 % et 5,2 % à Nsukka et UI. Les écarts sont plus marqués encore en Médecine (19,4 % des inscriptions à UI pour 3,8 % à BUK) ou en Science (22.3 % des inscriptions à UI, 10,9 % à BUK).

40. Ces comparaisons sont rendues possibles par le fait qu'au moins 70 % des étudiants de chacune de ces universités sont recrutés dans leurs « catchment area » respectifs.

41. Voir notamment les propos de P. J.M. Tedga, *L'enseignement supérieur en Afrique noire francophone. La catastrophe ?,* 1988, *op. cit.*, p. 121.

42. Ces chiffres (NUC, 1991) concernent les inscriptions en première année de « First degree ».

Conclusion

Les étudiants constituent, numériquement parlant, un groupe social très marginal dans la société nigériane. Cet ensemble est depuis longtemps extrêmement hétérogène, mais le contexte économique actuel tend à renforcer le caractère inégalitaire des différences sociales, géographiques, et de sexe. Ces inégalités se lisent à la fois dans le statut et le type de cursus des institutions selon leur implantation, et dans leur statistiques de fréquentation. Nous remarquons que plus un État de la Fédération est industrialisé et urbanisé, plus la structure de son enseignement supérieur est diversifiée et pyramidale. On trouvera au somme, l'université fédérale, avec une population étudiante essentiellement masculine, majoritairement d'origine urbaine, et d'un milieu social plus élevé que la moyenne. Ce profil pourrait être celui de l'université d'Ibadan, de Unilag ou de Uniport.

Dans les États les moins urbanisés et les plus excentrés par rapport aux pôles d'industrialisation du pays (les États du Borno et de Sokoto par exemple), le peu de filières proposées et les mesures incitatrices de l'administration (attribution systématique des bourses, dérogations à la carte scolaire…) pour maintenir une scolarisation dans l'enseignement supérieur, déjà très en deçà de la moyenne nationale, ne permettent pas la même lecture sociologique, puisque l'université fédérale, lorsqu'elle existe, brasse une population étudiante beaucoup plus composite. L'attention portée dans ce cas aux choix des facultés permet de repérer les mêmes déterminants socioculturels de la demande, que ceux qui orientent le choix de l'établissement dans les États mieux dotés en institutions d'enseignement supérieur.

Nous avons vu à quel point la situation de crise du système éducatif pouvait renforcer les inégalités d'accès à l'enseignement supérieur, déjà patentes dans les années de forte croissance des effectifs. Mais surtout, la tendance actuelle semble indiquer une prédominance de l'influence du statut socio-économique sur les autres déterminants (origine géographique, sexe…), qui présage d'une mise en place progressive des mêmes mécanismes de régulation du marché universitaire nigérian que ceux observés dans la plupart des pays industrialisés. Sans tomber dans une lecture réductrice des pratiques sociales à la seule lumière d'un modèle explicatif centré sur la logique des handicaps socioculturels, il me semble que l'appréciation des transformations, observées sur le terrain, des mécanismes traditionnels de l'intégration étudiante eût été imparfaite sans un exposé préalable de la métamorphose concomitante de la structure du champ de l'enseignement supérieur, et du profil sociologique de la population étudiante.

DEUXIÈME PARTIE

LE CADRE ET L'IMAGE EN CONFLIT

De l'influence des mutations de l'institution sur les modalités de l'identification étudiante

Dans l'approche du système que je viens de proposer, nous avons vu que le Nigeria a opté, dès les années 40, pour une organisation de ses universités sur le modèle des campus britanniques. Un certain nombre de facteurs démographiques, économiques et politiques ont abouti dans les années 70 à une remise en cause de ce système dit « résidentiel », et au lancement, à partir de 1981-1983, d'un programme de création d'universités d'États et de collèges polytechniques tournant résolument le dos au modèle de campus du type Ibadan.

L'univers dans lequel nous entrons maintenant concerne donc une partie des institutions d'enseignement supérieur nigérianes (vingt et une des trente-trois universités, et les quelques collèges polytechniques et d'éducation gérés par le gouvernement fédéral) et les analyses proposées dans cette partie et les suivantes, ne peuvent en aucun cas être transposées dans le cadre des établissements non résidentiels. J'ai visité certaines de ces institutions, j'y ai interviewé des étudiants et des enseignants, et me suis rapidement rendu compte que les processus de façonnement de l'identité et du statut étudiants y exigent d'autres catégories d'analyse, même si les modes de sélection et les cursus sont identiques ou presque. Que l'on ne s'y trompe donc pas, le système résidentiel est un tout organique auquel ne peut être assimilé n'importe quel établissement sous prétexte, par exemple, qu'il loge ses étudiants[1].

Le terme « campus » dans son acception étymologique définit les limites territoriales de l'université (ou du collège). Le territoire sous-tend à la fois la notion de propriété et une perception physique : tout étudiant peut appréhender les contours de cet espace transitoire où se développent un mode de vie et une culture propres. Le campus, en assurant en théorie une cohésion entre l'espace et le temps des études, obéit à un projet politique : celui d'une sorte de « melting pot » culturel et social d'étudiants placés en situation d'égalité formelle. Chaque jeune « apprenti intellectuel » vient ici faire peau neuve dans les mêmes conditions matérielles d'existence que ses pairs. Le campus spatialise cette conception britannique de l'enseignement universitaire, qui jusqu'à la fin du XIXe siècle « insiste plus sur l'éducation générale

---

1. Voir à ce sujet les comparaisons que j'ai effectuées entre l'université fédérale de Port Harcourt (Uniport) et l'université des sciences et technologies du Rivers State (UST) situées dans la même ville, in Y. Lebeau, *Stinking Varsity*, 1987, *op. cit.*

d'une classe privilégiée que sur la transmission désintéressée d'un savoir »[2].

Divers groupes socioprofessionnels cohabitent dans cet espace de vie et de travail. La codification des rapports sociaux entre ces groupes obéit d'abord aux statuts que l'institution confère aux uns et aux autres. L'apprentissage de ces codes par les étudiants doit être considéré comme l'une des fonctions socialisatrices majeures du système résidentiel.

La cohésion d'un tel système suppose que soit entretenu le mythe d'un consensus, d'une communauté d'intérêts, capable de transcender les antagonismes des classes sociales et de faire admettre aux étudiants de nouveaux critères de définition de la hiérarchie et de l'autorité.

Dans cette partie, nous tenterons d'évaluer l'influence de ce cadre organisationnel et du projet institutionnel global qu'il sert, sur les modalités de l'identification étudiante à cette communauté. J'insisterai particulièrement dès le premier chapitre sur l'importance de l'environnement (géographique, social, culturel...) du campus, afin d'éviter l'écueil de la décontextualisation des réalités étudiées que provoque parfois ce type d'approche microsociologique. Enfin, puisque nous cherchons à mettre en évidence un processus, des comparaisons dans le temps, portant sur les moyens institutionnels mis au service de l'identification étudiante et sur les changements de statut des groupes socioprofessionnels en présence, nous apporterons les premiers éléments de ce que je définis comme la désinstitutionnalisation de la cohésion sociale.

2. P. Van den Berghe, 1973, *op. cit.*

5

L'environnement des campus nigérians

Limites des notions d'« exil » et d'« isolement »

L'« exil des campus » : cette expression, tirée de mon étude réalisée en 1987 à Uniport[1], illustre à la fois l'image que suscitaient alors chez moi ces campus nigérians « entre le village et la ville », et un désir de jeune chercheur, celui de maîtriser mentalement les limites géographiques de mon objet de recherche.

J'en convenais pourtant au bout de quelques pages : les villes grignotent, jour après jour, l'espace qui les sépare de « leur » université. Le fait est manifeste à Ibadan, Port Harcourt et Zaria, il est acquis à Lagos (Unilag) et Jos, il est encore repoussé à Sokoto et Kano où l'on a pris soin de planter le nouveau décor universitaire à une dizaine de kilomètres des postes les plus avancés de l'extension urbaine[2].

De la ville-campus au campus dans la ville

On parle en France de villes universitaires pour qualifier les cités dont la proportion d'étudiants atteint le niveau N créateur du déclic culturel symbolisé par la présence de plus de cinémas, librairies, concerts… qu'on en trouve habituellement dans une ville française de taille moyenne[3]. Le fait, s'il est vérifié ou vérifiable, doit sans aucun doute sa singularité à l'implantation urbaine qui, depuis le Moyen-Age, caractérise l'inscription géographique des établissements univer-

---

1. Y. Lebeau, 1987, *op. cit.*, p. 31.
2. BUK New Site.
3. L'expression « ville universitaire » est employée dans le sens que lui attribuent généralement les étudiants eux-mêmes, elle ne repose sur aucune étude systématique.

sitaires dans ce pays, et au fait que ces villes (Caen, Aix, Montpellier, Grenoble, Orléans, Rennes...) qui ont profité du boom universitaire des années 60-70, possèdent une tradition dans ce domaine acquise depuis le XIXe siècle (doublée souvent par la « présence ancienne d'un parlement ou d'un gouvernement de province »)[4]. C'est donc dans la ville que l'étudiant français gère ce qui le démarque le plus des autres groupes sociaux : son temps[5].

Je n'ai pas visité de ville universitaire de cette sorte au Nigeria. Ibadan même, ville d'éditeurs, au cœur de la civilisation urbaine yoruba[6], et lieu d'implantation de la plus ancienne institution d'enseignement supérieur du pays, n'affiche guère de signes manifestes d'une surpopulation étudiante.

J'y vois bien sûr des troupes de théâtre jouer dans plusieurs quartiers, mais je sais désormais qu'il s'agit là d'une tradition populaire de la région qui doit peu à l'excellent département de *Theatre arts* de UI[7] (par où sont passés W. Soyinka et F. Osofisan).

J'y vois encore les longues files d'attente du dimanche devant le grand cinéma de Mokola où l'on distribue principalement des comédies yoruba, tournées dans cette langue, que les étudiants, plus attirés par les soirées vidéo de leurs cités universitaires, se plaisent surtout à parodier dans leurs sketches de « variety nights ».

J'y vois, c'est vrai, plus de publicités écrites que dans les cités du Nord, mais pas plus que dans celles de l'Est. Quant aux éditeurs, si leur présence est historiquement liée au pôle intellectuel que représente UI, ils ne peuvent guère aujourd'hui compter sur les étudiants pour écouler leurs livres récents dont la distribution n'est d'ailleurs plus assurée de manière régulière sur le campus.

Les villes nigérianes ont, comme nous l'avons vu plus avant, des populations très inégalement scolarisées du fait, en particulier, d'un déséquilibre ancien dans la distribution géographique des établissements scolaires. L'influence des universités sur leur environnement immédiat pèse, quant à elle, plus sur le plan économique que dans le domaine culturel où production et consommation restent cantonnées

---

4. G. Duby (ed.), *Histoire de la France urbaine,* tome 5, *La ville aujourd'hui. Croissance urbaine et crise du citadin,* Editions du Seuil, 1985, p. 47. Voir également la carte p. 46 où il apparaît que les universités des villes mentionnées ci-dessus possédaient toutes leurs facultés actuelles à la fin du XIXe siècle.
5. J.-P. Molinari (*Les étudiants,* 1992, *op. cit.*) considère même ce facteur comme l'unique variable « multi-classiste » de la définition du mode de vie étudiant. (p. 94).
6. Bien que de troisième génération seulement (XIXe siècle) dans l'histoire des Yoruba, qui « est d'abord celle de leurs cités » (J. O. Igue, in D. C. Bach, *Le Nigeria contemporain,* 1986, *op. cit.*, p. 65).
7. V. Coulon et A. Ricard in D. C. Bach (ed), *op. cit.*, p. 187 ; B. Jeyifo, *The Yoruba Popular Travelling Theatre of Nigeria,* 1984, p. 31 ; Y. Ogunbiyi, *Drama and Theatre in Nigeria : A critical source book*, 1981, p. 24 ; A. Ricard, *L'invention du théâtre. Le théâtre et les comédiens en Afrique noire,* 1986, pp. 50-51.

sur le campus, à l'exception notable de Lagos, où une seule visite sur le campus « urbain » de Unilag (proche du quartier Yaba) permet de comprendre que les étudiants consomment plus qu'ailleurs hors les murs de l'établissement. Ici le campus n'est plus une ville, il est dans la ville.

A Ibadan, l'université, aujourd'hui en banlieue, s'affiche comme un îlot intellectuel fermé à la ville « inculte », souvent qualifiée de « gros village ». Un village d'environ trois millions d'habitants tout de même, où les six mille et quelques emplois directs de l'université fédérale[8] ne sont pour rien dans la dynamique culturelle d'une ville « à la vitalité économique vraiment indigène » et qui « serait un foyer culturel sans l'université »[9].

Les emplois du secteur informel et ceux indirectement liés à la présence du campus n'ont pas, à ma connaissance, fait l'objet d'études depuis l'estimation de P. Van den Berghe. Selon lui, l'université d'Ibadan occupait alors, directement ou indirectement, 50 000 personnes[10]. Aujourd'hui, alors que baisse depuis 1985 le nombre d'emplois directs, le secteur privé investit au fur et à mesure les fonctions délaissées par l'administration de l'université (comme par exemple le nettoyage des halls ou la restauration). Dans le même temps se développe sur et autour des campus un secteur, en pleine expansion, d'activités de services en direction des étudiants et des employés, qui vient pallier les carences du système (bus en panne, coupures d'eau, d'électricité...). Vente de papeterie, restauration, blanchisserie, coiffure, secrétariat, portage (d'eau, de bagages), transports, surveillance (du linge qui sèche) : toutes ces activités existent sur le campus de UI, mises en place par des commerçants de la ville ou des familiers du personnel, comme ces enfants, venus du « junior staff quarter » voisin de la cité universitaire où je logeais en 1991, proposer leurs services aux étudiants durant quelques semaines de pénuries d'eau, pour le portage de l'eau, le lavage du linge et de la vaisselle. Peut-être ces mêmes gosses sont-ils aujourd'hui postés à l'entrée principale du campus, prêts, pour un ou deux nairas, à soulager les étudiants de leur barda jusqu'à l'entrée du hall. Ces activités sont plus ou moins tolérées sur tous les campus. Les vice-chanceliers et leurs administrations disposent à cet égard d'une marge de manœuvre facilement discernable d'un établissement à l'autre. Ici (Unilag, Uniport) les taxis de la ville sont tolérés dans l'enceinte du campus, là les boissons alcoolisées sont interdites à la vente (ABU, BUK), ailleurs la cuisine ne peut se faire que dans les locaux de la cafétéria et est soumise à un contrôle

8. 6 023 en novembre 1988, dont 2284 *senior staff* (en baisse de 3,5 % par rapport à la session précédente) et 3739 *junior staff* (en baisse de 10 %). University of Ibadan, *Digest of Statistics*, nov 1988.
9. V. Coulon et A. Ricard, *op. cit.*, p. 186.
10. Dont un *senior staff* de 600 personnes pour 3 000 étudiants en 1968. Cf. P. Van den Berghe, *op. cit.*, p. 60.

d'hygiène (FCE Yola). Globalement les mêmes activités se développent, certaines systématiques et permanentes, d'autres plus informelles et fluctuantes[11]. Aux portes des campus se massent les exclus, ceux dont les activités sont bannies de l'université (les concurrents du *bookshop* officiel...), ceux qui n'ont pas assez « dashé »[12] le gardien d'un hall, et puis tous les autres dont les commerces ne sont pas exclusivement destinés aux résidents du campus. Les abords de UI sont à ce point encombrés que la police tente aujourd'hui d'évacuer les « vendeurs de rue » vers les marchés les plus proches (Bodija). La bataille est rude, violente parfois (renversement des étalages, arrestation des commerçants emmenés sans ménagement dans des camions militaires), elle sera longue car les vendeurs savent ce qu'ils y ont à perdre...[13]. L'université cautionne ces opérations qui octroient un sursis à l'envahissement, par la ville d'Ibadan, du campus, espace de quiétude où l'insécurité urbaine ne s'infiltre encore principalement que sous forme de rumeurs.

Architecture et implantation : distinctions Nord/Sud

Les commentaires qui suivent sont le résultat d'observations personnelles effectuées sur le terrain. Elles ne visent en aucun cas l'établissement d'oppositions systématiques Nord/Sud, comme le font nombre d'études nigérianes qui bâtissent leurs problématiques religieuses, ethniques et politiques autour de cet axe cardinal. Il se trouve qu'à l'exception notable de Jos dont le climat à lui seul explique bien des particularités, les campus étudiés dits « du Nord » (Kano, Zaria, Yola) présentent des similitudes dans leurs rapports à leur ville de référence. Ainsi, les observations mentionnées plus haut à propos de UI ne valent pas pour Kano, dont l'ancien site[14], pourtant à deux ou trois kilomètres des faubourgs populaires de la vieille ville, n'attire à ses portes qu'une dizaine de commerçants et à peine plus sur le campus. Ici le tracé de la route ne subit pas comme à Uniport, UI ou Unijos la

11. Celles des enfants, par exemple, qui n'exigent ni investissement ni savoir faire.
12. Mot courant du pidgin english, utilisé à la fois comme nom et comme verbe (give me dash, dash me...) dans le sens de cadeau, pourboire, commission, pot de vin. (A.E. Odumuh, *Nigerian English*, 1987, p. 89.)
13. La plupart des produits vendus ici répondent aux besoins de la clientèle universitaire et ne trouveront aucun débouché sur le marché de Bodija. Une vendeuse d'arachide rencontrée en 1991 s'accrochait désespérément l'année suivante encore à sa table et son parasol. Le gouverneur de l'État semble avoir depuis provisoirement jeté l'éponge puisque cette même vendeuse se plaignait de la forte concurrence aux portes du campus en 1995 !
14. « BUK old site » proche des anciennes fortifications de la ville.

pression des étalages et des vendeurs « à la criée » de journaux, stylos, papier hygiénique... L'absence de frénésie ambulatoire sur et aux portes des campus distingue d'une manière générale les universités fédérales du Nord de celles du Sud. Ceci ne préjuge en rien des manières de consommer des étudiants et enseignants de ces différentes régions. J'y verrai plus volontiers la combinaison de facteurs climatiques et politiques. Depuis plusieurs années, en raison de la surpopulation étudiante et d'un chevauchement permanent des calendriers scolaires (dû à la fois aux fermetures autoritaires du campus et aux décalages dans les examens nationaux d'entrée en université), il n'existe plus à UI de morte-saison. Durant les congés de la mi-session (aux environs de Pâques), seule période avec la semaine entre Noël et le Nouvel An où les enseignements sont pratiquement tous suspendus, le campus ne se vide qu'à moitié et les services demeurent. A Kano, où la moitié des étudiants sont encore originaires du Sud et où de véritables coupures sont opérées (les fêtes du Ramadan par exemple) dans le calendrier universitaire, le campus connaît plusieurs périodes de désertion. Inutile d'y chercher alors une assiette de *gari*[15]. Seuls quelques kiosques permettent au *staff* toujours présent de maintenir le rituel des pauses où l'on avale un « coke » en grignotant quelques gâteaux secs[16].

En période d'affluence, la circulation reste aisée sur et autour du vieux campus de BUK, tant en voiture aux portes principales qu'à pied autour des kiosques et autres points de restauration. Je fus étonné, à la vue de ces immenses surfaces où paissaient paisiblement quelques zébus, juste derrière les halls, d'apprendre qu'un autre site existait, éloigné de trois ou quatre kilomètres. Ce ne sont pas les superficies qui surprennent ici car partout au Nigeria, les campus fédéraux s'étalent sur des milliers d'hectares, mais plutôt ces étendues sèches et plates où le regard se porte immédiatement au loin. Les universités de Kano et Zaria, plantées sur une zone écologique de type « savane nord guinéenne » qui connaît sept à huit mois secs dans l'année[17], disposent de campus aérés où les bâtiments sont entrecoupés de zones parfois ombragées, qui sont autant de lieux d'activités sportives, de promenade ou de restauration. Rien à voir avec la végétation exubérante qui envahit les trois quarts des campus de Uniport et de UI, imposant un défrichage quotidien en saison des pluies (qui est inversement proportion-

15. Préparation à base de racine de manioc.
16. Les kiosques sont très communs sur les campus de BUK, de ABU et du collège fédéral d'éducation de Yola. On y trouve à la fois de la nourriture préparée (gari...), de l'épicerie, des boissons fraîches et des fournitures scolaires. Parfois des chaises sont disposées devant le comptoir ou à l'ombre de l'arbre le plus proche, le plus souvent les clients restent debout et avalent leur « repas » en quelques minutes. De tels commerces n'existent pas sur le campus de UI, où les commerces sont spécialisés et regroupés selon les services offerts.
17. J. Oguntoyinbo, O. Areola, M. Filani (eds), *A Geography of Nigerian Development,* Ibadan, Heinemann 1978, cité dans D. Bach (éd.) 1986, p. 39.

nelle à celle de Kano et Zaria) autour des facultés et des espaces résidentiels.

Sécheresse et grands espaces ont permis aux campus du Nord d'encaisser mieux les effets, jugés ailleurs désastreux, d'une démographie étudiante galopante. Ici, l'usage courant du repas pris en plein air n'impose pas l'existence de pôles de restauration comme à Choba (Uniport) où l'on déjeune à l'abri de la chaleur humide et de la pluie. Le « Black Market » de UI avec sa trentaine de gargotes alignées sur deux rangées, n'a pas d'équivalent à ABU où le « social center » flambant neuf ne compte que quatre restaurants pour une population étudiante deux fois supérieure. Cette dispersion des lieux de restauration casse, à n'en pas douter, l'« ambiance » que les étudiants d'Ibadan viennent chercher au Black Market, dans la cour du SUB, ou sur les travées de bancs à touche-touche de *Abe Igi*[18], lieux symboliques de l'identification étudiante.

Communauté universitaire et communauté urbaine : le système résidentiel en question

A l'exception de Unilag, et au delà des distinctions que je viens de mentionner, les campus fédéraux qui servent de référence à cette étude, n'ont pas encore été happés à ce jour par leurs capitales de tutelle. Ils ne sont pas de simples quartiers ouverts à tous vents, que seule une fonction spécifique distinguerait du voisinage, mais bien des espaces clos et gardés où se développent des manières propres de vivre, de travailler et de consommer.

« Citadelle, mais non tour d'ivoire » proposait récemment Catherine Simon à propos de l'université d'Addis Abeba où « les bouleversements politiques et la dégradation catastrophique de la situation économique n'ont jamais cessé de se faire sentir »[19]. Au Nigeria également, et quoi qu'en disent les chroniqueurs locaux, les universités s'inscrivent désormais résolument dans l'espace économique et politique local[20]. A Ibadan comme à Zaria, ce rapprochement s'est effectué progressivement depuis le milieu des années 70 lorsque les budgets de fonctionnement ont cessé de suivre la progression des effectifs étu-

18. « Sous l'arbre » en yoruba, lieu célèbre de restauration des étudiants, proche de SUB et de l'entrée de la piscine.
19. *Le Monde*, jeudi 7 janvier 1993.
20. Voir par exemple les développements comparés de ABU et de la ville voisine de Samaru dans E. Oyede, 1989, pp. 40-47. Les violences subies par la population de Samaru lors des assauts de la police sur les étudiants en 1986 témoignent également des liens qui unissent le campus et son site d'implantation. A ce sujet voir ASUU, *The Killings at ABU*, 1986.

diants. Il s'est brutalement accéléré à partir de 1986 avec l'introduction du programme d'ajustement structurel, sonnant le glas de la politique sociale sur les campus. Aux volontés administratives locales, aux spécificités architecturales et climatiques, s'est ajouté l'effondrement du modèle de l'université résidentielle, préconisé par la commission Ashby en 1959. De nouveaux acteurs économiques et sociaux ont fait leur entrée sur les campus, perturbant le jeu des relations sociales produit par la hiérarchie des statuts administratifs. Avec eux, les langues et les coutumes locales ont trouvé sur les campus un nouveau terrain d'expression. Ces données n'ont pourtant pas provoqué la disparition du système social en place sur les campus. Bien au contraire, l'immixtion de la ville, de ses luttes politiques, de ses stratifications sociales et de ses valeurs culturelles, dans l'université, s'est produite en se conformant au cadre institutionnel en place.[21]

La remise en cause du système résidentiel, souhaitée par les plus hautes instances universitaires (relayées par la presse), se heurtant à une résistance des étudiants, des enseignants et du personnel administratif et technique des établissements en question, s'est finalement concrétisée avec la création des universités et des collèges d'États à partir de 1981. L'université de l'État de Ogun, ouverte en 1983 dans la petite ville de Ago-Iwoye (à soixante-dix kilomètres au sud d'Ibadan), en est une illustration : conçu à l'origine selon un modèle « multi-campus » (les sciences médicales à Shagamu, les sciences sociales à Ijebu-Igbo, les autres formations et l'administration sur le site principal temporaire), l'ensemble des départements aurait dû être regroupé sur un unique campus à Ago-Iwoye depuis 1990, mais le transfert sur ce « site permanent » n'était toujours pas effectué en 1995. Sur le plan de l'organisation des services administratifs et académiques, cette université diffère peu de celles dites de « première génération » : les facultés de lettres, sciences sociales et éducation rassemblent les plus gros effectifs, mais l'établissement compte également une faculté des sciences, un collège de médecine, une faculté de droit et un collège des sciences agricoles[22]. L'université est gérée comme celle d'Ibadan par un conseil et un sénat, sa hiérarchie administrative est également organisée sur le même modèle :

21. Nous en verrons un cas concret dans la quatrième partie (chapitre 12) à propos des activités des groupes religieux de la ville d'Ibadan sur le campus.

22. Pour la session 1993/94, l'ensemble des facultés de Lettres, Sciences sociales et Education comptait 2910 étudiants soit plus de la moitié de l'effectif total de l'université, qui comptait par ailleurs 1 477 étudiants en Science, 475 en Sciences médicales, 484 en Agriculture, 417 en Droit. Seulement 170 étudiants étaient inscrits en maîtrise et l'université ne comptait aucun doctorant. Chiffres communiqués en juillet 1995 par The Academic Planning Unit, Office of the Vice-Chancellor.

> « Le conseil est l'autorité gouvernante, alors que les décisions portant sur des questions académiques relèvent du sénat. Le responsable formel de l'université est le chancelier, présent uniquement dans les occasions exceptionnelles dont la plus importante est la cérémonie de remise des diplômes. Le pro-chancelier est le président du conseil. Le vice-chancelier est le responsable académique et l'administrateur de l'université, alors que le secrétaire général (*registrar*) est le chef du service administratif, responsable devant le vice-chancelier de la gestion quotidienne des affaires de l'université... »[23]

L'université de l'État d'Ogun est en revanche explicitement non résidentielle, ce qui modifie totalement le paysage de ses campus : point de cités universitaires ni de quartiers réservés aux différentes catégories de personnel comme à Zaria ou Ibadan.[24] L'université n'abrite pratiquement aucun des services évoqués plus haut (ni cantine, ni librairie, ni vente de produits divers aux portes des facultés). Les étudiants de l'université de l'Ogun, originaires de petites villes ou de villages voisins, se logent et consomment à Ago-Iwoye, Shagamu ou Ijebu-Igbo, et ne pratiquent que très peu d'activités extra-scolaires sur leur campus. A Ijebu-Igbo par exemple (15 000 habitants environ), les facultés de Sciences sociales et de Lettres partagent les locaux d'une école secondaire située aux portes de la ville et desservie par quelques taxis. Après les cours, étudiants et enseignants se replient sur le site de Ago-Iwoye distant de dix kilomètres (où sont concentrés les services adminstratifs et les bibliothèques) ou rentrent chez eux : l'université loue quelques chambres à proximité de l'école, mais la plupart des étudiants se dispersent en ville « chez l'habitant ». A Ago-Iwoye, des promoteurs ont construit de petits immeubles à proximité du campus. Ces blocs sont dispersés dans la campagne, les étudiants y partagent leur chambre à trois ou quatre et rentrent dans leur famille le week-end (la plupart sont originaires de localités distantes de moins de cent kilomètres). Ces logements ne peuvent en rien être assimilés aux cités universitaires qui, sur les campus résidentiels, sont les cellules de base de la définition des hiérarchies et du développement de la vie associative étudiante. Point de comité de gestion des halls, ni même de salle commune où regarder la télévision, pas de terrain de sport non plus, donc pas d'équipe de football ou de volley-ball pour défendre les couleurs de la cité.

Les signes de la présence d'une université sont cependant multiples dans les centres-villes d'Ago-Iwoye et de Ijebu-Igbo. On y retrouve ces petits commerces qui, à Ibadan, assaillent les portes du campus ou occupent les locaux de l'université laissés vacants depuis que les servi-

23. Ogun State University, *Student Handbook,* 1991, p. 9.
24. Le futur site permanent ne changera pas ces données puisque seuls les hauts responsables de l'administration y seront logés.

ces publics ont été abandonnés au privé (restauration, blanchisserie...). Les salons de coiffure, les étalages de cassettes rappellent qu'une population jeune et au fait des dernières tendance de la mode réside temporairement dans les environs. Chacune des deux villes compte son hôtel élu par les étudiants pour l'organisation des soirées qui clôturent, ici comme dans toutes les universités du pays, les semaines d'animation de départements. On y fête également les anniversaires et les succès aux examens. Les étudiants de l'*Ogun State University* ont cependant du mal à se connaître du fait de l'éparpillement des structures, et si quelques manifestations témoignent de l'existence d'une culture étudiante, aucune ne contribue à la promotion d'une identification des étudiants à leur établissement.

Dans la ville de Oyo, à cinquante kilomètres d'Ibadan, le campus du collège d'éducation de l'État est également non résidentiel, mais depuis peu. C'est en effet suite à une grève des étudiants, deux ans avant ma visite, que fut décidée la fermeture des résidences. La moitié des étudiants se logeaient déjà « off-campus », ce qui facilita l'accueil des autres, notamment dans le quartier proche du campus. Je n'ai relevé dans ce collège, malgré ses résidences (blocs de plain-pied, d'une dizaine de chambres), aucun des traits de la vie sociale étudiante que j'étudiais au même moment à Ibadan. Les étudiants qui avaient, avec moi, fait le voyage de UI s'étonnaient eux-mêmes des propos de mes interlocuteurs du collège. Pas de syndicat étudiant, pas de système de gestion étudiante des halls, pas de cantine. La fermeture de cités en cours d'année n'a provoqué, m'a-t-on dit, aucune forme de protestation, les étudiants se sont entassés chez leurs camarades logés dans un quartier voisin, et n'ont pas eu à modifier leurs habitudes alimentaires puisque les points de restauration se trouvaient aux portes du campus. J'ai eu l'occasion de visiter dans ce quartier le logement que partageaient trois étudiantes, résidant autrefois au collège. Elles louaient pour vingt-cinq nairas par mois[25], une pièce de $8m^2$ au sol de terre battue (sans toilette, ni eau, ni électricité). La chambre ne disposait pour toute source de lumière que celle d'une minuscule fenêtre donnant sur la cour intérieure. Les lits occupaient pratiquement tout l'espace intérieur, bien qu'un bureau ait été logé dans l'angle le mieux éclairé de la pièce. La cuisine se faisait dans le couloir, sur des réchauds à kérosène, rangés ensuite sous les lits. Au rez-de-chaussée de cette maison, toutes les chambres étaient ainsi louées aux étudiants du collège.

De telles mesures d'expulsion n'ont, à ma connaissance, jamais été prises dans les grandes universités fédérales, où le renvoi des étudiants s'accompagne systématiquement de la fermeture totale de l'établissement. Sur un campus comme celui d'Ibadan où vivent près

25. Soit pour chacune d'elles l'équivalent sur l'année d'une inscription en cité universitaire sur le campus d'Ibadan.

de trente mille personnes, et où l'on trouve un supermarché, deux marchés en plein air, un service interne de bus et de taxis, une clinique, des écoles primaires et secondaires, un théâtre, un zoo, des dizaines de petits restaurants, une banque, une résidence pour les chercheurs et enseignants de passage, un musée, deux églises et une mosquée, la notion de résidence prend un tout autre sens et l'organisation sociale tout entière tient à la permanence des liens qu'entretiennent les groupes sociaux en présence. Le désengagement de l'État de ses fonctions de régulation des relations entre ces divers groupes ne s'est traduit ni par le départ des résidents, ni par la déstabilisation de la cohésion sociale sur le campus. Au contraire, on assiste à une redistribution des rôles et des statuts que je me propose d'expliciter maintenant.

6

Les métamorphoses de la société universitaire

Les trois « états » du système résidentiel classique

Les différents groupes socioprofessionnels qui travaillent et vivent sur les campus résidentiels nigérians coexistent (plus qu'ils ne cohabitent) à peu près partout de la même manière. Les étudiants en forment un, aussi hétérogène soit-il, caractérisé par une situation commune d'apprentissage certes, mais également par des manières et des lieux propres de consommation, d'habitation, et de travail.

A côté, en face ou avec les étudiants vivent et travaillent ceux qui les servent ou les forment. Ce personnel de l'université a déjà fait à Ibadan l'objet d'une étude sociologique, la seule d'ailleurs qu'il m'ait été donné de lire, où sont étudiés les rapports hiérarchiques entre différentes catégories de personnel[1]. L'auteur construit sa démonstration sociologique sur une distinction toute administrative du corps professionnel de l'université, avec d'un côté le *senior staff* et de l'autre le *junior staff*. Cette catégorisation du personnel ne s'opère pas uniquement sur une échelle des salaires et des qualifications. Elle officialise le prolongement géographique de la distinction sociale. Cet « apartheid »[2], poussé jusqu'à la séparation des toilettes, organise également l'espace extra-professionnel des salariés : logement dans des lotissements séparés, espaces de loisirs séparés (ne s'installe pas qui

---

1. P. Van den Berghe, *Power and Privilege at an African University*, 1973, *op. cit.*
2. « New apartheid ? » : L'expression a été relevée par P. Van Den Berghe sur une porte de W.C. de UI sous la plaquette légale indiquant « réservé au senior staff ». La séparation de ces lieux n'a, aujourd'hui encore, rien d'une simple recommandation : l'usage des toilettes du *senior staff* de l'institut d'Études africaines de UI nécessite un passage au secrétariat pour y retirer les clefs.

veut au *Senior Staff Club* de UI.), écoles différentes pour les enfants[3]...

Les trois états (*Estates*) de la société universitaire décrite par P. Van den Berghe apparentent celle-ci a une société de castes où les étudiants occuperaient un statut intermédiaire provisoire. Plus proches du *junior staff* par leurs conditions matérielles d'existence, ils s'emploieraient à s'en distinguer par leur soucis d'identification au *senior staff,* référence emblématique de leur futur statut social dans la société nigériane.

Dans cette communauté de la fin des années soixante, les ressources des étudiants et du personnel dépendaient quasi exclusivement de l'État ; et même si des formes de distinction sociale, à l'intérieur de chacune des catégories, pouvaient s'opérer selon d'autres facteurs, même si des formes de solidarité (ethnique, religieuse) pouvaient en certaines occasions transcender les clivages sociaux, l'analyse sociologique confirmait la domination des distinctions statutaires sur les relations quotidiennes à l'intérieur du campus[4].

Les trois états de cette société universitaire existent toujours à UI, si l'on s'en tient à une lecture administrative de la vie de l'université. En revanche, l'interprétation des relations quotidiennes, observées entre les étudiants et les autres groupes socioprofessionnels, ne peut plus à mon sens se satisfaire de ces catégories d'analyses. Une relecture sociologique s'impose en raison, d'une part, de l'affaiblissement des liens de dépendance économique entre les résidents et l'État, et d'autre part de l'arrivée de nouvelles activités professionnelles et de nouvelles populations qui ont transformé les valeurs sur lesquelles se fondait jusqu'alors la distinction sociale.

---

3. Conditions d'études et chances de réussite très inégales selon l'étude de Van den Berghe.

4. Dans une étude ethnographique sur le collège St Dominic's de Cambridge, William Dell (1987) s'interroge sur la notion de communauté et sur ses manifestations. Celle-ci se caractérise selon lui par la force et la permanence des liens qui y unissent encore les enseignants et les étudiants. L'identification des plus jeunes étudiants au collège passe selon lui par l'apprentissage des distinctions d'âge et de statut. L'auteur précise que « St Dominic's est un coin de la société anglaise où l'ethos traditionnel de paternalisme et de déférence survit jusqu'à un certain point, bien qu'il soit progressivement érodé ». Cette communauté obéit à la même hiérarchie des trois états que UI dans les années 60. Les étudiants de troisième cycle « y aspirent et y ont obtenu à certains égards une position intermédiaire officielle entre les basses (le « staff ») et les hautes strates (les « fellows ») » (p. 77).

Vers de nouvelles catégories d'analyse

Dans un contexte marqué non seulement par un accroissement du nombre d'étudiants et de salariés logés hors campus, mais également par la chute brutale de leur niveau de vie, le *senior staff* se pose de moins en moins comme modèle. Nous sommes loin de la communauté universitaire des années 60 et 70, où chaque enseignant se savait épié jusque dans sa vie la plus privée qu'un collègue jaloux pouvait jeter en pâture aux étudiants, fascinés par ces vies faciles qui, sous leurs fenêtres, se laissaient furtivement entrevoir[5]. Les interactions entre ces deux groupes sociaux ne se limitaient alors pas aux seuls espaces et temps académiques. La gestion quotidienne des halls, elle-même, prolongeait le statut de référent confié au *senior staff* et plus précisément aux enseignants :

> « L'organisation des halls de résidence dans toutes les universités nigérianes (à l'exception de Nsukka) est en de nombreux points similaire au modèle britannique. Il y a un *warden*[6], nécessairement membre du personnel enseignant, qui a en charge la responsabilité globale de l'administration du hall ou du groupe de halls. Dans la plupart des cas, un *master*, généralement « senior Member » du corps enseignant (professeur ou maître de conférences), est nommé « titular head » de chaque hall »[7].

Aux *wardens* et *masters* de halls était alors confiée une tâche primordiale, celle de « façonner » l'étudiant dans ces « manières d'être en société » que son futur statut social exigerait de lui :

> « Si l'université insistait à ce point pour loger tous les étudiants, c'était à cause de l'origine sociale de la plupart d'entre eux. L'université avait pour ambition d'élever le niveau de vie dans les halls au-dessus de ce que la plupart des étudiants pouvaient connaître chez eux [...] parce qu'à ce moment-là, immanquablement, dès que vous sortiez de l'école, vous étiez nommé dans la fonction publique comme secrétaire assistant, puis vous était confié un poste à responsabilité [...] On attendait de vous que vous vous conformiez au niveau de vie et au comportement qu'exige ce statut

5. Voir V.C. Ike, *The naked gods,* 1970. Cette fiction se situe dans une grande université imaginaire, inaugurée au lendemain de l'indépendance du plus grand pays de l'Afrique de l'Ouest. Voir également, W. Boyd, *A Good Man in Africa,* Penguin Books, 1981.
6. La direction des halls de UI est assurée par le *master* (un professeur nommé par le vice-chancelier) responsable officiel du Hall, et par le *warden*, également nommé par le vice chancelier parmi le personnel enseignant. Le *warden* est le responsable de l'administration générale du hall, notamment des questions d'admission, de finances... etc.
7. A. Babs Fafunwa, *A History of Nigerian Higher Education*, 1971, p. 256.

social. [...] Le *warden* du hall en personne venait prendre son repas au moins une fois par semaine au réfectoire, et pas seulement pour vérifier la qualité de la nourriture, mais aussi pour..., disons, s'assurer que, dans la mesure du possible les étudiants aient quelques « manières de table. »

Le professeur retraité de UI à qui nous devons ces propos fut dans les années quatre-vingt *warden* du hall de résidence où vingt-cinq ans auparavant il avait découvert la vie étudiante[8]. Son origine rurale et modeste n'est sans doute pas étrangère aux fonctions socialisatrices qu'il attribue aux cités universitaires nigérianes d'alors, ni au rôle catalytique que jouait selon lui le *warden*, rôle qui à son grand regret n'a pu être perpétué du fait de « la situation chaotique que vivent aujourd'hui les universités »[9].

Le statut de *warden* existe toujours à UI, mais sa fonction s'est considérablement dépréciée depuis que les allocations versées aux halls ne permettent plus la perpétuation des rituels ostentatoires, comme les dîners formels, et surtout depuis que le *senior staff* n'a plus guère de signes extérieurs de réussite à afficher aux yeux des étudiants. Sortis de leurs cours, les enseignants-*wardens* disparaissent dans leur vie privée, loin des halls qu'ils ne visitent plus que quelques heures par semaine, pour le règlement des questions administratives. La population étudiante, en dehors des temps académiques, ne côtoie désormais plus que le *junior staff* (de moins en moins nombreux) et les commerçants.

Avant qu'il ne soit petit à petit remplacé, le *junior staff* représentait, dans le système hiérarchique rigide de l'université, l'exemple à ne pas suivre. C'est encore dans la gestion des halls que l'on pouvait observer l'élaboration de ces modèles et statuts :

> « Les halls devaient être des « lieux d'éducation » pour jeunes gentlemen, où les étudiants viendraient acquérir sagesse et règles de civilité, apprendre leur rang dans la société en étant dispensés de toute tâche manuelle avilissante, et être servis par une petite armée de domestiques [...]. Lorsqu'il y a deux ou trois ans, le système self-service a été introduit dans une des cantines, la voiture du directeur de la cité a été bombardée de pierres en signe de protestation »[10].

P. Van den Berghe mesurait encore les effets de l'inculcation d'un tel snobisme au fait que les étudiants ne se donnaient pas même la peine de porter eux-mêmes leurs bagages du taxi jusqu'à leur porte de chambre.

Les commerçants, peu nombreux dans les années soixante, n'avaient pas de place dans le système hiérarchique des trois états.

8. Interview de M. Amadi (Ibadan 07/91), professeur de Lettres classiques à la retraite, ancien warden de Mellanby Hall.
9. *Idem*.
10. P. Van den Berghe, *op. cit.*, p. 173.

P. Van den Berghe les associait au *junior staff* par les services et tâches d'exécution qu'ils proposaient, et parce qu'ils vivaient pour la plupart dans le même quartier populaire du campus (village d'Abadina). Les commerçants sont aujourd'hui le reflet de l'extérieur, de la ville qui s'engouffre dans les campus nigérians par les déchirures des palissades, mais aussi du quartier ou du village que les étudiants viennent de quitter. Du petit commerce informel aux entreprises de plusieurs salariés, toute une population, familière de l'environnement social antérieur des étudiants, les côtoie désormais quotidiennement sur le campus. Aux yeux du vendeur de *suyas*[11], les résidents de Awolowo hall ne sont que des clients, plus ou moins réguliers, plus ou moins riches. Les services, autrefois assurés par un petit personnel dévoué, respectueux et méprisé, sont aujourd'hui de plus en plus confiés à des « privés », extérieurs au campus. C'est le cas de la restauration où les serveurs en gants blancs ont cédé la place à des cuisinières, venue de la ville ou de Abadina. C'est aussi, à Ibadan, le cas du nettoyage des halls désormais confié à une entreprise privée dont le mini bus sillonne chaque matin le campus, déposant deux ou trois femmes aux portes de chaque cité. Vêtues de grandes blouses bleues arborant le logo de leur entreprise, armées de seaux et de patience, elles construisent une chaîne entre les points d'eau courante, toujours plus rares et plus éloignés, et les sanitaires de blocs qui peuvent compter jusqu'à quatre étages. Ce personnel ne reste guère sur place au-delà de onze heures ou midi, et je pense qu'un système de rotation explique l'irrégularité des passages d'équipes. Point de familiarité avec les étudiants dans ces conditions. Pas même de communication, sauf autour des réservoirs, lors des pénuries d'eau, quand un étudiant passe outre le principe de la priorité aux femmes de service.

Introduction de rapports monétaires et nouvelle gestion du temps : le cas de la restauration à UI

J'aurais pu prendre le linge comme exemple, autrefois ramassé à date fixe aux portes des chambres par le « personnel », aujourd'hui lavé quand il y a de l'eau, de la place et du temps par les étudiants eux-mêmes, ou par des enfants des environs qu'ils rémunèrent. Mais la nourriture occupe une place symbolique et centrale dans les rapports sociaux sur les campus. Elle fut le détonateur des trois conflits évoqués par P. Van den Berghe dans son chapitre sur les halls de résidence : introduction du système « self-service » en 1965 dans l'une des cités de UI, obligation pour les étudiants de Ifé en 1969 de débar-

11. Brochette de viande de boeuf panée.

rasser eux-mêmes leur table, remplacement des chaises par des bancs dans certaines cantines de UI en 1968. Cette nourriture symbolisait alors à ce point le changement de statut des étudiants, qu'ils n'acceptaient aucune atteinte ni à l'organisation de la prise des repas ni à leur contenu :

> « Bien qu'ils aient du beurre, du jambon et toutes sortes de choses qu'ils n'ont jamais goûtées auparavant dans leur petit village, les étudiants se plaignent toujours. Ils pensent qu'ils appartiennent à une certaine classe dans la société. Dans leur famille, ils sont les rois »[12].

On comprend mieux ainsi que l'introduction du système self-service ait été à UI le point culminant de leur combat dans les années 60 ; elle constituait l'une des premières étapes de la déstabilisation des relations hiérarchiques entre les trois états :

> « Quand Independence et Azikiwe halls furent construits, leurs cantines étaient déjà spécifiquement conçues en vue de l'introduction du « caféteria system ». Ensuite ce système fut adopté par tous les autres halls. Il n'a pas entraîné les réductions de personnel pourtant souhaitées par les partisans de son adoption. Il a cependant rempli une fonction très utile, en habituant l'étudiant à se servir seul. La génération d'étudiants qui s'est opposée à son instauration (à laquelle le narrateur appartient) était complètement gâtée, elle avait une idée très exagérée d'elle-même parce que les étudiants constituaient alors encore une petite élite [...] Il n'est pas aisé en revanche d'expliquer pourquoi il y a eu autant d'agitation autour de la nourriture. Dans l'ensemble le menu lui-même a toujours été à la hauteur de ce qu'on peut attendre de mieux dans ce pays. Le vrai problème venait de la préparation de la nourriture, et ici chacun doit avoir en tête la question des coûts mais aussi et par-dessus tout celle des relations humaines [...] Quand Mrs Brown, dès 1956, suggéra la nomination de chefs de cuisine, elle attira l'attention sur la nécessité pour ces personnes de savoir faire preuve d'" expérience, de tact, d'un bon sens de l'humour et d'une infinie patience " »[13].

Ces souvenirs d'un ancien étudiant me confortent dans cette idée que la transformation des relations entre étudiants et personnel de l'université a été un long processus, basé sur l'inadaptation rapidement révélée (dès la fin des années 50) d'un système résidentiel financièrement bien trop ambitieux alors que s'annonçaient de multiples créations d'établissements suite aux recommandations de la commission Ashby en 1959. O. Ikime évoque plus loin les fameux dîners

---

12. Professeur de UI cité par P. Van den Berghe, *op. cit.* p. 174.
13. O. Ikime, « Problems of student welfare », in J.-F. Ade Ajayi et T. N. Tamuno (eds), *The University of Ibadan. A History of the First 25 Years,* 1973, *op. cit.*, p. 244.

formels mentionnés plus haut par mon interlocuteur. Alors que ce dernier s'en souvenait avec nostalgie et attribuait leur disparition au processus d'appauvrissement de l'université, O. Ikime y voit une rectification programmée dès la fin des années cinquante par l'administration britannique de l'université « d'une conception erronée de la relation *senior staff*/étudiants »[14]. En tout état de cause, ces dîners n'existaient, dans les années soixante déjà, qu'à l'état de survivances : « Quelques halls ont maintenu une forme modifiée de dîners où un certain nombre de membres du *senior staff* et d'étudiants sont invités à manger dans la *senior common room*. Ces dîners ne sont plus financés par l'université »[15].

Outre l'effacement des « modèles » de référence et l'abandon progressif de certains rituels collectifs, l'apparition de nouveaux groupes socioprofessionnels sur les campus, et l'éclatement des lieux et horaires de restauration ont largement contribué à une individualisation des relations entre les étudiants et les travailleurs des universités. Les rapports d'autorité entre les uns et les autres obéissent désormais aux lois économiques en vigueur à l'extérieur du campus.

La prise des repas dans l'ancienne cantine de Awolowo hall s'échelonne désormais entre onze et dix sept heures. Deux femmes se partageaient en 1991 cette salle d'environ 50 m^2, meublée d'une dizaine de tables conçues pour huit couverts. J'y retrouvais exactement le type de fonctionnement « self service » très sommaire, observé quelques années plus tôt à Uniport[16]. Les étudiants entraient seuls ou par petits groupes (sur le chemin ou au retour des facultés), s'alignaient derrière la « cuisinière » de leur choix, qui piochait dans des gamelles métalliques et des containers isothermiques, des quantités précisément mesurées de riz, plantain, fufu... Les étudiants se cherchaient ensuite un coin de table et avalaient leur repas en un laps de temps (de cinq à dix minutes) dépourvu de toute forme de convivialité. Chacun rapportait alors son assiette à sa propriétaire, se trempait les doigts dans un broc (les préparations à base de manioc se mangent habituellement avec les mains), réglait son repas et sortait. Parfois, et même couramment, en période d'examens, les étudiants apportaient leur propre récipient et s'en retournaient manger dans leur chambre.

Dans ces conditions, et elles sont à peu près similaires sur tous les points de restauration observés sauf quand des dizaines de gargotes se côtoient (Abe Igi et Black Market à UI), les relations entre personnel et étudiants ne portent plus trace des codes sociaux évoqués par les observateurs de la vie universitaire nigériane des années 60 et 70. Les étudiants deviennent des consommateurs irréguliers (une dizaine de points de restauration de ce type séparent Awolowo Hall des facultés) qu'une augmentation brutale des prix ou une baisse caractérisée de la

14. *Ibid.*, p. 247.
15. *Ibid.*, p. 248.
16. Y. Lebeau, *Stinking Varsity*, 1987, *op. cit.*, pp. 91-97.

qualité peuvent éloigner définitivement. Dans le cas de cette cantine observée à Awolowo Hall, les relations « clients/restaurateurs » ne portaient que sur le rapport qualité/prix et prenaient fréquemment une tournure violente qui pouvait nécessiter l'intervention du *supervisor*[17] ou d'un membre de l'EXCO[18].

Les services payants se sont multipliés sur les campus sans que s'accroissent les revenus des étudiants. Aux plus pauvres les plus maigres portions : devant le commerçant l'étudiant dévoile ses ressources en annonçant avec amertume et presque à mi-mots, ou en prenant au contraire soin d'être entendu de tous, le nombre de cuillerées de riz ou de morceaux de poisson désirés. Le poids de la revendication étudiante quand éclate une dispute entre la cuisinière et le « client »[19] est d'abord relatif au poids de l'assiette, et il est rare que l'incident suscite une réaction collective.

Nouvelles hiérarchies, autres interactions

La fonction sociale de la relation *staff*/étudiants de ce système résidentiel « oxbridgien » n'a perduré un temps sous des formes dérivées que par la volonté des professeurs et des étudiants, au travers de manifestations symboliques et ostentatoires comme ces dîners ou les soirées annuelles de hall. L'ouverture de l'université de Nsukka en 1960, qui marque, outre l'indépendance du Nigeria, l'introduction d'un modèle américain de gestion des campus, tient un rôle non négligeable dans les bouleversements évoqués plus haut comme dans les résistances soulignées, qui subsistent encore à UI.

Bien que bâtis sur des conceptions différentes de la définition du statut étudiant par rapport aux catégories de personnel, les deux modèles reposent sur un système résidentiel conçu comme « institution totalitaire »[20], qui régit encore, dans les textes, les universités fédérales nigérianes des années 90, quel que soit le nombre de leurs étudiants logés hors-les-murs. Sa pérennité n'est en revanche plus assurée par les administrations auxquelles échappe de plus en plus le contrôle des

---

17. On traduit habituellement *supervisor* par surveillant général. Dans les halls de résidence nigérians, les responsabilités de ce membre du *senior staff* sont plus étendues que celles que l'on attribue en France à cette fonction. C'est afin d'éviter toute confusion que que je ne traduis pas ce terme.
18. Comité ou conseil exécutif, l'EXCO est l'organe étudiant de gestion d'un hall.
19. C'est d'ailleurs par le terme « customer » que les restaurateurs du Black Market interpellent le soir les étudiants indécis qui déambulent devant les gargotes alignées.
20. Voir E. Goffman, *Asiles. Études sur la condition sociale des malades mentaux et autres reclus*, 1968, p. 54.

réseaux étudiants de communication, de solidarité économique… Les rapports sociaux sur les campus se transforment en même temps que se complexifient les relations hiérarchiques à l'intérieur et entre les groupes. Les enseignants et surtout les plus jeunes d'entre eux, plus dépendants de leur salaire, attribuent la déconsidération de leur profession (aux yeux des étudiants) à leur détresse matérielle (qui fait aujourd'hui régulièrement l'objet de dossiers de presse), plutôt qu'à une baisse de rentabilité pourtant manifeste du diplôme universitaire. Le fait m'avait d'abord surpris chez Sam, lecteur-assistant à Zaria, encore lui-même étudiant :

> « Si les gens veulent être profs par exemple, selon mon expérience personnelle… c'est qu'ils n'ont pas le choix. Ce n'est pas comme s'il y avait quelque chose de valorisant, non pas du tout, rien n'attire les gens ici. Auparavant c'était certainement honorable d'être prof ici, mais à l'heure actuelle c'est une profession assez dénigrée. Même les élèves, les étudiants, vous dénigrent, vous qui êtes prof. Alors si nous sommes là, c'est que nous n'avons pas de choix, pas d'autre option. Au plan social personne ne nous considère comme quelqu'un d'important dans le pays, y compris les étudiants qui sont là, qui subissent le cours. Ils te regardent des pieds à la tête avec dédain… »[21]

Tous les enseignants d'université rencontrés conviennent de la crise de vocation qui frappe leur profession. Mais à l'inverse de Sam, d'autres jeunes assistants considèrent que seule une ascension dans la hiérarchie les conforterait dans le statut qui devrait être le leur. Cette ascension passe avant tout par le doctorat, qui cristallise les considérations sur les notions de pouvoir, de prestige et dans une moindre mesure d'argent. Nwokeke par exemple, est venu de l'université d'Uturu (actuelle Abia State University), où il occupait un poste de « lecturer

21. Sam, Interview du 22 avril 1992 (en français) à ABU. Les enseignants des grandes universités fédérales tentent par tous les moyens de masquer leur détresse matérielle. Le maintien des activités de recherche avec la tenue de colloques, la venue de chercheurs étrangers… leur permet tant bien que mal d'entretenir l'image d'une profession privilégiée, dynamique, ouverte aux échanges internationaux. Le regard qu'ils portent sur la situation de leurs collègues des établissements moins « prestigieux », aux conditions matérielles d'existence pourtant proches des leurs, traduit leur angoisse de se voir dévalorisés dans leur statut face aux étudiants. Ainsi David (interview du 15 juillet 19/91), étudiant en doctorat à UI et enseignant dans un collège d'éducation de l'État d'Anambra : « Imagine que dans mon C.E., les profs vendent des produits cosmétiques et des chaussures dans l'enceinte de l'établissement. Les élèves viennent dans la salle des profs pour dire que c'est l'heure du cours, et le prof leur dit « allez devant » parce qu'il est occupé par son business, et il arrivera un quart d'heure ou une demi heure en retard… ». Le petit commerce existe également entre les enseignants et le personnel administratif de UI, mais les chemises et les chaussures ne s'y vendent pas au vu des étudiants.

II », préparer un doctorat de linguistique à UI. Son discours sur le métier d'enseignant (qu'il pratique depuis plusieurs années) est plus nuancé que celui de Sam ; du moins place-t-il certains espoirs dans l'obtention du doctorat qui, dans un contexte de crise de recrutement, n'est plus le passeport obligatoire vers les grades de « lecturer I » et de « reader »[22] :

> « Tu sais, parfois ils peuvent employer... les universités peuvent embaucher un « professeur » même s'il n'a pas le nombre de points requis, si par exemple il est connu dans son domaine... Quand je rentrerai avec mon PHD, si je soumets mes articles, il est alors possible d'accélérer la procédure, en prenant en considération mes années d'enseignement, mon PHD et mes publications [...] Ma principale motivation, c'est de rentrer enseigner là-bas avec mon PHD. Certains des étudiants à qui j'ai enseigné sont partis et sont revenus avec un PHD... alors je veux dire... C'est juste pour renforcer ma position, et aussi pour me perfectionner sur mon objet d'étude[23].

La hiérarchisation du corps enseignant à l'université est plus manifeste encore en période de crise, quand chacun s'attache à la défense de ses privilèges. Accéder au grade de professeur ou de professeur associé est aujourd'hui une condition impérative pour obtenir à UI, ABU ou Nsukka, un logement dans le quartier *senior staff*. Les plus jeunes se logent à l'extérieur, voire, comme c'était le cas de Sam à Zaria, dans un immeuble du *junior staff*, comble de la dépréciation aux yeux de ses étudiants (qui ont autant sinon plus de confort que lui dans leurs chambres de cité). Les privilèges de droit certes demeurent, et comme toujours ce sont les plus bas échelons « senior » qui les défendent avec le plus d'acharnement. Les enfants des deux catégories de personnel empruntent toujours le matin des chemins d'écoliers séparés, mais leurs parents prennent le même bus parce que peu d'enseignants, surtout parmi les jeunes, ont désormais les moyens de s'offrir une automobile. De même le soir, à l'orée du campus, il est bien difficile de distinguer dans la masse des « fermiers »[24] courbés sur leur champ, les *juniors* des *seniors*, qui rejoindront pourtant la nuit venue, leurs clubs respectifs. A ces déstabilisations de la hiérarchie interne, s'ajoutent celles provoquées par la présence de nouvelles catégories de travailleurs sur les campus, notamment les commerçants et les salariés d'entrepreneurs privés. Ces derniers, nous l'avons vu, ne diffèrent du *junior staff*, qu'ils remplacent petit à petit, que par leur

22. Aussi appelé Associate Professor.
23. Nwokeke, étudiant en doctorat de linguistique, interview du 26 mars 1992 à UI.
24. La location d'une petite parcelle est une pratique devenue nécessaire aussi bien chez les *seniors* que chez les *juniors* du fait de la baisse de leur pouvoir d'achat. Chacun parle en général de sa ferme.

moindre implication dans les rapports sociaux qui se nouent autour des étudiants. Les commerçants en revanche sont là tous les jours, de plus en plus nombreux à mesure que l'on s'approche des halls. Certains ont ouvert ici un salon de coiffure similaire à celui ou à ceux que déjà ils exploitent à Ibadan. D'autres ne disposent que d'une paire de ciseaux et d'un petit banc. Certains circulent en Mercedes sur le campus, les autres s'entassent au petit matin dans les bus du service interne réservés aux étudiants. La patronne du « Bello twins » de Awolowo Hall est appelée « Madame » par les étudiants. Ses produits sont chers mais d'importation ; on dit qu'elle est la femme du « registrar »[25] et qu'elle a plusieurs magasins en ville. Nul doute que son « business » rapporte plus que celui de son mari, d'ailleurs c'est elle qui roule en BMW...

25. Secrétaire général de l'université.

7

Les moyens institutionnels de l'identification étudiante à l'université d'Ibadan

Presse interne et brochures commémoratives

La plus ancienne université du Nigeria cultive toujours le mythe de sa suprématie intellectuelle sur ses « concurrentes » locales voire étrangères. L'« excellence » tient à la fois à une naissance coloniale, à un leadership national incontestable dans les années 60 sur le plan de la production de diplômés, et au souci toujours d'actualité d'associer les nouveaux venus à la perpétuation de cette suprématie. Mon propos ne sera pas ici de discuter la réalité de la supériorité de UI dans le champ universitaire nigérian, mais de mettre en évidence les processus par lesquels les étudiants sont amenés à une forme d'identification à leur établissement. Sans doute UI se prête-t-elle mieux que les autres institutions à ce genre de travail du fait de la singularité de son histoire (son ancrage colonial notamment) et de l'abondance d'écrits commémoratifs à son sujet, mais une lecture comparable de certaines pratiques sociales pourrait être faite à ABU ou Nsukka. Les processus d'identification à l'institution, au département, à la cité universitaire existent sur tous les campus résidentiels que j'ai visités. Mais à UI, l'idéal d'une communauté restreinte et solidaire se profile derrière ces pratiques, idéal que l'on retrouve à l'origine de la définition « oxbridgienne » de cette institution. L'étude des interactions quotidiennes sur les campus entre différents groupes socioprofessionnels a mis en évidence la perpétuelle évolution de ces relations depuis la création de l'établissement, alors même que tous les entretiens recueillis tendent à idéaliser le passé, à le fixer dans une sorte d'immobilisme lointain. J'ai moi-même dans un premier temps entretenu, par méconnaissance de l'histoire détaillée de UI, ce préjugé, en opposant systématiquement, comme mes interlocuteurs me le suggéraient, le présent en crise au passé (quel passé ?) radieux de l'université nigériane. Or, à quelque époque que l'on prenne les témoignages, cette opposition passé/présent nous est rapportée sensiblement dans les mêmes termes en s'appuyant sur les mêmes exemples tirés moins de l'expérience académique que de son environnement social (la gestion des cités universitaires en particulier). C'est ce que je désignerai ici par le terme d'identification, en postulant que ce processus rend conjoncturels les aléas de la vie quotidienne, et qu'il rejette à l'extérieur du campus les causes du malaise interne.

L'identification des étudiants à la généalogie « prestigieuse » de leur établissement relève d'abord d'une volonté administrative, celle de canaliser toutes les énergies vers le projet commun de l'excellence. Qu'il s'investisse dans la vie associative de son département, de son hall, dans une équipe sportive ou dans une association culturelle, le nouveau venu, déjà conscient d'avoir, en entrant à UI obtenu l'exaucement de son voeu numéro un[1], s'inscrit dans la prestigieuse lignée des *Uites*, identité que l'université saura lui rappeler aux moments opportuns, y compris au cours de sa vie professionnelle[2].

A chacun des niveaux d'intégration et de socialisation des nouveaux venus, que j'appelle plus loin les catégories d'appartenance, les mêmes outils institutionnels sont en place pour dynamiser l'identification. Ils ont en charge la définition des normes de l'excellence et de ses procédures d'évaluation, et jouent à cet égard une fonction de « juges légitimes »[3]. Deux d'entre eux feront l'objet de ce chapitre : il s'agit des journaux étudiants et des publications commémoratives, toujours ancrés dans la tradition universitaire d'Ibadan, dont l'une des principales fonctions est l'entretien d'une mémoire étudiante (presse) et d'une mémoire d'établissement (les publications commémoratives).

---

1. Lors du passage de l'examen d'entrée en université (JME), les candidats expriment trois voeux d'établissements dans l'ordre de leur préférence.
2. Les départements, certaines cités universitaires, et l'Union des étudiants de UI, conservent avec leurs anciens membres (alumni) des liens réguliers. Ceux-ci sont mis à contribution financière à l'occassion des fêtes telles que les « semaines d'animation » ; les plus célèbres d'entre eux sont régulièrement invités aux cérémonies formelles, et à témoigner sur « leur période » à UI dans la presse étudiante.
3. Selon Ph. Perrenoud (« Sociologie de l'excellence ordinaire », *Autrement*, n° 86, janv. 1987), « norme d'excellence et classements s'engendrent réciproquement. La norme d'excellence naît de la comparaison ; elle est en quelque sorte le point limite, plus ou moins inacessible, de la « courbe » des performances, l'image d'une pratique idéale, parfaitement maîtrisée, proche de la perfection. Une fois constituée et incorporée aux représentations sociales, la norme s'impose aux nouveaux venus. » (p. 64). Dans ces conditions, la norme d'excellence, qui contribue à maintenir l'identité de la communauté, suppose l'acceptation de hiérarchies et de règles tant par ses membres que par les acteurs sociaux extérieurs (ici les parents, les étudiants des autres universités), d'où l'importance de déterminer ce que Ph. Perrenoud appelle les « juges légitimes », ceux dont l'« opinion compte aux yeux de chaque praticien et contribue à fixer son statut au sein de la discipline » (p. 69).

L'ambivalence de la presse étudiante : arrimer les étudiants à la « prestigieuse lignée », tout en rapportant leur désarroi quotidien

L'étude de contenu de la presse étudiante rapportée de UI en 1991 porte sur une vingtaine de publications, parmi lesquelles des journaux inter-université, de campus, de départements et de halls.

Cette presse existe sur tous les campus fédéraux nigérians. Les droits et obligations des journaux étudiants sont consignés dans les « guides de l'étudiant » dans des termes comparables à l'exemple suivant :

> « L'université maintient une tradition de vif encouragement d'une presse étudiante libre. Les publications ainsi nommées sur le campus devront rester fidèles au règlement suivant :
>
> 1 – Seules les organisations étudiantes déclarées peuvent éditer des journaux ou des imprimés portant le nom de l'université ou se réclamant d'elle.
>
> 2 – Les documents imprimés publiés par des étudiants de l'université ne peuvent être vendus sur le campus que s'ils émanent d'une organisation étudiante déclarée.
>
> 3 – Toutes les publications étudiantes doivent porter les noms des organisations et des membres de la rédaction.
>
> 4 – Toute organisation étudiante qui publie, vend, ou distribue des documents imprimés ou photocopiés, est responsable de ses écrits, c'est-à-dire de leur contenu et de ce qui pourrait en résulter comme la diffamation.
>
> 5 – Toute publication étudiante doit stipuler explicitement sur sa page éditoriale que les opinions exprimées ne sont pas celles de l'université ni de ses étudiants dans leur ensemble.
>
> Les types de publications suivants sont interdits sur le campus et sont passibles de sanctions disciplinaires : publications diffamatoires et/ou calomnieuses ; obscènes ; incitant à la violence ; mal intitulées »[4].

Cette presse est considérée à Ibadan depuis l'origine de l'établissement comme un outil d'expression, mais aussi de cohésion, de la population étudiante. A l'origine, toutes ces publications étaient subventionnées par l'université, soit directement (les clubs de presse indépendants), soit par l'intermédiaire des aides versées à l'Union[5] des étudiants, aux associations de départements et aux comités de gestion des halls. Désormais, seules les publications de hall bénéficient de

4. Ahmadu Bello University, *Student handbook,* 1990-1991, p. 69.
5. Le terme « Union » désigne l'instance de représentation des étudiants à l'échelle d'une université. Le mode d'organisation du syndicalisme, ses rapports avec l'administration, et les modalités de sa coordination nationale étant très différents des caractéristiques du syndicalisme étudiant français, ce terme n'est volontairement pas traduit.

fonds provenant des droits d'inscription, et sont distribuées gratuitement aux résidents concernés, une fois l'an. Elles sont d'une qualité d'impression largement supérieure aux autres (couverture systématiquement glacée et en couleur, traitement de texte et PAO assurés en imprimeries). De plus en plus, ces titres réservent aux boutiques et services locaux des encarts publicitaires, une pratique qui était jusqu'alors, et encore depuis le début des années 80 seulement, l'apanage des magazines de campus. Ces derniers semblent subir de plein fouet la récession économique actuelle : parutions annuelles (pourtant encore annoncées comme semestrielles), documents le plus souvent tapés à la machine par les secrétaires du square Adegboro[6], sans mise en page ni photographies, puis photocopiés[7]. Leur parution est annoncée par voie d'affichage dans les facultés et les cités, et surtout au moyen de grands panneaux de bois, disposés derrière les bâtiments de l'Union, sur le chemin piétonnier qui mène aux facultés. Le prix (de deux à trois nairas en 1992, dix nairas en 1995), le sommaire et quelques titres racoleurs y sont inscrits au feutre fluorescent. Les membres des comités éditoriaux s'y relaient une semaine durant, aux heures d'affluence, interpellant les étudiants pour la plupart indifférents[8]. Les « campus mags » de UI ont mal supporté la perte de leurs subventions, l'appauvrissement des étudiants et la concurrence à peine loyale des « hall mags » avec lesquels ils ne rivalisent même plus sur le plan des recettes publicitaires. C'est pourtant eux qui ont forgé l'image de la presse étudiante. Quelques titres aujourd'hui disparus servent de références aux nouveaux « journalistes », leur rôle et leur qualité sont, non sans nostalgie, évoqués par les « anciens » :

> «....autre domaine pour lequel la baisse de niveau a été remarquable : le journalisme étudiant. Depuis la création de l'institution, l'Union a cherché à faire connaître ses vues au travers des publications étudiantes. *The University herald* fut la première, plus tard le *Beacon*[9] devint la publication officielle de l'Union. Le *Beacon* a disparu de la scène au début des années soixante, et l'Union n'a rien publié de comparable depuis lors... Quiconque a lu les anciennes et les nouvelles publications ne peut qu'être frappé par l'abîme qui les séparent sur le fond comme sur la forme »[10].

---

6. A proximité des gargotes de *Abe Igi* des dizaines de jeunes femmes, assises en plein air devant de vieilles machines à écrire, assurent pour quelques nairas, la frappe des journaux étudiants, des mémoires de fin d'études ou des dossiers de demande de bourses. Durant la saison des pluies, elles se replient dans une salle du Student Union Building.
7. La dégradation matérielle du « Lynx » (pourtant journal de l'Union locale des étudiants) est, par exemple, manifeste sur 18 mois en trois publications (1990-1991). Il perd le papier glacé et la couleur de sa couverture, mais son prix est multiplié par deux.
8. Aux dires d'un vendeur du *Tentacles* rencontré à cet endroit en 1991, le titre se vendait à cent ou cent cinquante exemplaires.
9. *Le Phare.*
10. O. Ikime, in J.-F. Ade Ajayi & T. N. Tamuno (eds), *op. cit.*, p. 253.

Les observations de O. Ikime concernent les publications des années soixante et du début des années soixante-dix, notamment *Unibadan Voice, Anvil*[11], *Awareness*[12] et surtout le *Bug*[13] qui introduit une nouvelle dimension dans le journalisme étudiant de UI, le commérage :

> « Les faire pleurer, les faire rire, les faire penser ». Telle était sa devise et c'est exactement ce qu'il faisait. Ecrit dans une prose excentrique, il était d'un humour caustique dans ses dessins, vitriolique dans ses critiques des déviances sociales, et mélodramatique dans sa propagation de commérages et autres plaisanteries »[14].

Les rumeurs colportées par le *Bug* attaquent étudiants et enseignants du campus sur leurs manières de vivre et de paraître. La garantie de l'anonymat n'est plus assurée, malgré le règlement. O. Ikime y voit une dérive :

> « Comme le suggère son nom même, le *Bug* était conçu pour piquer. Cependant l'esprit et le sarcasme délibéré des premières années se sont perdus au profit de blagues et d'attaques plutôt pauvres »[15].

Pour L. Edozien qui, en tant que président du club de la presse en 1975, s'est à plusieurs reprises retrouvé dans le bureau du *Student Affairs Officer,* le *Bug* a « profondément influencé la vie sociale du campus » dans les années 70 :

> « Où aurait-on pu lire ailleurs que dans le *Bug* des rumeurs fustigeant un « nouveau » pour avoir porté sa toge au marché de Dugbe, des filles qui ne se comportaient pas comme des femmes bien élevées, ou des enseignants se compromettant dans des aventures avec des étudiantes ? Où trouver de tels dessins rapportant que des couples s'adonnent, dans des lieux saints, dans des bâtiments en construction, et dans certains lieux peu élégants, à des activités habituellement réservées aux chambres ? Où lire, enfin, des condamnations plus comiques que celles de ce vol de viande commis « par inadvertance » dans les réfrigérateurs, ou des vols de lingerie féminine sur les séchoirs de Queen Elizabeth Hall » ?[16]

Les commérages constituent aujourd'hui l'essentiel du sommaire des *campus mags* de UI. *Echoes, Flash, Tentacles, Curious, Lynx* sont d'incomparables sources d'analyse des relations garçons/filles sur le

---

11. *L'Enclume.*
12. *La Conscience.*
13. *La Punaise, l'Insecte.*
14. L. Edozien, « Reminiscences of an Ibadan Student Leader », in T. N. Tamuno (ed), *Ibadan Voices, Ibadan University in Transition,* 1981, p. 236.
15. O. Ikime, *op. cit.*, p. 253.
16. L. Edozien, *op. cit.*, p. 233.

campus, ou plus exactement des représentations masculines de l'étudiante[17]. Les « journalistes » de UI sont de ce point de vue peu différents de leurs collègues des autres campus nigérians, voire ouest-africains, à en croire l'étude menée par C. Vidal à Abidjan :

> « Les étudiants se chargent du procès de leur consoeurs par les propos que reproduisent le courrier des lecteurs et leur propre revue. « *C'est une cynique* », déduit l'un d'entre eux, après « *avoir observé la vie universitaire* ». « *Ne pouvant donc pas sortir avec l'étudiant (trop jeune et trop pauvre), elle préfère s'adonner à un salarié qui lui procure malgré tout un certain bonheur : sortir avec elle dans sa voiture dans les coins luxueux, l'entretenir comme il faut...* »[18]

Les rapports entre les sexes ont largement surpassé les indiscrétions sur la vie privée des enseignants, les salaires du *senior staff*... dans les rubriques « commérages » de la presse étudiante des années quatre-vingt-dix. Le phénomène s'inscrit logiquement dans l'effacement de la fonction symbolique de représentation que l'université a longtemps voulu faire jouer au *senior staff*. Les *campus mags* n'ont par ailleurs pas vocation à s'inscrire dans quelque dessein académique que ce soit, sous peine de perdre la crédibilité que seule leur insolence convenue leur assure. Leur foisonnement suffit à entretenir le mythe de la suprématie de UI en matière de presse étudiante.

Les *hall mags* en revanche se chargent, me semble-t-il, de porter le flambeau de l'« excellence » en entretenant systématiquement le lien historique entre l'étudiant et les aînés qui ont fait la gloire du hall. Quelle que soit la « profondeur historique » de la généalogie en question, le même processus est à l'œuvre, seules les références de l'identification se transforment.

Leurs dossiers centraux ont généralement trait à l'histoire du hall ; des personnalités sont régulièrement interviewées (comme le *warden*, surtout s'il a changé depuis la dernière parution), invitées à comparer le hall aux autres. Le *Zikmag* de 1991, organe officiel de Azikiwe Hall, illustre bien le rôle attendu de la presse dans la socialisation des nouveaux venus. L'édition s'interroge sur le déclin possible de la « grandeur » du hall[19], occasion d'un bref rappel historique centré sur cette devise[20], où sont mentionnés les noms de quelques illustres « Zikites », les nombreux succès sportifs et politiques du hall... Les superlatifs se bousculent pour déterminer ce que fut le hall :

---

17. Les étudiantes sont absentes des comités de rédaction des magazines cités plus haut (l'un d'entre eux a tout de même une correspondante sur les cités de filles).
18. C. Vidal, *Sociologie des passions*, 1991, p. 165. Cité en italique, Allah Ambroise, étudiant en droit, in *Ivoire dimanche,* 9 janvier 1977.
19. « Is Zik Hall greatness waning ? », *The ZIKMAG,* 1991, pp. 6-9.
20. « Quality for greatness ».

> « Il est rapidement devenu évident que les réalisations d'un hall font les qualités d'une institution. Il (Zik) a de ce point de vue surpassé les autres halls à tel point que même un gosse du marché de Dugbe savait tout de Zik hall. Il était alors établi qu'une visite à UI sans un coup d'oeil au fameux Zik hall équivalait à un séjour à New York sans avoir vu la glorieuse statue de la liberté... »

La « grandeur » de Zik reposerait sur un esprit particulier, le Zikisme[21], et sur l'âge des résidents de la cité (la jeunesse garante du dynamisme) : « L'esprit du zikisme, qui pour les « zikites » signifie camaraderie ou solidarité, a été la forteresse sur laquelle s'est construite la « grandeur » de Zik »[22].

Le magazine met en question l'actualité de la « grandeur » du hall, à la lumière de récents échecs de « zikites » aux élections de l'Union et suite à la démolition des annexes préfabriquées du hall (1990), responsable d'une baisse d'effectifs. Les interviews d'anciens membres de l'exécutif du hall n'ont ici d'autres fonctions que le rappel d'anecdotes historiques qui d'années en années entretiennent ce concept mythique du zikisme. De même est-il de bon ton de rappeler que l'association des anciens « zikites » est « plus puissante que celle de l'université tout entière »[23], ou encore que les grandes grèves étudiantes de UI « ont toujours dû leur succès à la participation active des zikites »[24].

En même temps qu'il définit théoriquement une sorte d'identité de son hall de référence, le *hall mag* vient, quelques semaines après la rentrée des nouveaux inscrits (*jambites*[25]), officialiser les préjugés sur les autres halls, déjà largement véhiculés par les « anciens », voire par les aînés de la famille[26]. L'image des halls est en quelque sorte reconstruite à partir de valeurs humaines, en vue d'une définition de liens communautaires faisant abstraction des conditions matérielles d'existence qui prévalent dans les résidences. Azikiwe Hall, par exemple, qui frappe le visiteur d'abord par sa saleté, son surpeuplement et son délabrement, ne peut être imaginé à partir des articles de son magazine. En conséquence, le rôle de cette presse, loin de décliner, trouve une place nouvelle dans un contexte de crise économique où les conditions d'hébergement des étudiants se rapprochent de modèles plus

21. En référence aux partisans de Azikiwe lors de la première république (les Zikistes).
22. Zikmag, *op. cit.*, p. 8.
23. *Ibid.*, p. 9.
24. *Ibid.*
25. Sont ainsi appelés les nouveaux venus, signalant par là leur succès aux épreuves d'entrée en université, mises en place par le JAMB (Joint Admission Matriculation Board).
26. Les propos de tous les étudiants questionnés sur ce sujet convergent : l'image des halls intervient dans le choix des *jambites* (quand ils ont le choix), autant que les stratégies de regroupement à caractères ethniques, religieux...

semblables à ceux déjà expérimentés dans l'univers familial. Les halls plus récents, comme Awolowo à Ibadan, n'échappent pas à cette définition de liens communautaires, et leur presse s'appuie sur les mêmes mécanismes d'identification, bien que les références historiques soient de fait empruntées. Le *Sage* de Awolowo hall (première parution en 1988)[27] se considère par exemple comme revue de haut standing reflétant la maturité des membres de la résidence. La première livraison comprenait essentiellement des articles de vulgarisation scientifique (sciences politiques, éducation, parasitologie...) et quelques nouvelles du hall (élections...). Son éditorial insistait alors sur la nécessité de maintenir ce niveau intellectuel supérieur qui, selon lui, caractérisait les membres du hall. En 1990, l'inauguration d'un nouveau bloc annonçait l'arrivée des filles dans le hall, cas unique dans l'histoire du Nigeria. Le *Sage,* qui dans sa livraison de 1989 s'insurgeait contre cette éventualité, faisait en 1991 de cette mixité (et surtout de son unicité) son principal trait d'orgueil. L'image d'un village, déjà employée à propos de ce hall en raison de son architecture et de son relatif isolement, se double de celle d'une famille repliée sur elle-même. Le *Sage* de 1990 traduit bien cette transition ; les articles scientifiques, toujours présents, côtoient désormais des lettres, des poèmes, et même un article de fond sur le rapport entre argent, religion et amour. Les filles cependant n'ont encore aucune place dans la rédaction, la mixité imposée n'est pas encore intégrée comme une valeur du hall.

Avec l'édition 91, le *Sage* devient le premier *hall mag* mixte du Nigeria. Cette mixité de l'équipe rédactionnelle stimule un regard nouveau sur la présence féminine dans le hall. Lui sont désormais associés des symboles comme la propreté des résidences, plutôt que les traditionnels maux invoqués l'année précédente encore, tels ces « va et vient permanents de véhicules extérieurs au campus » qui effrayaient la rédaction. Les « awoites », que j'ai interrogés en 1991 sur la définition de leur hall, avaient tous intégré cette mixité comme l'une des valeurs du hall, au même titre que la sagesse et le calme (toujours attribués à la présence de *postgraduates*) ; c'est ainsi que j'ai pu évaluer l'impact des messages véhiculés par la presse et par les membres de l'EXCO du hall.

La presse étudiante, et en particulier celle des halls encore soutenue par l'institution, se doit de composer avec une réalité : la dégradation des conditions d'étude et d'accueil sur le campus. L'image à perpétuer (le sérieux, la grandeur, la solidarité) s'appuie généralement sur les réalisations des résidents d'hier et d'aujourd'hui (sport, politique). Or depuis les restrictions imposées sur les activités politiques des étudiants[28] et avec la réduction, voire la disparition de manifestations

27. *The Sage*, Official Magazine of Obafemi Awolowo Postgraduates Hall. Devise : « struggle and progress ».

28. Imposées en 1987 par l'administration Babangida et renforcées en 1989 par l'adoption d'un décret (Student Union Activities Control and Regulation Decree,

culturelles ou sportives faute d'argent, les exemples cités sont recherchés dans un passé toujours plus lointain, inconnu des étudiants, et le présent devient alors un accident ou une épreuve à surmonter. La parution d'un magazine est en soi une gageure, le signe de la « grandeur » de l'association ou du hall qu'elle représente. Les contingences du présent, bien qu'omniprésentes dans les articles, ne sont que rarement l'occasion de dénonciations des responsabilités de l'institution. Le terme de « crise » revient souvent, toujours associé à celui de « SAP »[29], deux variables extérieures au campus, présentées par la presse étudiante comme des embûches semées sur le parcours de l'excellence. Elle rejoint sur ce point les publications commémoratives qui, à un niveau supérieur (l'université tout entière), se donnent, ou ont pour fonction, la perpétuation de l'image mythifiée de la « Premier University of Nigeria » au-delà des murs du campus.

Les publications commémoratives au secours de l'excellence

A côté des *hall mags* étudiants, qui en raison du maintien de leurs ressources institutionnelles sont incités à entretenir un va et vient entre le présent et le passé mythifié de l'université, les publications commémoratives, d'initiative privée ou institutionnelle, opèrent un travail similaire sur la mémoire de l'établissement, légitimé par le statut toujours prestigieux de leurs éditeurs et auteurs. Là encore, Ibadan, pour des raisons historiques déjà évoquées, détient le record nigérian des publications d'auto-célébration. Elle n'en possède en revanche pas le monopole, et nous tirerons quelques illustrations d'ouvrages concernant d'autres établissements.

A qui donc sont destinées ces « histoires d'établissements » qui ornent les devantures des librairies de Zaria, Kano ou Ibadan ? Quelles motivations leur donnent-elles naissance ? Ces questions nous conduiront à envisager les publications en question comme des outils (institutionnels ou non) mis en place pour dynamiser l'identification étudiante à l'établissement, ou à tout le moins, au statut d'universitaire.

---

n° 47) initialement destiné à éradiquer les sociétés secrètes des campus. Ce décret, toujours en vigueur, est dénoncé par les universitaires comme une « grave atteinte au principe d'autonomie des universités », voir J.-D. Ojo, *Students' Unrest in Nigerian Universities. A Legal and Historical Approach*, Spectrum/IFRA, Ibadan, 1995.

29. Le Programme d'ajustement structurel.

Brochures, albums, recueils de mémoires... : les moyens de la célébration

Les universitaires nigérians écrivent beaucoup sur leurs universités, tant chez eux, dans les publications scientifiques qui subsistent, dans la presse nationale quotidienne et hebdomadaire, et dans les ouvrages que nous étudions maintenant, qu'à l'étranger, dans des revues scientifiques. Ce foisonnement d'articles et de livres n'intéresse cependant pas également l'ensemble de l'institution scolaire nigériane. Les publications sur l'état de l'enseignement primaire, par exemple, sont rares ou plutôt rarement publiées (beaucoup de travaux d'étudiants des départements de sciences de l'éducation sont tournés vers ces écoles). L'enseignement supérieur, et plus précisément l'université, accapare l'essentiel de l'activité éditoriale nigériane en la matière[30] ; j'ai déjà évoqué cette question ailleurs[31] et me contenterai donc ici de restituer les histoires d'établissements dans cette mouvance.

Distinguons d'abord les éditions privées, des presses universitaires. Les éditeurs, et ils sont nombreux à Ibadan, se sont, par le passé, montrés friands de souvenirs et d'écrits commémoratifs, quand étudiants et enseignants faisaient encore le bonheur de Odusote[32]. Mac Millan & C°, Heinemann, NPS, Fourth dimension publishers, Evans Brothers, ont tous une collection « éducation » où des hommes d'affaires richissimes, des écrivains lauréats de prix étrangers et d'éminents professeurs, ont accepté de porter un regard complaisant sur ce que furent leurs années Ibadan.

Egalement marquées par un sérieux ralentissement de leur activité, les presses universitaires d'Ibadan ont par le passé beaucoup servi l'« histoire prestigieuse » de l'établissement et par là même, la notoriété des auteurs de ces brochures. Je pense évidemment à la série des « University of Ibadan : the first... years » initiée sous l'administration britannique puis érigée en véritable institution sous la responsabilité éditoriale de T. N. Tamuno[33].

30. Exception faite de manuels scolaires.

31. Y. Lebeau, « Une démarche en quête d'acteurs. Réajustements de la recherche sur le système éducatif nigérian », 1994, *op. cit.*

32. La principale librairie d'Ibadan, et sans doute encore l'une des mieux achalandées du Nigeria en 1995.

33. Historien, vice-chancelier de UI de 1975 à 1979, puis président du « panel on Nigeria since independence History project » de 1980 à 1989. Ces documents ne doivent pas être confondus avec les brochures commémoratives des établissements, ils jouissent d'une plus grande liberté éditoriale bien qu'également publiés par les presses universitaires. En plus de J.-F. Ade Ajayi et T. N. Tamuno (eds), *The university of Ibadan. A History of the first 25 years,* Ibadan University Press, 1973, signalons par exemple *A History of Ahmadu Bello University 1962-1987,* ABU Press, Zaria 1989, où l'on trouve une étude précieuse de l'évolution des effectifs étudiants (A. M. Mohammed « Student enrolment into Ahmadu Bello University, 1962-1987 »), une approche historique comparée du

Enfin la très officielle NUC (National Universities Commission), établie en 1974, s'est également investie dans l'édition et notamment dans des publications historiques, où les universitaires de UI ont rédigé la plupart des contributions[34].

La distinction ici opérée entre éditions privées et institutionnelles concerne le type de produits publiés : d'un côté les mémoires de ceux qui ont marqué à posteriori l'histoire de l'établissement, et de l'autre une histoire peut-être plus événementielle des temps forts de UI. Ecartons tout de suite en revanche l'opposition tentante entre, d'un côté, l'histoire officielle, rébarbative et truquée, et de l'autre, l'histoire dissidente que seule la notoriété de ses auteurs aurait pu laisser filtrer. L'étude du contenu des publications révèle plutôt, au-delà du souci commun de glorification du passé, le sérieux et l'intérêt historique des productions collectives d'universitaires, même sous la responsabilité éditoriale de la plus haute autorité de l'établissement.

Mémoire des hommes, mémoire des lieux : les formes d'émergence du passé

Deux ouvrages illustrent bien le premier mode de recomposition historique (la mémoire des hommes), il s'agit de *Ibadan Voices*[35] et de *Our UI*[36]. Tous deux rassemblent les souvenirs d'étudiants ou d'enseignants dont l'ascension sociale exemplaire doit pouvoir s'expliquer par leur passage à UI. Les contributions, savamment sélectionnées et rédigées, établissent un raccourci historique entre le présent du rédacteur (directeur de banque, rédactrice en chef d'un hebdomadaire, Nobel de littérature...) et sa « période » étudiante[37]. Tel homme politique (qui s'annonçait candidat aux présidentielles de 1993 au moment de la sortie de *Our UI*) y retrace son ascension dans l'Union et insiste sur la légitimité des revendications et le sérieux des leaders d'alors. Telle personnalité de la presse nigériane en revanche saisit, elle, l'occasion de cette exhumation de souvenirs pour contrecarrer les rumeurs courant sur sa vie sentimentale de l'époque. Au milieu de ces

---

développement de l'université et du village sur lequel elle est implantée (E. Oyedele « History of Samaru and environs up to 1987 »), ou encore une analyse du devenir professionnel des étudiants selon les années et les facultés (Z. A Bonat et O. Diachavbe « The employment of Ahmadu Bello University's products »). Voir également V.C. Ike *et al.*, *The University of Nigeria, 1960-1985 : An Experiment in Higher Education,* University of Nsukka Press Ltd, Nsukka, 1986, 657 p.

34. Voir en particulier *20 Years of University education in Nigeria* (1983) et *25 years of centralised University education in Nigeria* (1988).
35. 1981, *op. cit.*
36. B. Salako, *Our UI*, Lyntana Books, Lagos, 1990.
37. Les articles sont titrés « My era at Ibadan », « Reminiscence of an Ibadan Student leader »....

« collections de souvenirs de ce qui a constitué la tradition d'Ibadan »[38], quelques destins individuels se révèlent tout de même d'excellents témoignages sur des périodes précises de l'histoire d'un hall ou d'un département[39] ; d'autres voix ont saisi l'occasion pour relativiser le mythe de l'excellence de UI, comme le professeur Wole Soyinka pour qui les étudiants de son époque se caractérisaient surtout par leur égoïsme[40].

Je ne saurais prouver si oui ou non ces livres sont lus par les étudiants. Simplement aucun de ceux et celles avec lesquels j'ai travaillé et vécu n'avaient eu ces documents entre les mains. *Ibadan Voices,* disponible (un exemplaire) à la bibliothèque universitaire, n'était pas sorti depuis trois ans lorsque je l'ai emprunté en 1991. La librairie du campus semble elle même sceptique sur les débouchés de telles publications, puisque même le *Our UI* n'y était pas disponible à sa sortie. Remarquons que les ouvrages de type « mémoire des lieux » publiés par la NUC ou les presses universitaires ne circulent pas plus, bien qu'ils constituent de véritables outils de travail pour qui s'intéresse au système éducatif nigérian ou même à l'histoire de UI. Organisées en rubriques, elles-mêmes divisées en articles, ces productions collectives sont sur de nombreux points les seules sources de comparaison historique grâce à leur périodicité régulière (quinquennale à Ibadan). Les seules publications commémoratives dont je suis sûr qu'elles se vendent, aussi bien à Kano, qu'à Nsukka ou Ibadan, sont les brochures d'anniversaires. Présentation soignée (couverture couleur cartonnée, papier glacé...), brèves rubriques sur chaque département (historique, succès...), sur la vie religieuse, les loisirs, et sur le logement des étudiants, le tout agrémenté de photographies[41] ; ces brochures peuvent s'offrir aux parents et amis qui colporteront ainsi, hors les murs, une image d'autant plus valorisée de l'université qu'un des leurs y sera associé (je me souviens en particulier qu'un tel document s'arrachait littéralement à Port Harcourt les jours de cérémonies de remise des diplômes et de *Matriculation*).

---

38. « Life as UI.students »' à propos de la sortie de « Our UI », *National Concord,* jeudi 27 juin 1991.
39. Voir notamment le texte, déjà cité, de Leroy Edozien in T. N. Tamuno (ed), *op. cit.*, pp. 233-253.
40. W. Soyinka parle précisément de « over inflated sense of self » in *Our UI* op cit., p. 57.
41. Lors de mon séjour de 1991 à Ibadan, le seul document historique sur UI disponible à la librairie du campus était une brochure de ce type publiée en 1988 à l'occasion des quarante ans de l'établissement par Evans Brothers (Nigeria Publishers) pour l'université d'Ibadan. En 1995, à la faveur d'un changement de gérant, ce rayon était nettement mieux achalandé, mais il faut signaler que les publications indépendantes souffrent au Nigeria de la faiblesse des réseaux de distribution.

Conclusion

La presse étudiante joue sur le campus d'Ibadan un rôle médiateur entre les étudiants et l'histoire de leur statut. Elle maintient tant bien que mal une certaine mobilisation sur des valeurs symboliques qui ont comme trait commun un ancrage historique toujours plus lointain. Les « références » sont quant à elles réactualisées par les publications commémoratives qui se chargent, selon leur statut, d'entretenir la mémoire des lieux et des pratiques, ou celle des figures mythiques qui y ont laissé leur empreinte.

Ne reste de ces ouvrages, une fois digérés par la presse (mais aussi par les enseignants, les directeurs de cités universitaires...), qu'une ossature idéaltypique de la vie étudiante à UI, qui se colporte ensuite oralement, entretenant la mobilisation évoquée plus haut. Nous verrons plus loin en quoi ce modèle d'identification subit les effets d'une redéfinition des rapports sociaux sur les campus nigérians, et en quoi il est peut-être plus que marginal dans le processus de socialisation des nouveaux venus.

Reste cette référence au passé, omniprésente dans la définition que la communauté universitaire cherche à donner d'elle-même. A Ibadan, l'identité étudiante semble se construire en référence à cette histoire, phénomène que notre tradition sociologique française (de l'éducation) nous prépare mal à envisager, lorsqu'elle définit le statut étudiant « par référence à un avenir que ce présent ne prépare qu'en préparant sa propre négation »[42].

Enfin, l'extrapolation à partir de la *Premier University* est délicate dans un pays ou la plupart des universités ont moins de dix-huit ans et n'ont été marquées ni par le passage de célébrités d'envergure nationalc ni par un tel foisonnement de publications étudiantes[43]. Pourtant les processus observés en particulier à Port Harcourt sont les mêmes que ceux exposés ci-dessus. Cette mobilisation sur la mémoire du statut étudiant, relayée dans toutes les catégories d'appartenance de l'étudiant (te), s'appuie dans les universités les plus jeunes, exactement comme dans les halls les plus récents de UI, sur la valorisation de leur filiation directe ou indirecte[44].

---

42. P. Bourdieu, J.-C. Passeron, *Les héritiers. Les étudiants et la culture,* 1964, p. 86.
43. Ces établissements ont été créés soit par décrets militaires fédéraux, soit par les gouvernements d'États et n'ont ni dans un cas ni dans l'autre pu revendiquer de « tradition » de libre expression comme ce fut le cas à plusieurs reprises à Ibadan et Zaria.
44. Unijos et BUK par exemple ont eu le statut de campus d'université (respectivement de UI et ABU) avant d'obtenir en 1975 et 1977 le statut d'université fédérale. Étudiants et administrateurs n'ont cesse de rappeler ces origines quand les questions de niveau sont abordées.

8

Les communautés restreintes, paliers d'insertion et d'identification

Dans une institution totalitaire (dans sa conception au moins) comme l'université d'Ibadan, la délimitation physique de l'environnement social, la codification des rapports hiérarchiques et l'entretien permanent d'une mémoire collective n'influencent l'intégration des étudiants que s'ils peuvent en appréhender individuellement les effets. W. Dell, recherchant à Cambridge l'influence de la structure sur le comportement social des étudiants, et en particulier des plus jeunes d'entre eux, soulignait l'importance de la reconnaissance de communautés formelles plus restreintes :

> « Les étudiants de première année, pour la plupart tout droit sortis de leurs écoles secondaires et plongés dans un monde excitant et déroutant à la fois, ont manifestement besoin d'un groupe auquel s'identifier ; et la vue d'autant d'écharpes du collège dans les rues à chaque automne suggère que la plupart d'entre eux s'identifient au collège. Mais des distinctions plus fines sont cependant nécessaire »[1].

De l'association religieuse au club de sport, du « cercle du département » à l'Union ou à l'EXCO du hall, la participation aux activités extra-académiques prend à Ibadan également, l'allure de la recherche d'une intégration sécurisante pour les étudiants, et en particulier pour les *zambites*. Les responsables, dirigeants, pasteurs, présents à chacun des paliers jouent dans ce registre la carte du sentiment d'appartenance, stimulant toujours chez leurs auditeurs la corde sensible de la filiation. On y retrouve également les normes d'« excellence » et les rapports hiérarchiques déjà évoqués à l'échelle de l'institution, mais alors que le caractère totalitaire de celle-ci est mis en cause, les catégories classiques d'appartenance subissent au-

1. W. Dell, « St Dominics : An Ethnographic note on a Cambridge College », *Actes de la Recherche en Sciences Sociales*, n° 70, 1987, p. 77.

jourd'hui un remodelage et ne sont plus les seules communautés d'intégration sur le campus.

L'établissement

Il y a bien sûr d'abord l'appartenance à l'université. Le passage du statut de *jambite* à celui de *uite* est sanctionné très officiellement lors de la cérémonie formelle dite de *matriculation*, caractéristique du système anglo-saxon. Le discours de bienvenue, reproduit dans la brochure pratique distribuée en principe chaque année à tous les nouveaux[2], prononcé par le vice-chancelier en personne, rappelle à tous les origines de la maison et ses principes philosophiques :

> « Quarante ans dans la vie d'une université est assurément une petite période, mais l'université d'Ibadan a connu un développement prodigieux, à tel point que, dans la conscience nationale, c'est comme si notre université avait quatre cents ans/.../ Durant les vingt ans qui ont suivi sa fondation, l'université avait déjà commencé à se faire une place dans le monde du savoir, reposant au début sur la réputation et les efforts de son personnel venu des universités britanniques, puis ces vingt dernières années, grâce à la dévotion et aux accomplissements d'un personnel local inestimable. Le moment est opportun donc pour exprimer nos sincères remerciements à tous ceux qui, durant ces quarante années, ont contribué à placer Ibadan sur le piédestal qu'elle occupe aujourd'hui... »[3]

Il n'est pas que Ibadan pour désigner ses étudiants comme héritiers d'une tradition. De tels discours sont reproduits sur tous les guides d'universités nigérianes. Bien que tous aussi solennels et protocolaires, ils n'en sont pas pour autant identiques et s'avèrent même d'excellentes sources d'information sur les objectifs « moraux » et académiques de telle ou telle université, à un instant donné de son histoire. Ainsi l'uniformité apparente que confère l'égalité de statut (université fédérale par exemple) n'empêche pas l'autonomie sur le plan des « principes » et des choix d'organisation de la vie sociale (nous l'avons vu déjà à propos de la présence de commerçants et transporteurs privés sur les campus). A l'inverse de celle de ABU, la brochure de BUK place par exemple les principes philosophiques (une page et demie) avant l'historique de l'établissement. L'université porte le nom d'un ancien Emir de la ville et se définit, malgré son

2. Signe des temps, ce document (*Student Handbook*) était en 1992 payant à Kano.
3. Extrait du discours d'inauguration de la session 1988/89 par Ayo Banjo, V.C. de UI, cité dans *University of Ibadan, Fortieth Anniversary Brochure*, Ibadan 1988.

statut fédéral, en référence à son environnement culturel immédiat. Ici l'étudiant est appelé à se soumettre à une « tradition », à un « esprit » plutôt qu'à s'identifier à une lignée (cas de UI) :

> « L'université est le symbole de l'esprit de sa communauté, le garant de ses principes moraux, le traducteur de ses espoirs... elle doit protéger ces valeurs essentielles et ces nuances qui donnent à la société son identité. BUK a été créée pour rendre le respect dû aux valeurs humaines. Elle est fondée sur ces croyances, valeurs et traditions que la société a de plus sacrées... »[4]

Le message adressé par l'université de Kano à ses *jambites* s'affranchit même des traditionnels poncifs nationalistes ou laïcs, en tirant du Coran sa devise inscrite en arabe au-dessus du porche du campus, et explicitée en introduction du guide :

> « Le symbole adopté par l'université est le croissant de lune et l'étoile. La translittération de l'inscription « ajami » dans le croissant est « jamiatu Bayero Kano », c.à.d. Université Bayero de Kano, alors que dans l'étoile est inscrite une citation du coran : « Wa Fawka Kulli Dhi 'Ilmin 'Alim », c'est-à-dire : « Et au dessus chaque possesseur de savoir, il y a un savant de plus »[5].

Distante de seulement cent cinquante kilomètres, l'université de Zaria, plantée dans un décor géographique et culturel très proche, se définit à l'intention de ses nouvelles recrues en des termes très différents. Sans doute le contexte de sa création y est-il pour beaucoup. L'histoire de ABU comme celle de Nsukka prend racine dans le bouillonnement nationaliste de la fin des années cinquante. Son inauguration symbolise la diffusion du savoir à l'ensemble du pays. Malgré la régionalisation croissante de sa sphère d'attraction, l'université de Zaria se démarque officiellement des notions de croyances, de valeurs et d'identité locales affichées par celles de Kano et de Sokoto :

> « A la première cérémonie de convocation de l'université Ahmadu Bello en 1963, le père fondateur et mentor de l'université, Sir Ahmadu Bello énonçait la philosophie de ABU en disant « *La première tâche de toute université est la recherche et la diffusion de la connaissance et l'établissement des vérités... mais elle doit aussi servir les besoins de la nation* ». La philosophie de l'université Ahmadu Bello est affirmée par le principe cardinal de la transmission de la connaissance et de l'instruction

---

4. Extrait de « Philosophy and cardinal principles », *BUK Student Handbook 1991/92*, p. 12.
5. Idem.

aux hommes et aux femmes de toutes races, sans aucune distinction relative aux races, religions, opinions politiques, etc. »[6].

Chaque université cherche à affirmer son identité au travers d'un savant dosage entre principes et histoire. Ces introductions de brochures ne sont qu'un aspect d'une politique de communication visant à l'identification des étudiants et du personnel aux objectifs de l'établissement. Si l'on peut distinguer ces messages entre excellence (Ibadan), nationalisme (Nsukka...), universalisme (Zaria...) et traditionalisme/défense d'une identité culturelle (Kano...), il est en revanche plus difficile d'évaluer leur impact sur les étudiants et le personnel. Nous avons pu le percevoir chez les étudiants de UI au travers des propos de leur presse et de leurs leaders. Ici l'identification des étudiants à l'établissement passe par la perpétuation du discours sur l'excellence. Celle-ci ne signifie en aucun cas qu'il y ait à Ibadan une communion plus forte qu'ailleurs entre étudiants et personnel. Les conflits y sont aussi violents et fréquents que sur les autres campus, et jamais étudiants et enseignants n'ont cherché à me cacher la réalité de leurs difficultés matérielles quotidiennes. En revanche, les traditions qui ont fait l'originalité de l'établissement sont maintenues par tous les moyens, dont le mépris des nouvelles réglementations sur la vie du campus, l'objectif étant la survivance d'un passé mythique marqué d'abord par des noms d'hommes et de femmes, illustres prédécesseurs :

> « En effet, dans tous les secteurs de notre vie, les anciens diplômés de l'université-collège se sont distingués et sont au sommet de leurs domaines respectifs. Leurs concurrents, insignifiants numériquement parlant, étaient ceux qui avaient étudié à l'étranger, une minorité par choix, une majorité parce qu'ils n'avaient pu obtenir d'admission à Ibadan »[7].

Les préjugés relatifs aux universités sont largement diffusés dans le pays. Les propos d'enseignants et d'étudiants des établissements du Nord, au sujet de UI, ont tous quelque chose de respectueux. De même parle-t-on systématiquement de Sokoto comme d'une université islamiste. Les valeurs, comme l'attachement à la culture locale, véhiculées dans les universités du Nord ne peuvent faire l'unanimité quand leurs campus abritent encore une forte proportion d'étudiants et d'enseignants venus du *middle belt* ou du Sud. Les universités ne peuvent développer, à la seule échelle du campus, un sentiment communautaire au sein d'une population aussi diverse par ses origines cultu-

---

6. ABU, *Student Handbook 1990/91*, p. 13.
7. S.J. Okudu, « The Ibadan Syndrome of Excellence and the Nigerian University System », in NUC, *20 Years of University Education in Nigeria,* 1983, *op. cit.*, p. 80.

relles et sociales, et aussi dispersée dans la hiérarchie rigide des statuts. Les valeurs censées exprimer l'identité de l'établissement doivent donc être relayées à des niveaux d'appartenance plus restreints et marqués par une communauté d'intérêts plus forte.

Le département et la faculté

Les écrits commémoratifs et les témoignages recueillis à Ibadan n'accordent qu'un rôle marginal au département ou à la faculté comme communauté ou lieu d'échanges construits sur d'autres bases que le rapport académique entre enseignants et étudiants. Quelques indices pourtant, relevés dans toutes les universités où j'ai pu séjourner, me confortent dans cette idée qu'au travers des interactions observables dans un département, se tissent des réseaux de sociabilité et de solidarité dans lesquels se côtoient enseignants et étudiants. Sans doute la résidence jouait-elle à elle seule ce rôle, à Ibadan, lorsque tout le monde logeait sur le campus, et que personnel académique et étudiants étaient liés à un hall. Mais aujourd'hui, alors que plusieurs universités, d'États surtout, sont non résidentielles, et que le principe de résidence systématique n'existe plus, l'espace académique structure des relations sociales nouvelles, bien que là encore aucune généralisation ne soit permise.

Le département est le seul véritable lieu d'échanges de l'Ogun State University. Ce sont les étudiants de cette université qui, lors des entretiens réalisés en juillet-août 1995, se sont montrés les plus locaces et les plus enthousiastes au sujet de leurs relations avec les enseignants. Leurs « associations de département » constituaient clairement le centre de leur sociabilité étudiante. Les enseignants eux-mêmes semblaient tirer satisfaction d'une relation qu'ils considéraient comme privilégiée avec les étudiants[8].

En 1986-1987 à Port Harcourt, mon entrée à l'université s'était faite par le biais du département de français. Les enseignants d'abord m'avaient accueilli, se prêtant sans problème au jeu de l'interview alors même que ma présence sur le campus n'avait fait l'objet d'aucune demande d'autorisation. Puis leurs étudiants m'ont ouvert

8. Tous les étudiants que j'ai interviewés à Ijebu-Igbo et Ago-Iwoye m'ont été directement présentés par des enseignants. Lors d'un entretien (26/07/95), un lecteur du département de Science politique m'expliquait que ses collègues et lui consacraient chacun en moyenne une heure par jour aux étudiants venus exposer leurs problèmes personnels. Toute sorte de sujets sont abordés lors de ces « consultations » (les cours, les examens, mais aussi les questions d'argent, les problèmes familiaux...) ce qui contredit en partie l'instrumentalisation de la relation pédagogique que l'on associe aujourd'hui à la crise des universités.

les portes de leurs chambres, de leurs lieux de cultes et de leur « association de département », baptisée « cercle de français ». Dans cette université où les halls de résidence ne présentaient pas le caractère communautaire observé dans ceux de UI, une multitude d'échanges informels se développaient au sein des départements, qui transcendaient les clivages enseignants/étudiants. Dans les départements à partir desquels j'avais construit mon réseau d'informateurs (français, sociologie, théâtre), les mêmes propos revenaient tant chez les chefs de départements que chez les étudiants, insistant sur leur unicité quant aux relations quotidiennes qui s'y développaient. D'une manière générale, les facultés étaient à Uniport les lieux à partir desquels s'organisait la vie extra-scolaire du campus. Dans la cafétéria de la faculté des Lettres, les étudiants (généralement de licence ou de troisième cycle) retrouvaient les enseignants de leur département autour d'une même table, alors qu'il existait comme à Ibadan ou à Zaria un *Senior Staff Club*, interdit aux étudiants. Jamais je n'ai retrouvé une telle communion à UI, où mes relations suivies avec des étudiants devaient se construire à partir d'autres communautés d'appartenance.

Il convient de distinguer deux niveaux dans la vie d'un département. Le formel caractérisé par l'existence de commissions et d'associations pouvant réunir personnel académique et étudiants, et l'informel marqué par des relations privées et ces contacts quotidiens qui s'établissent autour de lieux communs de restauration ou lors de « consultations » comme à Ijebu-Igbo... L'association du département relève du premier, et n'intéresse a priori que les étudiants[9] :

> « Oui le cercle, dans tous les départements, ils ont leur club comme çà. Nous, on les encourage, mais c'est leur affaire, ils n'ont pas de subventions du département, pour certaines de leurs activités ils reçoivent des dons de certains profs, ça se passe comme çà »[10].

Bien qu'officiellement enregistrée par l'administration, l'association de département ne bénéficie d'aucune subvention systématique. Elle ne doit aujourd'hui sa survie qu'à la poignée d'étudiants les plus impliqués, qui d'année en année essaient d'en maintenir au moins les activités les plus symboliques, à l'image des dîners de halls déjà évoqués, maintenus à leurs frais par les enseignants et étudiants de certaines cités universitaires longtemps après que l'université d'Ibadan ait cessé de les subventionner[11].

---

9. Les enseignants disposent en général de leurs propres associations corporatistes ou plus précisément de branches syndicales, exemple la NAFT (National Association of French Teachers) pour les professeurs de français.
10. Entretien avec le chef du département de français, université de Port-Harcourt, janvier 1987.
11. O. Ikime, *op. cit.*

Les activités des associations dépendent de plus en plus du dynamisme de leurs membres, de telle sorte que certaines disparaissent soudainement après le départ d'une promotion, alors que d'autres apparaissent comme de véritables petites entreprises. Par manque de moyens, elles ont globalement perdu leur fonction de « publicité » pour le département, et se cantonnent dans la majorité des cas dans l'animation d'une soirée culturelle annuelle et dans l'organisation d'un ou de plusieurs « voyages d'étude ».

A Uniport, une tradition de soirée d'accueil des nouveaux venus est maintenue dans la plupart des départements. Organisée par l'association étudiante du département, cette manifestation est l'occasion d'une première rencontre entre les enseignants et les *jambites*. Une table d'honneur est dressée, où se côtoient le chef de département et les responsables de l'association. La fête débute après les discours formels et il n'est pas rare d'y voir quelques enseignants danser (c'est d'ailleurs le chef de département qui ouvre le bal avec une étudiante de première année). A UI où les étudiants sont trois fois plus nombreux, et où les calendriers scolaires des différentes promotions ne sont plus homogènes, de telles manifestations se raréfient, et le département ne se présente désormais que comme une communauté de second ordre pour les étudiants, à l'exception cependant de quelques-uns qui, comme celui des Études agricoles, jouissent d'une réputation d'excellence au-delà des murs du campus. La mobilisation des étudiants, tous niveaux confondus, pour le maintien d'activités socioculturelles autour du département, s'y développe encore dans des formes similaires à celles observées à Uniport.

La recherche de subventions pour l'organisation d'une « semaine » ou, à défaut, d'une « soirée », passe généralement par le bureau du chef de département bien qu'il y ait fort peu à attendre de cette entrevue. Le président de l'association expose les projets au professeur, qui, en retour, questionne, évalue, commente comme si sa décision relevait d'un enjeu véritable. J'ai pu observer ce rituel à deux reprises en 1991 à Ibadan, au début du second semestre quand se bousculaient ces animations corporatistes. A chaque fois, les étudiants, visiblement peu surpris par le caractère éminemment symbolique de la donation, se confondaient en révérences, remerciements et salutations avant de s'éclipser sur un dernier « Thank you sir ».

Ces marques de respect visent sans doute l'assurance de la mise à disposition de locaux pour les animations, en même temps qu'elles placent délibérément le chef de département en position d'invité d'honneur. Cette caution acquise, la véritable recherche de sponsors, à l'extérieur ou à l'intérieur du campus (depuis que s'y développent des activités commerciales), peut débuter. C'est elle qui aujourd'hui détermine l'ampleur de l'événement. Les « semaines », les soirées « culturelles » ou de « variété » sont, de l'aveu des étudiants interviewés, de bonnes occasions de s'investir dans une organisation rigoureuse impliquant le partage des tâches et des responsabilités. En ce sens nous pourrions les assimiler aux « junior entreprises » que les écoles et départements d'universités connaissent en Europe. Ici point de stages en entreprises, c'est donc sur le campus, au travers de telles manifestations que s'élaborent des projets d'entreprise[12]. Les étudiants de troisième année s'y impliquent davantage, bénéficiant d'une bonne connaissance du « système campus », sans être surchargés de travail comme leur aînés de dernière année[13].

Enfin l'une des originalités des associations de départements tient à mon avis aujourd'hui à la nature des relations garçons/filles qu'elles permettent. Leurs comités d'organisation sont mixtes tout comme les rédactions de leurs revues lorsqu'elles subsistent. L'organisation des voyages et des soirées stimule des formes de coopération sur une base d'égalité. La vie du département, surtout dans la faculté des lettres où les filles sont les plus nombreuses, rompt en ce sens avec les images et propos stéréotypés, voire fantasmatiques, qui ailleurs sur le campus dictent les relations quotidiennes entre garçons et filles[14].

Le hall

Si l'université d'Ibadan a été contrainte d'abandonner sa politique de logement systématique des étudiants, la base résidentielle de l'organisation de la vie sociale étudiante sur ce campus n'est pour autant pas remise en cause. On peut estimer aujourd'hui que si l'université ne loge que la moitié de ses étudiants, ils sont en fait plus de 80 % à se maintenir sur le campus au prix d'un surpeuplement des cités universitaires. Dans ce système hérité d'une tradition britannique, et quelles que soient les modifications qu'il a subies depuis 1948, le hall de résidence reste le lieu essentiel de développement de la vie associative, syndicale et religieuse des étudiants. C'est également en son sein que se structurent les réseaux de sociabilité et de solidarité économique grâce auxquels les étudiants assurent la bonne marche de

12. Nous verrons plus loin que cette capacité d'organisation s'observe à UI, à une échelle encore plus « professionnelle » dans l'organisation des festivités de halls.
13. Les « 400 level » consacrent le deuxième semestre à la rédaction de leur mémoire de fin d'études.
14. Beaucoup d'écoles secondaires du Nigeria ne sont pas mixtes, et notamment les internats par lesquels passent encore la plupart des filles qui entrent en université. En dehors du département, la mixité n'est effective sur le campus que dans quelques lieux d'animation comme le théâtre. Rappelons que ni les cités universitaires (à l'exception de Awolowo Hall) ni les clubs sportifs ne sont mixtes, et que toutes les associations étudiantes ont une section féminine à part.

leurs études. A cet égard, les fonctions que l'on peut assigner au système résidentiel d'Ibadan sont assez proches de celles observées depuis longtemps déjà dans les résidences d'universités américaines ou britanniques :

> « Tant aux États-Unis qu'en Grande-Bretagne, les lieux de vie des étudiants durant leurs études ont été perçus comme un facteur déterminant pour comprendre les styles de vie étudiante, et les attitudes et comportements individuels. Conçu comme un microcosme du monde plus large et nécessairement plus formel et impersonnel de l'institution elle-même (université ou collège), la résidence est le contexte dans lequel l'étudiant apprend à adapter ses besoins personnels aux demandes du groupe, où il intègre ses sphères privées et publiques, et où il est initié à des manières de penser et de se comporter, aux conséquences psychologiques sociales et scolaires importantes »[15].

Les halls de UI ne sont pas des dortoirs, ce sont des maisons communes auxquelles on appartient pour toujours. Rien d'étonnant à ce qu'ils égalent l'université elle-même dans les manifestations d'identification des étudiants. Ils surpassent en tous les cas, et de loin à UI, les sentiments d'appartenance corporatiste. On comprendra que mon approche privilégie le hall au détriment peut-être des lieux d'échanges pédagogiques traditionnellement investis par la sociologie de l'éducation, du statut de « quintessence », d'« incarnation » dans l'analyse des processus de scolarisation et de socialisation (le département et surtout la classe « microcosme de la société globale… »[16]).

Toutes les brochures commémoratives y font allusion, tous les témoignages recueillis le confirment : le véritable temps fort de l'entrée en université, celui sur lequel pèsent le plus d'enjeux, est l'attribution du hall. Mais prenons garde à ne pas trop extrapoler à partir de cette observation. A Port Harcourt en 1987, où la lutte pour l'obtention d'une chambre est aussi âpre qu'ailleurs, je n'ai pas trouvé chez les étudiants, de signes d'attachement affectif à leur résidence universitaire. Sans doute l'histoire de l'établissement, et plus précisément son « interminable réinvention » visant à « inculquer une image simplifiée et mythifiée »[17] de l'étudiant *Uite*, s'appuie-t-elle à Ibadan sur cette conception toute britannique de la résidence « on campus » :

---

15. J. Brothers et S. Hatch, « A Sociological Approach to Residence », *Residence and Student Life. A Sociological Inquiry into Residence in Higher Education*, Tavistock Publication, 1971, p. 8.
16. R. Sirota, *L'école primaire au quotidien*, 1988, *op. cit.*, pp. 19 et 23.
17. J'emprunte l'expression à J.-C. Martin et C. Suaud, qui développent un propos intéressant sur l'« illusion de la continuation parfaite d'une société disparue » à travers l'exemple du Puy du Fou (« Le Puy du fou. L'interminable réinvention du paysan vendéen », *Actes de la recherche en sciences sociales*, 93, juin 1992, p. 24).

« Ainsi, alors que bien des raisons pratiques imposaient la construction de logements étudiants, c'est l'idée d'une contribution de la résidence aux fonctions éducatives de l'université qui a le plus influencé les décisions. Cette insistance sur les vertus de la communauté résidentielle, associant quotidiennement les étudiants les uns aux autres, est aujourd'hui perçue comme une donnée centrale de la tradition britannique de l'éducation universitaire »[18].

Nous reviendrons plus en détail sur les fonctions sociales du hall à UI ; l'attachement dont nous parlons se situe en amont de celles-ci. J'ai moi-même été *awoite*[19], ou plus exactement, « j'ai décidé de devenir *awoite*, d'être de ceux qui marchent en tête », comme me le rappelait régulièrement le mégaphone du hall. L'appartenance à telle ou telle cité, exception faite des « P.G. Halls », repose au départ sur le hasard des attributions, quoiqu'elles soient elles-mêmes désormais organisées sur le principe du « premier arrivé, premier servi ». Les futurs étudiants qui visitent les universités, ceux également qui suivent les traces encore fraîches d'un aîné, savent que certains halls valent mieux que d'autres, soit du fait de leur situation géographique, soit en raison de l'âge des bâtiments, ou encore parce que, par tradition, se sont institués au fil des ans, des réputations et surtout des regroupements informels autour desquels des images se sont construites. A Ibadan, les deux plus grands halls (garçons) ont été construits en 1962 et portent les noms combien symboliques de « Azikiwe » et « Independence ». Ces cités mal conçues ont supporté moins bien que les autres le surpeuplement ; leurs sanitaires sont insalubres, toujours encombrés, le plus souvent privés d'eau courante, et elles sont éloignées des facultés et autres lieux d'attraction. Pour autant, l'attachement des étudiants à ces halls n'est pas moindre ici qu'ailleurs sur le campus. Considérés comme les deux centres d'activités syndicales et politiques les plus actifs de UI, « Zik » et « Indy » sont les principaux fournisseurs de leaders à l'Union des étudiants d'Ibadan. Les *katangatites* (comme se surnomment eux-mêmes les étudiants logés à « Independence ») et les *zikites* se disent volontiers héritiers d'une tradition de grande conscience politique, une réputation largement partagée sur le campus et autour de laquelle se cristallise sans aucun doute la fierté d'appartenance. Ailleurs, à Awolowo, c'est autour du « village » et de ce caractère unique au Nigeria de double mixité (garçons/filles, UG/PG) que se construit l'identification. Toujours sur le campus d'Ibadan, les étudiants et le « hall management committee » de Mellanby Hall sauront se rappeler

18. « Residential Policies and Provision in the Universities », in J. Brothers et S. Hatch (eds), *op. cit.*, p. 53.
19. Résident de Obafemi Awolowo Hall.

que, comme le souligne leur devise inscrite sur le porche[20], ils ont une position à défendre et à perpétuer. L'avant-propos du guide de la résidence me semble une bonne illustration de l'image que chaque hall cherche à « faire passer » chez ses résidents :

> « Mellanby Hall est le premier hall de l'université. Il ne doit pas seulement cette position au fait qu'il ait été le premier construit (son nom initial était « Hall 1 ») mais également au fait qu'il porte le nom de Kenneth Mellanby, premier directeur de l'université. Mellanby Hall a, par tradition et en toutes circonstances, justifié cette position primordiale. Comment pourrait-il en être autrement alors que nous considérons notre devise, plutôt stimulante, « Nous marchons en tête, les autres suivent », comme un principe directeur. Des générations de *mellanbites* se sont efforcées d'élever ce statut, déjà enviable, de grandeur en donnant le meilleur d'eux-mêmes dans tout ce qu'il font. Ainsi ce hall a-t-il donné certains des plus grands universitaires, athlètes, politiciens et hommes d'affaires. Et en raison du bon comportement général des Mellanbiens, le hall est également connu comme le hall des gentlemen »[21].

Dans les cas évoqués ci-dessus, le sentiment d'appartenance au hall sert l'identification des étudiants à leur établissement. La recherche administrative d'une cohésion sociale sur le campus rencontre sur ce point la quête individuelle d'une identification à un groupe stable, ancré dans l'histoire, porteur d'une image que l'étudiant renverra hors les murs de l'université vers son milieu d'origine et celui de sa future insertion professionnelle. Dans certains cas cependant, l'identification des étudiants à un hall peut se faire autour de valeurs ou sur la base de regroupements sociaux ou ethniques. Ces situations peuvent traduire les effets du désengagement de l'État dans le domaine social, et l'entretien de la dynamique communautaire par des groupes extérieurs aux campus, dont nous parlerons ultérieurement. Dans ces cas, l'université n'étant plus à même de mobiliser les étudiants autour des « projets communs » évoqués dans le chapitre précédent, les regroupements et la mobilisation étudiante lui échappent. Ce fait est manifeste à Ibadan à propos des cités universitaires de filles, exclues des brochures et des discours évoqués plus haut, et d'une manière plus générale à Zaria, où l'institution ne joue qu'un rôle marginal dans les processus d'identification étudiante qui s'opèrent sur le campus. Une véritable distinction sociale s'opère alors entre les résidences. Sur les deux grands halls féminins de UI, un seul dispose d'un véritable parking permanent. Ce hall est également le mieux situé, le plus propre, le moins bondé. Les filles prétendent s'y sentir plus en sécurité que dans l'autre. Les garçons y viennent moins car l'accès y

---

20. « We lead, others follow ».
21. *Mellanby Hall Handbook*, 1990, p. 2.

est plus surveillé. C'est le hall où se construit le cliché type de l'étudiante bourgeoise, « difficile » car plus exigeante sur les ressources de ses prétendants. Tous les passe-droits sont bons pour s'y faire inscrire et pour s'y maintenir durant tout le cursus[22]. A ABU le même type de ségrégation s'opère au bénéfice de la démission de l'administration dans la gestion des attributions de chambres. Les halls reflètent l'appartenance sociale des étudiants. Georges, interviewé durant son service national, se souvenait fort bien des gymnastiques nécessaires pour se maintenir chez les « riches » :

> « Ceux des classes bourgeoises cherchaient à maintenir dans le hall leur style de vie de la maison ; ils souhaitaient amener certaines valeurs sociales dans la chambre mais aussi tout ce qui pourrait y rendre la vie plus confortable. Maintenant les étudiants qui n'avaient pas les moyens de s'offrir ce style de vie, ceux dont les parents étaient très pauvres, c'est-à-dire qui ne pouvaient même pas leur assurer le minimum... ils étaient plus ou moins obligés de vendre leur place à ceux qui avaient l'argent et d'aller squatter ailleurs, soit dans un hall pour pauvres[23], soit dans une chambre très bon marché en ville [...]. Certains halls sont plus beaux et mieux réussis sur le plan architectural ; dans certains de ces halls qui sont très chouettes, certains étudiants vont y venir et les « acheter », les arrangeant avec des choses très chères, les enjolivant. Ceux qui sont là peuvent être considérés comme étant de la haute classe, qui peuvent se payer des trucs chers... il est possible pour eux de se réunir, de former une sorte de communauté et de faire le hall à leur image... »[24]

Dans une institution résidentielle, une continuité dans le processus de socialisation des étudiants doit s'opérer entre les différents niveaux de leur intégration à la communauté universitaire. Le sentiment communautaire s'y développe à la faveur d'interactions quotidiennes sous le contrôle diffus mais omniprésent de l'institution. Nous venons de voir qu'il n'est plus un campus nigérian où ce contrôle s'exerce pleinement. A l'université d'Ibadan, directement inspirée de ce projet éducatif, le département ne reste un lieu symbolique de l'identification que dans les rares cas où subsistent une activité de recherche et un personnel enseignant permanent et qualifié. Sur le campus résidentiel de Uniport, les cités universitaires sont devenues des dortoirs où même les balcons sont sous-loués, et la notion de communauté y a perdu son sens avec la disparition des gardiens et du personnel d'entretien. A

22. La plupart des campus à dominante résidentielle, ont jusqu'à aujourd'hui réussi à maintenir les filles dans les cités au prix d'un gonflement des effectifs, et d'efforts supplémentaires pour la construction de bâtiments.
23. Lower class hall.
24. Georges, youth corper à Jos, entretien du 27/04/92. Cette situation m'a été confirmée lors d'entretiens menés à ABU même. Je n'ai pu cependant visiter les halls dont il est question, en raison de la tension qui régnait alors sur ce campus.

Zaria le « mythe du consensus » sur lequel repose théoriquement une culture d'établissement, a cédé la place à une reproduction, à l'intérieur même des espaces les plus déterminants de la socialisation (les halls de résidence), des hiérarchies sociales en vigueur « off campus ». En somme, si sur la plupart des campus, le département et le hall sont toujours des lieux essentiels d'intégration des nouveaux venus, ils ne constituent plus en soi des communautés, mais des espaces de socialisation à partir desquels s'élaborent des formes d'identification, dynamisées non plus par l'institution, mais par des communautés d'intérêts plus restreintes et mieux adaptées à leur environnement économique actuel.

CONCLUSION

Vers une désinstitutionnalisation de la cohésion sociale

La dissolution progressive de la primauté des catégories d'appartenance mentionnées ci-dessus, dans le processus de socialisation de la population étudiante, doit-elle être considérée dans un mouvement global de désidentification à l'université en tant que communauté ?

J'ai cherché à montrer dans cette partie quels moyens institutionnels avaient été mis en place pour assurer la cohésion des microsociétés que constituent au Nigeria les universités résidentielles. De l'organisation spatiale à la hiérarchie rigoureuse et figée des statuts en passant par le financement des activités extra-scolaires des étudiants, le contrôle institutionnel s'opère dans un tel système sur l'ensemble des relations sociales, et au-delà sur le processus de « conversion identitaire »[1] des étudiants qu'il sert en dernière instance.

Or, les universités nigérianes s'inscrivent, plus qu'ailleurs en Afrique noire, dans des contextes économiques et culturels divers dont elles reproduisent, en dépit de leur uniformité institutionnelle, les contraintes et les valeurs. La remise en cause du coût élevé du système résidentiel, la méfiance de l'État fédéral militaire à l'égard de ces ensembles jouissant de droits par ailleurs abolis ou restreints par la loi dans la société nigériane (liberté d'expression, de réunion...), ont contribué à une déstabilisation de cette organisation de la vie universitaire.

Ce phénomène, enclenché de longue date (la création de Nsukka en 1960 constituait une première tentative d'adaptation de l'organisation des cursus aux réalités économiques locales), s'est accéléré dans la conjoncture économique des années quatre-vingt. L'évidence, selon laquelle « les jeunes Africains diplômés ou non, n'ont aujourd'hui pratiquement aucune chance de trouver un emploi salarié dans leur

1. J.-L. Amselle, *Logiques métisses. Anthropologie de l'identité en Afrique et ailleurs,* 1990, *op. cit.*, p. 84.

pays »[2] a conduit l'État à développer des formations de moindre coût, et à déposséder les universités de première génération de leurs moyens institutionnels d'un contrôle autonome de la socialisation des étudiants.

Que l'école ne soit plus « l'instrument privilégié de la promotion sociale »[3] et que la fonction d'intégration sociale du système résidentiel soit officiellement remise en cause, ne signifient en aucun cas sur ces campus la disparition du hall ou du département comme lieux privilégiés du modelage de l'identité étudiante. En revanche, il semble que les processus d'identification échappent de plus en plus à l'administration des universités, non seulement par la multiplication des catégories d'appartenance non institutionnelles comme les églises, les associations d'origines ethnique, villageoise... etc, mais aussi parce qu'à l'intérieur des espaces traditionnels de la socialisation (les halls en particulier), les processus d'identification se transforment en même temps que se construisent de nouvelles hiérarchies, et qu'apparaissent de nouveaux groupes socioprofessionnels. La conversion identitaire y devient le fruit d'une négociation, et non plus celui de l'imposition *ad hoc* d'une forme de « déculturation ».

Pour comprendre comment et pourquoi la dissolution attendue des liens communautaires sur les campus ne s'est pas produite, il nous faut maintenant nous tourner vers les formes de résistances que les étudiants eux-mêmes y ont opposées. D'où la question, que nous développerons plus loin à partir de l'étude d'une cité universitaire d'Ibadan, du développement de sous-cultures étudiantes et de leur imbrication dans cette « culture de collège »[4] à redéfinir.

---

2. M.-F. Lange, « Systèmes scolaires et développement » : discours et pratiques, *Politique africaine*, n° 43, oct. 1991, p. 112.
3. *Ibid.*
4. W. Dell, 1987, *op. cit.* Sur le développement des sous-cultures étudiantes dans les institutions résidentielles, voir également J. Brothers et S. Hatch (eds), *op. cit.*, p. 10. Les auteurs posent, dans des termes dont je m'inspire ici, la question du rapport de ces sous-cultures aux objectifs académiques de l'institution.

TROISIÈME PARTIE

LA SYMBOLIQUE DES TERRITOIRES

Manifestations spatiales de la redéfinition des hiérarchies étudiantes

La gestion étudiante de l'espace du campus, à quelque niveau qu'on l'observe, traduit une territorialisation des classements et démarcations, vecteurs, au même titre que les processus d'identification (analysés plus avant en termes de catégories d'appartenance), du modelage de l'identité étudiante.

L'étude des formes d'appropriation symbolique que je propose ici, n'a rien à voir avec ce que dans un contexte différent, une université française par exemple, nous aurions analysé sous l'angle des pratiques différenciées d'occupation des espaces publics[1]. La notion de territoire, que C.J. Calhoun et F. Ianni qualifient de « démarcation symbolique dans un système structural »[2] sous-tend celle de « compétition territoriale » et donc de violation, de conflits et d'autonomie. L'espace appréhendé sous cet angle, enjeu de la stratification des groupes sociaux, suppose une certaine permanence des acteurs, et une soumission des statuts des uns et des autres (personnel, « inmates »...) à des règles préalables et figées, à l'image de ce qui se joue dans les institutions totalitaires analysées par E. Goffman. Sans assimiler le campus d'Ibadan à une sphère de réclusion (voir mes observations sur le rapport entre ville et campus), on peut y trouver encore aujourd'hui quelques caractéristiques communes aux organisations que Goffman définit en ces termes :

> « L'institution totalitaire est un mixte social, à la fois communauté résidentielle et organisation réglementée. En cela réside son intérêt sociologique spécifique. Mais il y a d'autres raisons de s'intéresser à ces établissements qui sont, dans nos types de société, des foyers de coercition destinés à modifier la personnalité : chacun d'eux réalise l'expérience naturelle des possibilités d'une action sur le moi »[3].

---

1. Voir M.-L. Felonneau, « Les étudiants et leurs territoires. La cartographie cognitive comme instrument de mesure de l'appropriation spatiale », *Revue française de sociologie*, XXXV-4, decembre 1994, pp. 533-558.
2. C. J. Calhoun, F. A. Ianni, « Notes on the Social Organization of High Schools », in Calhoun C. J. ; Ianni F. A. (eds), *The Anthropological Study of Education, op. cit.*, p. 223.
3. E. Goffman, *Asiles. Études sur la condition sociale des malades mentaux et autres reclus*, *op. cit.*, p. 54.

Dans son analyse de la gestion de l'espace dans de telles entités (hôpitaux psychiatriques, prisons, casernes, couvents, internats), l'auteur utilise des concepts (« zones franches », « territoires réservés », « refuges ») repris dans le même sens par C. Calhoun et F. Ianni à propos de l'organisation des *high schools* américaines. La pertinence de ces concepts pour l'étude sociologique d'une population étudiante est relative à l'importance de la fonction résidentielle de l'établissement. Les campus fédéraux du Nigeria présentent encore globalement cette caractéristique. Ils sont aussi, rappelons-le, souvent isolés soit par la distance (Kano, Port Harcourt...), soit par un encerclement et une réglementation des entrées et sorties (Ibadan, Jos...). De fait l'étudiant pénètre, à son entrée en université, dans un univers qui se définit déjà, dans sa totalité, en terme de territoire par rapport à l'extérieur. Places, rôles et statuts y sont théoriquement définis avec une extrême précision, qui se traduit pour l'étudiant par une soumission de tous les instants au contrôle de la collectivité. Sous cette contrainte l'individu, seul ou via les groupes informels auxquels il adhère, cherche à se ménager « une certaine indépendance et des droits tacitement reconnus qu'il ne partage avec aucun autre, sauf s'il l'y invite expressément »[4].

A l'université d'Ibadan, cette recherche d'un équilibre entre la quête d'une autonomie et celle d'une reconnaissance statutaire passe, chez les étudiants, par des niveaux et des formes de revendications territoriales qui, dans le contexte de crise actuelle, tendent à renforcer les distinctions statutaires institutionnalisées (*undergraduates/ postgraduates*, garçons/filles) tout en sanctionnant l'émergence de plus en plus flagrante d'une autre hiérarchie : celle des statuts socio-économiques.

Cette expression territorialisée des hiérarchies s'observe à tous les niveaux de l'intégration des étudiants à la vie de l'université, mais c'est surtout dans les lieux où le contrôle institutionnel s'est le plus affaibli qu'elle se manifeste avec le plus d'acuité. A certains niveaux – le campus tout entier et les facultés – les distinctions sont plus diffuses, et les territoires étudiants recoupent à première vue les catégorisations et les délimitations administratives, en produisant une image homogénéisante de la condition étudiante. D'autres lieux en revanche, comme les restaurants aujourd'hui privés, sont désormais porteurs de marquages sociaux, connus de tous les étudiants, et révélateurs de pratiques sociales différenciées à l'intérieur même des lieux symboliques de l'identification étudiante. Enfin, nous accorderons ici une attention particulière aux cités universitaires de UI dont j'ai souligné dans la partie précédente le rôle déterminant dans le processus de socialisation des étudiants. Le logement étudiant au Nigeria n'est plus un droit mais un privilège menacé, il est de fait le plus convoité des avantages du

4. *Ibid.*, p. 295.

statut étudiant, et le terrain d'expression privilégié des inégalités sociales, des luttes de classement, de la formulation des revendications et de la constitution des réseaux de solidarité. L'observation de la gestion étudiante de ces espaces, dans un hall (*Awolowo*) atypique en raison de son brassage de populations (garçons, filles, *postgraduates, undergraduates*, étudiants nigérians et étrangers), nous permettra de mesurer l'assimilation progressive par les résidents des oppositions statutaires au cours de leur « carrière étudiante »[5].

5. Rappelons que ce concept de « carrière », développé par E.C. Hugues dans les études de profession, a été étendu par H.S. Becker à la construction de divers modèles séquentiels, en tant qu'il « désigne les facteurs dont dépend la mobilité d'une position à une autre, c'est-à-dire aussi bien les faits objectifs relevant de la structure sociale que les changements dans les perspectives, les motivations et les désirs des individus. » (*Outsiders. Études de sociologie de la déviance*, *op. cit.*, p. 47).

9

Distinctions sociales et statutaires étudiantes

Partition territoriale des espaces non résidentiels

Le campus, référence territoriale du statut étudiant

Dans l'introduction de la deuxième partie, j'ai défini le campus comme territoire de l'université. Il peut être considéré en ce sens comme le cadre physique dans lequel s'inscrit la totalité des pratiques étudiantes. Nous avons vu que cette conception obéissait à un double projet politique : d'une part la réunion en une situation d'apprentissage commune et dans un temps et un espace homogène d'individus aux origines sociale, géographique et religieuse très diverses, et d'autre part une possibilité de contrôle permanent des activités de cette « communauté », et surtout de ses relations avec l'extérieur. Cette recherche d'une cohésion cntrc l'cspace et les temps des études, associée aux mesures institutionnelles visant à dynamiser l'identification étudiante à l'établissement, ne peut prendre sens que si les pratiques étudiantes s'inscrivent dans les mêmes limites territoriales. Dans le contexte nigérian actuel, il semble bien que ce soit les étudiants eux-mêmes qui ont la maîtrise de la perpétuation de cette appréhension physique de leur statut. Dans les collèges polytechniques et les universités d'État, non résidentiels pour la plupart, les territoires et les référents symboliques de l'identification étudiantes outrepassent largement les limites du campus. Dans les universités résidentielles, malgré les contingences locales et la hausse globale du nombre de résidents hors-campus, les étudiants témoignent encore, dans leurs pratiques et leurs propos, d'une projection territoriale de leur statut, recoupant globalement la propriété de leur établissement.

Les portes du paradis : communication aux frontières symboliques du territoire global des étudiants

L'opposition est manifeste à Ibadan entre le dehors et le dedans de l'université, entre le « off » et le « on campus », l'école et le « monde extérieur »[1], deux sphères dont l'intersection est matérialisée par un porche, une guérite et deux barrières. Cette porte principale[2] concentre toutes les caractéristiques économiques et sociales de la frontière, avec son cortège de mendiants, de « vendeurs de tout », de policiers, de gardiens, de voleurs, de transporteurs. Les piétons entrent et sortent librement (sauf en période d'agitation étudiante), alors que les véhicules sont régulièrement contrôlés et assez fréquemment fouillés à leur sortie[3]. Les taxis d'Ibadan n'étant pas autorisés à pénétrer sur le campus, c'est le plus souvent à pied que les étudiants passent cette frontière, pour rejoindre l'aubette toute proche où selon leurs moyens et le temps dont ils disposent, ils attendent soit le bus de l'université soit un « campus cab »[4]. Au flot continu des étudiants, s'ajoute aux heures d'embauche (entre 7 et 8 heures du matin) celui du personnel (*junior staff* surtout). La file d'attente sous l'aubette prend alors des proportions dissuasives et perd tout sens dès que s'aproche le bus, pris d'assaut avant que le chauffeur n'ait eu le temps de l'immobiliser. A ces heures d'affluence, nombre d'étudiants et surtout d'étudiantes pratiquent l'auto-stop (non loin de l'aubette, en attendant le bus) par groupes de trois ou quatre. Les quelques enseignants, *senior staff* de l'administration, et commerçants qui circulent en voiture, s'arrêtent en général volontiers[5]. Le groupe, de loin le plus nombreux, rassemble

1. C. J. Calhoun, F. A. Ianni, « Notes on the Social Organization of High Schools », in Calhoun C. J. ; Ianni F. A. (eds), *op. cit.* p. 222. Ils précisent que « la séparation entre l'école et le monde extérieur est la première démarcation territoriale de l'institution, dont un nombre important dérive ensuite ».
2. Appelée « main gate » ou plus couramment encore « gate » (notamment lorsque l'on hèle un taxi).
3. Les surveillants sont des agents de l'université. Une fois passée cette frontière, on tombe sous le coup de la loi nigériane, et donc sous l'autorité des forces de l'ordre en faction à quelques dizaines de mètres du porche.
4. Le transport et un certain nombre d'autres services payants à l'intérieur du campus sont assurés par une société (« UI Venture ») contrôlée par l'université. Cette compagnie organise le service interne de bus (certains sont réservés au personnel, d'autres aux étudiants). Elle inaugure en 1991 un service de taxis collectifs (les « campus cabs ») ouvert à tous. Cette année là, le prix d'une course était fixe (un naira, soit cinq fois le prix d'un trajet en bus), et les trajets suivaient des lignes déterminées : un taxi pour le trajet porte principale/faculté des Sciences Sociales, et deux taxis pour desservir les cités universitaires et les quartiers du personnel. En 1994, le service de bus étant réduit à un seul trajet, l'université autorise certains taxis privés à opérer sur le campus dans les mêmes conditions que ceux de la « UI Venture », moyennant le paiement d'une licence à l'Union des étudiants. Une quinzaine de taxis et quelques motos assuraient ainsi les transports internes en 1995 pour un montant moyen de 4 nairas la course.
5. L'auto-stop est une pratique plutôt féminine à UI, de la porte vers les facultés ou

tout ceux qui se rendent à pied vers les facultés ou les cités (de 500 mètres à 1,5 kilomètre de marche). Parmi eux les enfants du *junior staff* aujourd'hui logé majoritairement « off campus », qui rejoignent en uniforme l'école primaire et le collège[6]. Tout ce monde forme le long de l'avenue Oduduwa (deux voies séparées par un terre-plein fleuri) un filet continu qui relie l'entrée principale et le rond-point de la librairie.

En dehors de l'animation qui règne ponctuellement sous et autour de l'aubette de bus, le « on » s'oppose d'abord au « off campus » par le calme et la sérénité que procure le passage de la frontière. Les abords extérieurs de la porte sont totalement embouteillés dès 6 heures 30 du matin et jusqu'à la nuit. Les mini-bus arrivant du centre-ville s'annoncent à coups de klaxons et de cris, s'immobilisent quelques instants le long des grilles du campus et repartent tout aussi bondés. Les étudiants débarqués sont immédiatement assaillis par les vendeurs qui encombrent les trottoirs de leurs petites tables de bois. A la porte même, les étalages ne sont pas tolérés, la place est occupée par les mendiants (assis ou allongés de part et d'autre des piliers du porche), et par les vendeurs de journaux qui, par leur autonomie et leur agilité, échappent au règlement et à la surveillance policière, et s'avancent au plus près de la guérite (ils n'ont pas d'étalage, ils maintiennent d'une main la pile de journaux sur leur tête, et exhibent de l'autre, aux automobilistes et aux piétons, un échantillon des parutions disponibles).

Ce campus, d'une surface de 1 010 hectares, ne dispose que de deux entrées, dont l'une (« north gate ») est très peu empruntée par les étudiants en raison de son éloignement par rapport aux cités universitaires. La porte principale symbolise donc à elle seule le seuil de leur univers. C'est là que sont prises les photographies en compagnie

---

les cité universitaires, et surtout de Awolowo et Idia Halls vers la porte. Il n'est pas rare de voir des automobilistes quittant les facultés, faire un détour du côté des cités à la recherche d'auto-stoppeuses. Les garçons sont exclus du jeu de séduction qui entoure cette pratique, la plupart d'entre eux n'essaient même pas de tendre le pouce le long de la Barth Road. Mon *room-mate* riait de mon obstination en la matière, me rappelant un jour qu'« à UI même le Blanc n'a pas droit aux mêmes égards que les filles ».

6. Chaque catégorie de personnel a son école, dont les élèves portent des uniformes distincts. Dans sa monographie, P. Van den Berghe (*Power and Privilege at an African University*, *op. cit.*) portait une attention particulière à cette discrimination, et signalait que les inégalités sociales entre *senior* et *junior staff* se mesuraient de prime abord à la tenue vestimentaire des enfants, mal dissimulée par les uniformes. Les différences se sont, semble-t-il, estompées avec les difficultés économiques auxquelles les uns et les autres sont aujourd'hui confrontés. Les blouses ont toujours des couleurs différentes, mais les gamins des deux écoles se contentent d'un simple short. L'école du *senior staff* n'est plus aujourd'hui la référence décrite par Van den Berghe, elle connaît les mêmes restrictions budgétaires que les autres établissements publics. La véritable différenciation sociale s'opère à l'intérieur de la catégorie du *senior staff* entre ceux qui maintiennent leurs enfants à l'école du campus, et ceux qui « investissent » dans l'une des écoles privées d'Ibadan.

d'amis ou de parents, destinées à la famille ou affichées dans la chambre de cité au-dessus du lit. C'est également là que l'on donne rendez-vous aux visiteurs venus du « village » et qui, malgré l'absence de contrôle, n'osent s'aventurer seuls à l'intérieur de la propriété. C'est encore là que se rassemblent les étudiants pour rejoindre ensemble la station des taxis « longue distance », ou pour se rendre en ville. A l'intérieur, la communication se fait en anglais et la codification des rapports sociaux s'assimile rapidement. Globalement les étudiants ont leurs lieux propres (les cités universitaires, les abords de SUB, la bibliothèque et les terrains de sports), et dans ceux qu'ils partagent avec le personnel, les marquages territoriaux ne souffrent que de peu de transgressions. A l'extérieur, les lois de la ville yoruba prennent le dessus, et son gigantisme effraie les étudiants, peu habitués à une gestion autonome de leurs déplacements et de leurs relations dans cet univers urbain dense et peu sécurisant.

L'insécurité de l'environnement urbain et la précarité du statut étudiant hors campus

Les étudiants parlent toujours de la ville et du village d'Agbowo (le quartier qui fait face au campus) comme de lieux dangereux où ils ne se rendent que pour des raisons administratives ou pour faire leurs courses. Mes déplacements fréquents en bus vers le centre-ville, dans la journée ou en soirée, me valaient systématiquement dans les premiers temps de mon séjour de multiples recommandations de la part de mes voisins d'Awolowo : bien cacher mon argent, ne suivre personne à son domicile, ne jamais donner mon adresse sur le campus, ne rien acheter seul... Plus tard ces mêmes voisins n'hésitaient pas à me confier quelques courses à faire.

Sur les marchés de Bodija ou de Dugbe, les étudiants se repèrent de loin, toujours vêtus (pour les garçons) d'une chemisette impeccable et d'un pantalon de Tergal, au milieu d'une foule drapée de tissus multicolores. Déambulant par groupes de trois ou quatre, leur cartable ou leur serviette sous le bras, ils ne s'arrêtent jamais seuls à un étalage, et se montrent d'une méfiance redoutable à l'égard des commerçants, avec lesquels la discussion des prix prend souvent une tournure polémique[7]. Ces deux marchés sont d'ailleurs les destinations uniques de la plupart des étudiants à l'extérieur, les seuls lieux où ils peuvent se

7. Le fait est plus remarquable encore s'agissant des filles. Leurs déplacements en ville sont plus rares, et leur comportement plus grégaire. Sur les marchés ou dans les bus, ces groupes d'une dizaine de filles maquillées, en tailleurs et chemisiers, et ne s'exprimant qu'en anglais standard, sont immédiatement identifiés comme venant de UI, et la relation client/consommateur qui s'en suit échappe totalement aux règles habituelles concernant, en particulier, la fixation des prix.

rencontrer et s'identifier. Ces marchés sont également les seuls qui, du campus, peuvent être atteints en minibus sans changement de ligne.

A quelques dizaines de mètres de la porte principale, les librairies qui font face à l'université et les restaurants « fast food » du centre commercial voisin ont beau s'intituler « Campus Bookshop » ou « University Restaurant » et annoncer des tarifs spéciaux pour les étudiants, ils n'attirent qu'une clientèle très marginale de l'université. Tous ces services existent désormais sur le campus à des prix beaucoup plus abordables et permettent aux étudiants de ne pas « sortir » inutilement. Les restaurants du centre commercial ne sont fréquentés qu'à l'occasion des visites ou d'événements exceptionnels. Il importe, par exemple, de valoriser son image en invitant un parent à manger du poulet dans un lieu propre et décoré, alors qu'au quotidien, la nourriture de base des étudiants est aujourd'hui la même que celle du « village ». Il arrive également qu'en soirée des étudiants se retrouvent là pour fêter un anniversaire ou un succès aux examens. Dans tous les cas, la fréquentation de ces restaurants marque à la fois une occasion de sortie et une volonté de distinction, et ne s'entreprend pas sans publicité préalable[8].

D'une manière générale, les étudiants affublent le quartier voisin d'Agbowo des mêmes maux que le reste de la ville d'Ibadan, d'où ressort systématiquement le problème de l'insécurité. Ceux qui logent dans ce quartier quittent leur chambre à l'aube pour rejoindre leur faculté ou la cité universitaire de leurs amis, prennent leurs repas sur le campus, et ne rentrent le soir à Agbowo qu'au moment de se coucher. L'image de l'insécurité de la ville, que les étudiants entretiennent en faisant circuler dans les couloirs des cités les informations les plus terrifiantes recueillies dans la presse (meurtres, attaques à main armée...), fait écho à l'insécurité de leur propre statut dans la ville. Le manque d'argent leur interdisant en majorité l'accès aux boutiques du centre-ville, et leur méconnaissance de l'environnement social extérieur au campus les plaçant dans une situation d'infériorité, y compris par rapport aux jeunes non scolarisés de la rue[9], les étudiants cherchent à confiner à l'intérieur du campus la totalité de leurs activités, scolaires ou non. Le territoire administratif de l'université recoupe donc à ce niveau celui des pratiques sociales étudiantes[10].

---

8. Il m'est arrivé d'être invité à des « sorties » dans ces restaurants. A chaque fois le rendez-vous était pris dans la chambre de l'organisateur, et le groupe se rendait ensuite à pied jusqu'au centre commercial.
9. Ils sont des milliers à Ibadan comme dans la plupart des villes africaines, produits de la « déperdition scolaire » et de la déstabilisation des familles, à s'adonner « au petit commerce, à la mendicité, aux trafics de toutes sortes, aux activités de service multiples » Cf. D. Poitou, « Jeunesse en difficulté : une synthèse », in D. Poitou et Y. Marguerat (eds), *A l'écoute des enfants de la rue en Afrique noire,* Fayard, 1994, p. 513.
10. Ce qui explique au passage l'importance de l'enjeu qui pèse sur l'attribution de concessions commerciales à l'intérieur du campus.

L'exemple ci-dessus illustre un couple territoire/statut préalablement et administrativement défini. Les processus d'identification des étudiants à leur établissement passent toujours par la reconnaissance de ces territoires communs qui concrétisent physiquement l'image homogénéisante que le monde « extérieur » se fait de la communauté universitaire[11]. Les facultés et les départements présentent également à certains égards ces caractéristiques de territoires « exclusifs », où les trois « états » de la société académique se fondent un instant en un statut unique déterminé par l'appartenance scientifique : la cafétéria de la faculté des lettres et sciences sociales de Uniport, la bibliothèque du département de français de UI, maintiennent les étudiants, le temps d'un café où d'un échange informel à propos d'un auteur, dans l'illusion du partage d'un « ethos commun ». Dès que l'on y regarde de plus près en revanche, le partage de l'espace académique traduit la rigidité hiérarchique du système universitaire nigérian : dans chaque faculté ou chaque département, le *senior staff* se ménage des « territoires réservés », parfois détournés de leur fonction initiale (une salle de cours de ABU devient cafétéria « strictement réservée au *senior staff* » d'un département)[12].

En somme, quel que soit le niveau d'observation retenu, les formes d'appropriation de l'espace, informelles ou imposées, révèlent la contradiction qui se fait jour sur tous les campus nigérians, entre la promotion d'une identité collective (la communauté universitaire comme « modèle d'harmonie d'unité et de résolution pacifique des conflits »[13]) au travers de pratiques et de marquages ostentatoires et la sanction « des valeurs et pratiques hiérarchiques et autoritaires qui caractérisent (l'université nigériane) présentement »[14]. La « communauté » étudiante reproduit en son sein ces mêmes pratiques

11. L'emploi systématique par la presse nigériane de termes tels que « tour d'ivoire », « citadelle » alimente cet imaginaire. Un reportage sur un fait quel qu'il soit à l'intérieur d'un campus, nécessite un « envoyé spécial », signalant par là même que l'on sort du champ d'une couverture médiatique ordinaire.

12. Une feuille collée sur la porte de la pièce en interdit explicitement l'accès aux étudiants.

13. L. Bloom et H. Woodhouse, « Nigerian Higher Education : Policy and Practice », *Canadian and International Education*, vol. 17, n° 2, 1988, p. 12.

14. *Ibid.* p. 18. La description que les auteurs font des relations enseignants/étudiants sur les campus nigérians vérifie nombre de mes observations. Elle s'inscrit dans un débat important au Nigeria sur la philosophie de l'enseignement supérieur (voir également F. Osofisan, 1984 et D.J. Hatt, 1988). Bloom et Woodhouse défendent une conception libérale de l'université (inscrite selon eux dans la National Policy on Education de 1977) et donnent une interprétation « culturaliste » à mon sens assez hasardeuse (bien qu'assez répandue y compris chez les Nigérians) de l'excès d'autoritarisme et de hiérarchie relevé : «... L'ethnicité et l'esprit de clocher des universités, de même que leur ethos anti-intellectuel et anti-scientifique, reflètent sans la combattre la nature conservatrice, fragmentée et bassement matérialiste de la société nigériane, et l'opportunité de transformer cette fragmentation en société intégrée est bel et bien perdue » (p. 16).

hiérarchiques, sanctionnées par la partition des espaces de la vie extra-académique en territoires masculins/féminins, aînés/cadets, riches/ pauvres.

Les restaurants, territoires de la distinction sociale

Des observations répétées au Black Market (le marché des étudiants à proximité de Independence Hall) et à Abe Igi m'ont permis de comprendre certaines stratégies de regroupements d'étudiants qui se manifestent autour de la prise des repas. Bien que les restaurants de ces deux lieux fréquentés exclusivement par les étudiants proposent une nourriture à peu près identique, certains sont fréquentés régulièrement par des groupes précis, alors que d'autres voient défiler une clientèle très diverse de consommateurs le plus souvent seuls. Ce n'est qu'après plusieurs semaines de vie sur le campus, et en rapportant mes observations sur la restauration à celles réalisées sur d'autres aspects de l'organisation quotidienne des étudiants, que j'ai pu établir une typologie des pratiques de restauration. Je voudrais une fois de plus insister sur la fonction symbolique de la nourriture chez les étudiants, et présenter les lieux de restaurations dans ce qu'ils expriment le plus clairement : la hiérarchisation de la population étudiante. En préalable, je dois préciser que la cinquantaine de points de restauration que j'ai recensée sur le campus, nourrit régulièrement (c'est-à-dire tous les jours) moins de la moitié des étudiants de UI. Le prix d'un repas de base (une assiette de manioc quel qu'en soit le mode de cuisson, agrémentée d'une sauce piquante) variait en 1991 selon les lieux de un naira (la cantine de Awolowo Hall et la cafétéria centrale) à trois ou quatre nairas (le Class de Awolowo, le BM Palace du Black Market, les restaurants de SUB et les gargotes de Abe Igi)[15]. Pour la majorité des étudiants, l'unique repas quotidien se cuisinait sur le balcon et se prenait dans la chambre de cité. Le repas au restaurant était réservé aux week-ends ou à quelques soirées exceptionnelles. Dans ces conditions, la fréquentation quotidienne d'un restaurant constitue donc déjà une forme de distinction.

Territoires exclusifs et territoires partagés

Une étudiante de Idia Hall, m'ayant, à plusieurs reprises, aperçu à une table du BM Palace, me fit un jour cette réflexion : « tu manges

15. De dix à vingt nairas en 1995.

chez les riches ». Ce restaurant étudiant du Black Market m'avait été présenté comme « bon pour toi parce qu'il y a du riz », mais ne m'avait jusqu'alors frappé ni par un soin particulier apporté à la préparation de la nourriture[16], ni par sa décoration. Son aspect extérieur ne le distinguait pas de ses voisins et son agencement intérieur n'avait rien non plus de très particulier : trois tables de bois recouvertes de toile cirée pour la « salle à manger » ; un réchaud à gaz, une grande bassine, un réfrigérateur, un meuble de rangement pour la cuisine dissimulée derrière un comptoir. L'usage en avait pourtant fait un restaurant de riches : les étudiants s'y installaient par groupes de trois ou quatre (ailleurs les étudiants avalent en général seuls leur assiette de *fufu*), mangeaient plutôt du riz ou du plantain que les traditionnelles préparations à base d'igname ou de manioc, donc plutôt avec des couverts qu'avec les mains, et agrémentaient leur repas d'une boisson gazeuse fraîche. La cigarette, d'ordinaire réservée aux soirées[17], clôturait ici la plupart des repas, ce qui obligeait la fille de la tenancière à de multiples allées et venues entre le restaurant et l'épicerie voisine. Les clients étaient pour la plupart des habitués, logés dans la cité *postgraduate* voisine (Balewa).

La consommation de riz, de viande, de bière ou d'autres boissons gazeuses, de cigarettes… etc, ou encore le fait de rester un moment à table une fois le repas terminé, sont chez les étudiants, des signes ostentatoires d'une aisance financière, qui ne s'affichent que dans certains lieux connus de tous. Ces pratiques permettent, mieux que les vêtements ou la possession de biens matériels par exemple, de définir des catégories socio-économiques à l'intérieur de cette population. Dans le cas du BM Palace, c'est l'ensemble des pratiques qui entourent la restauration proprement dite qui ont donné au lieu cette image de « restaurant de riches », largement véhiculée sur le campus. On peut parler à propos de ce restaurant de territoire exclusif puisque un seul groupe d'étudiants (tous *postgraduates* et résidents Balewa Hall) se l'est approprié, et qu'il en constitue l'unique clientèle régulière, quel que soit le moment de la journée.

Les clivages sociaux se révèlent dans d'autres restaurants sous une forme un peu différente : un même espace est occupé par des groupes différents selon l'heure : le « Class Bar and Restaurant »[18] de Awolowo Hall et les quelques gargotes de Abe Igi en sont de bons exemples.

Awolowo Hall dispose, rappelons-le, de deux lieux principaux de restauration : la « cantine » dont j'ai déjà parlé[19], et le Class. Ce der-

16. Les restaurants du Black Market proposent tous à peu près la même nourriture, les petits « suppléments » comme les cigarettes (à l'unité), les bières, et, éventuellement les biscuits, sont vendus dans les épiceries qui leur font face.
17. Une cigarette américaine achetée à l'unité valait en 1991 un naira (trois à quatre nairas en1995), soit le prix d'une assiette de gari à la cafétéria centrale.
18. Communément appelé « Class bar » ou simplement « Class ».
19. Cf. ch. 6.

nier, situé au premier étage du bloc commercial, entre le « Twins Bello Store » et la salle de télévision, occupe un local d'environ 50 m2, où une douzaine de tables alignées sur deux rangées forment des petits compartiments pour quatre personnes. Sur la partie gauche de cet espace minutieusement agencé, un bar de cinq mètres de long cache le réduit qui sert de cuisine à deux ou quatre personnes selon les heures. En 1991, à la faveur d'un changement de gérant et du renouvellement de l'EXCO du hall[20], le Class s'est donné l'image d'un lieu de bonne cuisine pour étudiants assez fortunés. Le fait est qu'Awolowo rassemblait alors une bonne cinquantaine d'étudiants étrangers (d'une manière générale plus aisés que leurs homologues nigérians[21]), et une majorité d'étudiants PG (salariés à temps partiel ou boursiers pour la plupart). En conjuguant un cadre propre et agréable, une bonne cuisine et une animation régulière en soirée, le Class a rapidement bénéficié d'une réputation débordant largement le territoire d'Awolowo[22].

Suivant les heures, le Class accueillait deux types de clientèle. En journée (de 11 heures à 18 heures environ) la fonction de restauration dominait. Malgré les ardoises placées à l'entrée et au-dessus du bar, soulignant la variété de la carte (poisson, œufs sur le plat, igname frit...), les plats traditionnels, *Amala Eba* et *Fufu,* survolaient les commandes ici comme ailleurs. Le restaurant ne connaissait pas véritablement d'heures d'affluence en journée, tout au plus une dizaine de personnes vers 14 heures, lorsque les étudiants commençaient à rentrer de cours. Les clients (PG/M[23] pour la plupart) arrivaient le plus souvent seuls, avalaient leur repas en une dizaine de minutes, s'attardaient parfois sur l'un des deux quotidiens mis à disposition par l'EXCO. Les prix, plus élevés (quels que soient les plats) que dans la cantine voisine ou au Black Market, maintenaient les plus jeunes à l'écart, sans que l'on puisse à ces heures parler d'appropriation du lieu par tel ou tel groupe.

En soirée, la clientèle et les pratiques de consommation connaissaient une évolution significative. Le bar se remplissait à partir de 18-19 heures : des groupes de trois ou quatres étudiant(e)s s'installaient devant un *soft*[24] ou une bière, tandis que d'autres venaient prendre leur principal repas de la journée, retrouvaient leurs amis... Les menus eux-mêmes se métamorphosaient et traduisaient une fréquentation

20. Les relations entre les commerçants et les comités exécutifs de gestion des halls sont explicitées dans la quatrième partie, ch. 14.
21. Je propose un portrait plus nuancé de la population étrangère au chapitre 13.
22. Les restaurants en cités universitaires occupent les locaux des anciennes cafétérias. Le class est le seul exemple que je connaisse, de véritable bar restaurant installé dans un hall.
23. La répartition administrative des étudiants dans les halls obéit à une classification en PG (*postgraduates*), UG (*undergraduates*), M (*male*), F (*female*). J'utiliserai dans ce chapitre et dans le suivant ces formes abrégées pour caractériser les groupes de résidents.
24. De soft drink (toute boisson non alcoolisée).

internationale. Les clients passaient commande auprès d'un employé installé à l'entrée derrière une petite table, payaient à l'avance leur plat en échange d'un ticket qu'ils présentaient ensuite au bar. Par ce système, le menu choisi et la somme consacrée au repas par chaque étudiant étaient connus de tous les consommateurs attablés. Les clients se cherchaient ensuite une place, circulaient entre les tables leur plat à la main ou, plus fréquemment, s'installaient à une place inoccupée ou « réservée », et interpelaient de là une serveuse pour qu'elle leur apporte leur commande. De telles pratiques n'ont cours ni dans les cantines de hall, ni à la cafétéria, que fréquentent les plus jeunes. Elles expriment une assurance, et même une autorité (le fait de s'imposer à une table, ou d'affirmer qu'une place est réservée par exemple) qui, autant que les prix pratiqués, dissuadent les étudiants les plus jeunes et les étudiantes de s'aventurer dans un espace où la codification des relations est marquée de l'empreinte de la masculinité (le fait par exemple de consommer de la bière) et de la séniorité.

A cette clientèle d'habitués venus dîner, se mêlait peu à peu, en cours de soirée, celle des visiteurs venus d'autres halls, ou même de l'extérieur (il était de bon ton d'être vu au Class, offrant un verre à une *awoite*) : quelques étudiantes du hall faisaient alors leur apparition, accompagnées d'un étudiant PG de Balewa ou d'un *Oga* de la ville arrivé en Mercedes aux portes du hall. En fait, la présence féminine à l'intérieur du Class ne se concevait que si le statut de leur compagnon se confondait avec celui que l'usage avait inscrit dans le lieu à cette heure. La restauration prenait habituellement fin vers 22-23 heures, et ne restaient alors à l'intérieur que dix à vingt clients (en général des étudiants du hall, étrangers ou PG), consommant surtout de la bière, dans une ambiance musicale. A l'extérieur, assis ou accoudés sur le balcon du couloir, des petits groupes d'étudiant(e)s, sortis de la salle de télévision après le film, ou descendus de leur chambre faire une petite pause, discutaient en profitant de la musique qui s'échappait du Class. On y retrouvait les « kids » du bloc H et leurs amies des « blocs filles ». S'il arrivait qu'ils consomment un *soft*, ou qu'ils fument une cigarette, leurs achats provenaient plutôt du Twins Bello Store que du Class, fermement critiqué par les jeunes *awoites* pour ses tarifs prohibitifs, mais surtout symbole de leur infériorité statutaire à l'intérieur du hall. Le Class devenait en fin de soirée l'unique pôle d'attraction de Awolowo, mais une frontière rigide s'instituait entre l'intérieur et l'extérieur, opposant de part et d'autre des populations, des types de consommation et des manières de consommer, qui exprimaient tout à la fois l'éclat et la rigidité des inégalités sociales et statutaires entre étudiants d'une même université.

Au centre géographique du campus de UI, le long du Student Union Building, six ou sept petits restaurants sont regroupés sous une toiture commune en tôle. Leurs comptoirs sont à touche-touche et font face à de grandes tables de bois. Les étudiants commandent à leur

« cuisinière » habituelle et s'installent indifféremment autour des tables, en principe attribuées à l'une ou l'autre des gargotes. Aux heures d'affluence (en début de soirée), j'ai pu parfois compter là jusqu'à soixante étudiants. L'endroit est connu sous le nom de *Abe Igi* (« sous l'arbre » en yoruba) en raison de la présence d'un énorme Ficus abritant à la fois les tables des restaurants et les secrétaires de Banji Adegboro Square.

Abe Igi est affublé sur le campus, de la même image « bourgeoise » que le Class, le BM Palace et les restaurants de SUB, dans un mélange d'envie et de colère que les propos de Ake, étudiant en français et résident de Independence, traduisent bien : « les riches vont là-bas. Tu verras les voitures. C'est là qu'on fait la politique de UI, tu sais... Tout l'EXCO de l'Union mange là, ils font des vraies fêtes le week-end... »

Comme au Class pourtant, il convient de distinguer la clientèle du jour, composée plutôt d'étudiants de la faculté des Lettres toute proche, aux habitudes de consommations très conventionnelles (*Eba* ou *Amala* avalé en quelques minutes), d'une clientèle de soirée, plus proche de l'image colportée par Ake. J'y notais le soir, à plusieurs reprises, une atmosphère de fête sans équivalent sur le campus à l'exception du club des « Kagaites » (buveurs de vin de palme). Le lieu ressemblait alors à un banquet où se confondaient en une masse unique les clients des différentes « cuisinières ».

A l'inverse du Class, Abe Igi ne se distingue pas par des menus originaux. On n'y retrouve pas non plus la clientèle « internationale » du restaurant de Awolowo Hall. On est ici entre habitués, et à l'abri du regard des passants. La quantité de bière consommée atteste seule de la « richesse » des clients, soulignée plus haut par Ake. Le lien entre ces restaurants et l'Union des étudiants est en revanche remarquable. Les soirs de réunions, et après les altercations qui secouent chacune d'entre elles, les divers groupes ou tendances qui composent l'EXCO se retrouvent dans « leurs » lieux (Abe Igi, le bar en plein air de la cour centrale de SUB...), les discussions politiques s'y poursuivent tard le soir, ponctuées d'allées et venues de militants excités entre les différents « QG ».

Alors que l'image du Class bar et du BM Palace repose sur le statut social de leurs clients sans que l'on puisse repérer de véritables formes d'appropriation collective, marquées par exemple par des détournements de l'agencement initial de l'espace, ou des éléments spécifiques de décoration, Abe Igi et dans un moindre mesure les restaurants de SUB sont marqués de l'empreinte de l'Union. La disposition des tables, modifiée sans que leurs propriétaires en soient informés, rappelle à quel point ces derniers sont « tenus » par l'EXCO de l'Union pour le renouvellement des concessions commerciales. Ces lieux, territoires réservés de la classe dirigeante étudiante et de sa cour, où l'ostentation qui caractérise les pratiques de consommation suffit à décourager les intrus, traduisent un autre axe majeur de la hiérarchisation du corps étudiant : l'accession à des responsabilités officielles. Non satisfaite des privilèges de droit que son statut lui confère[25], l'aristocratie étudiante de UI (qui rassemble les délégués de l'Union et les représentants des halls) s'est arrogé le contrôle de territoires hautement symboliques du point de vue de la distinction sociale[26]. Il en est ainsi des gargotes de Abe Igi et des deux restaurants de SUB, mais aussi des cafés de ce même building, où en dehors de quelques étrangers aisés (les étudiants asiatiques en particulier), on ne rencontre guère que les responsables de la vie associative et syndicale, et où les étudiantes, encore une fois, n'ont de place qu'accompagnées.

En dehors des « cantines » du type de celle de Awolowo Hall et de la cafétéria centrale, tous les lieux de restauration du campus de UI drainent une clientèle d'habitués. Pour la plupart, il s'agit de gargotes que ne distinguent ni leur décoration, ni les menus servis. Simplement, l'origine géographique de la tenancière, la proximité d'une faculté ou d'un hall, en font des petits pôles de convergence où les étudiants savent qu'ils retrouveront leurs camarades. On ne peut parler, à propos de ces lieux, ni de régularité ni d'exclusivité, la faiblesse des revenus des étudiants ne leur autorisant pas de repas quotidiens au restaurant. Au Black Market par exemple, un réseau d'étudiants originaires de l'État de Bendel[27], pour la plupart en faculté de Lettres, s'était donné pour « QG », une gargote tenue par une femme originaire de la même région. J'avais moi-même pris l'habitude d'y passer en soirée puisque mon informateur principal y prenait occasionnellement ses repas. Le lieu était connu sous le nom de « Madame Bendel ». La réputation de son *gari*, la modicité de ses prix et la bonne humeur permanente de la patronne attiraient chaque soir entre vingt et trente clients. Quelques *Bendelites* venaient également s'asseoir sans consommer et un unique sujet de conversation pouvait parfois mobiliser toute l'assemblée. Ce type de lieux pourtant ne présentait aucun des attributs des territoires évoqués plus haut. Ni la nourriture, ni les pratiques de consommation des habitués, ne provoquaient, chez les clients de passage, ce sentiment d'une intrusion si manifeste à Abe Igi ou au Class en soirée.

---

25. Les délégués de l'Union sont, par exemple, logés dans un bloc à part de Azikiwe Hall où ils ne partagent leur chambre qu'à deux. Ils ne sont pas astreints à l'obligation faite aux étudiants de se loger hors campus durant une année au moins.
26. Voir mes observations précédentes (chapitre 6) sur la place symbolique occupée par la nourriture dans les rapports sociaux sur le campus depuis toujours, et notamment sa prédominance dans les caractéristiques observables de l'accession au statut d'étudiant. Voir également O. Ikime « Problems of Student Welfare », in J.-F. Ade Ajayi & T. N. Tamuno (eds), *The University of Ibadan 1948-73 : The First Twenty five Years,* 1973, *op. cit.*, p. 244 et P. Van den Berghe, 1973, *op. cit.*, p. 173.
27. Actuels Edo et Delta States.

Trois axes de hiérarchisation des pratiques de restauration

La concurrence vive qui règne sur le campus de UI, et la faiblesse du revenu moyen étudiant, imposent aux restaurateurs le recours à des marquages identitaires sur des critères non alimentaires pour fidéliser une clientèle très fluctuante. Ce fait est remarquable au Black Market, où les restaurants alignés proposent les mêmes menus bien que leurs panneaux publicitaires annoncent des denrées indisponibles (le poulet, les œufs) ou rarement commandées en raison d'un prix trop élevé (*Jollof rice*). Les restaurants entretiennent alors une image basée sur la personnalité ou l'origine ethnique du personnel (cas de Madame Bendel), sur un « style » marqué par exemple par une décoration et un genre musical particuliers, ou encore sur un ou deux éléments de conforts (fauteuils en skaï au lieu des traditionnels bancs, ventilateurs...) présentés comme uniques à grand renfort de placards publicitaires. Un petit nombre de restaurants enfin se mettent au service quasi exclusif d'une catégorie d'étudiants (BM Palace et Abe Igi) en épousant ses habitudes et ses rythmes alimentaires, ou affichent un style basé sur des choix musicaux ou de décoration quand une pré-sélection au sein de la clientèle est déjà établie (à SUB par exemple où les menus à plus de quatre nairas sont dissuasifs pour la grande majorité des étudiants). Cette distinction qui s'opère à UI autour de la prise des repas, marquée à la fois par des pratiques ostentatoires d'appropriation des lieux par les clients et par la recherche de marquages identitaires par les restaurateurs, révèle trois axes principaux de hiérarchisation de la population étudiante.

Tout d'abord comme nous l'avons vu à propos de la fréquentation du Class bar d'Awolowo Hall : l'accès à une position d'« aîné » (sur lequel nous reviendrons à propos de la partition de l'espace d'une cité universitaire). Sanctionnée par l'accès au statut de *postgraduate*, cette position s'accompagne théoriquement de l'octroi par l'administration d'un certain nombre de privilèges (accès exclusif à certaines facilités, regroupement dans des halls plus confortables...), aujourd'hui largement remis en cause par les mesures d'austérité économique imposées aux universités. Les efforts déployés par les PG de Awolowo pour s'assurer le contrôle exclusif de certains espaces relèvent à mon sens d'une stratégie globale de maintien d'un ordre hiérarchique étudiant unique, autrefois établi de droit[28].

Le deuxième axe traduit les inégalités de ressources. Nous avons vu qu'une distinction sociale s'opère sur le campus autour de la prise des

---

28. De même, la gestion privée des lieux de restauration n'a en rien modifié les espaces de référence qui traduisent les stratifications statutaires. Le personnel de UI ne fréquente aucun des lieux décrits ci-dessus (officiellement le Black Market est appelé Student Market), et il n'est pas envisageable qu'un étudiant, même le plus fortuné, pénètre dans le restaurant du Senior Staff Club (où les prix pratiqués sont sensiblement les mêmes qu'à SUB ou qu'au Class Bar).

repas. Trois groupes sociaux grossièrement définis se dégagent de mes observations menées à Ibadan en 1991. D'abord, les étudiants étrangers qui, à quelques exceptions près, ont des revenus très supérieurs à ceux de leurs homologues nigérians. Cette aisance leur autorise un ou deux repas quotidiens au restaurant, et en particulier au Class qui en s'adaptant à leurs habitudes alimentaires est devenu leur lieu privilégié de rassemblement. Les étudiants nigérians dont le niveau de ressources permet d'échapper à la cuisine « anti-caf »[29] forment un deuxième ensemble, très minoritaire, aux habitudes de consommation alimentaire identiques à celles de leurs compatriotes, mais qui se distinguent par la fréquentation de restaurants désormais associés à leur « richesse ». Cette minorité se fond parfois en des territoires communs « quasi exclusifs » avec un autre groupe, celui des représentants légaux de la population étudiante de UI, clientèle régulière des restaurants les plus chers, les plus confortables et les plus « en vue » du campus. Enfin, il y a la masse des étudiants (plus de la moitié), pour lesquels le restaurant est un luxe qu'ils ne s'offrent que deux à trois fois par semaine (surtout le week-end, ou dans les quelques jours qui suivent l'obtention d'une bourse ou le retour d'un séjour en famille). Ces étudiants composent le fond de commerce fluctuant des gargotes du Black Market et des cantines de hall, dont la nourriture diffère peu de ce qu'ils cuisinent dans leur chambre, mais où ils retrouvent des pratiques de consommation conformes à l'image archétypale d'un mode de vie étudiant dégagé des contraintes matérielles extra-scolaires.

Une observation nous permettra de conclure cette première illustration des procédures de démarcations et de territorialisations, manifestes au-delà des facteurs communs d'intégration par lesquels le campus impose « une définition une, unifiée ou unifiante de la condition étudiante »[30]. Bien qu'elles soient originaires d'un milieu socio-économique plus élevé que leurs homologues masculins, les étudiantes semblent exclues des lieux de restaurations désignés ci-dessus : elles sont, à quelques rares exceptions près, absentes de SUB et de Abe Igi. Il m'arrivait d'en rencontrer au Black Market, mais toujours à l'épicerie où elles venaient faire moudre leur piment. Nous avons vu également que leur entrée au Class avait un caractère exceptionnel, en général une invitation à boire un verre en soirée. La stricte séparation des espaces masculins et féminins, imposée à l'origine dans la conception même du campus, semble se prolonger dans la gestion informelle

29. Cette expression, utilisée à plusieurs reprises par Ake, Sunday et Athanase lors d'un entretien sur le partage des chambres en cité universitaire (juin 1991), est à l'origine le nom donné au réchaud personnel à Kérosène, que les étudiants utilisent pour cuisiner sur leur balcon ou à leur porte de chambre. Par extension, cette expression (née au moment de la privatisation des cafétérias en 1986) désigne la restauration « à domicile » (dans la chambre).

30. P. Bourdieu, J.-C. Passeron, *Les héritiers. Les étudiants et la culture*, 1964, *op. cit.*, p. 24.

des nouveaux territoires, abandonnés aux étudiants et à l'initiative privée par une administration aujourd'hui dépossédée de sa fonction de contrôle social. C'est en tout cas ce que l'observation minutieuse des habitudes de restauration permet de relever, apportant une première illustration des processus de recomposition et/ou de perpétuation des hiérarchies, en évitant l'écueil souligné par P. Bourdieu et J.-C. Passeron à propos de la définition du mode de vie des étudiants, qui consiste à valoriser leurs « pratiques communes », au point de produire l'impression « qu'ils en ont une expérience identique et surtout collective »[31].

31. *Ibid.*

10

Marquages sociaux et identitaires des espaces habités

Préambule : sur l'autonomie de la situation de résidence

Ce chapitre et le suivant s'appuient principalement sur un travail d'observation mené en 1991 dans la cité universitaire Awolowo Hall, du campus d'Ibadan. A titre de comparaison, quelques allusions seront faites à d'autres cités de UI, à celles de Uniport (Port Harcourt) et d'ABU (Zaria) où j'ai pu interviewer des étudiants et visiter des chambres ; mais il est bien entendu que seule l'enquête conduite à Awolowo Hall présente sur ce point un caractère systématique, et qu'elle seule introduit des éléments nouveaux pour une compréhension des modes d'organisation formels et informels qui régissent la vie des cités universitaires nigérianes. Si depuis la monographie de P. Van den Berghe[1], aucune étude n'a systématiquement porté sur les processus de socialisation de la population étudiante à l'intérieur des campus nigérians, des articles tirés de publications commémoratives ont toutefois traité de tel ou tel aspect de la vie étudiante (à UI principalement). Deux thèmes récurrents s'en dégagent assez nettement : la vie politique étudiante d'une part, et la vie des halls d'autre part, qui cristallise à elle seule la plupart des réflexions sur la fonction sociale de l'université. J'ai moi-même souligné la prépondérance des cités universitaires parmi les lieux d'interactions quotidiennes entre les étudiants et les autres groupes socioprofessionnels présents sur le campus. De même ai-je insisté dans le cas de UI sur la fonction de référent symbolique du hall, déléguée à dessein par l'université, dans le but d'entretenir en tous lieux et temps, sur le campus, la dynamique de l'identification étudiante à l'établissement. Le hall est également, par les conditions de vie quotidienne qu'il impose, et en raison des enjeux

1. 1973, *op. cit.*

économiques qui pèsent sur le logement, l'espace majeur d'insertion de l'étudiant dans des réseaux sociaux croisés, formels et informels, où se construisent des hiérarchies rigides, où s'apprennent la solidarité, la négociation et la compétition.

L'observation des modes d'appropriation des espaces résidentiels et des processus d'identification qu'ils révèlent, l'analyse de la gestion étudiante des halls comme officialisation des hiérarchies évoquées ci-dessus, ou encore la recherche systématique de la base résidentielle du développement de la vie associative et politique, s'inspirent ici de la réflexion théorique sur la « culture » étudiante développée dans les pays anglo-saxons, et singulièrement aux États-Unis et en Grande-Bretagne, berceaux du « système résidentiel ». La vie intérieure des halls, plus que celle des départements, doit nous amener à comprendre « comment les influences croisées de l'organisation formelle et des groupes informels de camarades contribuent au façonnement de l'expérience et au développement des facultés de l'étudiant »[2]. Cette perspective a le double intérêt de souligner l'autonomie de la « situation de résidence »[3] et la « complexité des mécanismes adaptatifs et des stratégies mises en place par les acteurs eux-mêmes »[4]. Sans sous-estimer l'importance de l'origine sociale (mais dans le cas du Nigeria il faudrait admettre que la plupart des étudiants sont originaires d'un milieu socialement et culturellement très distant de celui où sont édictées les normes du système de l'enseignement supérieur), je ne considérerai pas, à l'inverse de J.-P. Molinari, ce facteur comme seul déterminant « qui étende son influence à tous les domaines et à tous les niveaux de l'expérience des étudiants, et en premier lieu aux conditions d'existence »[5]. L'approche interactioniste dans un système résidentiel permet, en l'absence de statistiques fiables sur les popula-

---

2. J. Brothers & S. Hatch (eds), *Residence and Student Life : A Sociological Inquiry into Residence in Higher Education, op. cit.*, p. 8.
3. Au sens où R. Sirota (*L'école primaire au quotidien,* 1988, p. 24) définit l'« *autonomie de la situation de la classe* ».
4. *Ibid.*
5. J.-P. Molinari, *Les étudiants,* Editions ouvrières, 1992 p. 52. L'auteur reprend ici le propos de P. Bourdieu et J.-C. Passeron (*Les héritiers, op. cit.*). Cette perspective, qui fait peu de cas du « présent » de la condition étudiante, me semble aujourd'hui très partiale y compris dans le contexte de l'université française où les pratiques sont beaucoup plus différenciées qu'il n'y paraît. Cette diversité des « expériences » est d'ailleurs mise en valeur par D. Lapeyronnie et J.-L. Marie (*Campus Blues. Les étudiants face à leurs études*, Seuil, 1992), dont la sociologie du monde étudiant « vise à analyser l'expérience étudiante et les conduites étudiantes dans l'université, non pas seulement en fonction de positions sociales externes, ou à venir, où en fonction de la crise du système, mais d'abord par rapport à la vie universitaire, aux études, à l'ensemble des relations qui se nouent entre les étudiants ou encore entre étudiants et enseignants. » (p. 251). Voir également F. Dubet, « Dimensions et figures de l'expérience étudiante dans l'université de masse », *Revue française de sociologie*, XXXV-4, déc. 1994, pp. 511-532.

tions étudiantes, d'établir des régularités capables de mettre à jour les effets des choix institutionnels et leur interprétation par les acteurs en fonction de leur statut.

J'ai insisté dans le chapitre 8 sur la convergence d'intérêts qui se cristallise sur le hall entre la recherche administrative d'une cohésion sociale et la quête individuelle d'une identification à un groupe stable. A l'intérieur du hall cette convergence doit théoriquement s'observer dans l'adhésion des étudiants à des groupes (ou « quasi-groupes »[6]), associations religieuses ou ethniques, syndicats...[7], si l'on admet que la définition de l'identité sociale des étudiants passe par les processus d'adhésion/classification que l'appartenance à ces groupes sous-tend. J'illustrerai ici ce propos avec l'exemple des cités universitaires d'Ibadan et particulièrement Awolowo Hall où même les portes de chambres, par les inscriptions et les autocollants dont elles sont couvertes, sont les supports du statut que chaque étudiant (par son appartenance à telle ou telle association) souhaite se voir attribuer par autrui[8]. Ces groupes, en particulier lorsqu'ils présentent un caractère informel (réseaux de sociabilité) ou lorsqu'ils sont constitués sur la base d'« oppositions » relevant de statuts préalablement définis et prépondérants dans l'attribution des chambres[9], se manifestent souvent d'abord par des procédures de démarcations symboliques ou physiques que j'évoquerai, comme pour les espaces non résidentiels, en termes de territoires. Seule l'observation participante permet dans la plupart des cas de les « cerner », puisqu'ils vont du lit dans une chambre surpeuplée, à la cité toute entière dont le territoire peut s'étendre au-delà des grilles qui la ceinturent habituellement.

A chacun son village : identités et territoires des halls

La cité universitaire Obafemi Awolowo comptait, en 1992, six cents résidents déclarés. Dernière née sur le campus de UI (1982 sous le

6. L'expression de C.-J. Calhoun et F. Ianni (*op. cit.*, p. 217) rassemble les groupements plus ou moins illicites (les sociétés secrètes), les associations sans statuts, et tous les regroupements éphémères que la vie en communauté stimule.
7. La fonction de médiation de ces réseaux, entre l'individu et l'institution, est particulièrement développée par J. Brothers et S. Hatch dans leur étude sur la fonction sociale du système résidentiel des universités anglaises (1971, *op. cit.*).
8. Reprenant dans le cadre d'une étude sur l'organisation sociale de trois High Schools américaines, les concepts de *ascribed* et *achieved statuses,* C.-J. Calhoun et F. Ianni (*op. cit.*) considèrent que la gestion de l'identité passe pour chaque étudiant par « les efforts qu'il déploie pour le contrôle du processus de classement de sa personnalité par lui-même et par les autres » (p. 222).
9. Garçons/filles, gradués/non gradués, Nigérians/étrangers...

nom de Balewa Annex), sa construction n'était pas totalement achevée en 1992. Certains blocs, pourtant terminés, n'étaient habités que sur un ou deux étages malgré le relogement imprévu des *woodites*, évacués de leur dortoirs de bois un an plus tôt suite à un incendie[10]. Awolowo est l'un des onze halls[11] de l'université d'Ibadan, qui abritent officiellement un peu plus de la moitié des douze mille étudiants inscrits[12]. Dans les faits, et bien qu'aucune statistique n'ait été rendue publique sur la présence des squatters, les enseignants, cadres administratifs, responsables de halls et étudiants interviewés en 1991 et 1992 sur ce sujet, estimaient globalement à 80 % le nombre d'étudiants effectivement logés dans ces halls.

Les cités de ce campus ressemblent à de petits îlots clos, gardés par un portier auprès duquel les visiteurs sont censés décliner leur identité et celle de la personne visitée[13]. Les architectures et les emplacements permettent de distinguer de prime abord des groupes de halls, qui correspondent aux différentes phases d'aménagement du campus. Le premier ensemble regroupe les quatre halls du noyau initial (1953)[14]. De taille et de conception à peu près identiques, ils sont distribués en cercle autour du siège de l'administration centrale, et distants des centres académiques (facultés, bibliothèques) de quelques centaines de mètres. Ces halls, conçus pour deux à trois cents étudiants (un par chambre) en accueillent aujourd'hui officiellement le double. Les allées et les parterres qui bordent les blocs sont régulièrement entretenus et donnent à ces cités un air coquet qui contraste avec l'intérieur des bâtiments, où les équipements sanitaires n'ont pas suivi le gonflement des effectifs. Les traces du système résidentiel hérité n'ont pas disparu, même si la fonction de certains lieux a changé : les *junior* et *senior common rooms*, et les *committee rooms* par exemple ont été transformées en salles de télé et de travail[15], les salles de repassage en

10. Jusqu'en mars 1990, et depuis un vingtaine d'années, des centaines d'étudiant(e)s vivaient dans ces baraquements, annexes des halls existants. Suite à l'incendie de l'une d'entre elles, et sur décision du gouvernement fédéral, toutes les annexes furent démolies en 1990. Le relogement des « woodites » a perturbé le plan de peuplement de Awolowo initialement destiné aux seuls PG. Les chambres vacantes s'expliquent à mon sens par l'embarras dans lequel se trouve l'administration du campus, soucieuse de ne pas pérenniser le logement d'étudiants UG dans ce hall.

11. Dix sur le campus principal et un (Alexander Brown) sur celui de la faculté de médecine. Voir en annexe la liste des halls et leur nombre de résidents.

12. 6 559 sur 12 000, chiffre inchangé depuis 1986. Cf University of Ibadan, *Digest of Statistics* vol 3, n° 1, 1988 et *Commonwealth Universities Yearbook* 1992.

13. Mesure très inégalement appliquée, d'autant que certains halls sont accessibles par d'autres voies que l'entrée principale.

14. D'abord appelés halls I, II, III et Female Hall, ils sont finalement devenus Mellanby, Tedder, Kuti et Queen Elizabeth Halls.

15. Les halls de cette époque n'avaient pas de salle de travail. Le problème s'est posé à la fin des années 60 lorsque les étudiants ont commencé à être logés à deux ou

chambres d'étudiants… Leur situation centrale a dépossédé ces halls de nombre d'attributs caractéristiques des cités plus excentrées : l'activité commerciale, concurrencée par les commerçants dispersés autour des facultés ou massés aux portes du campus, y est peu développée, les cantines n'y fonctionnent qu'en soirée, et les salles de télévision n'attirent pas exclusivement les résidents de tel ou tel hall, puisqu'en quelques minutes ils peuvent s'informer à SUB ou dans un hall voisin, des films diffusés dans le même temps. Dans la mémoire étudiante, celle que véhiculent la presse interne et les témoignages des « anciens », les noms de ce premier groupe de halls n'occupent qu'une place marginale : ils ne s'illustrent ni par une domination de la vie syndicale, ni par de bons résultats dans les compétitions sportives inter-halls. La vie associative y est également moins active que dans les autres groupes de halls, en raison sans doute de la proximité de SUB, qui sert de « QG » à la plupart des organisations étudiantes. Bien que géographiquement lié à ce premier ensemble, Queen Elizabeth Hall constitue une exception remarquable à cette tendance. Dans ce premier hall féminin de l'université, les résidentes disposent de suffisamment de commerces et de services pour ne pas avoir à sortir. De plus, la surveillance plus rigoureuse aux portes de ce hall féminin limite les allées et venues, à tel point que toutes les organisations étudiantes y ont créé une section spécifique. Au total, le hall connaît un dynamisme interne plus proche de celui de Awolowo que de celui des autres cités de première génération, même si son mur d'enceinte n'en laisse rien filtrer.[16]

La première extension du programme de logement de l'université date des années soixante, elle est marquée par la construction de trois halls : Independence (UG/M), Azikiwe (UG/M) et Balewa (PG/M et F). Les deux premiers comptent aujourd'hui chacun plus de mille étudiants (squatters et locataires) qui s'entassent parfois jusqu'à huit par chambre. Le troisième représente encore à ce jour pour les *Uites*, l'idéal du logement étudiant : bâtiments sur deux niveaux (au lieu de quatre ou cinq dans les autres cités), chambres de une ou deux personnes, sanitaires propres et en état de fonctionnement, surveillance effective des allées et venues. L'accès à Balewa Hall symbolise l'aboutissement d'une « carrière » étudiante : prévu pour l'ensemble des PG, il n'accueille en fait qu'un nombre restreint d'étudiant(e)s, en doctorat pour la plupart, souvent déjà enseignants ou bénéficiaires de bourses de recherche. Ces étudiants affichent, notamment dans l'équipement de leur chambre, des signes d'une aisance matérielle

---

trois par chambre. (cf. O. Ikime, « Problems of Student Welfare », in J.-F. Ade Ajayi et T. N. Tamuno, 1973, *op. cit.*, p. 241).

16. La régularité de l'entretien des espaces extérieurs autour de Queen Elizabeth Hall par les services de l'université tient surtout à sa situation en bordure de la rue principale du campus qui relie la porte principale aux bâtiments administratifs, et par laquelle tous les visiteurs du campus passent nécessairement.

caractéristique de leur situation transitoire[17]. A Balewa, les squatters, longtemps totalement bannis, sont moins nombreux et plus discrets qu'ailleurs. Tous ces éléments contribuent à l'isolement de la cité, malgré sa position centrale dans la distribution spatiale des logements étudiants. Les mouvements y sont de très faible amplitude, Balewa ne connaît pas ces « heures de pointe » du matin où les autres cités se vident en un étonnant spectacle de cortèges d'étudiants étalés sur plusieurs kilomètres. Les *balewites* ne vont plus beaucoup en cours, ni à la bibliothèque surchargée ; leurs chambres ont conservé la fonction de bureau initialement dévolue à l'ensemble des logements étudiants de UI. Hormis une cafétéria et un étalage de papeterie sous le porche d'entrée, ce hall n'accueille aucun commerçant, l'accès en est même totalement interdit aux pourvoyeurs de petits services marchands. Pour ces raisons, Balewa ne peut être associé à aucun groupe de halls. Cette cité s'apparente à un îlot sans pour autant présenter comme Awolowo, les caractéristiques sociales d'un village. Ici la proximité relative des services administratifs, des infrastructures académiques culturelles et sportives, et même de la ville, autant que l'âge et le statut des résidents évoquent plus une *guest house* d'enseignants qu'un hall d'étudiants.

A la fin des années soixante-dix, la construction de Idia Hall et celle de dortoirs préfabriqués répondent à la très forte croissance de la demande universitaire au Nigeria. Dans ce mouvement rendu possible par la relative prospérité économique d'alors, la progression des effectifs féminins est la plus spectaculaire. Idia Hall devient ainsi le deuxième hall exclusivement féminin (UG/F) de UI.[18] Sa situation géographique lie Idia Hall à ses deux voisins, Azikiwe et Independence. Sur le plan architectural, ces trois cités ont en commun le caractère massif de leurs blocs construits sur quatre niveaux. Elles symbolisent également la fin du système résidentiel officiellement entretenu à UI pendant une vingtaine d'années : les *junior* et *senior common rooms* n'ont ici jamais existé, pas plus d'ailleurs que les véritables restaurants évoqués plus avant à propos des « premiers » halls[19], où les repas servis à heures fixes étaient jusqu'au début des années soixante précédés d'une prière en latin. Les clôtures ne sont plus les palissades de la première génération de halls qui ne laissaient rien filtrer de la vie intérieure des cités. A Idia, les filles interpellent de leurs balcons les garçons qui longent les grilles de leur hall pour se rendre à Awolowo. Elles déambulent entre leurs trois blocs, vêtues d'un simple pagne, sous le regard médusé de leurs voisins de Independence, dont les visions les plus fantasmatiques à propos des *idiates* constituent le fonds de commerce de la presse étudiante. La surveillance aux portes de Idia est beaucoup moins stricte qu'à Queen Elizabeth Hall, et il n'est par

17. Il n'y a qu'à Balewa et dans une moindre mesure dans l'aile P/G de Awolowo que l'on trouve avec une telle fréquence télévisions et frigidaires dans les chambres.
18. Conçue pour 204 étudiantes, cette cité en abritait officiellement 485 en 1991.
19. Cf. chapitre 19.

rare de voir les *idiates* se promener en soirée le long de la Barth Road avec leurs amis d'« en face ». Une activité de commerce et de services similaire à celles des halls voisins s'y est progressivement installée, en réponse à des problèmes de sureffectif et à la déréliction de la maintenance, que ne connaissent pas les *queenites.*

Aujourd'hui encore, être affecté à Independence Hall ou à Azikiwe Hall revêt une signification particulière, ces cités constituant elles-mêmes par leur nom, le symbole du renversement d'un ordre imposé par la puissance coloniale britannique. Les *indites* et les *zikites* sont reconnus comme les meneurs dès qu'un conflit éclate. Ils se disputent depuis toujours la présidence de l'Union. Dans les périodes de « surchauffe » sociale, c'est encore du côté de *Zik* et de *Indy* que se glanent les dernières informations, que mûrissent les rumeurs capables de transformer, en quelques heures, les cités de UI en no man's land. La politique d'admission en résidence (tirage au sort des chambres) n'est pour rien dans ces caractéristiques identitaires que la « tradition » perpétue et entretient. En revanche, les conditions d'hébergement que rencontrent ici les résidents, font de Azikiwe et Independence les terrains les plus propices aux explosions de la colère étudiante. Distribution d'eau et d'électricité sporadique, entretien minimum des espaces extérieurs (pas de pelouses ni de parterres), clôtures percées de toutes parts, zones non défrichées (en particulier à Azikiwe Hall sur le site des anciens dortoirs de bois) : ces deux cités les plus peuplées du campus sont aujourd'hui avec Idia les plus affectées par le manque de maintenance. L'animation pourtant y est permanente, du fait de cette foule, de leur emplacement (centre de la distribution géographique des halls, proximité du Black Market), et de leur facilité d'accès (aucun contrôle possible des entrées/sorties). Le dynamisme commercial de Independence est à cet égard très frappant : outre les commerces habituels (papeterie, épicerie), on trouve ici une foule de petits « vendeurs de tout » (et en particulier d'oranges pelées, de stylos, de cigarettes à l'unité)[20], et un coin restauration « traditionnelle » en plein air. On y accède, à l'arrière des bâtiments, par une petite porte qui pendant près de vingt ans a marqué à la fois la limite du territoire de *Indy*, et celle de l'expansion de UI. Depuis les constructions de Idia et surtout de Awolowo[21], ce passage est emprunté quotidiennement par des centaines d'étudiants. Des femmes venues de petits logements voisins ont dressé là trois ou quatre abris de tôle sous lesquels sont stockés les sacs de manioc, les tomates, quelques conserves, les piments et les moulins. Au lever du jour, elles allument leur feu en bordure du chemin, et posent à même la braise de grandes marmites où le manioc cuit tranquillement toute la journée. Les étudiants les moins riches connaissent

20. Principalement des gosses, alignés en particulier le long de l'allée conduisant au porche du hall.
21. Avant la construction d'Awolowo Hall, la Barth Road s'arrêtait à Idia Hall et le sud-est du campus n'était pas habité.

tous ce lieu, le seul où le manioc s'achète à différents stades de cuisson[22]. Ce passage est devenu un véritable point de rendez-vous entre garçons de *Indy* ou *Zik* et filles de *Idia* ou *Awo*, on y attend également le bus pour « Main Gate », le coin est aussi une halte intéressante à la saison des pluies sur la route de Awolowo. Un coiffeur et une coiffeuse se sont même installés là, sous un arbre voisin dont le tronc est désormais flanqué de l'indispensable miroir. Aucun aménagement ne signale la moindre reconnaissance administrative de ce pôle essentiel de convergence des trajectoires étudiantes quotidiennes. Nous sommes là hors des murs des cités et pourtant bien ancrés dans le territoire commun des *indites* et des *idiates*.

De ce petit marché, on distingue au loin la cité Awolowo grâce à l'accident du relief. Le « village » comme on l'appelle ici, est juché sur une colline à un kilomètre à l'est de Idia Hall. Tous les attributs économiques et sociaux qui définissent généralement le village sont réunis dans cet îlot de civilisation perdu dans le *bush*[23]. S'y côtoient garçons et filles, étudiants nigérians et étrangers, *undergraduates* et *postgraduates*. A l'inverse des halls de la première génération, Awolowo dispose de suffisamment de restaurants, épiceries et autres services pour que les étudiants ne soient pas systématiquement dépendants de l'extérieur : les églises y ont leur *fellowship* et les musulmans leur lieu de prière, un terrain de football a même été défriché en 1991 sous l'impulsion de l'EXCO du hall. Le « village » est à l'évidence un ensemble à lui seul, et sa composition sociale ne le lie pas plus à certains halls qu'à d'autres, les visites d'étudiants y sont elles-mêmes plus rares qu'ailleurs. Seule la présence des filles assure un va-et-vient d'« étrangers », en particulier le week end où le même ballet de véhicules s'observe qu'à Idia et Queen Elizabeth. Il y a dans ce repli un paradoxe, celui d'un très fort développement des fonctions extrascolaires du hall telles qu'elles étaient valorisées, il y a vingt-cinq ou trente ans, dans un contexte économique et politique tout autre.

A Ibadan le regroupement des halls par ensembles « historiques » n'est pas seulement une réalité physique, et j'ai illustré ce fait en évoquant les territoires parfois communs des cités. L'identité imaginaire[24] qui se construit autour de ces ensembles reprend elle aussi des critères de maturité. Aux garçons « turbulents » de Azikiwe et Independence, la presse étudiante et avec elle le sens commun associent souvent les

22. Sauf dans le village populaire de Abadina, à l'exact opposé du campus où les étudiants ne se rendent jamais (à l'exception de ceux qui y résident).

23. Ce terme anglais (la brousse) souvent employé pour qualifier l'environnement de Awolowo renvoie à la fois à l'isolement de la cité par rapport aux centres d'intérêts du campus, et à la densité de la végétation qui entoure le hall.

24. Identité collective idéalisée que les résidents s'attribuent. Selon C. Bromberger (« Les dieux de l'Ohême », *Autrement,* H.S. n° 36, février 1989, p. 170) à qui j'emprunte ce concept, « l'identité imaginaire est célébrée avec d'autant plus de ferveur qu'elle est bafouée de l'extérieur. »

« gamines » de Idia, par opposition aux « Queens »[25], jugées plus sages. Dans son chapitre sur le rapport entre organisation des halls et culture étudiante à Ibadan, P. Van den Berghe signalait déjà en 1973 plusieurs niveaux de stimulation de l'esprit de compétition entre halls, consécutifs selon lui à la vie en collectivité. Parmi ceux-ci, le critère de la génération semblait prépondérant :

> « Une dichotomie fondamentale existe entre les halls les plus anciens, plus petits et situés au cœur du campus, et les deux plus grands et plus récents, d'implantation plus périphérique. Les halls les plus récents sont surnommés « Baluba » et « Katanga », en référence à la fois au mouvement sécessionniste avorté dans cette région du Congo, et à l'un de ses principaux groupes ethniques. Les résidents d'un autre hall, plus ancien et portant le nom d'un célèbre musulman nigérian, sont facétieusement qualifiés de « Mallams », titre musulman traditionnel attribué au professeur et à l'homme de savoir »[26].

Les surnoms existent toujours, régulièrement réactualisés, sauf lorsque la valeur symbolique du premier qualificatif persiste : Independence Hall est toujours surnommé Katanga alors qu'aucun des étudiants interrogés à ce sujet en 1991 n'en connaissait la référence exacte. « Révolte », « Révolution » revenaient en revanche dans toutes les définitions proposées. Ces surnoms sont principalement véhiculés par ceux qui désirent les porter. Je n'ai que très rarement entendu un *awoite* qualifier un *indite* de *katangite*. L'association même de la personnalité des résidents à celle de leur cité ne s'entretient guère que de l'intérieur (elle participe en ce sens à la définition du territoire commun), par le biais notamment de la presse étudiante ou des annonces de l'EXCO (par mégaphone ou affichage). Les territoires de halls auxquels j'ai fait allusion plus haut reproduisent dans leurs grandes lignes des dispositions géographiques, plus que des stratégies étudiantes de regroupement par affinités ou homogamie d'âge, d'origine ethnique, religieuse... Les qualificatifs ou les attributs symboliques que les résidents souhaitent se voir attribuer ne font en ce sens que prolonger la division administrative de l'espace du campus, sans que l'on puisse, me semble-t-il, parler de dichotomie entre halls ou groupes de halls. On remarque cependant que plus les cités sont éloignées du centre administratif du campus, plus les étudiants disposent de liberté dans la délimitation de leur territoire de vie. Le relâchement du cloisonnement des halls, observé dans le cas de Idia, Independence et Azikiwe, n'exclut pas les marquages et les délimitations symboliques entretenus par les résidents. Tout se passe comme si même dans les halls les plus excentrés, moins surveillés et moins entretenus par

25. de Queen Elizabeth Hall.
26. P. Van den Berghe, *op. cit.*, p. 175.

l'administration, les étudiants cherchaient à renvoyer à l'extérieur l'image d'une identité collective affirmée, alors que les mécanismes traditionnels de leur intégration à la vie du hall, jusqu'ici imposés par l'autorité de l'université, disparaissent progressivement.

La recherche d'une affirmation de l'identité des halls, et les efforts de délimitation symboliques de leurs territoires de référence, entérinent les hiérarchies statutaires traditionnelles et en particulier l'opposition entre *undergraduates* et *postgraduates,* comme le montre l'exemple de Balewa Hall. Ces démarcations s'affichent de manière plus brutale à l'intérieur des cités, où les procédures d'identification et de démarcation entre individus ou groupes passent aujourd'hui par des définitions et des attributions de territoires dont les usages sociaux n'ont même jamais été imaginés par les architectes des lieux.

A chacun son bloc : répartition des étudiants à l'intérieur d'Awolowo Hall[27]

Le bloc H de Awolowo, dont je partageais en 1991 une chambre au deuxième étage, est venu lors de cette session combler un vide, en fermant la cour centrale du « village ». Ce bloc, bien que totalement achevé et meublé, n'accueillait alors d'étudiants que sur les deux premiers de ses quatre niveaux. Sur les huit chambres de mon étage, quatre étaient officiellement occupées. La première par quatre *undergraduates,* la seconde par un étudiant en doctorat de physique, je partageais la troisième avec un étudiant en linguistique, tandis que la dernière avait été attribuée à quatre Sud-Africains. Le bloc H reflétait à lui seul l'image de la cité toute entière, avec sur un même palier, un mélange d'étudiants de tous âges, de tous niveaux et tous horizons, ce qui à Ibadan constituait une exception. Un tel mélange n'annonçait en rien un abandon du principe du regroupement des étudiants par ensembles résidentiels selon le sexe et le niveau d'études, il traduisait simplement l'impossibilité matérielle dans laquelle se trouve désormais l'université d'assurer la perpétuation de ce cloisonnement.

Le « Postgraduate Village », ayant déjà perdu son exclusivité masculine en 1990, abandonnait en 1991 (provisoirement selon la direction et l'EXCO) le principe même de sa construction, à savoir le regroupement exclusif d'étudiants de troisième cycle. Le bloc H n'avait pas bonne image cette année-là dans les couloirs de Awolowo Hall. Mes visiteurs et ceux de mon *co-locataire* ne manquaient jamais de

27. Voir le plan en annexe pour les références aux bâtiments.

nous plaindre d'avoir à supporter le voisinage de *kids*[28] « sales, bruyants et d'une manière générale irrévérencieux »[29].

La conception architecturale de la cité reposant sur l'égalité de statut des résidents (les chambres sont identiques d'un bloc à l'autre, et ces derniers sont tous reliés), il n'a donc pas été possible d'isoler physiquement les « kids », malgré les pressions de bon nombre de PG. De plus l'absence de douches et d'eau dans les sanitaires du bloc H obligeait cette année-là (et pour longtemps probablement) ses résidents à utiliser quotidiennement les équipements déjà surpeuplés des blocs A, B et C. Ces trois ailes sont les plus anciennes du « village », exclusivement occupées par des PG, seuls ou à deux par chambre selon leur niveau d'étude. Ici, les similitudes avec Balewa dans la décoration des chambres et des portes, dans l'entretien et la gestion des espaces communs, sont frappantes, particulièrement aux extrémités Est des blocs A et C, en cul de sac quels que soient les étages.

Les blocs féminins (D, E, F) sont symétriques à ceux des PG. Les ailes E et F sont à l'image du bloc H construites sur quatre niveaux. Les étudiantes les plus diplômées occupent à deux les chambres plus calmes des blocs D et F, alors que, comme leurs homologues masculins, les UG s'entassent à quatre par chambre dans le bloc E, nécessairement plus passager et plus bruyant puisque sa façade (côté balcons) donne sur la cour centrale du « village ». L'agencement intérieur des chambres est très similaire à ce que l'on trouve chez les garçons, dans un espace souvent plus encombré encore du fait d'une pratique systématique du *squatting*. Les chambres des PGF sont pour cette même raison moins confortables et moins fournies que celles des garçons (phénomène également observé à Balewa). Il n'est pas étonnant dans un pays où la mixité n'est pas de mise dans les cités universitaires que les trois blocs féminins ne soient reliés aux autres que par l'entremise du bloc commercial. Celui-ci joue, comme nous le verrons plus loin, un rôle essentiel à la fois de sas et de point de convergence. Ce bâtiment est observable de partout. Son rez-de-chaussée est occupé par les bureaux du directeur et du superviseur, et par le hall d'entrée. Au premier étage, une épicerie, un restaurant et une cantine encadrent la salle de télévision. Le deuxième étage compte deux épiceries et une salle de travail.

Bien que construits à dix années d'intervalle, tous les blocs sont de conception identique, à l'exception des fenêtres dont les moustiquaires étaient dans les premières livraisons doublées d'un store à lamelles fixes de bois (discrétion et ombrage assurés). Les chambres d'environ 10 m^2 sont dans tous les cas distribuées d'un seul côté des coursives. Leurs deux portes et leurs deux fenêtres se font face, assurant un léger courant d'air permanent. Les balcons se partagent soit à deux cham-

28. « Kid » fait partie du registre des sobriquets dont s'affublent mutuellement *under et post graduates.*

29. Interview Ake, Sunday, Athanase, juin 91.

bres, soit avec l'ensemble de l'étage comme dans le bloc C où les étudiants procèdent eux-mêmes à une soigneuse redistribution de l'espace collectif. Les balcons augmentent d'autant le volume intérieur des chambres. Y sont généralement stockés jerricans, réchauds à kérosène, batteries de cuisine, en plus de l'indispensable séchoir à linge (un tréteau de bois par chambre).

Les sanitaires (un bloc par aile), bien que quotidiennement nettoyés par une société privée, souffraient, lors de mon séjour, d'un manque chronique d'eau courante. Les toilettes de certains blocs ne pouvaient être, dans ces conditions, utilisées au-delà de la mi-journée ; quant aux douches, on s'y rendait nécessairement son seau sous le bras. La cité offrait ainsi au petit matin un étonnant spectacle, celui de la circulation à tous les étages d'étudiant(e)s en pagne, dévalant les escaliers en direction des réservoirs (où l'attente pouvait atteindre une demi-heure aux moments d'affluence), ou remontant péniblement, parfois porteurs de plusieurs seaux, vers les sanitaires. En de telles périodes de crise (coupures d'eau et sureffectifs), la gestion étudiante des douches et des toilettes donnait lieu à des appropriations totalement illicites, notamment dans les blocs PG où, à certains étages, les clefs des sanitaires ne circulaient qu'entre voisins de palier.

Deux mots sur les espaces extérieurs pour clore cette présentation : comme toutes les cités de UI, Awolowo est ceinturée d'une palissade. Celle-ci délimite le territoire « légal » du hall, incluant les bâtiments inachevés du fond. Les couloirs d'accès à ces blocs ont été bouchés, mesure dissuasive relativement efficace si l'on en juge au très faible nombre de squatters se risquant à l'escalade des balcons, seul moyen d'accès aux chambres. Dans cette partie de la cité, les espaces extérieurs encombrés de gravats n'avaient jusqu'en 1992 fait l'objet d'aucun aménagement spontané ni même d'aucune utilisation de la part des étudiants. Les terre-pleins, formant deux petites cours à l'est et à l'ouest de la cité sur lesquelles donnent les couloirs des ensembles « PG » et « filles », n'avaient pas d'autres fonctions que l'étendage du linge ou l'usage du réservoir (cour ouest). Ces espaces, boueux à la saison des pluies, ne bénéficiaient d'aucune attention particulière, ni de la part de l'administration ni de la part des étudiants, et leur abandon aux immondices et aux rats posaient de sérieux problèmes d'hygiène aux résidents des rez-de-chaussée concernés. La cour centrale, régulièrement entretenue (nettoyage et défrichage par les étudiants), n'était réellement animée qu'à l'occasion des matchs de volley sur le « terrain » improvisé par les étudiants. Un facteur important en limitait d'ailleurs l'usage : bâtie sur le flan d'une colline, la cité se présente sur trois niveaux, la cour étant justement coupée en son milieu par un palier franchissable et par un escalier[30]. Le niveau supé-

30. L'inclinaison de cette colline est orientée dans le sens nord/sud. Le premier palier regroupe les blocs inachevés et la cour située derrière le bloc H. Le deuxième rassemble les blocs H, C, F et la partie supérieure de la cour centrale. Le

rieur ne disposait d'aucun aménagement particulier, excepté l'allée centrale le long de laquelle s'installait le seul vendeur de *suyas* toléré dans l'enceinte de la cité, créant le soir un petit regroupement autour de son brasero.

Enfin, pour être complet, il nous faut inclure le parking et le terrain de football dans la description du territoire global d'Awolowo. En fait de parking, il s'agit du terre-plein faisant face au hall d'entrée de la cité. Il est en permanence occupé par une dizaine de véhicules appartenant à des commerçants ou à quelques étudiants fortunés. Le soir, et particulièrement le week-end, les véhicules de « visiteurs » s'étalent sur toute la longueur de l'ensemble A-D. C'est également sur ce parking que le bus de l'université et les taxis autorisés déposent ou prennent leurs passagers, à l'ombre d'un grand arbre. Le va-et-vient y est permanent, et l'ambiance particulièrement animée en fin d'après-midi lorsque l'équipe de football du hall se donne en spectacle (matchs ou entraînements) sur un terrain défriché et aplani à l'initiative de l'EXCO 1990.

Avant d'aborder l'analyse des pratiques observées de gestion et d'utilisation de cet espace par les étudiants, signalons que les facteurs climatiques influent beaucoup sur ces usages. En effet, hormis les terrains de sports, la faible utilisation des espaces extérieurs est surtout due à la chaleur et à l'humidité ambiante permanentes, auxquelles s'ajoutent en saison des pluies de fortes et soudaines averses. La végétation, exubérante et foisonnante, soumet l'utilisation des espaces extérieurs non goudronnés, à un défrichage quasi quotidien.

A la recherche d'un chez soi : marquages identitaires et stratégies de regroupement dans les chambres

Le mémorandum que je présentai ce jour d'avril 1991 au superviseur de la cité était signé du directeur et précisait en réponse à une demande formelle du *Student Affairs Officer* de l'université :

> « Je vous confirme que nous sommes en mesure de loger l'étudiant *postgraduate* de sexe masculin, venu de France. Nous vous recommandons de lui réclamer 65 nairas au titre des droits de scolarité, il sera également redevable d'une somme de 49 nairas au Hall... »

---

reste des bâtiments constitue la partie basse de la cité. Pour ne pas casser les ensembles homogènes que constituent d'une part les blocs « PG » et d'autre part les blocs « filles », les couloirs de rez-de-chaussée des bâtiments C et F sont au niveau et dans le prolongement de ceux des autres bâtiments.

Le directeur adjoint de l'Institut d'études africaines de UI s'était chargé des formalités il avait, parait-il, fallu quelques jours aux autorités pour me trouver une cité. Lui pensait à Balewa où j'aurais pu être logé seul et où l'eau coule presque sans interruption. L'idée de m'envoyer au « village » le gênait visiblement ; d'ailleurs il m'avait laissé ce jour-là aux bons soins du directeur français du CREDU, qui visitait en cette occasion une partie du campus dont il n'avait jusqu'alors pas soupçonné l'existence. Avec le recul, les trois critères d'identification portés sur le mémorandum faisaient de moi un *awoite* type : homme, PG et étranger.

Peu au fait de la hiérarchie du personnel et des habitudes vestimentaires de la région, je pris l'homme qui me dévisageait tranquillement en se balançant sur sa chaise, vêtu d'un *Agbada* et d'une paire de sandales de plastique, pour un portier, et je souris même à ses injonctions répétées à propos des quarante-neuf nairas dont je devais m'acquitter dans les vingt-quatre heures. Je compris rapidement l'importance de ce superviseur, seul représentant de l'administration en l'absence du directeur de la cité. Le choix de ma chambre était de son ressort et c'est d'ailleurs en sa compagnie que j'accédai pour la première fois au deuxième étage du bloc H où la chambre 21 me fut ouverte sur l'intervention d'un voisin de la 22, après qu'une dizaine de clés eurent été essayées sans succès. Les 8 m^2 de ce qui allait devenir mon territoire le plus privé étaient meublés de deux lits, deux bureaux couverts d'affaires scolaires et de deux armoires cadenassées. Une porte (également cadenassée) opposée à celle de l'entrée, menait sur un balcon partagé avec la chambre 22, encombré de bidons, d'accessoires de cuisine et d'un séchoir à linge. Les murs immaculés contrastaient avec la surcharge de posters qu'affichaient ceux des chambres de Uniport, ma seule référence en la matière. Les draps sur les deux matelas disponibles n'inquiétèrent pas outre mesure le superviseur qui me laissa planté là avec ma valise sous le regard amusé (au travers de la moustiquaire) des étudiants de passage dans le couloir.

Dans les dix minutes qui suivirent mon arrivée, les deux locataires des lieux se présentèrent : âgés de 25 et 26 ans, ils étaient tous deux en thèse d'économie agricole, l'un venait de l'État du Bendel (aujourd'hui Edo) et l'autre de la région de Calabar. Le premier était locataire de la chambre, et l'autre squatter. En quelques minutes d'ailleurs, son armoire fut vidée, son matelas roulé et emporté, sans que j'eusse posé la moindre question. Prévenu de mon arrivée deux jours avant, il avait eu le temps de prendre ses dispositions, je le retrouvai plus tard au troisième étage du bloc C.

D'abord s'annoncer : marquages identitaires explicites et implicites sur les portes de chambres

Qu'il soit seul ou qu'il partage sa chambre, chaque étudiant se ménage un espace, même symbolique, marqué par des références statutaires et identitaires qui le situent dans la hiérarchie et dans l'hétérogénéité culturelle de la population. A Awolowo plus qu'ailleurs, les références se devaient d'être précises, d'où une surcharge de la décoration des portes de chambre, forme la plus ostentatoire, à la fois de l'appropriation symbolique d'un espace « privé » et du marquage identitaire qui l'accompagne. Si les supports d'expression peuvent varier (étiquettes autocollantes, cartes de visite, plaquette de bois...) selon les halls (ou les blocs dans le cas d'Awolowo), la déclinaison sur sa porte, de l'identité d'un résident passe habituellement par quatre références : le nom, l'appartenance religieuse, l'origine géographique ou ethnique, et l'appartenance académique.

Le nom. Sur les portes des « chambres de quatre », l'affichage des noms se fait le plus souvent au moyen d'une simple étiquette autocollante par étudiant. A Balewa et dans les blocs PG de Awolowo, l'usage de plaquettes de bois, achetées aux portes du campus est fréquent. Sous le nom gravé, et sur le même support, un cadran similaire à celui d'une montre à aiguilles (le « Whereabouts ») renseigne le visiteur sur le lieu où l'étudiant peut être contacté[31]. Chez les PG également, une enveloppe destinée à recueillir les messages accompagne la plaquette nominative, spécificité dont les UG se passent généralement (leurs chambres étant rarement inoccupées).

L'appartenance religieuse. Elle ne s'affiche pas systématiquement. A Awolowo lors de mon séjour, une porte sur deux environ arborait ces autocollants à la gloire du Christ, très répandus en ville sur les portes de boutiques et sur les lunettes arrières et pare-brise des taxis. Parfois ces témoignages de foi peuvent être accompagnés d'un carton d'identification du *fellowship* dont l'étudiant est membre. Les musulmans de UI se font à cet égard plus discrets ; lorsqu'ils affichent leur appartenance religieuse, c'est en général à l'intérieur de la chambre, souvent sous forme de sourates inscrites en arabe sur un tableau encadré. Dans les universités du Nord où la population étudiante musulmane est majoritaire, et où les affrontements religieux ont pris ces dernières années et à plusieurs reprises une tournure violente, l'expression de l'appartenance religieuse se passe des affiches, des autocollants et tracts omniprésents dans le paysage universitaire du Sud.

31. Adaptation à l'évolution du marché oblige, les commerçants proposent aujourd'hui des *Whereabouts* à deux aiguilles.

L'origine géographique ou nationale. Jusqu'au milieu des années quatre-vingt, chaque étudiant appartenait obligatoirement à l'association des étudiants originaires d'un même État de la fédération. L'attribution des bourses se faisait par le biais de ces regroupements, également organisateurs de manifestations culturelles sur les campus. Depuis que la plupart des aides publiques ont disparu, ce sont moins les intérêts économiques que la volonté d'être perçus dans leur identité ethnique qui incite les étudiants à afficher leur carte de membre de telles associations[32]. La plupart ne mentionnent que l'État d'origine, mais certaines stipulent explicitement le *local government* (entité administrative suffisamment précise pour identifier l'origine ethnique de l'étudiant). Chez les étudiants étrangers, l'affichage de l'identité nationale est rarissime. Inutile en raison de l'étroitesse des liens qui unissent les quelques représentants de chacune des communautés étrangères représentées à UI., il peut même s'avérer dangereux dans un climat économique qui stimule la xénophobie, et incite les étrangers à la discrétion.

L'appartenance académique. La carte de membre de tel ou tel département est la plus fréquemment affichée sur les portes de chambres. Sans risque de polémique, et reconnue de loin, elle contribue, surtout en début d'année, à l'identification de collègues et à la constitution de réseaux de travail.

Les portes arborent encore quantité de signes distinctifs et d'éléments de décoration. Les autocollants publicitaires sont les plus nombreux, ils survivent parfois à plusieurs promotions d'étudiants, mais sont en général également un moyen d'identification du ou des locataires. Dans ce cas, le message, même anodin est plus important que l'esthétique du support (comme les autocollants « Peugeot » ou « Michelin » sur la porte des étudiants en français).

A Azikiwe et Independence, cette accumulation de signes est souvent couronnée d'une devise commune à l'ensemble des occupants de la chambre. Le message inscrit en grosses lettres à la craie, en arc de cercle au dessus de la porte, informe moins souvent sur l'identité des répondants que sur leur sens de l'humour et de la répartie politique, comme en témoignent ces quelques exemples relevés au hasard de mes visites :

« God's residential area », « The Golden Boys », « French embassy », « Cocaine avenue »[33], « World Bank », « Dodan Barracks »[34], « Si footi won »[35].

32. Les nouvelles fonctions de ces associations d'États sont détaillées dans le chapitre 13.
33. Surnom donné à une rue de Lagos Island, réputée pour ses luxueuses villas bâties dans les années 80 par des proches du président Babangida.
34. Siège du commandement militaire nigérian et du gouvernement du général Babangida jusqu'en août 1993.
35. Transcription littérale du numéro de la chambre de l'anglais en yoruba (C41).

Ensuite définir son « chez soi »

Les premiers mots de Martin, mon co-locataire officiel, concernèrent les problèmes de sécurité : je devais m'enfermer la nuit, ne jamais omettre de fermer ma chambre à clef en allant aux toilettes ou à la douche, je devais installer un cadenas à l'extérieur sur la porte principale, un autre sur la porte du balcon et un sur mon armoire, je ne devais jamais laisser mes clefs au portier en cas d'absence prolongée (malgré les recommandations officielles). S'en suivirent les conseils pratiques, et principalement ceux liés au problème numéro un du hall à ce moment-là : l'absence d'eau courante. Il me fallait prévoir au moins deux seaux et un bidon pour jongler avec les horaires de distribution d'eau aux citernes, une petite bassine pour me laver dans les douches, un gobelet pour me brosser les dents sur le balcon ou dans le couloir (pas de lavabo dans la chambre). Martin connaissait bien évidemment les tarifs du portage d'eau par les enfants, ceux du lavage du linge et de la vaisselle, variables selon l'ampleur des pénuries d'eau... Nous convînmes rapidement de quelques règles de vie commune, mais Martin n'attendait qu'une chose : son transfert à Balewa Hall, qu'il obtint une semaine plus tard.

Deux mois plus tard, à l'arrivée de mon nouveau co-locataire, je me souviens avoir joué le même rôle de conseiller. Nwokeke arrivait de Owerri dans l'Est du Nigeria. Inscrit en troisième cycle de linguistique Ibo, il n'avait attendu, grâce à son statut d'enseignant en congé d'études, que quelques semaines (squatter à Balewa chez un « compatriote Ibo ») avant d'obtenir une chambre à Awolowo.

Arrivé en cours d'année, je n'ai pu lors de ce séjour assister à l'installation des étudiants qui s'étale théoriquement d'octobre à décembre. Par chance le bloc H, achevé quelques semaines plus tôt, se peuplait petit à petit et me donnait l'occasion d'observer les formes, toujours identiques, d'appropriation de l'espace des chambres. Bien que les vols soient de l'avis général plutôt rares, la pose des cadenas est la première marque de propriété. Rarement posé pour un court déplacement (à la salle de télé, au Class bar ou à la cantine), le cadenas de la porte principale, censé suppléer les verrous inefficaces (ma clef me permettait d'ouvrir au moins quatre chambres de mon palier), signale une absence prolongée (cours, bibliothèque ou « voyage »). Nombre d'*awoites* en ajoutent un sur le montant intérieur et s'enferment avant de se coucher (opération difficilement imaginable à Indy et Zik où les chambres comptent jusqu'à huit occupants). Le cadenas sur la porte du balcon partagé à deux chambres, et ceux posés sur l'armoire et sur le tiroir du bureau de chaque étudiant achèvent ce premier balisage de la propriété individuelle.

L'intimité du lieu doit ensuite être assurée. Alors que les fenêtres des premières générations de halls étaient doublées de stores à lamelles de bois, les chambres de Awolowo sont entièrement exposées au regard des passants côté couloir. Une mesure provisoire consiste à maintenir fermées les lamelles de verre dépoli, mais la chaleur rapidement insupportable, que provoque cette rupture du courant d'air, impose rapidement l'achat d'un grand morceau de tissu, où l'utilisation d'un drap comme rideau. Une fois acquise l'inviolabilité de l'intimité, l'agencement et la définition des territoires individuels font l'objet de négociations variables selon les contraintes imposées par l'architecture du hall et par les restrictions budgétaires que subit l'université.

A Awolowo, les chambres aux rez-de-chaussée des blocs A et C étaient, en 1991, individuelles et réservées aux étudiants en doctorat (selon le principe du « premier arrivé, premier servi »). Quelques unes ressemblaient à de véritables petits studios, équipées de la télévision et parfois d'un réfrigérateur.

L'espace libéré par l'absence de co-locataire pouvait être agencé (un tapis ou un morceau de moquette, parfois un fauteuil et une table basse) dans le but de « recevoir ». Ici comme ailleurs, la présence d'un squatter (en général occasionnelle chez les PG) ne modifiait en rien les données de l'agencement.

Les autres PG du hall se partageaient le même espace à deux, selon un modèle général d'alternance lit bureau/lit bureau (les placards étant intégrés aux cloisons). La gestion de cet espace réduit impose la définition préalable de quelques règles de partage, d'autant que les étudiants de UI ne rentrent que deux ou trois fois l'an dans leur famille (chaque recoin, chaque dessous de lit est encombré de valises, sacs, cartons, seaux...), et que les PG travaillent souvent dans leur chambre.

A deux, le balcon était d'un recours indispensable. Partagé avec les voisins (les miens étaient quatre), ce petit territoire qui sert en général de cuisine et de séchoir, faisait souvent à Awolowo l'objet de disputes (tours de nettoyage non respectés, abus de l'usage du séchoir, emprunt d'un réchaud sans l'autorisation du propriétaire...). Son usage, minutieusement réglementé, poussait les étudiants à développer des trésors d'ingéniosité pour en ordonner l'agencement : certains y fixaient des étagères, d'autres y glissaient de petits meubles de bois fermés à clef (un par chambre) où la vaisselle, le réchaud et les denrées alimentaires étaient stockés[36].

Je n'ai pas remarqué à Awolowo de recherche d'extension de l'espace privé sur les parties communes : ni paillasson, ni plantes vertes privées aux portes des chambres. Les signes d'appropriation de ces espaces, manifestes dans les blocs PG du Hall, relevaient plutôt d'une volonté collective, celle des résidents d'un même étage par exemple, de s'en réserver l'exclusivité.

Signe des temps, l'année universitaire 1990-1991 fut à Awolowo marquée par l'entrée des lits à étage dans les chambres des blocs fé-

---

36. Dans le bloc C, dont les balcons sont communs à toutes les chambres de l'étage, ces meubles disposés en travers, parfois surmontés d'une plante verte, découpaient la surface disponible en autant de réduits.

minins et du bloc H. Quatre co-locataires y gèrent désormais un espace et se partagent un mobilier identiques à ceux des PG des blocs A, B et C. Il n'est plus question dans ces chambres que les co-locataires vivent au même rythme (deux bureaux pour quatre personnes), et les règles de cohabitation et d'accueil des squatters sont nécessairement plus contraignantes. La réduction de l'espace attribué à chacun impose également une symbolisation des marquages territoriaux individuels et collectifs.

Ainsi, dans les chambres des étudiantes du bloc E, seules les têtes de lit étaient ornées de photos privées : cérémonie d'inscription à UI, poses familiales, portrait ou photo d'identité d'un petit ami... La vie privée ne s'affichait plus au-dessus du bureau désormais partagé. Cet espace exhibait plutôt les symboles de l'appartenance religieuse, ethnique et scientifique des locataires, sous formes d'autocollants ou de petites affiches similaires à celles apposées sur la porte d'entrée. Le reste des murs, livré à une décoration plus collective, était en général couvert de grands posters de vedettes de variété internationale (chanteurs et comédiens américains), et d'affiches de mode en provenance de Corée et de Taiwan[37]. Calendriers et affiches publicitaires découpées dans des revues étrangères comblaient les derniers espaces. D'une chambre à l'autre, cette décoration se reproduisait à l'identique, et je n'ai pas non plus relevé de différences significatives entre la décoration des espaces masculins et féminins.

Sécurité collective et propriété individuelle

Dans l'espace partagé de la chambre, la propriété individuelle de plus en plus mise à mal par les contraintes extérieures tend à ne s'exprimer que sous les formes symboliques décrites plus haut.

Il ressort de mes entretiens menés à UI sur ce sujet un paradoxe : la plupart des étudiants attendent de leur entrée en cité universitaire, une possibilité de gestion individuelle d'un espace privé inexistant dans leur sphère familiale. Dans le même temps, la restriction des espaces alloués[38], la baisse et l'irrégularité des revenus étudiants les conduisent à rechercher dans la solidarité des co-locataires les conditions matérielles nécessaires à l'expression de leur individualité naissante. Une chambre de Independence, visitée à maintes reprises et dont les trois occupants (Ake, Athanase et Sunday, tous trois en licence de français)

37. On trouve ces affiches sur tous les marchés urbains du sud nigérian : elles présentent des jeunes gens de type eurasien parés des « dernières tendances » du prêt-à-porter décontracté, et posant sur une moto ou contre une voiture de marque réputée. Dans le Nord, ces posters figuratifs ne se vendent que dans les librairies qui jouxtent traditionnellement les campus.

38. A UI la mention « bed space » a remplacé « room » en 1986 sur les formulaires d'admission.

ont eu la patience de se prêter au jeu des entretiens collectifs et individuels, m'a permis d'apprécier au mieux la gestion de ce paradoxe, et particulièrement l'enjeu que représente désormais pour eux l'attribution du *bed space*. En première année, le hasard impose en règle général le numéro de chambre et donc les co-locataires :

> **S** : «...en première année, l'autorité sait déjà les noms des étudiants qui entrent. Ensuite on les disperse sur les résidences. Quand on arrive, il s'agit d'aller au tableau voir dans quelle résidence on trouve son nom, ensuite il faut aller payer et faire les démarches... Au début de la première année on vous met dans un hall et c'est là que vous devez rester jusqu'à la fin de vos études. »

L'entrée en université est accompagnée d'une appréhension indiscutablement liée à ce hasard des attributions. Sunday, Ake et Athanase, originaires de villages distants les uns des autres de deux ou trois kilomètres, se connaissaient avant leur entrée à UI. Seuls les deux premiers ont eu la « chance » de partager la même chambre dès la première année. Leur restait ensuite à contourner l'année « off campus », et à obtenir une chambre commune en dernière année :

> **Ake** : «... Bon, dans notre cas, on fait tous le français ici, il y a toujours des exceptions comme ça. Avant de partir on a averti les autorités qu'on voulait être ensemble, rester dans la même chambre tous les trois, en ce temps-là c'était trois par chambre... »
> **S** : «... les formulaires sont toujours donnés avant de partir, si vous vous entendez, vous pouvez donner trois noms. En fait cette faveur s'accorde aux étudiants qui sont en dernière année. »

L'enjeu de ces regroupements entre amis est double. D'abord le partage des chambres implique aussi celui des tâches et des investissements, ensuite l'accueil de squatters suppose qu'une relation de confiance soit préalablement établie entre les *landlords*[39]. Ces regroupements s'opèrent sur la base des réseaux croisés que signalent les marquages identitaires sur les portes. Athanase ne connaissait aucun de ses co-locataires en première année, il se souvenait avoir « tout acheté et rien partagé ». Sa conception de la solidarité indispensable entre les co-locataires lui semblait indissociable du partage d'une même foi religieuse :

---

39. Ce terme anglais est utilisé par les étudiants pour qualifier un locataire officiel. Ils ne l'utilisent qu'en référence au squatter : X est le landlord de Y, qui est donc « son » squatter.

Athanase : « Le plus important c'est... si vous avez la même religion. Par exemple dans mon église, on demande à la fin de chaque année à tous ceux qui sont dans le même groupe, par exemple les Deeper Life disent aux membres de se grouper de rester ensemble. »

C'est également à une identité chrétienne commune qu'Athanase attribuait ses bonnes relations avec les voisins de palier (« C'est plus cordial entre chrétiens »). De même son choix d'un squatter, capable d'établir de bonnes relations de confiance avec les co-locataires, ressortissait d'une nécessaire solidarité communautaire :

Athanase : « Ah ! lui c'est un cas particulier. Pourquoi je l'ai recueilli ici, c'est parce qu'il est chrétien, il vient d'être *Born again*[40] nouvellement. Il était musulman avant et il s'est converti parmi ses copains. Moi je suis *Born again* et je dois accommoder les nouveaux-nés de Jésus. »

Les stratégies de regroupement s'étalent donc sur les quatre années d'études du premier cycle. On comprend mieux ainsi l'enjeu qui pèse sur les deux années durant lesquels les *landlords* deviennent squatters. Durant cet intermède et alors qu'il s'est constitué un réseau efficace de relations, chaque étudiant prépare son regroupement de dernière année afin de contourner la loi du « premier arrivé, premier servi ». Redevenu locataire officiel, il jouera gracieusement son rôle de *landlord* :

Ake : « Quelques-uns le font (demander de l'argent) mais en général c'est un ami. Et puis le problème c'est que tu peux être squatter cette année et l'année prochaine tu seras landlord. Alors le bonhomme qui était ton landlord devient ton squatter. »

Cette situation explique aussi l'évolution parallèle observée entre l'affaiblissement des marquages identitaires individuels et la collectivisation des formes d'appropriation de l'espace domestique. A la surcharge de symboles personnels qui entourent le lit du *jambite* et à la protection dont il entoure ses effets, répondent chez les « 400 levels » les détournements de l'agencement initial (pose d'une étagère collec-

40. Cette « nouvelle » forme d'expression de la foi religieuse est apparue au Nigeria dans les années quatre-vingt avec la naissance des églises dites sécessionnistes, appelées « Pentcoastal Churches ». Le mouvement Born again exprime surtout un rajeunissement des formes de l'expression de la foi et du prosélytisme (concerts, messages publicitaires à la télévision et sur les radios.). Ces nouvelles églises sont très présentes sur les campus, y compris dans les universités ayant adopté un système non résidentiel (Cf. H. Bello et D. Idowu, « Revolution in the House of God », *Daily Times*, 6 juin 1991).

tive…), la prise des repas en commun et les achats groupés ou équitablement répartis :

> **S** : « En première année on avait chacun son seau, mais ici tu vois on en a deux gros et chacun suffit pour deux personnes : un seau pour le lavage et l'autre pour l'eau à boire. »

Ces microstructures sociales que sont les chambres, repères fixes des étudiants dont ils se partagent la gestion et le contrôle territorial, sont très révélatrices du processus de socialisation dont j'essaie ici de montrer la dynamique. La malléabilité de l'identité sociale étudiante y transparaît pour peu que décors et interactions soient rapportés au statut des individus. La chambre est pour chacun d'entre eux un « refuge » dans le sens défini par E. Goffman[41]. La taille et la fonction de ce territoire évoluent en même que se construit la carrière de l'étudiant. Entre les *jambites* du bloc H de Awolowo dont le refuge ne dépasse pas les alentours immédiats du lit, et les aînés des blocs A, B, C parfois seuls dans leur chambre, l'apprentissage de la négociation, de la solidarité et les hiérarchies qui jalonnent les années de l'expérience étudiante, transforment l'espace et repoussent toujours plus loin les frontières du territoire individuel.

---

41. E. Goffman, 1968, *op. cit.*, p. 298.

11

Au-delà des territoires

L'opposition statutaire, axiomatique fondamentale de l'organisation sociale du hall

Il existe dans le Sud du Nigeria une tradition héritée de la colonisation britannique : les écoles secondaires en internat. Elles sont aujourd'hui en voie de disparition pour les mêmes raisons économiques qui affectent la gestion des campus d'universités. Ces écoles, missionnaires pour la plupart, avaient à l'origine une mission éducative, similaire en de nombreux points à celle des universités résidentielles. Qu'ils habitent la même ville ou qu'ils soient originaires de villages alentours, les élèves qui fréquentent aujourd'hui ces établissements privés[1] connaissent une vie d'interne soumise à une réglementation sévère. Ils ne sortent pas tous les week-ends et sont fréquemment punis (corvées ou châtiments corporels) ce qu'apprécient généralement parents et tuteurs, qui évaluent sur ce genre de critères le sérieux des établissements. Ces écoles ne sont pas mixtes, et celles qui restent sont le plus souvent réservées aux filles de la bourgeoisie. En séjournant une semaine dans un de ces établissements[2], j'ai pu me rendre compte à quel point ils s'apparentent à des antichambres d'universités pour les jeunes filles nigérianes. L'expérience de l'internat dans le secondaire facilite l'adaptation aux conditions de vie en résidence universitaire, mais surtout elle rassure les parents en atténuant la rupture qui marque l'entrée en université. Des études menées dans le Nord du Nigeria, où la scolarisation des filles souffre d'une combinaison de barrières cul-

1. Les mission schools sont des établissements confessionnels sous convention. A côté de ces établissements et des « government colleges », existent d'autres écoles privé.
2. St-Louis College (mission school) de Jos. 1 000 élèves en 1992, filles uniquement, toutes internes, originaires de Jos pour la plupart, issues de familles catholiques à 80 %.

turelles et économiques[3], montrent avec plus d'éclat encore la continuité qui existe pour les filles entre l'internat d'élite[4] et l'université.

Proportionnellement, les filles de UI ont donc une habitude de la vie en collectivité à l'écart de leur famille que ne partagent pas les garçons, même si le parcours de ces derniers dans l'enseignement secondaire leur a également imposé des migrations précoces[5]. Le partage et la gestion des espaces masculins et féminins dans une cité comme Awolowo obéissent, je crois, à cette expérience différenciée de la vie en collectivité dont les unes et les autres sont porteurs à leur entrée en université, autant qu'à un ensemble conjuguant des normes d'inspiration britannique et des valeurs culturelles liées au statut de la femme dans cette région de l'Afrique.

Territoires féminins sous haute surveillance

D'une manière générale, n'entre pas qui veut à n'importe quelle heure dans n'importe quel hall de UI. Les règlements intérieurs des résidences imposent des heures d'entrée et de sortie, valables selon les cas pour tous ou pour les seuls « visiteurs ». Le règlement de Mellanby Hall opère à cet égard une distinction de traitement entre ses membres et les autres : les *mellanbites* doivent être rentrés avant minuit, heure à laquelle les portes sont fermées et ce jusqu'à six heures du matin. La réglementation des visites est beaucoup plus précise, et comporte en préalable une « définition du visiteur » émanant de l'administration de l'université, très caractéristique de la précaution qui entoure la gestion séparée des espaces masculins et féminins :

3 M. Csapo (« Religious, Social and Economic Factors Hindering the Education of Girls in Northern Nigeria », *Comparative Education,* vol. 17, n° 3, 1981, pp. 311-319.) en propose la typologie suivante : antagonisme entre éducation islamique et occidentale, coutumes locales de mariage et de maintien des filles à la maison, interprétation du statut de la femme dans l'islam, manque d'écoles primaires, laxisme supposé de la morale des écoles non coraniques, manque d'intérêt économique de l'investissement dans l'éducation des filles.

4. Le Queen Amina College (internat de filles de 12 à 16 ans) de Kaduna en est l'exemple type. (cf J. Ibrahim, « Les uniformes des lycéennes nigérianes », *Politique africaine*, n° 29, mars 1988, p. 102).

5. Plusieurs recherches sont actuellement menées qui soulignent l'ampleur et les incidences du phénomène migratoire lié à la scolarisation en Afrique noire (E. Gerard, M.-F. Lange, S. Guth). Axées sur la question de la déscolarisation, ces études soulignent notamment l'importance de l'école comme facteur de déstabilisation familiale.

> « Aucun étudiant n'est autorisé à garder un invité (guest) dans sa chambre toute la nuit. Il s'agit là d'un délit passible d'un amende de 20000 N et/ou de l'exclusion du Hall...
>
> Dans la présente réglementation, les étudiants de sexe masculin visitant les halls féminins, seront considérés comme visiteurs, alors que les garçons se rendant dans d'autres halls masculins ne seront pas considérés comme tels. De même, les filles visitant des halls masculins seront visiteuses.
>
> Les visiteurs de même sexe que la personne visitée ne sont autorisés dans sa chambre qu'entre 16 heures et 21 heures en semaine (du lundi au vendredi inclus), et de 10 heures à 21 heures les samedis dimanches et jours fériés.
>
> Les visiteurs de sexe opposé doivent quitter les chambres d'étudiants à 19 h 30...
>
> Les visiteurs ne peuvent en aucun cas se rendre directement dans les chambres ou à la *Junior Common Room*, ils doivent s'informer à la loge du concierge où doit être signé le *visitor's book* »[6].

Si la loi est commune à tous les hall de UI, l'application de celle-ci varie considérablement d'une cité à l'autre, en fonction du statut des résidents (UG/PG, H/F), de l'emplacement et bien entendu de l'herméticité de la clôture. A Balewa où les aînés (qui ont suffisamment de pouvoir pour imposer leur propre loi) ne souhaitent pas être importunés, le système du *visitor's book* est appliqué à la lettre, mais les horaires de sortie des visiteurs ne sont pas contrôlés. Dans les anciens halls (Mellanby par exemple), dont les territoires sont plus petits et ceinturés de murs, l'application de la loi souffre peu d'exceptions (les squatters en sont une notable). Dans les halls féminins, et particulièrement à Queen Elizabeth Hall, l'entrée des garçons est scrupuleusement contrôlée par le concierge. Les horaires de visite doivent être respectés et les personnes visitées clairement identifiées[7]. Les concierges des halls féminins ont à cet égard un pouvoir qui les rend potentiellement corruptibles. Il fait par exemple peu de doute que la réglementation des visites, et plus encore celle des sorties, subissent quelques entorses le week-end. Les plus folles rumeurs circulent sur le campus au sujet de ces concierges soupçonnés par les étudiants de « fournir des filles » aux *Alhaji* et autres *Oga patapata*[8] de la ville. La

6. « University Rules of Residence », in *Mellanby Hall Handbook*, février 1990, p. 6.
7. A Zaria et Kano, l'administration manie habilement le prétexte de l'interdiction totale de visite entre halls féminins et masculins, notamment dans la recherche de sanctions à l'égard des leaders politiques.
8. *Alhadji* (pèlerin en arabe) désigne les personnes ayant effectué le pèlerinage de la Mecque. Par extension dans les régions musulmanes du Nigeria, sont ainsi qualifiés les personnages riches ou influents. En yoruba, *Oga* est une marque de

chambre et la cité en général jouent pour ces raisons un rôle mineur dans les relations amoureuses entre garçons et filles du campus.

A Independence et Azikiwe dont les territoires sont les plus perméables (leurs ceintures grillagées sont percées en plusieurs points), et où la présence de squatters s'est littéralement institutionnalisée, les étudiants font peu de cas de la réglementation des entrées et sorties, même s'ils en connaissent parfaitement les termes, preuve d'une certaine méfiance à l'égard des concierges en cas de visite de leurs amies :

> **Aké** : « officiellement les filles ne peuvent entrer dans le hall que de 16 heures à 22 heures du lundi au vendredi. Après 22 heures, tu ne peux plus entrer.
>
> **Y.L.** : Mais il n'y a personne à la porte la plupart du temps…
>
> **S** : Ici c'est un cas spécial, parce qu'on doit traverser Indy pour aller là-bas (A Awo). Si tu es à l'intérieur avant dix heures, tu dois sortir à minuit. Certaines filles dorment ici même et le matin vous les voyez sortir…
>
> **Aké** : C'est vrai mais c'est très rare, et çà c'est si les copains de chambre sont d'accord ou sont sortis ».

Awolowo jouit, nous l'avons vu, d'une situation de mixité unique au Nigeria imposée par l'urgence du relogement des *Woodites*. Bien qu'installés dans des blocs différents, garçons et filles circulent librement dans la cité et en partagent certaines commodités. En 1992, le règlement n'avait encore subi aucune modification liée à ce changement de population, et laissait en conséquence les résidents libres de fixer leurs heures d'entrées/sorties. Les concierges se contentaient (et encore très irrégulièrement) de remplir le *visitor's book,* et d'avertir les résidents, au mégaphone, de l'imminence d'une visite ou d'une communication téléphonique.

Le relâchement de la surveillance des relations garçons/filles à Awolowo, très envié par les autres résidents de UI, ne s'est pas traduit par un bouleversement des relations quotidiennes entre les sexes. En l'absence de contrôle administratif, une partition informelle de l'espace de la cité en territoires féminins et masculins s'est imposée.

---

respect. Accompagné du superlatif *Patapata*, il désigne un individu de haut rang auquel on doit allégeance. Les étudiants de UI l'emploient fréquemment dans le sens de « big man ».

Awolowo Hall, territoire masculin

En 1991, l'EXCO du hall admettait en son sein une étudiante pour la première fois. Dans le même temps pourtant, plusieurs articles du *Sage*, le journal officiel du hall, insistaient sur l'affectation originelle du hall (PG/H), et sur le caractère provisoire de la présence féminine. D'autres signes m'ont également permis de mesurer les réticences à peine voilées des aînés à admettre que la présence des filles implique leur accession aux mêmes droits que les autres résidents. J'ai pu à cet égard remarquer à quel point l'espace pouvait dévoiler l'expression des formes sociabilisées de la sexualité, et plus précisément ici celles de la domination masculine des espaces publics[9]. J'ai déjà souligné ce fait à propos de la fréquentation du Class Bar où les filles ne pénétraient qu'à l'invitation d'un garçon. Dans la cantine voisine, plus proche des blocs féminins, les filles se faisaient également rares, et ne consommaient pratiquement jamais sur place. Deux autres commerces, à l'étage supérieur du bloc commercial, étaient aménagés pour recevoir quelques consommateurs autour d'une petite table basse. Ces épiceries attiraient des étudiants de tous blocs, les filles notamment s'y rendaient volontiers dans l'après-midi au sortir des cours. Elles pouvaient rester là une heure ou deux par groupes de trois ou quatre, à discuter avec les commerçantes, mais s'asseyaient rarement et ne consommaient pratiquement jamais. En soirée, ces lieux, plus calmes que le Class Bar, devenaient exclusivement masculins. Quelques PG s'installaient autour des tables, commandaient des boissons gazeuses et à l'occasion des cigarettes qu'un gamin s'empressait de leur allumer, et s'engageaient dans des discussions qui les menaient souvent jusqu'à une heure tardive de la nuit, tandis qu'accoudées à leurs comptoirs, les épicières attendaient dans un demi sommeil que ces messieurs daignent lever le camp.

De prime abord, cette domination territoriale masculine sur les espaces publics me semblait sans limite et j'y trouvais la copie conforme de ce que la ville d'Ibadan me donnait à voir. La cour centrale n'échappait par exemple pas à cette règle. Peu conviviale en raison de son dénivelé, elle était occupée dans sa partie basse par un terrain de volley-ball où des matches amicaux animaient les soirées. Les étudiantes, par ailleurs largement impliquées dans les activités sportives organisées sur le campus, ne s'immisçaient qu'exceptionnellement

9. La puissance du lien qui unit statut social et espace est largement développée par E. Goffman dans *Les relations en public* (1973-II, *op. cit.*). On y trouve notamment l'hypothèse, reprise par J. Spradley et B. Mann dans leur étude sur les territoires masculins et féminins à l'intérieur des bars, selon laquelle « en général plus le rang est élevé, plus le territoire de la personne aura des dimensions importantes et plus grand sera le contrôle qu'elle exercera au delà des frontières de ce territoire. » (*Les bars, les femmes et la culture,* PUF, 1979, p. 40).

dans ces parties, et n'en organisaient pas non plus entre elles. L'animation atteignait son comble lorsque l'une d'entre elles, très bonne joueuse, pénétrait sur le terrain et ridiculisait par quelques smashes ses adversaires masculins. La plupart des étudiantes suivaient ces parties de leurs balcons ou de celui de leurs voisines, alors que les garçons (UG et PG) se précipitaient aux premières loges, sur les murets du bloc commercial. D'une manière générale, les filles se montraient discrètes à Awolowo, tant dans leurs déplacements qu'au niveau des manifestations sonores de leurs activités privées. Passé minuit les blocs E, F, et G s'installaient dans un silence dont le contraste avec le brouhaha qui empoisonnait mon bloc, me laissait quelque peu rêveur.

Deux lieux importants de la vie sociale du village contredisaient partiellement ce schéma de partition territoriale : la salle de télévision et le point d'eau extérieur entre les blocs H et E. La télévision est sans conteste le pôle d'animation le plus fréquenté du hall en soirée. Elle se situe au premier étage du bloc commercial entre le Class et la cantine. Une dizaine de rangées de fauteuils en skaï noir offre une capacité d'accueil de cent places, auxquelles s'ajoutent, les soirs de matches ou de films exceptionnels, des chaises de classe empilées dans un coin. La télévision est enfermée à clef dans un placard fixé au mur, alors que le magnétoscope n'est apporté par le responsable de la salle (un membre de l'EXCO) qu'à l'occasion de diffusions de cassettes vidéo. Je n'ai relevé aucune forme d'exclusivité masculine dans cette salle, sauf peut-être au moment du journal télévisé (19 heures à 20 heures), suivi plus assidûment par les PG/H. Les films vidéo (achetés par l'EXCO au marché de Dugbe ou empruntés à d'autres halls) faisaient en général salle comble après que la rumeur se soit propagée de bloc en bloc[10]. Filles et garçons se précipitaient avec la même frénésie sur les fauteuils, ou s'emparaient d'une chaise à l'entrée, tandis que les retardataires s'alignaient au fond de la salle debout contre le mur. A l'extérieur d'autres étudiants patientaient, jetant de temps à autres un oeil au travers des stores tout en discutant, prêts à bondir aux premières images du film sur les places qui ne manqueraient pas de se libérer[11]. Les diffusions de matches de football, ceux du dimanche après-midi en particulier, attiraient aussi bien les filles que les garçons. Le silence n'étant alors pas de rigueur, les plaisanteries et jeux de séduction que

10. En raison des bouleversements fréquents des programmes T.V., et des aléas de la circulation des cassettes vidéo entre les halls, l'EXCO avait cette année-là décidé d'abandonner toute idée de programmation.

11. Au début de mon séjour à Awolowo je fus très surpris du rapport que les étudiants nigérians entretiennent avec le cinéma et la télévision. Le va-et-vient dans la salle est en général incessant durant la diffusion. Bon nombre d'étudiants ne voient qu'une portion de film, le temps par exemple d'une pose dans leurs révisions. A de rares exceptions près (quelques superproductions américaines), les titres de films leur sont inconnus, les premières minutes alors libèrent les places de ceux qui les ont déjà vus.

la mixité stimulait, créaient une atmosphère conviviale d'une tonalité unique sur le campus.

Si la hiérarchie des statuts n'influençait pas le placement des étudiants dans la salle, elle commandait en revanche la programmation. A l'EXCO du hall revenait le choix des achats de cassettes et l'initiative d'allumer ou d'éteindre le poste de télévision. De même n'ai-je vu que des PG se lever au milieu d'un programme et changer de chaîne, ou interrompre la diffusion d'une cassette jugée ennuyeuse ou incompréhensible[12]. Les conflits qui résultaient habituellement de ces prises d'initiative n'opposaient que des PG, et si de temps à autres les voix des plus jeunes et des filles se faisaient entendre, c'était toujours dans un mouvement collectif de réprobation.

L'observation des comportements territoriaux selon le sexe, dans un « espace à organisation fixe »[13] comme Awolowo Hall, se heurte à la préexistence du cadre organisationnel. Les formes de domination territoriale qu'exercent les « aînés » dans cette cité, traduisent, tout en reflétant la supériorité de leur statut à l'intérieur de la population étudiante d'Ibadan, une volonté de maintien de l'identité initiale du hall. Les filles comme les *kids* doivent s'y sentir « invités » au même titre que les étudiants étrangers. Les signes extérieurs de la masculinité et de la seniorité qui enveloppent la cité, exercent une pression inhibitrice sur ces « invités », qui ne peuvent reproduire le type de relations en public caractéristiques des halls de leurs semblables.

En conséquence, dans les lieux publics du « village », les processus de territorialisation repérés traduisent moins une reproduction des valeurs culturelles qui régissent les rapports entre les sexes dans cette région du Nigeria, qu'une tentative de régulation de ceux-ci selon un schème organisationnel préexistant. Qu'un événement conjoncturel entraîne des nouveaux pôles de mixité échappant au cadre préexistant, et les rapports entre les sexes s'en trouvent bouleversés. Les alentours immédiats des réservoirs d'eau avaient à cet égard valeur d'exemple en 1991. Les carences du service d'eau frappaient sans exception tous les étudiants du hall, à tel point que l'attente devant les réservoirs était devenue l'un des pivots majeurs de leur emploi du temps.

Lorsque les deux points d'eau étaient alimentés[14], les PG/M d'une part, les filles et les UG d'autre part se retrouvaient autour de « leurs »

12. Les films achetés à Dugbe (productions de Hong Kong ou des États-Unis à destination des pays d'Afrique) sont en principe en anglais. Cependant certaines cassettes, importées clandestinement du Togo sont en version française sous-titrée à la fois en anglais et en arabe.

13. Défini par E. T. Hall (*La dimension cachée*, Point Seuil, 1971, p. 132) dans son système de classification proxémique comme « l'un des cadres fondamentaux de l'activité des individus et des groupes ». Il y place l'intérieur des maisons, et d'une manière plus générale « les bâtiments construits, exemple d'organisation fixe » dont « le mode de regroupement comme le mode de partition interne correspond également à des structures caractéristiques déterminées par la culture. »

14. Voir leur situation sur le plan.

réservoirs respectifs. Une rupture de stock de l'un ou l'autre entraînait un rassemblement de tous les étudiants autour de l'unique réservoir en service. Les filles n'en modifiaient que très peu leurs pratiques. Vêtues d'un simple pagne, elles lavaient leur linge et leur vaisselle, ou bien discutaient en groupes, plaisantant à l'occasion sur l'attitude des garçons présents, tout en surveillant du coin de l'oeil l'avancée de leur seau dans la file. Qu'un étudiant, quel que soit son statut, s'avise de leur subtiliser leur place et une volée d'injures le ramenait rapidement à la sienne. Les PG quant à eux perdaient en pareilles circonstances la convivialité et les habitudes qui entouraient dans « leur » coin la quête de l'eau. Troquant leur pagne contre un pantalon dont ils devaient retrousser le bas pour atteindre sans dommage le robinet du réservoir, ils attendaient seuls derrière leur seau, sans s'écarter de la file. Aucun d'entre eux ne se risquait sur la dalle de béton transformée en lavoir où les filles s'activaient. Cette perte momentanée de contrôle et d'autorité à l'intérieur de leur propre hall n'est sans doute pas étrangère au fait que nombre de PG remédiaient à cette situation d'exception en rejoignant à pied, leur bidon sur la tête, un point d'eau situé au delà du stade de football, où disaient-ils, l'eau avait meilleur goût.

Hégémonie territoriale des aînés

La cohabitation au sein d'un même hall d'étudiants *under* et *postgraduates* est un phénomène tout aussi exceptionnel que la mixité évoquée ci-dessus. Elle constitue une rupture dans la tradition du système résidentiel nigérian qui suit normalement la progression scolaire des étudiants en établissant des paliers dans leurs conditions d'hébergement sur les campus. J'ai déjà évoqué le caractère conflictuel de cette cohabitation à propos de l'usage de certaines commodités de Awolowo Hall. Je voudrais en expliciter ici les formes et les raisons, en guise de conclusion sur la question des manifestations spatiales de la hiérarchisation du corps étudiant.

Symboliser la rupture

L'entrée en cité PG symbolise, pour les étudiants, à la fois une rupture et une forme de reconnaissance sociale. Rupture tout d'abord parce que tout étudiant nigérian, garçon ou fille, quitte l'université après sa licence, quels que soient ses projets d'avenir, pour « servir » son pays dans le cadre du NYSC. Quatre années de vie commune entre camarades d'une même classe d'âge prennent brutalement fin, d'une manière définitive pour la plupart d'entre eux. Pour la minorité de ceux et celles qui poursuivent un troisième cycle, le retour à l'université d'origine n'a rien de systématique, ce sont à ce stade les stratégies de carrières qui commandent les choix d'établissements. Les *youth corpers* qui m'hébergeaient en 1992 à Jos entraient précisément dans cette période de choix d'orientation. Deux d'entre eux avaient suivi leur premier cycle à Ibadan. Tokumbo, 24 ans, envisageait des études diplomatiques dans un institut de Lagos, alors que les projets de maîtrise en littérature comparée de Wale, 25 ans, allaient le fixer à Jos où il « servait » comme moniteur au département de français.

Des heures durant nous avons évoqué la vie étudiante de UI, et comme dans tous les entretiens réalisés auprès d'« anciens », seuls les mouvements de grève et la vie en cité universitaire alimentaient la verve nostalgique de ces deux *Zikites*. Ces images pourtant appartenaient bel et bien bien au passé, et l'éventualité d'un retour en cité universitaire ne s'accompagnait ni chez l'un ni chez l'autre du désir de retrouver la vie communautaire caractéristique des *UG halls*.

Comme je l'ai expliqué plus avant, la convergence de facteurs endogènes et exogènes sur le développement de la vie communautaire dans ces cités définit un lent processus de socialisation, marqué d'abord par des liens de solidarité organique entre étudiants. L'organisation et la durée du cursus en troisième cycle ne permettent ni la prolongation ni la reproduction de ce processus dans les cités PG, même si une vie communautaire s'y développe.

Question d'effectif d'abord[15]. L'entrée en *PG hall* symbolise avant tout la fin d'une promiscuité imposée, celle d'une soumission permanente de l'individualité au regard et aux règles de la collectivité. L'accueil systématique de squatters dans les cités du premier cycle, qui repose comme nous l'avons vu sur un échange obligé, devient occasionnel et temporaire chez les *balewites* et les *awoites*. L'obtention d'une chambre obéit pour les PG au principe général du « premier arrivé, premier servi » (priorité aux doctorants et aux étudiants étrangers), mais le principe d'une année « off campus » ne leur est pas appliqué. Par ailleurs l'interruption fréquente des études après la maîtrise crée un roulement permanent qui interdit les stratégies de regroupement observées dans les *UG halls*. L'accueil d'un squatter dans ces conditions, redevient chaque année objet de négociation avec le colocataire. Le vocabulaire lié au squatting, omniprésent dans les propos de Ake, Athanase et Sunday, disparaît du langage des PG, qui évoquent plus volontiers la venue d'un ami ou d'un invité. Les cas

15. Les PG (post graduate diploma et higher degree) représentent 7 % de l'effectif total des universités nigérianes. Ils étaient 2126 à UI en 1991 (17 % du total), dont 900 officiellement logés à Balewa et Awolowo (cf. NUC, *Annual Report* et *Commonwealth universities Yearbook, 1992*).

suivants de Nwokeke, Innocent et Mariyo illustrent ce statut particulier du squatter chez les PG de Awolowo.

Nwokeke (mon deuxième co-locataire, arrivé de l'université d'Owerri), âgé de trente-cinq ans, était bénéficiaire d'un congé d'études de trois ans pour la préparation d'un doctorat en linguistique. Ce statut ne lui garantissait en rien une chambre en cité et Nwokeke dut se soumettre au même rituel d'admission que les *jambites* de dix-sept ans, dont il retenait surtout la pagaille et la perte de temps :

> «… au bout d'un moment ils ont décidé d'organiser ça un peu mieux en donnant à chacun un numéro selon son ordre d'arrivée, le mien c'était 90. A ce moment-là je travaillais, je n'ai pu être présent, ils ont dépassé le numéro 100. Ils ont pris mon nom et j'ai dû attendre. C'est le principe du « premier inscrit, premier servi ». Heureusement j'ai pu squatter à Balewa Hall avant d'être affecté à Awo. »

Son hôte *balewite* était ibo et originaire du même *local government*. Nwokeke, comme tous les étudiants arrivant en cours d'études, était entré à UI, porteur d'un carnet d'adresses utiles. Son séjour d'un mois à Balewa s'était déroulé dans les meilleures conditions (son hôte n'avait pas de co-locataire), mais à aucun moment il n'avait songé y rester.

J'ai rencontré Innocent un soir de mai 1991 sur le muret du bloc commercial, où je plaisantais en français avec un étudiant béninois. Venu du Cameroun où il s'était fait adresser un formulaire d'inscription à UI, Innocent recherchait la compagnie des francophones et si possible leur aide dans ses démarches auprès de l'administration. Son *landlord* était camerounais anglophone, ses coordonnées lui avaient été communiquées à l'université de Calabar où Innocent avait séjourné quelques semaines dans la chambre d'un cousin « pour exercer mon anglais ». Innocent dormait sur un matelas de mousse emprunté dans une autre chambre (la plupart des PG n'ont pas de *squatter-meter*[16]), sa présence ne suscitait pas de questions dans l'entourage de son *landlord*. Deux semaines plus tard, j'appris un matin qu'il avait quitté le campus la veille, profitant du louage groupé d'un taxi à destination de Calabar.

Si l'hébergement temporaire d'un squatter ne pose, semble-t-il, pas de problème aux étudiants PG, plusieurs indices indiquent que cette pratique relève essentiellement de l'entraide temporaire accordée à un proche de la famille, du village, ou à un « compatriote ». Chez les filles en revanche, désavantagées par le faible nombre de lits qui leur sont réservés dans les *PG halls*[17], les squatters ont un statut comparable à

16. Ce terme désigne le matelas de mousse sur lequel on héberge son squatter.
17. Rappelons qu'en dix ans (1980/90) la population étudiante de UI a globalement augmenté de 65 %, l'essentiel de la progression se situant sur les années 82 et

celui observé chez les UG. L'hébergement temporaire y est également très fréquent et fait appel à une solidarité féminine qui transcende plus facilement les clivages ethniques ou religieux. Mariyo (de nationalité camerounaise), arrivée du Zaïre, lassée par le cumul des « années blanches », n'avait que l'adresse d'un garçon lorsqu'elle débarqua en 1991 à Awolowo. Celui-ci la confia à une compatriote du bloc E. En raison des sureffectifs féminins, Mariyo changea quatre fois de chambre durant ses trois semaines de séjours à Ibadan, se trouvant à deux reprises mêlée à des étudiantes nigérianes dont elle ne parlait qu'approximativement la langue.

La rupture que l'on observe intéresse donc surtout les garçons. Elle s'étend en deuxième lieu aux rythmes de vie : les *PG halls* sont les seules cités de UI à avoir gardé leur double fonction initiale d'espace de vie et de travail. Promenons-nous dans les couloirs de Balewa en journée : le calme étonne tout d'abord. La plupart des étudiants sont pourtant bien là, au travail dans leur chambre. Même tableau du côté des blocs A, B et C de Awolowo, où quelques notes de *Highlife* en sourdine et le martèlement des heures par les flashes d'information de Radio Oyo State signalent discrètement la présence studieuse des PG. Il n'y a guère qu'au réveil, entre six et sept heures, que l'ensemble des bâtiments résonnent d'une même cacophonie, où se mêlent les sifflotements et les interpellations de balcons à balcons, les rires et les empoignades autour des réservoirs et dans les douches, et la concurrence entre les radios.

Cette frénésie du petit matin ne semble jamais s'éteindre au premier étage du bloc H, où comme dans toutes les cités UG, *landlords* et squatters se relaient aux bureaux et sur les lits. Au vacarme musical répond celui des discussions collectives dans le couloir, lorsque rentrant de cours, les *kids* s'attardent quelques minutes auprès de leurs colocataires occupés à la lessive, assis devant leur seau. Cette nouvelle donne de la vie des UG peut être interprétée comme l'une des conséquences essentielles de la crise qui affecte leurs conditions d'étude. Les fermetures répétées de l'université ces dernières années ont brisé la concordance des calendriers scolaires des *undergraduates*, à tel point que leurs halls connaissent désormais une activité pratiquement continue toute l'année. Le surpeuplement des chambres est venu s'ajouter à cette contrainte, en obligeant les résidents à adapter leurs emplois du temps de travail à l'impossibilité matérielle dans laquelle ils se trouvent de se reposer et de se restaurer en même temps que leurs

83. Dans le même temps la proportion de PG. passe de 12 à 17 % environ. Les effectifs féminins en maîtrise et doctorat sont à peu près stables depuis 1983, même si leur proportion a augmenté (23 % des PG en 1990, en raison surtout d'une baisse d'effectif chez les garçons, tous niveaux confondus). Sur la période la seule augmentation du nombre de lits réellement significative concerne les PG./M. (construction d'Awolowo). Les filles continuent quant à elles majoritairement à vivre dans les mêmes conditions du début à la fin de leur cursus.

co-locataires. A toute heure du jour et de la nuit, je pouvais croiser dans mon couloir un *kid* rentrant d'une salle de travail, un autre profitant des heures creuses aux réservoirs d'eau pour remonter un ou deux seaux d'eau dans sa chambre, ou un autre encore se lavant les dents avant de partir dans la nuit s'assurer d'une place confortable à la bibliothèque[18].

Comme l'indique le plan de Awolowo Hall, un seul couloir reliait, en 1991, le territoire des PG au bloc H. Cette frontière était plus que symbolique. Les aînés ne la franchissaient jamais, sauf dans les rares cas de visite à leurs trois congénères (dont j'étais) en exil « forcé » chez les *kids*. Non point que ces derniers se soient balisés un territoire, puisqu'au contraire comme je l'ai souligné plus haut, les UG du bloc H ne reproduisaient pas les signes ostentatoires d'appropriation collective en vigueur à Independence et Azikiwe. La matérialisation physique des différences statutaires était, dans ce cas, plutôt le fait des aînés eux-mêmes, soucieux, rappelons-le (du moins était-ce la volonté affichée de l'EXCO), de signifier aux UG, au travers de leur cantonnement dans certains lieux, le caractère provisoire de leur présence au « village ». Le « poste frontière » constituait avec l'angle des blocs A et B (troisième étage), un point de vue exceptionnel sur la vie du Hall. Aucune façade intérieure des blocs n'échappait au regard des étudiants qui se relayaient là en soirée par groupes de trois ou quatre, papotant accoudés au muret, ou échangeant « scuds » contre « patriots »[19] avec les locataires du bloc E. Jamais je n'ai trouvé de *kids* à ce point de rendez-vous. Plus encore, les PG s'y comportaient en véritables douaniers, plaisantant à voix haute au passage d'un plus jeune, lui adressant quelques remontrances au sujet du charivari permanent dans le bloc H, quand ils ne lui demandaient pas, purement et simplement, son motif de passage. En l'absence de délimitation franche (une porte par exemple) ou administrative, les aînés se posaient

---

18. En période d'examens, c'est-à-dire en gros de mars à août, la grande bibliothèque du campus est désormais ouverte jour et nuit pour que tous les étudiants puissent y accéder. La plupart d'entre eux s'y installent pour plusieurs heures, et font alterner phases de travail et petites siestes. Les PG ne sont pas concernés par ces contraintes d'utilisation puisqu'ils disposent de salles séparées ou les places ne manquent pas.

19. Les messages entre garçons et filles s'échangeaient surtout à partir du troisième étage du bloc A, voie sans issue que les étudiants camerounais du palier avaient transformée en petit salon de plein air. Les métaphores utilisées (qui rappellent ici le retentissement particulier qu'a eu la guerre du Golfe au Nigeria) faisaient partie de l'arsenal de codes linguistiques propres aux habitués du coin. Je reviendrai sur ces codages de la communication verbale qui corroborent souvent l'appropriation de lieux spécifiques dans la formation de sous-groupes informels étudiants.

eux-mêmes en « marqueurs frontaliers »[20] d'un territoire tacitement reconnu par tous.

L'obligation d'un « droit de passage » accordée aux UG pour accéder aux douches (inexistantes dans le bloc H) nous fournit une bonne illustration des modalités de contrôles territoriaux à l'œuvre dans les blocs PG. Le manque d'installations sanitaire était très mal vécu par ces derniers, il faisait régulièrement l'objet de discussions virulentes (notamment le matin devant les douches où l'attente pouvait atteindre un quart d'heure) et de plaintes auprès du superviseur[21]. Aux qualificatifs peu flatteurs (surtout infantilisants) attribués généralement par les PG aux UG (semblables dans toutes les universités du pays), s'ajoutait systématiquement ici l'entière responsabilité des conséquences imposées par les contraintes matérielles (en particulier la saleté des bacs à douche et des WC). Le problème se posait surtout au troisième étage des blocs C et B, seuls niveaux en liaison directe avec le bloc H. Ne pouvant interdire l'accès des sanitaires aux *kids*, les résidents de ces deux niveaux s'employaient à leur limiter ce droit à une seule salle de douche (3e C). Une clef circulait sur chaque autre palier, régulant l'accès aux WC et aux douches, fait unique à UI et totalement illégal. Tout étudiant désireux d'accéder à ces sanitaires devait d'abord s'enquérir du « responsable de la clef pour l'étage ». En limitant l'accès des sanitaires aux seuls résidents (étant entendu qu'aucun *kid* ne s'aventurait dans les couloirs, et encore moins dans les chambres PG à la recherche de la clef), cette méthode avait le double intérêt de maintenir relativement propres les toilettes et les bacs à douche (possibilité d'identifier les utilisateurs et donc de formuler des plaintes nominatives auprès du « responsable »), et de confiner les UG aux marges (aile C) du territoire PG.

Cette sensation consciente ou non chez les aînés d'une « offense territoriale » se traduisait également par le recours à quelques marqueurs « centraux », comme ces plantes vertes en pots, disposées aux angles des couloirs et à l'entrée des sanitaires. Certaines avaient été achetées par l'EXCO, d'autres avaient probablement fleuri sur les balcons avant d'être abandonnées là par des étudiants en fin de cursus. Ces plantes étaient belles et respectées, sans que quiconque en ait particulièrement la charge, elles symbolisaient en quelque sorte la quiétude et la confiance de l'environnement PG et renforçaient chez le visiteur (comme à Balewa) le sentiment d'intrusion en dissipant partiellement

20. Les marqueurs (territoriaux) sont définis par E. Goffman (1968, *op. cit.*, p. 193) comme « dispositifs qui ont pour fonction de manifester et de poser la revendication d'une partie à un territoire. » La typologie proposée par l'auteur comprend par ailleurs les « marqueurs centraux » et les « marqueurs signets » (les noms sur les portes par exemple).

21. En juin 1991, ils s'étaient même associés « par solidarité » aux démarches des résidents du bloc H auprès du directeur de la cité, en vue de l'aménagement de sanitaires dans ce bloc.

les frontières du public et du privé (les plantes sortent sur les paliers, les portes ne sont plus vraiment les supports de l'expression identitaire).

Sauvegarder les distinctions statutaires

La cohabitation atypique à l'intérieur de Awolowo ne doit pas être interprétée comme une miniaturisation des relations sociales entre étudiants de différents statuts à UI. Les PG y ont un comportement territorial d'« ayant droit » dont les manifestations s'observent à deux niveaux. D'une part les PG exercent un contrôle sur les lieux publics (terrain de volley, salle de télévision) et les commerces. Je parlerai ici de domination territoriale souple, mais suffisamment perceptible pour que les autres catégories d'étudiants ne reproduisent pas à l'identique les relations sociales ailleurs caractéristiques de leur rang. Cette domination, qui rappelle à tout moment le caractère transitoire de la présence des filles et des *kids*, ne suffit cependant pas à matérialiser la rupture que représente l'accession au statut de PG. Dans le même temps donc, les aînés de Awolowo gèrent de manière plus ou moins consciente, un territoire exclusif (à l'exception d'une ou deux « zones franches ») qui bénéficie désormais d'une reconnaissance tacite de la part des autres étudiants, et où les relations sociales observées à Balewa se retrouvent.

L'approche interactioniste proposée ci-dessus pourrait déboucher sur une sur-valorisation des différences statutaires, si elle ne s'intégrait pas dans un matériel ethnographique plus large, qui m'a permis plus tôt dans la démonstration d'insister sur l'influence relative de différents facteurs sur la hiérarchisation de la population étudiante d'Ibadan. L'observation détaillée d'un échantillon d'étudiant(e)s de différents statuts dans un même hall permet avant tout de saisir simultanément certaines phases de la construction des identités individuelles, tout en soulignant les variations que ce processus subit chez les filles et chez les garçons. L'ostentation, avec laquelle les aînés imposent aux autres leur contrôle du territoire de la cité, nous informe ensuite sur les menaces qui pèsent aujourd'hui sur les distinctions statutaires. Les étudiants s'opposent par ces pratiques, aux conséquences de plus en plus manifestes de la perméabilité de l'université aux aléas de la vie économique nigériane.

CONCLUSION

Le décor et le territoire, témoins de la redéfinition de l'espace social

Les transformations en cours de l'identité sociale des étudiants en université, de leur statut commun dans la société nigériane, et de leur rapport aux études et à leur signification sociale, peuvent s'observer selon plusieurs angles. Si j'ai privilégié ici l'analyse des pratiques d'appropriation de l'espace, c'est parce qu'il existe dans la conception d'une université résidentielle une continuité entre l'espace et le temps que l'on ne retrouve pas dans la vie citadine voisine, où l'identité des individus se construit à l'intersection des entités sociales distinctes auxquelles ils sont liés. Sur le campus au contraire, chaque instant et chaque lieu du quotidien de l'étudiant, de ses cours au département et à ses loisirs du soir, en passant par les tâches ménagères et la restauration, peuvent s'analyser en référence à un statut (*undergraduate/postgraduate,* garçon/fille) dans une hiérarchie ne faisant l'objet d'aucune forme de négociation.

Une autre continuité doit théoriquement s'observer à ce niveau des pratiques. Je veux parler de celle qui relie ce que j'ai appelé les paliers d'insertion, au niveau desquels l'institution entretient en permanence une dynamique d'identification pour assurer la cohésion de sous-groupes étudiants, et l'expression territorialisée de l'appropriation de ces paliers par les sous-groupes en question.

Qu'en est-il du processus de socialisation lorsque la conjonction de facteurs structurels et d'une conjoncture économique et politique de crise vient perturber ces axes de continuité ? L'affaiblissement du contrôle institutionnel des pratiques et des hiérarchies étudiantes, l'immixtion de la « loi du marché » à l'intérieur du campus, et la dévalorisation des fonctions de transmission du savoir de l'université, remettent en cause les mécanismes traditionnels de l'intégration de la population étudiante. Cette remise en cause stimule une réorganisation de la hiérarchie et des valeurs qui fondent les relations entre étudiants, et par voie de conséquence entraîne une redéfinition des territoires et de leur appropriation.

Au moment de l'enquête, le processus de désinstitutionnalisation de la cohésion sociale en est au point où les étudiants cherchent à donner à l'extérieur une vision homogène de leur statut commun, dont le campus reste le territoire à défendre au même titre que les derniers acquis de ce statut. Cette perception homogénéisante ne résiste pas à l'observation des usages sociaux de l'espace intérieur du campus. La lecture des pratiques territoriales étudiantes nous permet une première saisie à la fois de la résistance opposée par les catégories d'étudiants les plus menacés par la remise en cause des hiérarchies traditionnelles, et de l'expression de plus en plus ostentatoire des signes de « richesse », révélatrice de l'influence croissante du statut socio-économique des étudiants dans les recompositions hiérarchiques. Le décor et le territoire peuvent donc être considérés comme les éléments essentiels de l'appareillage symbolique au travers desquels les étudiants expriment leur mobilité ascendante dans l'échelle des statuts. L'analyse des transformations de la vie associative étudiante sur le campus d'Ibadan doit maintenant nous renseigner sur le sens actuel de l'expression collective de ces formes d'identification.

QUATRIÈME PARTIE

ALTERNATIVES A CONTRE-COURANT

Pour une relecture des pratiques associatives, militantes et religieuses des étudiants

L'analyse, que j'ai proposée dans les deux parties précédentes des relations sociales sur les campus nigérians, pose l'établissement et le temps des études (structurant l'« expérience étudiante »), comme des déterminants majeurs de l'intégration communautaire, y compris en l'absence de soutiens institutionnels. La poursuite de ce raisonnement, par l'analyse de la dynamique associative, repose sur ce même postulat de la possible autonomie du campus par rapport à l'institution dans la constitution d'une expérience collective étudiante.

A propos de l'intégration supposée de la population étudiante en un groupe cohérent, P. Bourdieu et J.-C. Passeron soulignaient dès 1964 au sujet des étudiants français que le campus ne suffisait pas en soi à provoquer « une transformation complète de toutes les relations sociales, qu'il s'agisse des relations entre professeurs et étudiants ou des rapports entre étudiants »[1]. Ils attribuaient alors ce fait à un mouvement historique, caractéristique du contexte universitaire français, de désinstitutionnalisation de la cohésion du « milieu étudiant ». En somme ce milieu leur semblait « moins intégré aujourd'hui que jamais » en raison de la privation « de soutiens institutionnels » à l'intégration, autrefois justifiés lorsque la population étudiante « ne représentait rien d'autre qu'une classe d'âge et où les études fournissaient à de jeunes privilégiés un répit ou un passage rituellement aménagés à l'orée d'une carrière bourgeoise »[2].

Sans doute, la tradition universitaire française, où « l'idéal de coopération ne trouve aucun encouragement »[3], influença-t-elle cette proposition. J'ai déjà démontré que le cadre organisationnel des campus nigérians donne aux établissements une autonomie telle que la production des hiérarchies, sous couvert d'intégration et de coopération, fait autre chose que reproduire des hiérarchies sociales sur des agents sociaux passifs[4]. L'approche de la vie associative et religieuse sur le

1. P. Bourdieu, J.-C. Passeron, *Les héritiers. Les étudiants et la culture,* p. 52
2. *Ibid.*, p. 53.
3. *Ibid.*, p. 52.
4. Cette proposition s'inscrit dans la relecture du modèle de la reproduction, amorcée notamment par Willis et Perrenoud, dont J.-L. Derouet, A. Henriot-Van Zanten et R. Sirota proposent une synthèse dans « Approches ethnographiques en sociologie de l'éducation : l'école et la communauté, l'établissement scolaire, la classe », in *Sociologie de l'éducation : dix ans de recherche, op. cit.*, pp. 139-204.

campus d'Ibadan nous permettra de renforcer cette proposition, en montrant, notamment par l'analyse des processus de mise en réseau, que l'absence ou la défaillance des soutiens institutionnels n'équivalent pas systématiquement à une désagrégation des mécanismes « traditionnels » d'intégration du « milieu étudiant ».

Nouvelles fonctions des organisations étudiantes

Un professeur de UI estimait en 1991 à près d'une soixantaine, le nombre d'associations étudiantes officielles ou non, présentes sur le campus d'Ibadan. Je n'ai pu obtenir confirmation de ce chiffre par l'administration de l'université, car les statistiques n'étaient plus mises à jour, déjà depuis deux ou trois ans. Si l'on ajoute aux vingt-cinq groupes religieux, les associations représentant les étudiants des différents États ou gouvernements locaux de la fédération, celles liées aux départements et facultés, les clubs philanthropiques ou encore les associations à vocation culturelle, récréative (les « social clubs ») ou sportive, on peut sans trop de risques tenir pour plausible l'estimation proposée ci-dessus.

Dans la littérature consacrée à UI, la vie associative étudiante tient une place de choix, tant en raison de son rôle dans l'intégration des nouveaux venus que pour l'animation qu'elle entretient sur le campus. O. Ikime nous en propose la typologie suivante selon les fonctions remplies, pour la période allant de la création de l'université jusqu'aux années 60 :

> « Il y a des dizaines de clubs et associations d'étudiants. Certains sont affiliés à l'Union étudiante, dont ils reçoivent leur subvention annuelle. D'autres sont autonomes et complètement financés par les droits d'inscription de leurs membres. Quelques clubs et sociétés sont liés aux différentes disciplines, d'autres comme le *Sigma Club*, le *Social Circle,* le *Dancing Club*, le *Klobb 41*, la *Pyrates Confraternity*, l'*Embassie Club* fournissent à leurs membres, plaisir et détente. Ces clubs ont également une fonction très utile en organisant des soirées dansantes, qui rapprochent non seulement les étudiants de disciplines et de groupes ethniques différents, mais également le personnel et les étudiants. En ces temps où Ibadan tend à devenir rapidement un simple centre d'examen, ces soirées contribuent à maintenir l'autre dimension importante de la vie universitaire, à savoir l'aspect culturel et social »[5].

Selon P. Van den Berghe, ces associations étaient au nombre de vingt-quatre en 1969, « sans compter bien sûr les nombreuses organi-

5. O. Ikime, « Problems of Student Welfare », *op. cit.*, p. 254.

sations, auxquelles peuvent appartenir les étudiants, mais qui transcendent les frontières du campus » :

> « Sur les vingt-quatre clubs, cinq étaient de nature religieuse (un musulman, un catholique et trois protestants), sept étaient académiques ou littéraires (comme la *Sociological Society* ou le *Cercle de Français*), deux étaient philanthropiques (*Red Cross* et *Student National Reconstruction Council*), deux étaient politiques (le *Black Nationalist Movement* et le *Young Socialist Club*), et les huit restants avaient une vocation récréative ou « sociale » (*Gamma Club, Dancing Club, Chess Club*). Parmi les « social clubs », le *Gamma Club* avait des prétentions élitistes, alors que les *Pyrates* étaient spécialisés dans les réjouissances tintamarresques »[6].

Le dynamisme de la vie associative relevé à Ibadan depuis la création de l'université tient incontestablement à cette référence « oxbridgienne » insufflée par le premier « principal », Kenneth Mellanby, lui-même pur produit de Cambridge. Le mythe du consensus et de l'esprit de communauté qui prévalait au développement des universités « résidentielles » en Angleterre, et que les plus prestigieuses d'entre elles tentent de maintenir[7], se nourrit de cette latitude laissée aux étudiants dans la gestion de leur vie sociale. Les références au « nécessaire » mélange des étudiants, quelle que soit leur origine sociale, ethnique, ou leur confession, associent généralement la dimension résidentielle et le développement de la vie associative. C'est autour de cette mixtion d'une organisation formelle et rigide où la hiérarchie s'exprime d'abord par la doyenneté, et d'une familiarité omniprésente qui tend à masquer la réalité des inégalités, que se fonde le mythe communautaire évoqué plus haut.

Toutes les associations étudiantes ne servent cependant pas de telles fins, et surtout, les fonctions de la plupart d'entre elles ont évolué avec l'affaiblissement du contrôle social institutionnalisé, sensible sur les campus nigérians depuis le début des années 80. Le degré de proximité ou de distance des organisations étudiantes d'Ibadan vis-à-vis de l'administration de l'université servira donc d'axe principal à la présentation proposée ici. Signalons que le type d'associations évoquées dans ce chapitre, se rencontre dans la plupart des universités fédérales nigérianes. Le document établit par ABU et traduit en annexe cite certaines des associations enregistrées auprès du *Student Affairs officer*. Les mêmes noms se retrouvent à Jos, Nsukka et Ibadan. La transformation des fonctions associatives s'est opérée dans un cadre légal quasiment inchangé depuis l'ouverture de UI en 1948, et transposé dans les mêmes termes aux établissements créés depuis cette date.

---

6. P. Van den Berghe, *Power and Privilege at an African University*, p. 179.
7. Voir notamment W. Dell, « St Dominics : an ethnographic Note on a Cambridge College », *op. cit.*, pour une lecture de l'actualité de ce mythe à Cambridge.

12

Associations religieuses et Églises

Une diversité de modes d'intégration et de distinction

Les associations d'étudiants sur les campus nigérians, et ce, quelle que soit leur raison d'être, s'inscrivent dans un cadre légal à peu près commun à toutes les universités[1]. Les associations à vocation religieuse n'échappent en principe pas à cette réglementation. Devant le fourmillement et le dynamisme des groupes religieux sur certains campus, il convient de distinguer les modes d'organisation et les objectifs des uns et des autres. L'essentiel de mes recherches sur l'activité, voire l'activisme religieux des étudiants, ont été conduites en 1991 à Ibadan où plus d'une vingtaine de groupes sont présents. J'y ai réalisé une série d'entretiens auprès de responsables des deux plus importantes associations religieuses étudiantes, dont l'une est chrétienne (IVCU) et l'autre musulmane (MSS), et auprès de fidèles de certaines Églises présentes à UI (particulièrement l'Église baptiste). J'ai par ailleurs assisté, sur invitation, à des séances de communion de ces Églises (*fellowships*[2]*)*, ainsi qu'à des réunions de groupements auxquels s'affilient les étudiants, mais qui dépassent les frontières du campus. A titre de comparaison, j'évoquerai dans ce chapitre certains aspects de la vie religieuse étudiante sur d'autres campus (Uniport, ABU), également perçus au travers d'entretiens et d'observations.

---

1. Voir en annexe une traduction du règlement de la vie associative, exposé dans le *Student Handbook 1990/91*, Ahmadu Bello University, Zaria, Nigeria, pp. 65-68.
2. Le *fellowship*, désigne à la fois un groupe chrétien (par exemple le Baptist Student Fellowhip), et les séances de communion organisées par ces groupes (« untel est parti au *fellowship* de IVCU »).

Typologie des organisations religieuses officiant sur le campus d'Ibadan

P. Van den Berghe, lors de son étude sur les activités extra-scolaires des étudiants de UI, fut surpris par « le nombre et l'importance des associations religieuses » – elles étaient alors cinq officiellement enregistrées – et par « le degré relativement élevé de religiosité chez les étudiants de UI comparé à leurs homologues européens ou américains »[3].

S'interrogeant alors sur le rôle de la religion dans la vie de l'université, Van Den Berghe en vient à la conclusion suivante : « La religion est une des bases principales de la solidarité qui traverse la stratification sociale et les groupes ethniques. Les grandes religions monothéistes ont chacune, au sein de leurs congrégations sur le campus, des membres des trois États »[4].

La vingtaine de groupes recensés en 1992 sur le campus atteste de la diversification et de l'ampleur prise par l'activité religieuse depuis les années soixante-dix. J'aborderai plus loin les manifestations quotidiennes de cette activité. Les groupes religieux peuvent être réunis en trois ensembles, en fonction de leur statut et de leur mode d'organisation :

Les organisations étudiantes « non confessionnelles »

Sous cette appellation ambiguë (mais revendiquée par les responsables des dites organisations), on peut rassembler les associations étudiantes recensées en tant que telles, c'est-à-dire soumises au règlement de la vie associative du campus. Elles sont au nombre de trois à UI (MSS, IVCU, SCM)[5], et rassemblent autour de leurs diverses activités, environ trois mille étudiants selon leurs responsables. Ces trois organisations sont affiliées à des mouvements nationaux dont elles partagent les lignes directrices, et qui gèrent des manifestations inter-campus[6]. Elles ne sont pas inconnues des *jambites* à leur arrivée sur le campus, puisque chacune organise ses campagnes de sensibilisation dans les établissements d'enseignement secondaire :

---

3. P. Van den Berghe, *op. cit.*, p. 179.
4. *Ibid.*, p. 208. Rappelons que les trois États (estates) de la communauté universitaire de UI, définis par P. Van den Berghe sont : 1) Le « senior Staff », 2) les étudiants et 3) le « intermediate and subordonate Staff ».
5. Muslim Students Society, Ibadan Evangelical Christian Union, Students' Christian Movement.
6. MSS (national level), Student Christian Movement of Nigeria (pour SCM) et Union of Evangelical Students (pour IVCU).

Ola : « De temps à autres, nous envoyons des étudiants dans les écoles secondaires, pour présenter notre programme, car beaucoup d'élèves là bas sont prêts à comprendre pas mal de choses à propos de l'islam. C'est pourquoi je crois qu'il est nécessaire d'envoyer là bas des étudiants de l'enseignement supérieur pour les éclairer... »[7]

Gabriel : «... Nous avons ce que nous appelons les groupes d'activité. Si tu veux visiter et travailler avec les enfants des écoles, nous avons le « Children Evangelizing Group ». Si tu veux visiter les gens qui sont dans les hôpitaux et parler à ceux qui sont en prison, nous avons la « Hospital and Prison Commission »... »[8]

Les organisations religieuses étudiantes, de par leur statut, se doivent d'être totalement indépendantes vis-à-vis des Églises ou groupements extérieurs au campus, obligation que les responsables interviewés ont eux-mêmes tenu à me rappeler :

Ola : « MSS est la seule association étudiante musulmane reconnue sur le campus. Au-delà du fait que nous appartenions les uns et les autres à des groupes confessionnels différents en ville, une fois sur le campus nous appartenons à MSS. En effet si tu regardes notre sigle lui-même, il implique quelle que soit l'origine de l'étudiant, qu'étant musulman, il devienne automatiquement membre de notre société.

- Est-ce à dire qu'il existe des groupes musulmans non reconnus sur ce campus ?

- Oui c'est possible. «

Gabriel : « Nous ne sommes affiliés à aucune Église. Nous sommes enregistrés sur le campus comme « organisation étudiante »...Nous avons notre propre discipline, nos propres engagements, nous choisissons les personnes ou groupes avec lesquels nous souhaitons coopérer. »

Le financement de leurs activités (semaine d'animation, conférences, déplacements...), autrefois soutenu par une subvention annuelle de l'université, repose désormais sur la capacité de leurs EXCO à diversifier leurs sources de revenus. La recherche d'appuis extérieurs au campus, exprimée explicitement ou non par les responsables, semble inévitable, et la gestion interne de leurs associations échappe à tout contrôle administratif :

Ola : « Le problème que nous avons, c'est que nous sommes tous étudiants de toute façon... donc nous nous sommes tous mis d'accord dans le passé pour que chaque étudiant donne trente nairas par an. Celui qui a

7. Entretien réalisé à UI en juillet 1991 (dans les locaux du CREDU) avec Ola, président de MSS (« UI branch »), étudiant en licence de sociologie.

8. Entretien réalisé en juin 1991 à UI (Awolowo Hall) avec Gabriel, membre du conseil exécutif de IVCU, étudiant en doctorat d'économie agricole.

plus d'argent donne plus. A part çà, nous recevons de l'argent de... disons de nos « aînés » en ville. Nous avons même un commerce qui rapporte un peu d'argent à MSS. Nous écrivons régulièrement à nos aînés pour leur demander une assistance financière. Autrement il y a la communauté musulmane du campus, qui rassemble tous les musulmans, étudiants et salariés, ils nous aident également parfois. Il y a de temps en temps des anciens de UI qui nous envoient une petite contribution également. »

Gabriel : «... Rien de l'université, pas un seul Kobo, et rien de la « chapelle de la résurrection »...les financements viennent de nous-mêmes. Dans le christianisme, nous avons ce que nous appelons la dîme et l'offrande. [...]. Nous ne recevons pas de fonds de groupements extérieurs... »

Il m'a été impossible d'obtenir de plus amples précisions sur le budget annuel de ces organisations. La comptabilité des associations étudiantes comme celle de leurs syndicats n'étant aujourd'hui plus contrôlée, les budgets prévisionnels déposés chaque année au bureau du « student affairs » de UI ne reflètent, de l'avis des intéressés eux-mêmes, aucune réalité. La mobilisation d'anciens membres ou les sollicitations auprès de parrains extérieurs au campus n'y apparaissent pas. L'observation sur le terrain peut elle-même, sur ce point, être trompeuse, tant les manifestations quotidiennes de ces organisations dépendent des rapports de force religieux exprimés dans la région, des modes d'expression de la foi, et du type de prosélytisme propre à chaque religion.

Leur activité sur le campus (en particulier celle des groupes chrétiens) est de loin la plus dynamique du milieu associatif étudiant. Dans le chapitre qu'il a consacré à ces organisations, A. A. Yusuf estimait qu'elles « bénéficient du soutien extérieur de groupes religieux non étudiants, qu'elles sont par conséquent indépendantes financièrement, et aussi plus riches que les autres organisations étudiantes, syndicats locaux et NANS compris »[9].

Ces associations revendiquent chacune entre cinq cents et mille membres en se basant soit sur les contributions financières des étudiants (IVCU et SCM), soit sur un comptage des participants à leurs activités (MSS). En tant qu'organisations étudiantes, elles disposent de statuts semblables à ceux des associations culturelles ou « professionnelles », mais n'ont pas de membres actifs autres que ceux impliqués dans leurs conseils exécutifs. Ces instances forment de fait des communautés au fonctionnement et au mode de renouvellement très particuliers :

Ola : « Le président est à la fois administrateur et conseiller spiri-

9. A. A. Yusuf, *The State, Student's Movement and Democratic Struggles in Nigeria, 1925- 1990*, *op. cit.*, p. 218.

tuel. Nous appelons le président « émir »./.../.Le président est de toute façon toujours un homme, je n'ai jamais entendu parler d'une femme à la tête de MSS. C'est en liaison avec ce qu'a dit et fait notre prophète, nous voyons bien qu'il serait difficile pour une femme de diriger quelque chose de cette nature. Les femmes sont ce qu'elles sont, elles ont leur place à elles, et laissent aux hommes le soin de diriger les affaires. La personne qui coordonne les activités féminines sur le campus est la « secrétaire assistante »... Nous avons dans chaque hall des membres exécutifs et un guide spirituel appelé « hall imam », qui sont des membres cooptés par le conseil exécutif de MSS, tout comme nos représentants dans chaque faculté. »

Gabriel : « A la fin de chaque session, l'ancien EXCO se réunit et se dit « okay, nous devons choisir des nouveaux membres exécutifs. Prions maintenant pour proposer des noms. » Nos assemblées de halls (*fellowships*) se réunissent également pour prier et peuvent proposer des noms. Par exemple moi je prie à Awolowo Hall et me vient le nom de Yann... Pour le poste de Awo il y a Yann et un autre « frère », lequel choisir ? Untel dit que Yann est très mature sur le plan spirituel, qu'il est chrétien depuis longtemps, et chacun argumente de la sorte jusqu'au choix. Dans chaque hall nous avons donc un « hall rev. » et ses assistants. Par ailleurs nous avons les groupes d'activités. [...]. Aux côtés du président, nous avons une vice-présidente qui s'occupe de nos « sœurs », c'est-à-dire des filles membres de notre groupe... »

Ces associations, dont l'origine remonte à la période coloniale[10], ont su s'adapter et profiter du cadre légal dans lequel s'inscrit la vie associative sur les campus nigérians, pour entretenir chez les étudiants une ferveur religieuse que le gouvernement nigérian indépendant a toujours cherché à éloigner de l'université. Maintenues un temps hors des campus par des dispositifs légaux[11], les diverses Églises nigérianes ont utilisé le levier que représentent ces organisations dites non confessionnelles, pour maintenir sur les étudiants une autorité conquise en amont de l'université, et pour assurer à la religion sa place dans les débats politiques nationaux auxquels l'élite en formation a toujours pris part[12].

---

10. *Ibid.*
11. Les constitutions successives de la période coloniale ne faisaient allusion à aucune religion d'État. La laïcité était considérée comme allant de soi. La constitution de 1979 spécifie explicitement qu'il n'existe pas de religion d'État au Nigeria. Cf. J. A. Atanda, « Paradoxes and Problems of Religion and Secularism in Nigeria : Suggestions for Solution », in J. A. Atanda, G. Ashiwaju, Y. Abubakar (eds), *Nigeria since Independence. The First 25 Years,* vol. IX « Religion », 1989, p. 185.
12. Je pense précisément aux débats parfois violents occasionnés par la tentative d'imposition de la sharia aux États du sud et par l'adhésion du Nigeria à l'Organisation de la Conférence Islamique en 1984 et 1986. Voir à ce sujet A. E Ekoko & L. O. Amadi, « Religion and Stability in Nigeria », in J. A.

Ces associations disposent de modes d'organisation propres, dont seule la présentation formelle reflète le modèle imposé par l'université. La composition de leurs EXCO, renouvelés par cooptation, révèle de fortes identités régionales ou corporatistes. Les membres exécutifs de telles associations, que l'on retrouve bien souvent dans la hiérarchie du syndicat local, forment cette « aristocratie étudiante » dont j'ai déjà parlée, produite à l'intérieur de l'institution universitaire, mais dont les réseaux de solidarité s'étendent bien au-delà du campus.

Les Églises et leurs fellowships

Le campus d'Ibadan dispose de trois lieux de culte officiels, regroupés derrière la faculté des lettres. Chacun d'eux est géré par un EXCO, composé de représentants de l'université, de membres du personnel et d'étudiants. N'ont accès à ces lieux de culte que les individus résidant sur le campus et les groupes reconnus par l'administration de l'université. Le calendrier hebdomadaire de l'utilisation de la « Chapelle de la résurrection » doit aujourd'hui permettre à nombre d'Églises (anglicane et protestantes) de tenir leurs assemblées et d'effectuer leur service du dimanche. Face à la prolifération des groupes religieux admis sur le campus depuis les années 70 (Églises protestantes américaines ou africaines), l'EXCO de la chapelle a été amené à faire des choix :

> **Gabriel** : «… Alors la Chapelle a décidé « Nous n'allons laissé de créneaux qu'à IVCU et SCM et au plus important des groupes c'est-à-dire Deeper Life » Mais les Baptistes ont dit « pourquoi ? » alors l'EXCO a dit « Ok, Deeper Life dehors, seules SCM et IVCU restent » toutes les autres Églises ont été exclues, ils leur ont dit « Ok nous pouvons tout de même vous laisser le sous-sol… » Donc ils se sont arrangés pour leur laisser le sous-sol, c'est un planning très serré pratiquement tous les jours »

Si les religions catholique et musulmane ne donnent pas lieu sur le campus à une telle compétition pour l'accès au lieu de culte (une seule organisation étudiante pour chacune), la mosquée et l'Église offrent tous les jours un même spectacle de défilé d'étudiants. Es-tu chrétien ? Si oui, es-tu catholique ou protestant ? Baptiste ou Témoin de Jéhova ? La question m'a probablement été posée par tous les étudiants avec lesquels j'ai travaillé ou partagé mes loisirs sur le campus de UI. L'appartenance religieuse est, au même titre que la région d'origine,

---

Atanda, G. Ashiwaju, Y. Abubakar (eds), *op. cit.*, pp. 111-133, et J. A. Atanda, *Ibid.*, p. 188.

un élément majeur de l'identité personnelle des étudiants nigérians. Nous avons vu qu'elle s'affichait sur les portes de chambre, j'ajouterai ici qu'elle se décline lors des premières rencontres, comme on révèle en France son activité professionnelle, permettant par là une rapide identification mutuelle, à partir de laquelle se construisent les réseaux d'amitié et de solidarité.

La ferveur religieuse observée sur le campus a son reflet dans la cité. Ibadan, bien que ville à dominante musulmane, n'en compte pas moins plusieurs dizaines d'églises, et le type de manifestations que je décris plus loin s'y retrouve également. L'inscription de la religion, dans cet espace urbain dense et chaotique, ne peut échapper aux yeux de l'observateur :

> « Des impressions s'amassent, plus ou moins durables, au fil des rues. L'une d'entre elles survit, tenace et impérieuse. Ibadan, plus que la capitale de la fierté nègre, reste une capitale religieuse – mais construite sous le signe du pluralisme. Les inventaires des sociétés secrètes font apparaître, à côté de l'ancien culte initiatique *ogboni*, les formes multiples de la fraternité maçonnique qui rappellent leurs homologues de la République libérienne. L'islam, colporté par les Hausa – commerçants, magiciens et occultistes – a dressé plus de 600 mosquées sans abolir les anciennes croyances. Le christianisme, implanté depuis plus d'un siècle, a suscité de multiples déviations et ouvert la voie aux prophètes qui, comme Joseph Babalola, ont la réputation d'accomplir des miracles sur les malades et les morts. Des milliers de disciples viennent ici espérer la guérison ou le salut, par la foi, la prière, les onctions. L'action sacrée continue à imposer sa marque sur la vieille cité yoruba ; elle provoque un foisonnement des mystiques qui coexistent, sans doute de manière précaire, après s'être durement combattues »[13]

Si le campus n'est pas le lieu de production de la ferveur religieuse des étudiants, il est en revanche le catalyseur de la transformation du sens des pratiques. Athanase, Sunday et Ake, camarades de chambre à Independence Hall et étudiants dans le même département, originaires de villages voisins, avaient tous trois suivi leur cursus primaire dans une école baptiste[14]. A l'annonce de leur admission à UI, de multiples recommandations leur avaient été faites, des noms et adresses leur avaient été communiqués, pour qu'à leur arrivée à Ibadan ils rejoignent la communauté baptiste du campus. Ce groupe religieux est l'un des rares à UI à disposer d'un véritable lieu de culte permanent. Athanase, Sunday et Ake s'y retrouvaient durant leurs deux premières années d'études, une soirée par semaine pour le *fellowship* et le dimanche à la messe. Ces réunions étaient l'occasion d'échanges d'impressions et d'idées sur la vie du campus et les études. C'est au

13. G. Balandier, *Afrique ambiguë*, Plon, 1957, p. 236.
14. Entretien collectif, juin 1991, cité au chapitre 10.

sein de cette communauté que ces trois étudiants ont trouvé leurs *landlords*, qu'ils ont rencontré les « frères » et « sœurs » de la ville d'Ibadan qui leur ont fait connaître les différents marchés et qui les ont guidés dans leurs démarches auprès des administrations.

A partir de la troisième année, seul Ake a continué à suivre exclusivement les activités de l'église baptiste de UI. Ses deux compères ont été séduits par le mouvement *Born again*, ont participé à quelques réunions organisées par IVCU, puis ont finalement rejoint, l'un les « Power Encounters », et l'autre les « Deeper Life », deux groupes chrétiens nigérians très en vogue au moment de mon étude[15]. Ces groupes cohabitent désormais sur les campus avec les Églises « traditionnelles » qui ont accompagné la colonisation du Nigeria. Sunday et Athanase ne renient pas leur appartenance à la communauté baptiste, qu'ils rejoignent très volontiers à l'occasion de leurs retours au village. Ils sont, comme des centaines d'autres *uites,* tombés sous le charme d'un discours religieux très axé sur la réussite individuelle (dans les études et la future insertion professionnelle), et d'une organisation du culte plus « jeune » (ces organisations sont gérées sur le campus par des étudiants).

Aux côtés de ces Églises et des organisations étudiantes non confessionnelles, des regroupements informels, en général stimulés par un événement quelconque (une fête religieuse, la venue d'un célèbre prêcheur...), se forment à l'initiative d'étudiants déjà impliqués dans les organisations mentionnées ci-dessus. Ce fut le cas en 1991 des « reconcilers » (en fait des membres de l'EXCO de IVCU), qui, sur invitations, organisèrent des repas et des soirées-débats sur le thème *Born again*. Certains étudiants se trouvent également être les correspondants de groupes chrétiens étrangers (en général américains) dont ils reçoivent des tracts à distribuer sur le campus, et par lesquels ils sont « missionnés » pour organiser des réunions d'information et d'éducation religieuse. Ces activités sont en général très liées à celles des groupes officiellement enregistrés sur le campus ; elles illustrent cet intérêt évoqué plus haut, dont témoignent les groupements extérieurs au campus à l'égard des structures étudiantes légitimes, pour assurer leur propre prosélytisme.

15. Deeper Life, le groupe religieux le plus important du campus (en dehors des associations non confessionnelles) est « une Église très récente fondée par K., qui était Uite, mathématicien très brillant, membre de IVCU, et résident de Zik Hall... cette Église est purement nigériane » (Gabriel, entretien du 07 juin 1991).

Les formes d'expression de la vie religieuse : nouvelles sociabilités et réseaux d'intégration

Lors de ma monographie sur la vie étudiante à l'université de Port Harcourt en 1987, j'avais été impressionné par le dynamisme de la vie religieuse sur ce campus. Alors que résonnaient de toute part les plaintes sur la dégradation de la situation économique des étudiants, que leurs associations voyaient leurs activités réduites à quelques réunions formelles, les minibus de la SCM et de la CU[16] continuaient à sillonner le campus quotidiennement annonçant leurs programmes bien remplis de festivités. Un entretien réalisé avec un membre exécutif de la CU m'avait alors conforté dans la nécessité d'une approche plus exhaustive de la multi-fonctionnalité des associations étudiantes religieuses nigérianes. Je les voyais développer de nouvelles formes de sociabilité sur le campus, suppléer aux défaillances de l'encadrement institutionnel des activités extra-scolaires des étudiants, et j'apprenais qu'elles servaient également de réseaux de solidarité économique :

> «... elles fonctionnent aussi comme des mutuelles, les étudiants qui ont de l'argent font des dons, ils aident un peu les autres, tu vois ? Même toi si tu viens, que tu nous dis... je sais pas... que tu t'es fait cambrioler et qu'il te faut une aide pour payer ton billet pour rentrer chez toi, on t'aidera, tu viens d'un pays catholique... tu es chrétien et on doit t'aider »[17].

L'inscription de la pratique religieuse dans l'espace des campus

A Uniport, l'ensemble des activités religieuses se déroulaient dans le grand amphithéâtre qui accueillait par ailleurs certaines cérémonies officielles. De ce lieu simplement couvert d'un toit de tôles ondulées s'échappaient, en soirée, les rumeurs et clameurs des *fellowships*, audibles depuis les cités universitaires toutes proches. Chaque groupe chrétien y officiait le dimanche selon un planning établi par la CU, et l'on voyait alors les cortèges de fidèles endimanchés se croiser, la bible à la main, créant un mouvement ininterrompu du matin jusqu'au soir, entre les halls et l'amphithéâtre. La présence religieuse se signalait également par les mini bus évoqués plus haut, ou encore par l'affichage de programmes religieux dans l'entrée des résidences étu-

16. Students Christian Movement et Christian Union.
17. Lucky, étudiant en sociologie, entretien cité dans Y. Lebeau, 1987, *op. cit.*, p. 122.

diantes et aux portes des facultés.

L'université d'Ibadan compte deux fois plus d'étudiants que celle de Port Harcourt ; elle rassemble également quatre fois plus de groupes religieux, chrétiens et musulmans. L'expression de la foi religieuse y est plus diffuse dans l'espace. L'affichage, par exemple, ne s'y limite pas aux panneaux officiels : il n'est pas un arbre bien situé dont le tronc ne soit couvert d'affiches imprimées ou bariolées de feutre fluorescent appelant à des cérémonies, des séminaires ou des soirées de « prière et de danse ». La compétition entre églises, la présence active d'une association musulmane, et la concurrence des nombreuses associations à vocation culturelle académique ou récréative, y entretiennent la nécessité d'un recours permanent à l'affichage et au démarchage tous azimuts.

L'activité religieuse ne se limite pas, sur ce campus, aux trois lieux de cultes prévus à cet effet. Les terrains de sport, les parkings, les salles de classes, les bâtiments inachevés ou désaffectés de certains halls, sont autant de lieux de rassemblements une fois la nuit tombée, et parfois jusqu'à des heures très tardives. L'utilisation des cantines de halls, voire des salles de télévision, se négocie auprès de chaque EXCO, créant à l'occasion des conflits révélateurs de l'enjeu de cette compétition. Aux alentours immédiats de la Chapelle de la Résurrection, la frénésie ambulatoire est à son comble le vendredi soir. Des centaines d'étudiants convergent à pied ou en bus vers la chapelle (ce sont les membres de SCM ou de IVCU), traversent en s'interpellant le parking où des groupes de vingt à trente personnes communient en silence, en exclamations ou en chants gospel. Le sous-sol de la chapelle, partagé en trois salles d'une capacité d'environ cent personnes chacune, offre dans le même temps un spectacle étonnant de relais entre différents groupes. De brefs échanges ont lieu à cette occasion, portant sur des examens, des « histoires » de halls ou de départements, puis les prêches reprennent marqués par l'alternance de chants, de questions-réponses et de prières silencieuses.

Les musulmans de UI n'échappent pas à ces manifestations ostentatoires de l'expression de la foi. Dans le bâtiment d'Awolowo Hall où je résidais, le libre accès à une aile inachevée et interdite au public leur avait été concédé par l'EXCO et le superviseur du Hall. Une vingtaine d'étudiants, garçons et filles, s'y rendaient quotidiennement à l'appel du muezzin (un étudiant faisant office d'imam du hall) pour la prière du matin. A Independence Hall, l'EXCO de MSS avait opté pour un carré de pelouse abrité sous un immense arbre fruitier planté au beau milieu de la cité. Tous les jours, à l'occasion des cinq prières, un nombre variable de fidèles (de dix à plus de cent) s'y réunissait. Une dizaine de récipients de plastique en forme de théières servaient aux ablutions au pied des réservoirs d'eau, sous le regard réprobateur ou moqueur d'autres étudiants, venus laver leur linge ou remplir leur seau.

A ces formes d'expression collectives régulières, il convient d'ajouter les manifestations exceptionnelles comme les carnavals et les processions. Les carnavals annuels de IVCU, MSS et SCM sont dans leur déroulement calqués sur ceux de l'ensemble des associations étudiantes (ils ont lieu le weekend durant les mois d'avril et de mai). Rappelons que ces carnavals sont l'une des grandes traditions de la vie sociale du campus d'Ibadan. Chaque association profite de l'occasion pour faire le compte de ses adhérents et sympathisants. Ces manifestations donnent lieu à une surenchère entre organisations proposant des activités dans un même domaine, ce qui dans le contexte actuel de raréfaction des subventions conduit les étudiants à déployer des trésors d'ingéniosité, et à multiplier les appels aux aides extérieures pour assurer le bon déroulement de leur carnaval. Les associations chrétiennes et musulmanes n'échappent pas à cette règle. Les carnavals de SCM, IVCU et MSS se suivent à une semaine d'intervalle au mois de mai de chaque année, annoncés à grand renfort de tracts, d'affiches et d'appels au mégaphone. Leurs carnavals se déroulent sur trois heures environ ; le cortège conduit par le minibus de l'association sillonne le campus, sur un parcours classique qui n'omet aucune des cités universitaires. L'arrivée du groupe (plusieurs centaines d'étudiants parfois) aux porte d'un hall, annoncée de loin par le porte-voix, les chants et les percussions, attire les résidents qui se postent à leur fenêtre de chambre ou se pressent sur les balcons. Les participants se dispersent alors dans les couloirs en chantant ; un petit orchestre se forme parfois dans la cour centrale, et il n'est pas rare que durant quelques dizaines de minutes les résidents se prennent au jeu et descendent danser et chanter avec le groupe. C'est à cette capacité de mobilisation et d'animation des halls que les carnavals sont jugés à UI. Les défilés religieux sont à cet égard moins appréciés, parce que moins extravagants. L'arrivée du carnaval de MSS en 1991 à Awolowo Hall n'avait pas même fait descendre les résidents. Les participants, une centaine tout au plus, s'étaient réunis sur le parking, rythmant de leurs applaudissements les « Allah Akbar » de l'« émir » installé à l'avant d'une voiture, son porte-voix à la main. L'annonce du programme de festivités et de débats, ne suscitait guère chez les *awoites* massés par curiosité aux fenêtres du Class Restaurant, que propos sarcastiques ou soupirs d'indifférence. Mais qu'importe, le message était passé, et quelques tracts laissés sur les tables du hall d'entrée ne manqueraient pas d'attirer l'attention des musulmans et de quelques autres.

Les origines religieuses du carnaval sont à ce point oubliées que les associations chrétiennes elles-mêmes n'en font pas mention. Comme MSS, elles se soucient avant tout de saisir une tradition estudiantine à des fins de prosélytisme. La même année, à l'occasion du carnaval de IVCU, Awolowo Hall fut inondé de tracts émanant d'Églises extérieures au campus, imposante démonstration de force, où aucune chambre de la cité ne fut visitée.

D'autres opportunités, en particulier les dates marquantes d'événements religieux, comme l'Aïd el Kebir ou Pâques, permettent à des groupes débordant largement les associations étudiantes reconnues, de pénétrer sur le campus et de s'immiscer dans les processions autorisées pour l'occasion. Toutes les occasions sont en fait saisies pour « occuper le terrain ». Cette compétition quotidienne ne se passe pas sans heurts, elle tend même probablement à perturber une cohabitation par ailleurs pacifique entre chrétiens et musulmans sur le campus d'Ibadan :

> **Ola** : « Parfois, en dépit de l'interdiction qui pèse toujours sur les activités religieuses hors des lieux de culte, les chrétiens entrent dans les salles de cours pour prêcher ; les musulmans n'aiment pas ce genre de chose, ils prennent cela pour de la provocation. D'autres fois quand les musulmans affichent leurs posters, ceux-ci sont immédiatement retirés, ou alors les chrétiens écrivent « Jesus is Lord » dessus... D'un autre côté l'appel à la prière du matin pour les musulmans peut être une source de conflits. Normalement on utilise notre voix naturelle pour cette appel, il nous est arrivé de nous entendre dire que nous perturbions la vie des halls... mais alors, que dire des groupes chrétiens qui débarquent dans les halls le matin avec leur mégaphone... »
>
> **Gabriel** : «... quelquefois, comme le week end dernier à Balewa, ils avaient un meeting pendant que je tenais une conférence. Ils ont tourné leur haut-parleur vers l'extérieur et ont dit toutes sortes de choses contre le christianisme, que je ne voudrais pas répéter ici. »

Dès que le sujet est abordé en entretien, les exemples abondent de griefs dont s'affublent les uns et les autres. Ces histoires se colportent sur le campus et entretiennent de part et d'autre la mobilisation. Tous mes interlocuteurs reconnaissaient en revanche qu'au niveau individuel la coexistence, à l'intérieur d'une même chambre parfois, ne posait pas de problème, preuve que l'expression publique de la foi se construit autour d'enjeux dépassant largement l'appartenance religieuse des individus. L'islam, majoritaire en ville mais minoritaire à UI, se montre plus discret dans sa pratique et ses démarches de prosélytisme, situation que l'on retrouve inversée dans les universités du Nord, et notamment à ABU :

> « Ici (à ABU) il n'y a pas de carnaval, mais des choses comme les semaines culturelles ou de halls existent ici, elles sont officielles, mais ce sont plus des réunions que des « parties ». Les gens viennent et s'assoient, tu fais venir d'éminents intellectuels, tu organises des discussions « officielles, les gens boivent et mangent et tout le monde s'en va. Voilà le genre de choses que j'ai vues, je n'ai pas vu d'élections de Miss par exemple. il y a peu d'activités sociales parce que la vie religieuse de la

ville domine plus ou moins le campus. Les gens aimeraient développer ce genre d'activités, mais bon il y a cette culture et ce système tellement présents, que personne ne veut bouger, chacun essaie juste de se conformer au système, ce qui fait qu'à la fin tu obtiens ton diplôme et tu t'en vas. Les quelques activités sociales que j'ai vues, sont le plus souvent des anniversaires, fêtés dans les chambres par quelques amis proches... »[18]

Nature, contenu et objectifs du message religieux

Nous avons vu que les associations religieuses étudiantes, s'appuyant sur les solides attaches religieuses des nouveaux venus, sont aujourd'hui sur le campus d'Ibadan (et selon A. A. Yusuf, dans la plupart des universités nigérianes)[19], les plus actives et les plus démonstratives des organisations autorisées. Nous savons également que les efforts spectaculaires qu'elles déploient pour « occuper le terrain » tiennent à une situation de concurrence entre les groupes religieux présents, qui tend sur ce campus à dépasser le clivage chrétiens/musulmans. Les manipulations extérieures pour entretenir ce clivage n'ont pourtant pas manqué et, à chaque fois, les associations étudiantes ont servi de relais. L'« affaire de la croix », au-delà de la cocasserie de l'anecdote, illustre à la fois les enjeux qui pèsent sur l'activité religieuse des étudiants, et le rôle ambigu que leurs associations religieuses peuvent être amenées à jouer, dans un État officiellement laïc, mais dont les dirigeants « ont toujours considéré comme indispensable, de satisfaire leur foi religieuse et celle de leur propre peuple (people), et de promouvoir ces religions dans les occasions officielles au moins »[20].

En 1987, l'érection d'une croix de béton d'une dizaine de mètres de haut, sur un carré de pelouse entre la Chapelle de la Résurrection et la mosqué, déclencha une violente polémique sur le campus de UI, au cours de laquelle les associations étudiantes emboîtèrent le pas des dignitaires, musulmans en particulier :

Ola : «... à ce moment-là, le conflit a été très sérieux. La croix faisait directement face à la Khebla[21]. Nos « pères » ont finalement dû trou

18. Georges, diplômé en arts plastiques de l'université de Zaria (ABU). Entretien réalisé le 27 avril1992 au Saint-Louis College de Jos.
19. A. A. Yusuf, *op. cit.*
20. J. A. Atanda, *op. cit.*, p. 185.
21. Direction dans laquelle les fidèles de la mosquée se prosternent.

ver une sorte d'arrangement, et c'est pourquoi la palissade a été dressée... »

Cet événement, désormais inscrit dans le paysage de UI, faisait suite la même année à une tentative d'incendie de la chapelle. La palissade visant à masquer la croix fut une concession de l'université aux pressions exercées pour sa destruction. L'incident, cité dans l'important volume consacré à la religion au Nigeria par J.A. Atanda, G. Ashiwaju et Y. Abubakar[22] comme illustration des tentatives permanentes opérées de l'extérieur de l'université pour maintenir les campus sous tension religieuse, s'inscrit dans une liste de conflits dont la récurrence laisse peu de doutes sur les fins qu'ils servent en dernière instance :

> « Dans l'État de Oyo, la demande, par une partie de la communauté musulmane, de cours d'instruction islamique, de mosquées et d'exemplaires du Coran dans toutes les écoles secondaires, fut à l'origine d'une crise grave pour l'administration Bola Ige en 1980. Les susceptibilités religieuses des Yoruba, habituellement tolérants sur ces questions, étaient manipulées pour s'emboîter dans les camisoles de forces politiques de l'UPN et du NPN. La question fut portée à l'assemblée (de l'État), et lorsque le gouverneur interdit les organisations de jeunesse dans toutes les écoles et tous les collèges de l'État, les chrétiens et les musulmans l'accusèrent tour à tour de favoriser l'autre communauté. La question resta dans l'impasse jusqu'au changement de gouvernement en décembre 1983 »[23].

La tradition de respect de la liberté de réunion dans l'institution scolaire laïque d'un pays dont par ailleurs la vie politique est étroitement surveillée, attire nécessairement les convoitises. Les organisations étudiantes dans leur ensemble sont des lieux potentiels de l'expression et de la formation politique. Nous verrons plus loin que les « unions étudiantes », soumises à une réglementation stricte et à un financement quasi-exclusif de l'administration universitaire, ne remplissent plus cette fonction depuis quelques années. Les associations religieuses, fortes de leur communion spirituelle et de soutiens extérieurs, ont pu localement les supplanter dans cette fonction :

> « Les organisations religieuses constituent un groupe majeur, et une force potentielle dans le mouvement étudiant au Nigeria. [...]. Une chose doit être cependant rappelée à propos de ces organisations ; tous les étudiants n'en font pas partie. En fait la majorité d'entre eux rejettent ces organisations, non pas pour des raisons religieuses (puisque pratiquement tous les étudiants sont soit chrétiens soit musulmans), mais à cause du fanatisme, de l'isolationnisme, du sectarisme et de l'intolérance de la plupart

22. J. A. Atanda, G. Ashiwaju, Y. Abubakar (eds), *op. cit.*
23. A. E. Ekolo, L. O. Amadi, *op. cit.*, p. 121.

de leurs membres. Bien que leur objectif premier soit de conquérir des âmes pour Allah ou Dieu, ces organisations sont également concernées et impliquées dans la vie politique des campus. En fait depuis le milieu des années soixante-dix, elles sont progressivement devenues une force politique majeure dans le mouvement étudiant »[24].

Les réalités ethniques et religieuses locales nous imposent une certaine prudence dans l'analyse des objectifs politiques de ces organisations. Les généralisations de A. A. Yusuf à partir de l'exemple de ABU font à mon sens abstraction à la fois des réalités locales et de la multifonctionnalité de telles associations. On le voit sur le campus d'Ibadan où l'affrontement idéologique, sous couvert de conflits religieux, ne semble pas pouvoir s'imposer (en raison notamment de l'homogénéité culturelle de la population étudiante). Les associations religieuses privilégient, dans ce cas, la consolidation des liens préexistants de solidarité entre étudiants, autour de noyaux (leurs EXCO) qui reproduisent une élite, dont les réseaux transcendent aisément les clivages religieux.

L'entretien des réseaux communautaires

Sur le campus, les veillées-prières (*fellowships*) constituent la base, à partir de laquelle s'organise la mobilisation des adhérents des associations et Églises chrétiennes. Le recrutement des fidèles, nous l'avons vu, utilise les réseaux de sociabilité des étudiants, y compris extérieurs au campus (village, famille, Église d'origine). Le prosélytisme des associations non confessionnelles s'appuie de plus sur une pratique régulière de porte à porte dans les cités universitaires. Je rencontrais souvent ces porte-parole, déambulant par deux (un garçon, une fille) dans les couloirs de Awolowo hall. Leur travail d'identification des résidents leur était facilité par l'abondance des marquages identitaires sur les portes de chambres. Repérant d'un rapide coup d'oeil le département d'étude, l'origine géographique, voire ethnique des locataires, ils s'invitaient ou non dans la chambre, et si oui engageaient rapidement la conversation sur des questions touchant presque à coup sûr la vie de l'un des occupants au moins. En cas de refus de discussion, les « démarcheurs » s'arrangeaient pour laisser au moins un tract et une invitation au *fellowship* de l'association.

C'est par ce biais que je fus contacté par le Baptist Student Fellowship (BSF) dont les démarches de prosélytisme (en principe inter-

24. A. A. Yusuf, *op. cit.*, p. 218.

dites aux Églises) se faisaient plus discrètes. Yinka se présenta une première fois à ma porte de chambre, envoyé par l'un de mes amis de Independence Hall. Me sachant avide de rencontres et d'informations sur les activités étudiantes, Yinka entreprit de me narrer quelques anecdotes sur notre hall, mais la conversation s'orienta rapidement sur la vie religieuse et une invitation au *fellowship* me fut lancée. Ma dérobade me valut une seconde visite quelques jours plus tard. L'injonction se fit alors plus pressante. N'avais-je pas été accueilli en frère dès les premiers jours par la communauté baptiste ? On m'attendait au *fellowship*, j'y rencontrerais de nouveaux amis et peut-être même l'âme sœur ! Quelques fines allusions à mon travail d'enquête et à d'éventuelles possibilités de contacts finirent par me convaincre, et c'est en véritable *freshman* que je me rendis à la Chapelle de la Résurrection le 8 mai 1991 au soir. Le *fellowship* de l'église baptiste s'y réunissait deux fois par semaine au sous-sol, pour deux heures environ d'instruction religieuse autour d'un thème fixé pour le mois.

Ce mercredi, une quarantaine de *fellows* (tous étudiants, garçons et filles en nombre égal), étaient au rendez-vous, leur bible à la main. Le président nous sépara en ateliers après deux ou trois chants connus de tous et dirigés par l'un des « leaders ». Chaque groupe, d'une dizaine de personnes, s'isola dans un coin de la salle pour la leçon du jour professée par un leader (les thèmes étant préalablement adressés aux *fellows* sous forme de feuilles polycopiées). Assis sur des bancs, nous suivions sur nos genoux, la lecture puis la paraphrase du texte polycopié. Les références aux Évangiles plongeaient les *fellows* dans leur bible qu'ils maniaient avec une dextérité qui me rappelait celle des étudiants français en droit recherchant dans leur code civil les arguments d'un commentaire d'arrêt. Un frère ou une sœur était alors désigné pour la lecture du passage cité, et pour quelques commentaires. Un mini-débat s'engageait parfois, d'autres fois le leader nous relançait par quelques questions. Les thèmes récurrents de ces séances tournaient autour des problèmes de justice, de corruption, d'inégalités. Les allusions à la vie sur le campus étaient plutôt rares et en général évasives.

Le regroupement des *fellows* s'opéra après que la conclusion des leaders d'ateliers se fut achevée sur quelques minutes de recueillement durant lesquelles, la tête enfouie dans nos bras croisés sur le dossier du banc précédant, nous ponctuions les dernières recommandations du leader de quelques « Amen » et « Alléluia ». Avant le prêche final, censé synthétiser les thèmes abordés en atelier, le recueillement était de rigueur. Ici ou là quelques « alléluia » s'échappaient, rythmant des psaumes dits en silence ; j'observai, mal à l'aise, mes voisins plongés dans une concentration totale. Le prêcheur ranima soudain l'assemblée par deux ou trois « pray the Lord » salués de vive voix par des « Alléluia » de plus en plus forts ; le moment semblait désigné pour les interventions des responsables de groupes, habitués à la prise de parole en public. Que leur propos s'éternisât ou se dispersât, et aussitôt le prêcheur les ramenait dans le droit fil du sermon, martelant de ses clefs la table de sa chaire improvisée.

Le président de BSF prit la place du prêcheur, une fois le sermon terminé, et nous invita à nouveau au recueillement. Tête baissée, yeux clos, les fidèles écoutèrent les dernières décisions du *fellowship*, le programme des semaines à venir, les impératifs des différentes commissions... et l'annonce de nouveaux venus dans la communauté, invités à se lever et à se présenter. Nous n'étions que deux ce soir-là. Un chant joyeux dans lequel j'entendais citer mon prénom nous fut adressé en guise de bienvenue, bientôt suivi d'une farandole qui devait amener un à un l'ensemble des « frères et sœurs » à donner l'accolade aux prosélytes.

La séance s'acheva sur les dernières recommandations du prêcheur (la croisade du vendredi qu'aucun cours ne devait pouvoir empêcher), et notamment sur le soutien à apporter aux nouveaux venus, et spécialement à ce jeune chercheur français... (Yinka lui avait préalablement et à mon insu communiqué toutes informations utiles). Après la quête les fidèles se dispersèrent par petits groupes, en direction de leurs halls respectifs ; les filles pouvaient ôter leur foulard, dehors il faisait nuit. D'autres groupes attendaient que nous libérions la place.

L'activité des groupes religieux, dont nous avons vu plus haut qu'elle ne se limite pas à ces séances de communion, entretient une mobilisation des membres, à deux niveaux bien distincts. Les membres actifs ordinaires, comme l'étaient Ake, Sunday et Athanase, mes informateurs de Independence Hall, se limite en général à l'assistance au *fellowship* une fois par semaine, à la messe le dimanche, et à quelques aides ponctuelles, à l'occasion par exemple du carnaval. En revanche, les visites aux « frères et sœurs » occupent une grande place dans leur emploi du temps extra-scolaire. Ces visites n'ont en principe qu'un vague prétexte religieux, rapidement évacué pour laisser place à des discussions informelles aux sujets les plus divers. La venue d'un *fellow* dans un bloc de résidence exige que la personne visitée en avise les membres du voisinage. Le prêt de matériel, les échanges d'informations pratiques ou l'organisation de convois pour les visites au « village » se négocient lors de ces regroupements, véritables « nœuds de réseaux »[25] dont l'assise territoriale se construit une fois de plus à partir de la résidence universitaire. Les réseaux qui se construisent à partir des *fellowships*, ne doivent pas être compris comme de simples alliances stratégiques, mais comme les réseaux individuels de

25. J'emprunte à H. Bakis (*Les réseaux et leurs enjeux sociaux*, P. U.F, 1993, p. 82), ce concept sous lequel il rassemble les « lieux où les gens se retrouvent informellement » afin d'« y asseoir et entretenir – intentionnellement – des relations personnelles » entre les membres du réseau.

proximité les plus puissants[26] à partir desquels chaque étudiant s'insère dans la structure sociale du campus.

Entre les tracts à distribuer, le démarchage, la participation aux réunions et aux croisades, la messe et les visites aux nouveaux venus, Yinka avouait « ne plus avoir de soirées à lui ». Pour lui, comme pour tous les membres exécutifs des associations étudiantes (notamment Ola et Gabriel cités plus haut), l'investissement dans l'organisation commençait par l'entretien des réseaux communautaires dans son propre hall. Il me rendit par exemple plusieurs fois visite dans les deux ou trois semaines qui suivirent ma participation à la réunion du BSF. De même les *awoites* membres du groupe, qui depuis ce jour m'appelaient « frère », m'invitèrent régulièrement à venir les rencontrer dans leur chambre, et même à les accompagner en ville ou dans leur village durant le week-end Yinka s'était chargé de leur communiquer mon numéro de chambre.

Yinka suivait de près les activités du hall, dont il était également membre de l'EXCO. C'est à ce niveau qu'il négociait l'obtention d'une salle pour une veillée des *awoites* baptistes, ou l'autorisation pour le porte parole de BSF d'entrer dans la cour du hall pour annoncer son programme au mégaphone. Les relations entre associations, et entre administrations et associations, sont sur ce campus facilitées par les multiples liens qu'entretiennent les administrateurs de la vie associative, véritables « têtes de réseaux croisés ». Ces étudiants se placent, à un moment ou à un autre, en interlocuteurs obligés de leurs pairs, et même de l'administration. Leurs noms et leurs activités sont mentionnés dans la presse étudiante du campus, ils forment cette « élite » dont j'ai déjà parlé à propos de ses modes de distinction. Bien que sa fonction et son prestige aient décliné ces dernières années, l'EXCO de la très officielle « Union des étudiants » peut être considéré comme une mire majeure dans la carrière de ces leaders. Il donne notamment accès à un certain nombre de privilèges matériels qui, dans le contexte décrit ici, peuvent paraître exorbitants aux yeux du commun des *uites*[27]. Ola et Gabriel illustrent bien ces carrières de leaders qui les ont conduits à siéger ensemble au sein de l'EXCO de l'Union. Ils ont été tous deux depuis lors amenés à faire des choix, afin d'assurer au mieux la fin que cet investissement sert en dernière instance, à savoir la rentabilité des études :

> **Ola** : «... Je dirais que j'y consacre pratiquement tout mon temps, sauf que je m'assure de pouvoir lire mes livres de temps à autres, afin que mes activités n'affectent pas mes études. Pour information, en tant que

---

26. Auxquels il faut ajouter ceux, avec lesquels ils se recoupent bien souvent, construits à partir des associations d'« État d'origine ».
27. Un bloc de Azikiwe Hall est par exemple réservé aux membres de l'EXCO de l'Union, non concernés par le principe de l'année « off campus ».

président de MSS, tu dois renoncer à des tas de choses. Le président a le dernier mot. Nous avons normalement des célébrations, comme celle qui suit le mois de ramadan. Le président ne peut pas rentrer à la maison, il doit toujours être de ceux qui restent sur le campus… »

Gabriel : « Lorsque j'étais membre de l'Union étudiante, j'ai dû réduire mon temps consacré à IVCU. Avec l'Union, tu as des tas de meetings, de discussions politiques… je ne suis plus membre de l'Union. Avec IVCU, je consacre aux réunions trois heures le mercredi soir et quatre heures le dimanche, ça fait sept heures pour les seules réunions. Pour les meetings de hall, tu sais que chaque hall à son propre *fellowship*, je consacre trois heures. Pour les activités de groupe… je passais au moins deux heures par jour à conduire le bus avant de démarrer sérieusement mon projet de recherche. Je suis très occupé maintenant, et j'ai réduit ça à disons deux heures par semaine. Nous avons par ailleurs toutes sortes de programmes comme les « reconcilers », ce qui m'amène à un total d'une quinzaine d'heures par semaine. »

Conclusion

L'activité religieuse du campus mobilise au total des milliers d'étudiants. Aucun autre projet associatif étudiant ne canalise une telle énergie. Faut-il y voir la conséquence du rôle particulier joué par la religion dans la société nigériane ? Si l'utilisation des réseaux associatifs du campus par des « forces » extérieures a pu être à plusieurs occasions démontrée, j'ai voulu également souligner dans ce chapitre les limites d'une interprétation de l'activité religieuse en termes d'enjeux et de manipulations. La pluralité des formes de cohabitation entre groupes chrétiens et musulmans sur les campus interdit toute généralisation sur les stratégies politiques développées par ces derniers sous couvert de prosélytisme. En revanche, la mise à jour des liens entretenus par les associations avec d'autres groupes officiant sur ou en dehors du campus, nous permet de mieux comprendre la capacité matérielle et financière sans équivalent des associations religieuses, à entretenir la mobilisation de leurs adeptes.

Ces ressources expliquent en partie le dynamisme extraordinaire maintenu par les *fellowships* sur les campus, alors que l'« Union » et la plupart des autres associations, plus dépendantes de l'aide administrative, ont toutes les peines à se maintenir en activité. L'on peut même penser qu'il s'est opéré un transfert des adhérents et des participants aux programmes de ces associations vers les groupes religieux, mieux à même de dynamiser la vie sociale des campus. Ce fait est remarquable à UI comme à Uniport où la lutte d'influence entre chrétiens et musulmans n'avait pourtant pas d'expression collective au moment de mon enquête. S'appuyant sur une identité religieuse profondément ancrée dans l'enfance des étudiants, ces groupes ont une capacité sans égale à organiser une mise en réseau de leurs adeptes, d'abord au niveau des halls, puis à l'échelle du campus, et enfin entre universités d'une même région. Du point de vue des EXCO des *fellowships* et de MSS, j'ai souligné le caractère stratégique de la mise en réseau selon une logique d'expansion territoriale que l'on pourrait qualifier de « succursaliste »[28]. Cette mise en réseau, qui a « la propriété de maintenir ou de restaurer l'ordre des appartenances, des solidarités, nourri du partage d'une histoire, d'une condition... »[29], valorise le lien affinitaire à partir duquel elle se construit pour le « transformer en cause commune »[30]. Le succès de la stratégie des groupes religieux sur le campus doit également beaucoup à la nature et à l'entretien des réseaux établis, comme je l'ai montré à propos des réunions informelles entre *fellows* d'un même hall. Cette souplesse dans l'organisation, « n'interdisant pas que la relation soit actualisable, c'est-à-dire qu'elle puisse être mesurée en capacité d'entraide, d'arbitrage de mobilisation »[31], rencontre l'assentiment des étudiants, surtout des *jambites*, à la recherche d'un renforcement de leurs liens affinitaires préétablis afin de surmonter les difficultés matérielles et affectives de la vie en cité universitaire.

28. Ph. Dujardin, « processus et propriétés de la mise en réseau : débat, problématique, propositions », in Ph. Dujardin (ed), *Du groupe au réseau. Réseaux religieux, politiques, professionnels,* 1988, p. 16.
29. *Ibid.*, p. 20.
30. *Ibid.*, p. 19.
31. *Ibid.*, p. 13.

13

Le mythe communautaire et l'expression collective des identités culturelles

Fonctions et statuts des associations d'État (State of Origin Associations) et de l'International Student Association (ISA)

Dans la deuxième partie, j'ai cherché à mettre en valeur les procédures d'identification à la communauté universitaire de UI. Cette identification repose sur une mythification de la fondation de l'établissement au travers de récits commémoratifs et de la perpétuation de rituels. J'ai également expliqué les mécanismes institutionnels par lesquels s'opère chez l'étudiant cette conversion identitaire, en insistant particulièrement sur les paliers d'intégration mis en place. A chacun de ces paliers, des organisations étudiantes prennent le relais de l'institution, conduisant l'étudiant à s'identifier personnellement à différents groupements, chacune de ces identifications contribuant à créer chez ce dernier, une « communauté imaginée », pour reprendre l'expression de B. Anderson[1]. On remarque que ces organisations sont historiquement les plus anciennes sur le campus, et également les plus dépendantes de l'institution universitaire. Ce sont en particulier la toute puissante Union et ses ramifications chargées de la gestion des halls, mais également les associations dites professionnelles (rassemblant les étudiants d'un même département ou d'une même faculté), ou encore les organisations de presse existant aux différents paliers (hall, département, campus).

---

1. B. Anderson, *Imagined Communities*, Londres Verso 1983, cité dans M. Schudson, « La culture et l'intégration des sociétés nationales », *Revue internationale des sciences sociales,* n° 139, 1994, p. 82. M. Schudson précise : « Le sentiment de communauté est ancré dans certaines caractéristiques sociales, concrètes, observables. Mais lesquelles ? L'imagination intervient en présentant à l'individu l'un (ou plusieurs) de ces groupements comme base essentielle de son identité personnelle et de ses allégeances extrafamiliales ».

Les associations dites « d'État d'origine » peuvent, de par leur statut et leur mode de financement, être assimilées à ce type d'organisation, dans la mesure où elles se posent en interlocuteur officiel de l'administration au nom d'un groupe d'étudiants aux intérêts communs. A cet égard, on serait tenté de les considérer également comme des paliers d'insertion dans la communauté universitaire, puisqu'elles valorisent et collectivisent l'identité culturelle individuelle de l'étudiant (processus identique à celui relevé pour les organisations religieuses), tout en l'insérant dans l'organisation institutionnalisée de la vie sociale du campus. Or, il se trouve que la baisse des ressources des universités nigérianes a entraîné un affaiblissement des moyens institutionnels de contrôle du processus de socialisation de la population étudiante. Privées de l'essentiel de leurs ressources, les organisations étudiantes évoquées ci-dessus ont donc, soit perdu leur fonction d'intégration (cas de la plupart des associations de départements à UI), soit réorganisé et réorienté leur activité pour s'adapter à une vie étudiante de plus en plus dépendante de variables extérieures aux campus. Certaines organisations d'État ou de « Local Government » me semblent bien illustrer cette mutation de la vie associative « institutionnalisée ». Je proposerai ici quelques comparaisons avec des situations observées dans d'autres universités nigérianes, et j'essaierai de montrer le rapprochement que l'on peut faire entre ces associations, dont la vocation essentielle semble aujourd'hui tournée vers la défense de minorités culturelles, et l'ISA qui regroupe à Ibadan un ensemble très disparate d'étudiants autour de leur expérience commune d'étrangers.

Le statut des associations d'État ou de villes : une gestion institutionnelle des ressources et de l'identité culturelle des étudiants

Dans la typologie des organisations étudiantes nigérianes qu'il propose, A. A. Yusuf regroupe sous la rubrique « Welfarist associations », les associations d'« État » d'une part, et celles regroupant des étudiants d'une même ville ou d'une même ethnie d'autre part. Le terme *welfare* nous renvoie à la fonction initiale de ces groupements, c'est-à-dire aux moyens économiques que se donne une communauté pour assurer la promotion sociale de l'un de ses membres. Ces formes de soutiens communautaires liés à des mouvements migratoires se sont largement développées au Nigeria dans les années trente dans un contexte de compétition pour l'accès aux ressources de la ville coloniale[2].

---

2. Voir les allusions que je fais aux « voluntary communal associations » et aux « saving clubs » dans le chapitre 1.

De la même manière ensuite, la concentration des pôles éducatifs autour de ces centres industriels a donné lieu à des migrations de jeunes scolarisés, rendues possibles par un même effort collectif de départ (un village, un quartier, une paroisse...), et par l'utilisation du réseau déjà établi par la communauté dans les villes d'accueil. C'est à ce type de réseaux d'entraide économique que nous pouvons raccrocher les associations « ethniques » (comme la National Association of Urhobo Students) ou de « ville d'origine ». A. A. Yusuf les définit en ces termes :

> « Ces associations rassemblent les étudiants d'une même institution, originaires de telle ou telle ville ou ethnie. Leurs objectifs principaux sont de promouvoir l'unité et la solidarité entre leurs membres, la culture de leur ville ou de leur groupe ethnique, et surtout de pourvoir au bien-être de leurs membres. Elles sont, plus que tout autre groupement étudiant, attachées à ce dernier objectif. En conséquence, il n'est pas surprenant qu'elles soient le premier recours des étudiants en difficultés sérieuses »[3].

Certaines de ces associations n'ont pas d'assise légale sur les campus. C'est le cas par exemple des association « ethniques » puisque cette référence est interdite par les statuts qui régissent le fonctionnement des organisations étudiantes (voir annexe 3). Les membres (une vingtaine) de la NAUS (Urhobo[4]), avec lesquels j'étais en contact à Ibadan, se réunissaient tout de même sur le campus (en général dans une salle de classe), et ils arboraient sans problème le logo de leur association sur leur porte de chambre. Ces associations sont cependant extrêmement rares sur les campus, et ne sont semble-t-il tolérées que pour des groupes ethniques très minoritaires qui n'ont aucun poids dans la géographie socio-politique du pays.

Les associations de « ville d'origine » peuvent n'avoir aucune base légale sur le campus. Mon voisin de chambre à UI, originaire de Awka dans l'État de l'Anambra, se rendait de temps à autres avec quelques collègues dans une villa d'Ibadan où se tenaient les réunions des *awkites*. Dans la plupart des cas cependant, ces associations recoupent des entités administratives territoriales comme les États ou les « gouvernements locaux »[5]. Jusqu'au milieu des années 80, tous les États octroyaient une bourse d'études à leurs étudiants, les associations d'État (présentes sur tous les campus et chapeautées par des conseils nationaux) avaient alors avant tout une fonction administrative de recensement des étudiants originaires d'un même État, et de négociation

3. A. A. Yusuf, *op. cit.*, p. 239.
4. Groupe ethnique de la région de Benin City (Edo State).
5. Les trente-six États de la fédération sont divisés en gouvernements locaux, « troisième échelon du gouvernement dans l'édifice fédéral » depuis une réforme de 1976. Ces collectivités ont en principe une population comprise entre 180 000 et 800 000 habitants. Cf J.-P. Daloz, « L'administration locale au Nigeria », in *Politique africaine,* n° 32, décembre 1988, pp. 91-94.

du montant et des modalités de versement des bourses. L'adhésion était par conséquent automatique. A celle-ci s'ajoutaient d'autres fonctions comme l'organisation de semaines d'animations culturelles sur les campus, dans le but de faire connaître la langue et les coutumes de l'ethnie dominante de l'État :

> **Brian** : « Bon, c'est un moyen de se retrouver entre gens de même culture, de même langue. Ici les Yoruba dominent et tirent avantage de leur supériorité, ils sont chez eux et nous le font sentir. Arrive un moment où tu as besoin de ce regroupement »[6].

A Ibadan, j'ai pu remarquer que l'activité culturelle des associations d'État variait en fonction de facteurs tels que l'homogénéité culturelle de l'État, sa localisation sur le territoire nigérian, le nombre d'étudiants le représentant à UI, et la proportion de filles. Les associations d'États yoruba (70 % des étudiants) n'organisaient aucune manifestation culturelle (l'université étant elle-même implantée en pays yoruba). Les associations représentant les États du Nord, bien que culturellement très homogènes (dans les États de Borno, Katsina, Kano et Sokoto, le groupe ethnique des Hausa-Fulani représente plus de 90 % de la population), s'en tenaient également à leurs fonctions administratives. Il faut signaler ici que chacun de ces États n'envoyait à Ibadan qu'entre quinze et vingt étudiants, garçons pour la plupart. On imagine mal ces groupes organisant un carnaval, une soirée d'animation autour des modes vestimentaires, ou une élection de la « miss » de leur région. Les rares manifestations proposées par ces groupes se limitaient à quelques « meetings » sur l'histoire du peuplement hausa ou sur des questions de géopolitique. Les deux réunions de ce type auxquelles j'ai assisté, regroupaient une trentaine d'étudiants de ces régions du Nord. Les associations des États du centre du Nigeria (le « Middle Belt »), peu représentées à UI (une centaine d'étudiants de l'État de Benue, et une vingtaine du Plateau), limitaient également leur activité au recensement des étudiants en vue de la distribution des aides étatiques éventuelles, et à des prises en charge collectives de frais, comme par exemple l'organisation du transport vers leur région à l'occasion des vacances. Le « Middle belt » est marqué par une forte hétérogénéité culturelle (Nupe, Birom, Tiv, Igala), linguistique et religieuse. Les associations des étudiants originaires des États de l'Imo et de l'Anambra (population ibo à plus de 90 %) étaient sans conteste les plus dynamiques sur le campus. Leurs carnavals étaient organisés sur un même mode : ils empruntaient le traditionnel parcours des cités universitaires. Garçons et filles, vêtus des costumes du pays ibo et de masques, s'élançaient les premiers exécu-

---

6. Étudiant en maîtrise d'aménagement urbain à UI, originaire de l'Imo State. Entretien réalisé le 25 juin 1991 à Awolowo Hall.

tant quelques danses aux portes des halls, suivis d'un orchestre de percussionnistes installés sur le plateau d'une Peugeot. Leurs carnavals excitaient cependant moins la curiosité des résidents que la soirée « culturelle » qui clôturait leur semaine annuelle d'animation, où les parodies de professeurs et l'élection des « Miss Imo » et « Miss Anambra » attiraient les foules. Le maintien de l'activité « culturelle » de ces deux associations s'explique à mon sens par les facteurs suivants : les étudiants originaires de l'Imo et de l'Anambra sont tous ibo, et constituent la plus forte minorité culturelle sur le campus (1 157 étudiants en 1991, garçons et filles dans les mêmes proportions, auxquels on peut ajouter bon nombre des 208 étudiants de l'État d'Akwa Ibom)[7]. Leurs activités peuvent ainsi fort bien se passer du soutien des autres étudiants, elles ont d'ailleurs pour vocation première d'entretenir la dynamique communautaire au sein du groupe ibo. Ces organisations bénéficient de plus du soutien actif des associations ibo basées en ville. C'est probablement au sein de cette population que les réseaux d'entraide liés aux mouvements migratoires depuis la période coloniale sont restés les plus actifs[8].

Financées à la fois par les États, par les cotisations étudiantes et par l'université (sous forme d'aides ponctuelles pour l'organisation de fêtes et de manifestations sportives), les associations d'État sont restées longtemps repliées sur les campus, leurs coordinations nationales n'intervenant que dans le recensement des étudiants « ayant-droits » et dans la négociation du montant des bourses. Ainsi structurée, la répartition des aides de l'État aux étudiants ne devait souffrir aucune accusation de clientélisme ethnique, et les conflits potentiels liés au montant des bourses devaient pouvoir se résoudre sans intervention de la Fédération des unions étudiantes. L'abandon progressif des programmes étatiques de bourses d'études depuis le début des années 80, et le repli corollaire des étudiants sur les universités de leur région, ont considérablement affaibli cette fonction d'intermédiaire et d'interlocuteur des associations d'État. Quant à la promotion collective des identités culturelles, dont elles sont les seules garantes légales, on peut considérer, là

7. Les chiffres relatifs à la distribution géographique des étudiants sont tirés du *Digest of Statistics* de l'université d'Ibadan (vol. 3, n° 1, 1988), actualisés à ma demande en 1991 par les services du « Planning Division ».

8. O. Nnoli, *Ethnic Politics in Nigeria*, *op. cit.* Brian (entretien cité plus haut) porte un regard plutôt critique sur la perpétuation de la prise en charge de migrants par les réseaux communautaires ibo, extra-universitaires : «... Il y a même en plus les associations de « Local Government », il y en a une ici pour ma ville. C'est comme ça, même en ville, je sais qu'ils sont quatre ou cinq de mon village à Ibadan, ils se regroupent en association.... Les réseaux existent toujours, même moi, à Lagos on m'a proposé de financer mes études par l'association de mon « Local Government ». Mais les choses ont changé., ça, c'était la vie ibo sous forme communautaire, socialiste pourrait-on dire. Mais c'est fini, on est tous en ville maintenant, et c'est la réussite individuelle qui compte. Si on t'aide, il faudra rendre et même plus. Moi j'ai préféré refuser ça ».

encore, que la régionalisation des sphères d'attraction des universités a perturbé le contrôle institutionnel sur la régulation des formes d'expression de l'ethnicité. Nous avons vu, dans la deuxième partie, le rôle actif joué par le « sentiment ethnique » dans la compétition pour l'accès aux ressources coloniales. Il n'est pas étonnant que ce « processus de structuration culturelle et identitaire » ne soit, depuis l'indépendance du Nigeria, jamais absent du politique. Si l'on considère avec J.-F. Bayart l'ethnicité comme « un canal par lequel se réalise la compétition en vue de l'acquisition de la richesse, du pouvoir, du statut »[9], on peut alors aisément concevoir que l'université, longtemps perçue au Nigeria comme terrain de reproduction de l'élite, se soit naturellement retrouvée au centre des rivalités ethniques. La canalisation de l'expression de l'ethnicité au travers d'associations étudiantes d'États, et la non-reconnaissance des associations tribales ou ethniques par les universités, doivent alors être comprises dans cette politique éducative des années soixante-dix, visant à réduire les disparités régionales (donc à stabiliser les populations étudiantes sur leurs sphères culturelles d'origine), et à multiplier les contacts interculturels dans des cadres formels (le NYCS notamment), dans le but d'assurer à l'État le monopole de l'expression culturelle.

Autonomisation progressive par rapport à l'institution et ouverture sur la ville : les nouveaux enjeux des associations d'État

Les associations étudiantes « welfarist » sont donc doublement dépendantes de l'État. De par leur financement direct par les États ou les gouvernements locaux d'abord, mais également en raison du financement de leurs activités culturelles par l'université. La récession économique des années quatre-vingt et l'engagement du Nigeria dans un programme d'ajustement structurel ont considérablement réduit ces ressources. De fait, ces associations ont perdu, aux yeux des étudiants, l'essentiel de leur intérêt (la gestion des bourses). La plupart d'entre elles limitent désormais leurs activités à l'organisation d'une ou deux manifestations formelles par an, et éprouvent les plus grandes peines à mobiliser leurs adhérents. Nous avons vu cependant, avec le cas des associations de l'Anambra et de l'Imo à UI, que certaines circonstances pouvaient conduire au maintien de leur activité, à la condition que les étudiants trouvent en dehors des campus les appuis financiers et matériels nécessaires. Cette ouverture sur la ville ne rencontre d'écho que si la communauté étudiante concernée est conséquente, homogène sur le plan culturel, et très éloignée géographiquement de sa région

9. J.-F. Bayart, *L'État en Afrique. La politique du ventre, op. cit.*, p. 82.

d'origine. Dès lors, ces associations constituent, au même titre que les groupements religieux vus précédemment, un terrain d'expression politique intéressant les minorités ethniques établies dans la ville d'implantation du campus.

A. A. Yusuf, dans son approche politiste des groupements étudiants nigérians a bien relevé cette transformation de la fonction et de la dépendance des associations « welfarist »[10]. Selon lui, les États du Nord (qui sont aujourd'hui les seuls à maintenir une politique de financement des études par le biais des associations d'États) entretiennent la mobilisation de ces associations perçues comme de véritables fronts politiques pour contrer les « forces démocratiques et progressistes » à l'intérieur du mouvement étudiant. Dans le cas des associations représentant des États du Sud, l'auteur signale les pressions extérieures aux campus pour mobiliser les étudiants sur des valeurs communautaires comme l'ethnicité dans un contexte d'« intensification des tendances chauvines entre États, communautés et groupes ethniques »[11] qu'il attribue à la profondeur de la crise économique. L'auteur illustre cette politisation croissante des associations « welfarist » en soulignant leur insistance à promouvoir leurs candidats aux postes-clés des unions étudiantes.

Mes observations ne m'ont par permis de confirmer ou d'infirmer cette analyse dans le cas d'Ibadan. Il me semble là encore qu'il soit difficile d'extrapoler à partir du cas de Zaria comme le fait A. A. Yusuf. Les clivages ethniques et religieux se recoupent globalement à ABU où la forte minorité d'étudiants originaires du Sud-est nigérian tend à se rassembler dans un même hall et à vivre repliée sur elle-même, à l'image de cette ségrégation culturelle caractéristique de la distribution de l'habitat dans les villes du Nord depuis la période coloniale[12]. Les pressions extérieures et la diffusion de messages politiques au travers d'associations construites sur la valorisation de liens affinitaires, fortement ancrés dans une histoire commune, y sont, pour ces raisons, clairement identifiables. Les étudiants originaires du Sud ont à Zaria un comportement grégaire et discret à la fois, comparable à celui des étudiants étrangers à Ibadan. Ils trouvent dans les groupements religieux et les associations « welfarist », une forme de sécurité matérielle et affective, dont leurs représentants peuvent ensuite collectiviser l'expression :

> **Georges** : «... Chaque étudiant qui arrive à l'université d'un État quel qu'il soit, est normalement accueilli par les étudiants de son État qui ont une expérience de quelques années dans l'université. Il est donc supposé s'intégrer à ce groupe. En gérant de la sorte sa nouvelle vie

10. A. A. Yusuf, *op. cit.*, p. 238.
11. *Ibid.*
12. O. Nnoli, *op. cit.*, p. 116.

tout en côtoyant les gens de sa communauté, il sera encouragé par ce qu'ils font, ce qu'ils pensent, et ce qu'ils projettent collectivement... »[13]

L'association des étudiants du Rivers veille, à ABU beaucoup plus qu'à Ibadan par exemple, à maintenir cet esprit communautaire, en favorisant les regroupements dans certains halls, et en tentant d'éviter aux étudiants l'année d'isolement « off campus ». On retrouve, dans les propos de Georges, cette même justification culturaliste soulignée chez Gabriel (responsable IVCU à Ibadan), de l'infranchissable fossé entre gens du Nord et gens du Sud. Ainsi à propos de Samaru, le village voisin du campus de ABU, où nombre d'étudiants se logent durant l'année « off campus » :

> « le problème de Samaru, c'est que la ville de Zaria a été conçue d'une telle manière... Les gens qui occupent cette ville sont des musulmans typiques, des Hausa Fulani. Ils ont un mode de vie tel que l'architecture de leurs maisons est adaptée à leurs préceptes religieux. Ils construisent par exemple des maisons qui n'ont pas de fenêtres pour cacher leurs femmes. Dans certaines de ces maisons les hommes sont interdits, ils ont comme cela des lois et des traditions qu'ils suivent. Tu ne peux pas imaginer par exemple qu'un étudiant de Port Harcourt ou Lagos, habitué à une certaine qualité de vie, vienne et s'abaisse à vivre ainsi simplement parce qu'on ne l'a pas logé sur le campus. Il sera prêt à dépenser plus de mille nairas, pour racheter une place en cité universitaire et conserver ainsi son style de vie. »

Ces problèmes de logement ne peuvent être résolus pour tous les étudiants par conséquent les associations d'États du Sud cherchent en ville les appuis nécessaires, auprès des regroupements d'habitants de même origine (ici l'État de Rivers) :

> « Ils sont chaleureux et encourageants, parce que les gens en ville nous voient comme leurs propres enfants partageant les mêmes opinions et les mêmes valeurs. Ainsi puisqu'ils s'occupent de nous comme de leurs enfants, c'est pour eux une sorte de responsabilité de nous aider par tous les moyens... »

Cette assistance peut dans certains cas ne pas se limiter à des aides individuelles et concerner le fonctionnement de l'association d'État elle-même :

---

13. Georges, *Youth Corper* à Jos, diplômé de ABU (arts plastiques), ancien président de l'association des étudiants du Rivers State à ABU. Entretien réalisé le 28 avril 1992.

« Parfois ils viennent à nos réunions, et nous aident financièrement quand cela est nécessaire, quand nous voulons lancer des projets collectifs par exemple. A l'époque où j'étais président, nous avions des problèmes d'argent et nous voulions fêter le départ de deux membres de l'EXCO suite à leur diplôme. En fait ceux de la ville nous ont dit de ne pas nous inquiéter, ils se sont cotisés et nous ont apporté l'argent. »

Lorsque les associations ont atteint ce degré-là d'organisation, nous pouvons rapprocher leur fonctionnement de celui des associations religieuses. On peut en effet parler ici de mise en réseau, puisque l'association d'État, dégagée des fonctions qui lui furent initialement assignées, gère, sur des bases nouvelles (l'adhésion y est volontaire et non plus automatique) et avec de nouveaux appuis, la cohésion et les intérêts d'une population étudiante de même origine culturelle. Remarquons que les références ethnicistes sont globalement absentes du discours de Georges, cité ci-dessus. Le Rivers est un État très hétérogène sur le plan culturel, où aucune langue vernaculaire ne s'est imposée face à la *lingua franca* et à ses dérivés créolisés. De plus, comme je l'ai déjà souligné, il faut ici prendre en compte l'homogénéité culturelle à laquelle sont confrontés les étudiants venant du Sud, lorsqu'ils arrivent à Zaria en pays hausa. L'anglais cède ici la place au hausa, y compris au guichet de la poste et sur les affiches publicitaires. Il se dégage de l'architecture des villes, des pratiques religieuses et des tenues vestimentaires, une uniformité inconnue dans leur région d'origine, d'où la recherche d'une définition plus large de leur identité culturelle où les considérations politiques se mêlent aux questions religieuses et linguistiques.

Contrairement aux universités du Sud installées dans des États pluri-ethniques comme celles de Lagos, Benin City, ou Port Harcourt et où les brassages de populations étudiantes n'ont pas permis la réorganisation des associations d'État en réseaux d'entraide et de solidarité, les campus du Nord où j'ai pu séjourner (Kano, Zaria, Yola) semblent susciter des formes collectives de réaction à une situation d'étrangeté, dont les associations d'État restent, de par la neutralité affichée de leur appellation, l'expression la plus visible et la plus efficace.

Prédominance des intérêts économiques dans le fonctionnement des associations étudiantes : le cas de l'ISA

Les exemples donnés ci-dessus (associations des États de l'Imo et de l'Anambra à Ibadan et association du Rivers à Zaria) tendent à prouver que la perpétuation des activités des associations d'État, n'est possible qu'à deux conditions : qu'il y ait sur le campus une population étudiante dominante, culturellement homogène (les Yoruba à Ibadan et les Hausa à Zaria par exemple), et que les étudiants puissent trouver dans l'association, désormais organisée en réseau informel, le soutien matériel et financier que l'université et l'État ne leur accordent plus. Lorsque ces conditions ne sont pas réunies, comme pour la plupart des associations d'État à UI, les étudiants cherchent auprès d'autres réseaux, plus étroits (les associations de gouvernements locaux) ou valorisant d'autres liens affinitaires (les groupes religieux), la solidarité affective et matérielle nécessaire à leur maintien sur le campus. On pourrait attendre des étudiants étrangers inscrits dans les universités nigérianes, une même tendance au regroupement motivée par leur expérience commune d'expatriation. C'est dans cette optique que j'ai abordé à UI le fonctionnement de l'International Students Association (ISA) et la question des réseaux migratoires qui conduisent les étudiants étrangers vers telle ou telle université nigériane.

Diversité des situations d'expatriation

Les universités nigérianes rassemblaient en 1992 moins de mille étudiants étrangers, soit environ 0,5 % de la population étudiante. Leur répartition révèle une forte concentration dans les grandes universités fédérales (210 à UI et 205 à Unilag) et dans les villes frontalières (142, dont 128 Camerounais à Calabar)[14]. La progression des effectifs d'étudiants étrangers a été continue jusqu'en 1981. Leur nombre s'est alors stabilisé durant quelques années autour de 2 % de la population totale, il est en régression régulière depuis 1986.

La moitié des étudiants étrangers est aujourd'hui originaire de la partie anglophone du Cameroun. Ils étaient soixante-deux à UI lors de mon séjour, non-boursiers et inscrits pour la plupart en faculté de médecine ou en troisième cycle d'« Agriculture & Forestry ». J'ai donné dans la troisième partie, deux exemples (Innocent et Mariyo) caractéristiques du type de migrations individuelles repérées chez les étudiants camerounais. Ils entrent en général au Nigeria sans certificat d'inscription, et entament une tournée des grandes universités du pays, en profitant localement de l'assistance des « compatriotes » déjà installés. J'ai également évoqué leur regroupement en un même hall de résidence (Awolowo) à l'université d'Ibadan. Cette tendance est caractéristique de l'ensemble des communautés nationales, et rendue possible par la dérogation accordée aux étudiants étrangers, aux règles d'attribution des chambres. Les motivations d'inscription des étudiants camerounais dans les universités nigerianes sont liées à deux facteurs, aux dires des intéressés. D'une part l'absence de réelles pos-

14. Chiffres tirés du *Commonwealth Universities Yearbook 1992.*

sibilités de suivre de longues études en anglais à l'université de Yaoundé, et d'autre part la recherche de diplômes internationalement reconnus dans des disciplines comme la médecine ou l'ingénierie agricole. Facilités par l'effondrement de la valeur des monnaies des pays hors zone franc, les mouvements migratoires liés aux études de la minorité anglophone du Cameroun révèlent souvent des trajectoires complexes, et une grande connaissance de la valeur des diplômes et des conditions d'études, proposées ici ou là.

Vincent, vingt-trois ans, résidant à Awolowo Hall, inscrit depuis deux ans en troisième cycle d'agriculture à UI, avait entamé un premier cycle à Yaoundé, avant d'émigrer vers Freetown (Sierra Leone) où il obtint sa licence. A l'époque de notre entretien, il possédait un cyclomoteur pour se rendre sur son terrain d'expérimentation situé au-delà de la faculté d'agriculture. Confortablement installé dans une chambre partagée avec un étudiant gambien (chacun avait son bureau, son ventilateur électrique, son ensemble radio-cassettes...), sans squatter, Vincent bénéficiait de conditions d'études assez surréalistes au regard de ce que j'observais chez les étudiants nigérians. A l'image de Mariyo me retraçant son parcours d'Afrique centrale en Afrique de l'Ouest, en quête d'une faculté de médecine stable et de solide réputation, Vincent me rapportait un discours souvent entendu dans la communauté camerounaise, visant à justifier et à valoriser sa présence à Ibadan :

> **Vincent** : « Quand tu viens de l'étranger, il n'y a qu'Ibadan qui compte, ou alors Nsukka et ABU dans une moindre mesure. Pour mon département [agriculture], UI c'est la Sorbonne de l'Afrique de l'Ouest ! On travaille dur pendant cette année-là[15], pas le temps de se distraire, et même souvent le week-end. Moi je n'ai même pas le temps d'aller à la messe ! Mais je sais que quand je rentrerai au pays, mon diplôme sera reconnu. Bien sûr l'admission est plus facile si tu te présentes par exemple à Ogun State University. Mais quand tu rentres au pays, surtout chez les francophones et que tu te présentes chez l'employeur, il va te dire : « Ogun, Ogun, c'est où çà ? connais pas moi ! ». Au moins UI, il en aura entendu parler. Même les Nigérians, après le premier degré, ils essaient d'obtenir une inscription en maîtrise de sciences à UI »[16].

Aux côtés de ce groupe mixte d'étudiants camerounais non boursiers, venus individuellement chercher au Nigeria des formations inexistantes ou de médiocre qualité dans leur pays, l'université d'Ibadan accueillait cette année-là dix-huit étudiants nigériens. Dans le cadre d'un programme d'échange (non reconduit depuis 1992), ils étaient une cinquantaine à s'inscrire chaque année dans le premier cycle

15. Allusion à la maîtrise qu'il vient de terminer.
16. Entretien réalisé le 15 mai 1991 à Awolowo Hall.

d'une formation universitaire nigériane, après une année d'« anglais intensif » dispensée à l'université de Sokoto. Environ quatre cents étudiants nigériens étaient en 1992 ainsi répartis sur le territoire nigerian en fonction des formations retenues dans l'accord[17].

Les dix-huit étudiants nigériens (dix-sept en « Agriculture and Forestry » et un en médecine) de UI étaient boursiers de leur gouvernement. Malgré des mesures récentes de restriction (une demi-bourse seulement pour les deuxième et troisième années), leurs conditions de vie étaient plus confortables que celles de la plupart de leurs homologues nigérians. L'agencement de leurs chambres à Independence Hall témoignait d'une véritable installation : ustensiles de cuisine, ventilateurs et décoration signalaient une adaptation complète au mode de vie étudiant local. Abdou, interrogé sur ses relations avec son pays[18], insistait sur le bien-être que ses compatriotes et lui-même éprouvaient à UI dont ils appréciaient en particulier l'animation et la décontraction des relations entre garçons et filles. Il faut signaler ici qu'à l'inverse des Camerounais, les étudiants nigériens n'avaient pour toute expérience universitaire à leur entrée à UI, qu'un stage de quelques mois sur le campus de Sokoto (Usman Danfodyio University), implanté en zone rurale et réputé pour son austérité.

> **Abdou** : « Avant je rentrais en juillet, à Noël, et à Pâques... Et puis cette année je ne suis pas rentré. Bon nous avons plus de travail et puis je me sens bien ici, y'a les copines, au pays je reste dans la famille. Maintenant je trouve que le voyage en taxi jusqu'à Tahoua, c'est un peu long. [...] Maintenant c'est plus comme avant. Les premiers qui sont venus, c'était pour une année seulement après leur licence, ensuite ils étaient placés au pays. C'est moins évident maintenant au Niger, si je pouvais avoir la bourse, j'aimerais mieux continuer ici... »

Abdou et ses compatriotes s'investissaient plus que les autres étudiants étrangers dans les activités récréatives du campus. Je les trouvais régulièrement à SUB ou sur les terrains de sport, ils s'impliquaient activement dans le fonctionnement de l'ISA et dans l'association de leur département. Les références à leur communauté « nationale » et les discussions sur la situation politique et économique de leur pays

---

17. Les informations sur le programme d'échange entre les deux pays m'ont été données par les étudiants nigériens eux-mêmes. On trouve également dans les universités du Nord des étudiants venus individuellement du Niger (je n'ai pas de chiffres à leur sujet). Leur migration s'appuie sur les réseaux déjà bien en place liés au commerce transfrontalier, elle est facilitée par l'usage de la langue hausa de part et d'autre de la frontière dans cette région. Dans certains cas, ces étudiants disposent de papiers nigérians, les autres sont soumis comme les Camerounais à un renouvellement trimestriel de leur carte de séjour.

18. Abdou, étudiant en troisième année de *Forestry* à UI entretien réalisé le 17 mai 1991 à Independence Hall.

étaient beaucoup plus rares que chez les Camerounais et les Sud-Africains. Les albums photos, qu'ils me commentaient comme le faisaient les étudiants nigérians, lors de mes premières visites dans leurs chambres, laissaient peu de place aux souvenirs du « village ». J'y trouvais les traditionnelles poses avec les « copines » devant la porte principale de UI, ainsi que quelques témoignages des liens qui unissent les Nigériens des différentes universités de la région, et qui constituent leurs rares occasions de sorties du campus (ici une pose collective avec les compatriotes de Ifé, là une cérémonie de Graduation à Unilag...).

Avant de nous interroger sur la nature des liens qui unissent les membres de la « communauté étrangère » de UI, il me reste à évoquer pour compléter cette présentation, la population sud-africaine, les « individuels » et les étrangers non africains.

Trois étudiants sud-africains logeaient à Awolowo Hall dans une chambre dont je partageais le balcon. C'est par leur intermédiaire que je suis entré en contact avec la communauté sud-africaine de UI (douze étudiants)[19], seule population étrangère à être confrontée aux mêmes difficultés financières que le commun des étudiants nigérians. Jeff, Kwesi et Joe, tous trois membres de l'ANC, avaient quitté leur pays depuis plusieurs années pour un périple les conduisant l'un vers la Bulgarie et la Guinée, et les autres vers le Zimbabwe et la Tanzanie, et qui les avait finalement réunis par hasard à Ibadan. Jeff et Joe étudiaient le théâtre, et Kwesi la médecine. Les Sud-Africains n'avaient aucune consigne quant aux formations à suivre. Par exemple Joe (dix années d'exil) entreprenait sa troisième licence, sans illusion sur les perspectives professionnelles qu'elle lui offrirait dans son pays.[20] Ces étudiants formaient à UI un groupe soudé et très marginal. Leurs difficultés financières et la méfiance réciproque qui caractérisait leurs relations avec les étudiants nigérians[21] les éloignaient des lieux

---

19. Ils étaient encore en 1992 plus de trois cents, dispersés sur les universités fédérales du Nigeria.

20. Les étudiants sud africains, pour la plupart militants du Congrès national africain (ANC), étaient invités par le Nigeria. Une bourse leur était octroyée par le Luthuli Memorial Trust Fund (fondation proche de l'ANC, basée à Londres et financée en grande partie par le gouvernement australien). Les étudiants éprouvaient les pires difficultés à vivre avec les quelques centaines de nairas qu'ils recevaient, et soupçonnaient le gouvernement nigérian de ne pas leur restituer la totalité de leur bourse. En 1991 et 1992, plusieurs manifestations (*sit-in*, grèves de la faim) ont été organisées à Lagos, à l'occasion desquelles les Sud-Africains, réclamant leur rapatriement, dénonçaient pêle-mêle leur détresse matérielle, l'ostracisme dont les Nigérians (y compris les étudiants) faisaient preuve à leur égard, et l'absence de reconnaissance internationale des formations dans lesquelles ils étaient engagés. Un article faisant le point sur leur situation matérielle a été publié le 26 mai 1991 dans le quotidien nigérian *The Guardian* sous le titre « South African Students : In The Horn Of A Dilemma » (A. Obi et C. Oji-Okoro). En 1995, il ne restait qu'une dizaine de Sud-Africains dans les universités nigérianes, la plupart ayant quitter le pays sans même achever leur cycle d'études.

21. Mes camarades nigérians me reprochaient souvent de « traîner » avec les Sud-

d'animation du campus comme le Black Market ou SUB. Les Sud-Africains ne circulaient qu'entre leur département et leurs chambres où ils se réunissaient le soir pour écouter la BBC « world service » (relais très efficace de la campagne de séduction alors menée par le gouvernement de Klerk). J'ai retrouvé ces étudiants à UI en 1992, sans nouvelles de leur famille, et toujours dans l'expectative quant à la restitution de leur passeport et à l'obtention d'un billet d'avion pour l'Afrique du Sud, qu'aucune autorité n'était semble-t-il prête à prendre en charge. Quant à leurs relations avec les étudiants nigérians, elles semblaient définitivement altérées depuis que la fermeture de plusieurs campus avait conduit le gouvernement nigérian à rassembler pour quelque semaines tous les Sud-Africains à UI :

> **Jeff** : « Ils étaient tous là, à Awo, on était content mais il n'y avait rien à faire. Alors on traînait toute la journée. Les autres avaient une petite allocation pour leur déplacement... donc tous les soirs à SUB on buvait et on foutait le bordel en rentrant à Awo... on se battait aussi quand on était bourrés... mais que faire, l'ennui c'est mortel ».

Dans la catégorie des « individuels », signalons la présence à UI en 1991 de quelques étudiants africains (un Gambien, un Tanzanien, un Béninois, trois Ghanéens) envoyés au Nigeria par leur pays d'origine pour suivre des formations particulières. Ceux-là étaient boursiers, dans une situation matérielle comparable à celle des Nigériens. Partageant leur chambre avec des étudiants nigérians ou d'autres nationalités, ils ne se distinguaient ni par des regroupements, ni par des habitudes de vie particulières. Toute autre était la situation des étrangers non africains (une dizaine), originaires pour la plupart de pays asiatiques. Communément appelés « Oyibo »[22] comme moi, ces étudiants formaient un groupe très soudé. L'un d'entre eux avait gardé la voiture de ses parents rentrés aux Philippines, et on les voyait circuler sur le campus en soirée. Familiers des bars et restaurants « chics » de SUB, ils se mêlaient volontiers aux étudiants nigérians pour des parties de cartes ou des tournois de ping-pong. Cinq d'entre eux résidaient en cité universitaire (quatre à Tedder Hall et un à Awolowo), les autres logeaient en ville chez des compatriotes ou chez leurs parents. Ces étudiants avaient un niveau de vie largement supérieur à celui de leurs

---

Africains qualifiés de violents et d'alcooliques. Ces critiques et les rumeurs qui couraient sur leur compte n'échappaient d'ailleurs pas à l'attention des intéressés : « Au département les Nigérians me voient fumer et ils me font des remontrances, ils croient aussi que je passe mon temps à boire et au total ils se disent que je dois avoir pas mal d'argent du gouvernement... Quand je leur ai dit combien nous avions, certains n'ont pas voulu me croire. » (Jeff, entretien du 30 mars 1992).

22. Terme yoruba désignant l'homme blanc, et par extension tout étranger non-africain.

homologues nigérians, perceptible à leurs tenues vestimentaires, à l'équipement de leurs chambres ou encore à leurs habitudes alimentaires. Tidji[23] était de ces étudiants arrivés au Nigeria plus de dix ans auparavant avec leurs parents. Les siens étaient enseignants à Ibadan jusqu'au jour (en 1986) où comme des milliers d'Indiens, de Pakistanais et de Libanais, ils ont quitté ce pays ayant perdu, sous les effets conjugués de la baisse de la rente pétrolière et de la dévaluation du naira, son label de « Brésil de l'Afrique ». Tidji qui n'avait alors connu que les écoles secondaires nigérianes dont il était sorti avec son GCE/« A level », s'est inscrit en université à Ibadan. Comme il s'amusait à le souligner, Tidji coûtait moins cher à ses parents (environ 1 000 dollars par an) que s'il s'était inscrit dans son propre pays. La décision de rester fut vite prise, d'autant que lui se plaisait ici, dans la ville de son enfance, dont il connaissait mieux les coutumes et la langue que celles de son pays natal.

Tidji et ses compères étaient de tous les étudiants étrangers, les mieux intégrés à la population étudiante de UI. Ils formaient un groupe soudé par leur situation commune d'étrangers privilégiés, installés ici depuis longtemps. Celui-ci s'appuyait, comme les groupes d'étudiants nigérians, sur un réseau de connaissances dans la ville d'Ibadan (chez lesquelles ils regardaient les chaînes de télévision de leurs pays ou des États-Unis, et auxquelles ils empruntaient ou changeaient de l'argent en toute confiance). On les trouvait par ailleurs dans toutes les soirées où leur voiture et leur aisance financière relative leur assuraient un franc succès auprès des étudiantes ; ils étaient également de toutes les manifestations de leurs départements et de leurs halls. Enfin ce groupe des « non-Africains » comptait parmi les membres sinon actifs, du moins réguliers des réunions de l'ISA.

Quels intérêts communs autour de l'ISA ?

Comme le stipule la constitution[24], les étudiants étrangers sont automatiquement membres de l'ISA. Cette organisation rejoint les associations « welfarist » dans la typologie proposée par A. A. Yusuf, puisque, comme les associations d'« État d'origine » ou de gouvernements locaux, elle se pose en interlocuteur entre les étudiants et l'université dans le but de « créer et maintenir des liens directs entre les étudiants étrangers et l'administration de l'université d'Ibadan afin de s'assurer

23. Indien, vingt-trois ans, en maîtrise de Chimie, résidant à Awolowo Hall. Entretien biographique, mai 1991. J'ai retrouvé Tidji en juin 1992 à Lagos où suite à l'obtention de sa maîtrise, il avait trouvé un emploi dans une entreprise indienne d'import-export.
24. Cf. annexe 3 A, article II.

que des solutions seront trouvées aux problèmes auxquels sont confrontés les étudiants étrangers »[25].

Alors que, comme nous l'avons vu plus haut, la plupart des associations d'État ont perdu leur fonction première d'intermédiaire dans la distribution des bourses aux étudiants, l'ISA conservait en 1992 son statut d'interlocuteur obligé d'un sous-ensemble d'étudiants, en même temps que sa contribution à leur implication dans la gestion de leurs conditions d'existence sur le campus. L'ISA doit ce statut aux règles qui régissent le séjour des étudiants étrangers au Nigeria. C'est à elle que revient le rôle de recenser les étudiants étrangers inscrits à UI, et de faire remonter en bonne et due forme leurs demandes de renouvellement de permis de résidence (tous les trois mois pour les « private »[26] et tous les ans pour les autres, boursiers de leur gouvernement et inscrits dans un programme d'échange).

L'ISA avait en revanche, lors de mon séjour, plus de mal à maintenir sa fonction d'instance de négociation (à supposer qu'elle l'eût été un jour). Les portraits de communautés brossés ci-dessus soulignent à quel point il semble difficile d'envisager la population étrangère comme une et indivise (diversité des trajectoires migratoires, des situations matérielles et financières, et des formes de cohabitation avec la population locale). Dès lors, on peut se demander quels terrains de négociation peuvent unir une population aussi hétérogène, une fois passés le cap de l'admission et celui de l'obtention du permis de résidence. En dehors des liens nationaux motivés par l'emploi de langues communes, par des regroupements en vue des « voyages au pays », ou par des situations administratives particulières, les interactions quotidiennes entre étrangers n'existaient que dans les cas de proximité résidentielle. Au troisième étage du bloc A, à Awolowo Hall, communément appelé « international floor », les étudiants étrangers (camerounais pour la plupart) prenaient à l'occasion leurs repas ensemble, ou s'installaient dans le couloir pour des discussions sur les filles du hall, les problèmes matériels du jour ou la situation politique de tel ou tel pays. Ces discussions où se mêlaient le français, l'anglais et le registre linguistique imagé propre aux questions d'immigration, renvoyaient alors aux Nigérians l'image d'une communauté étrangère soudée dont ils supportaient assez mal l'aisance matérielle et financière. Pourtant, ni les étudiants sud-africains du bloc H, ni les Ghanéens du bloc B, ni même le Béninois du C, n'apparaissaient dans ces regroupements, motivés avant tout par un voisinage immédiat (gestion commune des balcons, des toilettes...)[27].

---

25. *Ibid.*, article III.
26. Sont qualifiés de « private students » dans les documents de la NUC, tous les étudiants, nigérians ou étrangers, ne bénéficiant d'aucune aide financière publique (11 500 étudiants sur 12 000 à UI en 1991-1992) par opposition aux « sponsored students » (60 des 210 étrangers inscrits lors de cette session).
27. Voir mes propos sur les territoires de Awolowo Hall dans les chapitres 10 et 11.

Dans ces conditions les réunions de l'ISA attiraient rarement plus de vingt personnes. Le conseil exécutif de 1991 eut toutes les peines à atteindre le quorum nécessaire à son élection. Toutes les mesures annoncées, affectant les étrangers, donnaient lieu à une distribution de tracts de l'ISA, qui, à l'image des associations étudiantes nigérianes n'hésitait pas à s'appuyer sur des rumeurs, puis à les propager pour mobiliser ses troupes. Ce fut le cas en juin 1991, lorsque circula sur le campus une information selon laquelle les droits d'inscription des étrangers seraient portés à 2 000 dollars par an, ceci s'ajoutant à leur exclusion des cités universitaires surpeuplées, annoncée pour la session suivante. Une assemblée générale de l'ISA s'en suivit, annoncée comme « meeting décisif car notre maintien sur le campus est en jeu ». Trente-cinq personnes s'étaient déplacées ce dimanche (dont plus d'une dizaine de Nigériens). Je fus surpris de noter qu'à l'ordre du jour déjà inscrit au tableau à notre arrivée, les questions du logement et des droits d'inscription ne figuraient respectivement qu'en neuvième et onzième position. L'essentiel de la réunion fut en fait consacré à l'organisation de « la semaine de l'ISA » et en particulier aux questions de protocole. Ce meeting me rappelait, par son caractère très formel, les nombreuses réunions d'étudiants nigérians auxquelles j'ai pu assister. Les membres de l'EXCO se tenaient sur l'estrade, en costume, et chaque prise de parole d'une personne de l'assistance était obligatoirement précédée de la formule « Mister President, members of the House ». Au terme de deux heures de réunion, les points neuf et onze furent finalement reportés à une date de discussion ultérieure en l'absence d'informations officielles. L'EXCO avait réussi ce jour-là à attirer quelques étudiants en donnant un intérêt économique à leur déplacement, et à les enrôler dans l'organisation d'une manifestation culturelle dont, semble-t-il, peu d'entre eux se préoccupaient.

La domination des étudiants nigériens dans l'EXCO'91 peut être rapportée à leurs efforts évoqués plus haut pour s'intégrer à la population du campus et aux habitudes de la vie étudiante locale. L'entretien avec Abdou et Souleymane traduit à la fois cette volonté de s'impliquer dans la vie sociale et leur désarroi face à l'inactivité du groupe d'étudiants dont ils étaient depuis peu les représentants :

> **Question** : « Au niveau culturel, l'association organise sa « semaine » ou autre chose ?
>
> **S** : Oui normalement, mais bon l'année dernière il ne s'est rien passé… c'est dommage parce qu'on devrait faire connaître nos pays et tout… Bon si, on a fait un repas à l'extérieur et c'était bien. Mais là, cette année, la plupart des étudiants étrangers ne savent même pas qui fait partie du nouveau bureau, et nous on ne sait pas exactement combien il y a d'étudiants étrangers ! » [28]

28. Entretien avec Abdou et Souleymane (12 juin 1991), récemment élus au sein de l'EXCO de l'ISA.

Dans un État pluri-ethnique comme le Nigeria, où malgré d'importantes migrations de population vers les pôles industriels, les différences culturelles restent tranchées d'une région à l'autre, la spécificité de la population étudiante étrangère tient essentiellement à sa situation administrative. Dès lors qu'ils sont en situation régulière, les étrangers cessent de former un ensemble à part. Venus pour la majorité d'entre eux de pays frontaliers (Cameroun, Niger Bénin), partageant au moins une langue commune avec le Nigeria, ou installés depuis suffisamment longtemps à Ibadan pour en connaître les habitudes, les étudiants étrangers connaissent les mêmes problèmes d'adaptation à l'environnement de UI que leurs homologues nigérians venus de l'est ou du nord de la Fédération. Sans doute la vie étudiante nigériane a-t-elle ses spécificités, mais elle tend surtout, par la désagrégation de ses mécanismes traditionnels de régulation, à imposer aux étudiants le recours à des stratégies comparables à celles observées dans d'autres pays d'Afrique noire, tant au niveau de la recherche de financements, que dans le contournement des pénuries (de place, de livres, d'eau...)[29]. Les étudiants étrangers actuellement inscrits, qui pour la plupart (seuls les Nigériens ne sont pas dans cette situation) ont déjà une expérience de ce mode de vie, n'ont guère besoin de rechercher dans une association comme l'ISA un renforcement des liens affinitaires et de solidarités qu'ils entretiennent déjà sur d'autres bases. De plus, en situation de crise économique propre à réveiller les réactions xénophobes, et alors que la plupart d'entre eux ont un revenu supérieur à celui des étudiants nigérians, on peut comprendre que les étrangers manifestent peu d'empressement à exprimer collectivement leurs difficultés quotidiennes.

Créée dans le flot des instances a-politiques et non syndicales d'expression des identités et des besoins propres de sous-groupes étudiants, l'ISA, de par son inscription dans un projet de régulation institutionnelle des activités sociales sur le campus, s'est peu à peu affaiblie sous l'effet conjugué de la baisse de la proportion d'étrangers sur le campus, et de la transformation progressive des formes et motivations des migrations internationales d'étudiants[30].

---

29. Pour un panorama des conditions d'études dans les universités d'Afrique noire, voir le supplément « Campus » du quotidien *Le Monde* (07 janvier 1993). M. Aulagno (« l'angoisse d'une année blanche au Sénégal ») décrit en ces termes la rentrée universitaire à Dakar : « La rentrée universitaire s'est déroulée dans le calme en décembre dernier. L'un après l'autre les départements ouvrent leurs portes et démarrent leurs cours dans des conditions habituelles [...] les étudiants arrivant dans les amphithéâtres bondés avec une natte sous le bras pour s'asseoir par terre. L'eau manque toujours dans les salles de travaux pratiques de biologie, et les gargotes, petites cantines de fortune, palient les insuffisances du restaurant universitaire. La routine », p. 15.
30. Le nombre d'étudiants étrangers inscrits dans les universités africaines est en baisse dans les principaux pays d'accueil depuis le milieu des années 80 (P. J.-M. Tedga, *L'enseignement supérieur en Afrique noire : la catastrophe ?, op.*

Conclusion

L'université résidentielle s'est exportée au Nigeria avec son mythe d'une cohabitation harmonieuse entre étudiants d'origines sociale et culturelle diverses. Cette conception holiste de l'intégration et de la socialisation a conduit l'institution à stimuler l'activité associative étudiante, provoquant un entrecroisement de réseaux de sociabilité et d'instances de négociation, que d'aucun ont analysé comme autant d'efforts pour briser l'émergence de l'expression politique des étudiants[31].

Dans le contexte particulier du Nigeria, les associations étudiantes d'« État d'origine », au-delà de leurs fonctions culturelles, ont permis dans les années 70 au gouvernement central de contrôler les mouvements de la population étudiante, en faisant de ces structures les intermédiaires nécessaires à l'obtention de bourses d'études. Sans doute le spectre d'une résurgence des tentations sécessionnistes ne fut-il pas étranger à cette initiative qui s'inscrit dans la droite ligne des mesures de reprise en main par le pouvoir central de la gestion des universités. Les États puis les gouvernements locaux, alors chargés de redistribuer, via les associations « welfarist », les deniers du budget fédéral, ont eu, dès le début des années 80, à gérer un déséquilibre entre l'offre et la demande de bourses. Ils l'ont fait en favorisant le peuplement des universités implantées sur leurs propres territoires[32], et en pénalisant les étudiants désireux d'aller chercher ailleurs des formations de meilleure réputation ou inexistantes dans leur État d'origine. Ces stratégies ont contribué à restreindre les déplacements des étudiants, puis ce processus de sédentarisation s'est accentué à partir de 1986 avec la quasi-disparition des bourses d'études. Si l'on regarde la dispersion actuelle des étudiants dans les établissements selon leur État d'origine, il apparaît que seuls les jeunes Ibo (dont le taux de scolarisés parmi les 18-24 ans est le plus élevé de la Fédération) et quelques ressortissants des États du Nord « désavantagés sur le plan éducatif » (selon la terminologie officielle) continuent à voyager dans le pays en quête d'une formation efficace.

Pour les étudiants originaires d'États « désavantagés », la situation reste inchangée puisqu'ils sont les seuls aujourd'hui à bénéficier systématiquement de bourses d'études. Cette population est peu nom-

---

cit., p. 124). L'abandon ou la désagrégation depuis cette même époque, des programmes de coopération régionale en matière d'enseignement et de formation, se traduit au Nigeria par une raréfaction de l'accueil de groupes nationaux sur des programmes d'échanges, et par un alignement des migrations d'étudiants sur les réseaux économiques préexistants (Togolais à Lagos, Camerounais à Calabar, Nigériens à Sokoto et Kano).

31. Cf. chapitre suivant.
32. La création des universités d'État date de 1982.

breuse, et comme je l'ai expliqué plus haut, ses associations « welfarist » se contentent, dans les universités du Sud, d'assumer leurs fonctions administratives. Pour les autres migrants (principalement les jeunes Ibo), y compris les étrangers, la nature même du projet migratoire s'est totalement transformée en moins de dix ans. En premier lieu, l'État n'est plus partenaire de ce projet dont il assumait auparavant l'essentiel du coût. La décision se prend désormais à l'intérieur de la famille, et peut donc être considérée comme un objectif économique[33], la formation universitaire devenant dans ces conditions une étape dans une migration de plus longue durée.

Le projet concerne également, nous l'avons vu, les membres de la famille et les proches installés dans la ville universitaire d'accueil : ceux-ci participent activement à l'installation du nouvel arrivant, en le logeant, le nourrissant et en le mettant en relation avec d'autres proches installés sur le campus. Ces migrations empruntent des chemins déjà tracés par d'autres membres de la communauté d'origine de l'étudiant, elles s'appuient sur les mêmes réseaux (églises, associations...) élaborés en dehors de l'institution universitaire. Les associations « welfarist », dépossédées de leur fonction économique, ne contribuent désormais au renforcement et à la valorisation des liens affinitaires entre étudiants de même origine (ou de même condition), que dans les rares cas (les associations ibo de UI par exemple) où elles sont intégrées à un réseau communautaire solidement établi hors-les-murs du campus. Dans les autres cas, leur nombre d'adhérents ne dépasse aujourd'hui plus guère celui des membres du bureau, qui s'exercent au jeu du pouvoir en petits comités. Leur niveau d'activité relève du symbole, celui du maintien d'instances de participation des étudiants aux décisions les concernant, mais elles n'assurent plus leur fonction de régulation des relations inter-ethniques sur les campus.

---

33. Dans son article sur les migrations féminines au Nigeria, P. K. Makinwa-Adebusoye (« Women Migrants in Nigeria », *International Sociology,* vol 9, n° 2, juin 1994), souligne quelques tendances générales de l'actualité des migrations dans ce pays. Les 15-29 ans constituent les deux-tiers des migrants. Les Ibo et les Yoruba représentent 90 % de cette population. La poursuite des études concerne 10 % de ces migrations (tendance en baisse). Dans la ville d'accueil, plus de 50 % d'entre eux s'installent d'abord chez un membre de la famille.

14

Transformations du leadership étudiant

Marginalisation des instances représentatives et renforcement des pouvoirs de l'exécutif des Unions

Dans la littérature consacrée à l'histoire sociale des universités nigérianes, les unions étudiantes occupent une place majeure, en raison des multiples facettes que revêtent leurs activités sur les campus, et des problèmes plus généraux qu'elles soulèvent, de liberté d'expression et de participation des étudiants à la gestion des établissements.

L'historiographie du mouvement syndical étudiant se confond dans ce pays avec celle des grandes révoltes nationales marquées par l'intervention de l'armée dans les campus et la mort d'étudiants, et soldées par l'exclusion des leaders, la fermeture des universités concernées et la proscription de leurs Unions. La presse écrite elle-même, se fait largement l'écho de chacune de ces révoltes, faisant place dans ses colonnes aux billets des administrateurs de la NUC, des ministres fédéraux et d'États, des représentants des syndicats étudiants et enseignants, en s'octroyant au passage un rôle de médiateur déterminant dans le règlement des conflits. Les restrictions portées à la liberté d'expression politique depuis le coup d'État de 1983 ont, dans un premier temps, donné un relief nouveau aux mouvements syndicaux universitaires, encore protégés par une tradition de liberté académique. Depuis lors, dans l'affrontement entre étudiants et pouvoir fédéral, les revendications corporatistes ont cédé rapidement le pas à des questions politiques d'« intérêt national », dans lesquelles s'engouffrent divers groupes de pression extérieurs à l'institution[1]. Mais l'attention portée de toutes parts aux actions étudiantes tient également à la tournure systématiquement violente voire meurtrière qu'elles prennent :

---

1. Sur cette question de l'exploitation des actions étudiantes par des « groupes d'intérêts » et des « activistes non étudiants », voir T. N. Tamuno, *Nigerian Universities, their Students and their Society, op. cit.*, p. 28.

> « Entre 1948, lorsque fut créée l'université d'Ibadan, première université du Nigeria, et 1978, il y eut environ vingt grosses manifestations étudiantes. Cependant, entre 1978-1979 et 1989 le nombre de manifestations et de violentes explosions par les étudiants d'université au Nigeria a plus que doublé. Les révoltes de 1978 et de 1989 ont eu un véritable retentissement national.
>
> Dans une étude récente sur les révoltes urbaines en Afrique de l'Ouest, Wiseman remarquait que les révoltes étudiantes étaient les plus nombreuses, bien que les petites manifestations sur les campus soient rapidement découragées ou réprimées[2]. Plus encore, le Nigeria se trouve en tête de liste, autant par le nombre que par la gravité de ses conflits auxquels, selon Wiseman, la réponse gouvernementale prend le plus souvent la forme d'un « emploi massif de la force »[3].

L'activité quotidienne des Unions étudiantes ne peut cependant se résumer aux combats politiques qu'elles ont pu mener contre leurs administrations de tutelle ou contre le pouvoir fédéral lui-même. Il convient à mon sens de bien dissocier ce qu'est le mouvement étudiant nigérian (né dans les années 20 à Londres), de ce que sont les Unions. Chaque université dispose d'une telle instance représentative, chargée de « développer et de gérer les intérêts culturels sociaux et sportifs des étudiants, et d'être une tribune d'élaboration de propositions visant à accroître le bien-être des étudiants »[4]. Les Unions sont à cet égard des organisations étudiantes, soumises au règlement de la vie associative de leurs universités de rattachement, fédérant d'autres organisations comme les comités exécutifs de gestion des halls ou les associations de départements, mais elles ne disposent d'aucun droit d'expression hors-les-murs du campus.

Nous essaierons dans ce chapitre de comprendre l'évolution de ces deux dimensions de l'action syndicale étudiante, en insistant particulièrement sur les transformations de leurs fonctions de représentations. Les Unions étudiantes sont, de par leurs statuts et leur mode de financement, totalement liées à leur institution de tutelle ; elles en sont même l'instrument privilégié de gestion des activités extra-scolaires des étudiants. Nous tenterons donc de percevoir, en examinant le cas de UI, en quoi ces organisations font aujourd'hui les frais du désengagement de l'institution vis-à vis de ses fonctions de soutien aux activités sociales sur le campus. Enfin, puisque l'un des objectifs annoncés

---

2. Référence à l'article de J. Wiseman « Urban Riots in West Africa », *Journal of Modern African Studies,* 24, 1986, p. 511.
3. A. O Sanda, « Violent Protests, Government Response and Death on Nigerian Campuses », in A. O Sanda (ed), *Understanding Higher Educational Administration in Nigeria, op. cit.*, p. 94.
4. Annexe 3, Statuts de l'Union des étudiants, Université Ahmadu Bello, Zaria. (traduit du « Student Handbook » 1990-1991).

de l'Union est l'« initiation à un leadership mature et responsable »[5], nous examinerons plus en détail, au niveau de la gestion d'un hall, les modalités de l'exercice du pouvoir d'un comité exécutif.

Historique des formes de l'expression des revendications étudiantes au Nigeria

Dans notre recherche des principes de cohésion, d'intégration et de hiérarchisation de la population étudiante, nous nous attacherons plus dans ce sous-chapitre à l'évolution de la structuration des mouvements syndicaux étudiants, qu'aux enjeux politiques nationaux sous-jacents à chacune de leurs actions. Nous porterons également une attention particulière aux canaux et aux formes de communications mises en oeuvre par les leaders, tant au niveau national qu'à celui d'un campus en particulier, pour mobiliser les étudiants et asseoir leur autorité.

Structuration des Unions locales

L'histoire d'un mouvement structuré de revendications des étudiants nigérians commence avec la réunion d'étudiants africains inscrits dans les universités britanniques et américaines, et ce dès les années 20. Ce regroupement déboucha en Angleterre sur la formation en 1925 de la *West African Students'Union* (WASU) dont le combat mené pour le développement d'institutions d'enseignement supérieur, puis pour l'accès des colonies britanniques ouest-africaines à l'indépendance, a été largement étudié[6]. Né à l'extérieur du pays, ce mouvement s'est ensuite structuré à l'intérieur avant même la création du premier établissement d'enseignement supérieur, ce qui signifie qu'une tradition de revendication politique des étudiants nigérians préexistait au développement de leurs instances de représentation locales et corporatistes. Les leaders étudiants d'aujourd'hui, y compris ceux de UI, ne s'y trompent pas lorsqu'ils invoquent une filiation directe entre leur Union et la WASU[7], alors que les brochures com-

---

5. *Ibid.*
6. Voir notamment A. O Nwauwa, « The British Establishment of Universities in Tropical Africa, 1920-1948 », *op. cit.*, p. 256 et suite ; E. M'Bokolo (ed) *Afrique noire : histoire et civilisations,* t. 2, XIXe et XXe siècles, *op. cit.* ; M. Cornevin, *Histoire de l'Afrique contemporaine de la deuxième guerre à nos jours, op. cit.*, et S. Okeowo, « Student Unionism on Nigerian Campuses : a Curse or Blessing ? », in NUC (ed), *25 Years of Centralised University Education in Nigeria, op. cit.*, pp. 89-97.
7. S. Okeowo, *op. cit.*, p. 90.

mémoratives officielles tissent des liens exclusifs entre l'histoire des Unions étudiantes et celle des universités[8].

L'ouverture de l'université d'Ibadan en 1948 marque la naissance de la première Union locale des étudiants. Son existence et ses statuts sont inscrits dans la première constitution de l'université, dans des termes similaires à ceux reproduits en annexe. Jusqu'à la fin des années 50, cette union s'est cantonnée dans l'organisation d'activités socioculturelles. Comme le souligne E. S Ajibade, les étudiants ne disposaient alors pas d'instance d'élaboration de propositions en direction de l'administration[9]. Sans doute le noyau d'étudiants privilégiés et confortablement installés dans cet établissement n'avait-il alors que peu de revendications à formuler quant à ses conditions d'études. Il faut attendre 1958 pour que la population étudiante de l'université-collège, forte d'un SRC (*Student representative Council*), formule les premières revendications relatives à ses conditions d'existence :

> « La « crise de la clôture »[10] de 1958 intervint suite à une série de mesures provocatrices prises par l'université. Les étudiants se plaignaient de manière incessante depuis un certain temps de la mauvaise qualité de la nourriture. Ils prirent comme une provocation supplémentaire, la décision des autorités de ceinturer de clôtures de fils barbelés le rez-de-chaussée des halls durant les vacances scolaires, et ceci sans en avoir averti les étudiants, dans le but de prévenir toute violation du territoire des résidences. [...] Les étudiants eurent alors le sentiment que l'université était allée trop loin, qu'ils étaient « comme des oiseaux en cage », mal nourris et de plus empêchés d'utiliser leurs accessoires électriques. Après plusieurs meetings de l'Union, les autorités de l'université reçurent un ultimatum de quelques jours pour satisfaire la demande d'un retrait de l'« embargo sur leur liberté » formulée par les étudiants. Comme l'université ne semblait pas prête à revenir sur ses premières décisions, les étudiants décidèrent d'arracher eux-mêmes les barbelés en signe de protestation. Ceci conduisit à la fer-

---

8. Dans un chapitre consacré à la vie étudiante, la brochure commémorant le quarantième anniversaire de l'université d'Ibadan distingue l'histoire de l'Union des étudiants, en insistant sur ses contributions au développement des activités sportives, et culturelles, de l'histoire de l'agitation étudiante où le rôle de l'Union n'est plus mentionné. (*University of Ibadan 1948-1988, Fortieth Anniversary Brochure*, p. 34).
9. E. S. Ajibade, *Impact of Student Participation in University Governance on Campus Activism and Goal Achievement in Nigerian Universities*, thèse, University of Ibadan, 1983, p. 10.
10. Les crises étudiantes nigérianes, tant au niveau local qu'au niveau national, sont communément référencées sous une appellation en signalant soit l'événement, soit le slogan principal. On évoque ainsi « fence crisis » (Ibadan 1958), « we cannot carry plates » (Ifé 1969), « Kunle Adepeju crisis » (Ibadan 1971, du nom de l'étudiant tué par la police suite à une manifestation contre la mauvaise gestion des cafétérias), « Ali must go » (nationale 1978, du nom de ministre de l'Éducation nationale) ou « anti SAP » (nationale 1989).

meture de l'établissement, à l'interdiction provisoire de l'Union, et à l'exclusion des étudiants de toutes les instances de décisions auxquelles ils étaient depuis peu conviés »[11].

L'enchaînement des faits dans ce premier affrontement interne à l'université se révèle identique dans toutes les manifestations ultérieures sur lesquelles nous disposons de témoignages. Quel que soit l'intérêt accordé par les étudiants à l'Union et à ses représentants, on remarque qu'aucune révolte survenue depuis lors ne s'est produite sans que soit directement impliquée l'Union. A quelque époque qu'on les étudie, et quelle que soit la nature du régime en place, les explosions sociales à l'intérieur des campus nigérians se soldent systématiquement par la suspension des activités de l'Union des étudiants. Les administrations des universités nigérianes se sont montrées incapables de gérer cette contradiction due à une structuration des Unions dont elles ont elles-mêmes rédigé la constitution. La mise en place d'assemblées représentatives dont l'élection s'établit sur une base résidentielle, ou le principe d'une adhésion obligatoire des étudiants[12], ont généré chez ces derniers, même les plus sceptiques, un sentiment d'appropriation de l'Union. Nous verrons plus loin à quel point les agissements de ses responsables exécutifs sont, aujourd'hui encore, surveillés par les étudiants de UI autant que par l'administration. Il n'est pas étonnant que l'État ait fini par repenser le mode d'affiliation des étudiants aux Unions en donnant certaines consignes aux établissements, comme la suspension du principe d'adhésion automatique, ou celui de l'affiliation à l'Union de la plupart des organisations étudiantes sur les campus.

Ces mesures étaient réclamées par les vice-chanceliers des universités les plus turbulentes depuis plusieurs années, mais également par J. Aminu, secrétaire exécutif de la NUC au moment où éclata l'une des plus graves crises étudiantes de l'histoire des universités nigérianes (« Ali must go », avril 1978). Alors que les revendications des étudiants portaient essentiellement sur des questions financières affectant le principe de gratuité de l'enseignement (augmentation du prix des repas, abandon du plan de prêt aux étudiants, augmentation des droits de scolarité dans le secondaire), J. Aminu adressa, quelques mois après le conflit, les recommandations suivantes à la « commission des crises universitaires » :

> « Les responsables d'université dépensent une part disproportionnée de leur temps à résoudre des problèmes de logement, qui les détournent de la tâche éducative pour laquelle les universités ont été établies. [...] Il est re-

11. E. S. Ajibade, *op. cit.*, p. 12.
12. Jusqu'au milieu des années 80, les Unions sont financées par les cotisations directement perçues sur les droits d'inscription.

grettable que nos universités ne se soient pas résolues à adopter une politique non résidentielle, estimant que cela est impossible avant même d'avoir essayé. Les autorités en sont aujourd'hui réduites à montrer à leurs visiteurs une chambre de cité conçue pour deux ou trois, occupée en fait par cinq étudiants ou plus, et parlent avec amusement d'une « association de squatters » sur leur campus, alors qu'elles devraient savoir mieux que quiconque, avec quelle facilité la congestion conduit au soulèvement »[13].

Viennent ensuite les responsabilités imputées aux « organisations contribuant de manière significative aux affaires du système universitaire » et notamment aux syndicats étudiants, à propos desquels J. Aminu émet les critiques et les recommandations suivantes :

> « Dans cette crise il est clair qu'il n'y avait pas d'unanimité au sein des étudiants, et qu'il y avait intimidation de la majorité par une petite minorité. Si la minorité militante constitue elle-même le leadership, alors ce leadership est mauvais. Si les leaders ne disent pas la vérité à leurs troupes, alors ce leadership est également mauvais. Les personnes capables de débarrasser l'Union d'un mauvais leadership sont les étudiants eux-mêmes et les autorités de l'université. [...] Le syndicalisme devrait être un choix entièrement volontaire de la part de l'étudiant. La suggestion a déjà été faite, à laquelle j'adhère totalement, de l'abandon de l'inscription automatique des étudiants à leur Union locale. Les autorités de l'université devraient décider de la catégorie de la population étudiante apte à devenir membre de l'Union avant que celle-ci soit reconnue »[14].

Les propos de J. Aminu soulignent à quel point les représentations des étudiants sur leur propre condition et leur capacité de mobilisation s'organisent à partir de leur hall de résidence. Dans l'histoire des conflits internes aux universités nigérianes, les questions relatives à ces halls ont provoqué les plus graves crises. Celles-ci se sont précipitées depuis le début des années 70 alors qu'à l'explosion de la demande répondait le projet d'abandon progressif par l'État de la prise en charge systématique des besoins des étudiants. Les cités sont par tradition les territoires des étudiants. Au fil des années ce sentiment de propriété s'est trouvé renforcé par l'affaiblissement de l'autorité administrative, en raison notamment de la disparition d'anciens rituels qui lui assuraient une surveillance effective des comportements et de l'état d'esprit des étudiants, mais aussi par une moindre assiduité du *Master*, du *Warden* et de son assistant, dans leur suivi de la gestion quotidienne du hall. En s'intéressant au déroulement même des conflits, on remar-

---

13. J. Aminu, « The genesis, escalation and the remedies to the Nigerian students crisis of April 1978 », Memorandum to the Universities Crisis Commission, in J. Aminu, *Quality and Stress in Nigerian Education*, 1986, p. 11.
14. *Ibid.*, p. 33.

que que c'est à l'intérieur des halls, et non dans les installations de l'Union (SUB), que s'organise la mobilisation. C'est également des halls que partent les cortèges de manifestants qui suivent, à Ibadan, le même parcours que celui des carnavals, avant le rassemblement devant les bureaux du vice-chancelier ou aux portes de l'université, selon la nature et la destination des revendications. Les récits de manifestations que j'ai rapportés de Port Harcourt, Ibadan et Zaria évoquent tous le repli des manifestants sur leur hall en cas d'intervention de la police. Celle-ci d'ailleurs, une fois donnée l'autorisation d'intervention sur le campus, se dirige tout droit vers les halls, qui sont à chaque fois le théâtre de violences meurtrières[15].

L'affiliation des associations étudiantes aux Unions locales est un autre fait essentiel de la structuration du syndicalisme étudiant. La multiplication du nombre de ces associations (organisations « welfarist » et clubs de presse notamment) a contribué au renforcement de la position des Unions et de leurs EXCO. Leur leadership s'est peu à peu étendu à l'ensemble des activités étudiantes, leur conférant une position stratégique évidente au niveau de l'information et du contrôle des revendications, et aussi en raison de leur pouvoir de redistribution des subventions perçues. Le contrôle des Unions est ainsi rapidement devenu l'objet d'une lutte acharnée entre groupes d'étudiants en fonction des intérêts politiques, ethniques, ou religieux, défendus par les associations affiliées et leurs groupes de soutiens extérieurs :

> « A un moment, vers le milieu des années cinquante, les élections de l'exécutif et de l'assemblée représentative se tenaient sur la base des branches étudiantes des partis politiques nationaux. Cette pratique qui avait pour conséquence d'introduire l'acrimonie des partis politiques dans le milieu universitaire, fut heureusement rapidement abandonnée. Depuis, les élections ont lieu sur une base individuelle. Rapidement, alors que le Nigeria s'engageait sur la voie de l'indépendance, les rivalités ethniques commencèrent à dominer les élections de l'Union. Cette tendance devint

15. En mai 1986, les étudiants de ABU ont organisé un rassemblement pour commémorer les événements de 1978 (« Ali must go ») au cours desquels plusieurs de leurs camarades furent tués par la police. Cette manifestation prit la forme d'une procession circulant de halls en halls, y compris celui des filles (Amina Hall). L'administration saisit cette occasion pour expulser deux membres exécutifs de l'Union, considérés comme « totalement responsables de la violation du règlement de l'université concernant la cité universitaire des filles » (interdite d'accès aux garçons). L'épreuve de force qui s'ensuivit, se solda par l'intervention de la police le 23 mai 1986 et par la mort d'étudiants (quatre selon la police, douze selon la presse et les témoignages recueillis par le syndicat national du personnel enseignant des universités, ASUU), et la destruction quasi totale de certains halls. Pour une analyse détaillée du déroulement et des conséquences de ces événements, voir le rapport très documenté publié par l'ASUU (*The killing at ABU*, Academic Staff Union of Universities of Nigeria, Ahmadu Bello University Branch, 1986)

plus marquée encore, lorsque durant la crise nigériane, la plupart des étudiants Ibo se retirèrent d'Ibadan, laissant aux Yoruba une majorité indisputée. [...] D'une certaine manière, ce qui se passe à Ibadan n'est rien d'autre que le reflet de ce qui se passe dans la société nigériane toute entière. Il s'agit là sans doute d'un aspect du syndicalisme étudiant auquel il convient d'accorder une attention particulière »[16].

Le principe de l'adhésion automatique des étudiants à leur instance représentative, condamné par J. Aminu, a lui aussi fortement contribué au renforcement de l'autorité des Unions locales. Imaginé à l'origine pour centraliser l'ensemble des dépenses relatives aux activités extrascolaires, et pour responsabiliser les étudiants dans la gestion de ces activités, l'adhésion automatique a placé les EXCO d'Unions en position de gestionnaires de budgets devenus rapidement colossaux avec la croissance des effectifs des années soixante et soixante-dix.[17] Dans toutes les universités, ce phénomène, doublé d'une perturbation permanente du fonctionnement démocratique des Unions (conflits permanents entre les groupes de pression au sein de l'assemblée représentative, fermetures brutales et répétées des établissements), s'est traduit par une généralisation des malversations financières au sein des EXCO, sortes d'« État dans l'État » échappant à tout contrôle administratif :

> « Il faut dire que l'université n'a pas fait grand-chose pour corriger la situation. L'Union des étudiants est un organe autonome, et cette autonomie de l'Union a été utilisée par les autorités de l'université comme une excuse à leur passivité devant la totale irresponsabilité financière des étudiants. Les comptes de l'Union ne font pas l'objet d'audits réguliers, et ne sont jamais remis en cause ; l'intendance de l'université ne reçoit pas même une copiedes vérifications comptables effectuées »[18].

La particularité de la situation de l'Union d'Ibadan tient moins à l'ampleur des malversations relevées, qu'à l'étendue des pouvoirs de l'EXCO. Le syndicat de UI y dispose d'installations et de privilèges inconnus des autres Unions locales (véhicules, bâtiments spacieux du Students'Union Building, chambres réservées en cités universitaires), offerts en 1957 par l'administration britannique de ce qui était alors l'unique université du pays. Bien qu'écartée depuis toujours des véritables instances décisionnelles de l'université, l'Union peut être consi-

16. O. Ikime, « Problems of Student Welfare », in J.-F. Ade Ajayi et T. N. Tamuno (eds), 1973, *op. cit.*, p. 251.
17. Pour le cas d'Ibadan, dont les effectifs sont passés de 104 étudiants en 1948 à 1 256 en 1961, puis à 3 773 en 1971, O. Ikime (*op. cit.*, pp. 249 et 251) remarque que « les revenus de l'Union issus des cotisations et des subventions de l'université atteignaient 16 000 nairas (en 1971), nous sommes loin des 1 890 nairas du budget de l'année 1957-1958. »
18. *Ibid.* p. 252.

dérée comme un véritable terrain d'apprentissage du leadership, et son EXCO comme une classe dirigeante à l'accès balisé par certaines étapes obligatoires (participation aux conseils exécutifs de halls et d'associations, liens avec des organisations puissantes, extérieures au campus, comme les partis politiques, les Églises...). P. Van den Berghe remarquait ce phénomène dès 1970, en insistant particulièrement sur les perspectives offertes par l'accès à de telles positions :

> « Avant les coups d'État militaires, l'activité militante des étudiants était liée au jeu politique des partis nés sur des bases ethniques. Les candidats étaient souvent liés et supportés par les partis politiques ; l'accès à l'exécutif de l'Union servait d'initiation au monde politique des adultes, et les heureux candidats voyaient leur carrière assurée, en dépit du moindre temps consacré à leurs études et de leurs piètres résultats scolaires. Depuis l'établissement d'un régime militaire, les partis politiques ont été officiellement interdits, mais l'activité militante des étudiants est toujours un moyen d'accaparer le feu des projecteurs, et de s'assurer un meilleur avenir professionnel »[19].

Les années 60 et 70 ont marqué un tournant incontestable tant dans les modalités d'exercice du leadership étudiant, que dans la nature des revendications étudiantes. Je viens d'exposer un certain nombre d'éléments structurels internes au système universitaire nigérian permettant d'expliquer cette évolution et nous verrons plus loin ce qu'il en est advenu ces dernières années. Comme je l'ai souligné plus haut, le syndicalisme étudiant s'est d'abord développé en dehors des campus de ce pays, sur une base nationale. Avec la multiplication du nombre des établissements depuis l'indépendance, les tentatives de coordination nationale des Unions étudiantes ont perpétué cette conception d'un militantisme étudiant ouvert aux questions d'intérêt national, et n'ont cessé de constituer un casse-tête pour la commission nationale des universités, tenante d'un syndicalisme corporatif cantonné à l'intérieur des campus.

NUNS, NANS : aléas de la mise en réseau national des Unions locales et enjeux de la communication étudiante entre les campus

> « L'histoire du syndicalisme étudiant au Nigeria est une histoire de larmes, de sueur et de sang. C'est l'histoire des gaz lacrymogènes, des coups de matraque et des balles reçus par les étudiants. C'est l'histoire de la « gâchette facile », du sadisme et du vandalisme exubérant des forces de l'ordre nigérianes ».

19. P. Van den Berghe, *op. cit.*, p. 177.

Ces propos amers constituent le bilan qu'en 1988, S. Okeowo[20], ancien président de la NUNS, dressait d'une trentaine d'années de syndicalisme étudiant au Nigeria. Il est vrai que depuis 1956, date de naissance de la NUNS, l'expression nationale des revendications étudiantes ne s'est qu'épisodiquement inscrite dans un cadre légal. Que l'on évoque les combats pour l'accès à l'indépendance en 1957, contre le pacte de défense anglo-nigérian de 1960, contre la fraude électorale lors des élections fédérales de décembre 1964, pour la démocratisation de l'enseignement en 1978, contre le programme d'ajustement structurel en 1989, ou contre les décrets limitant le droit d'inscription et pour le rétablissement des bourses d'études en 1991, le scénario répressif déjà évoqué revient comme un leitmotiv.

La mobilisation sans précédent réussie par la NUNS en 1978 (« Ali must go »), puis sa dissolution par le gouvernement fédéral, sa recomposition sous le nom de NANS, immédiatement suivie d'une nouvelle dissolution en 1986 par la commission des vice-chanceliers, suite aux événements de Zaria[21], témoignent des difficultés rencontrées par le gouvernement fédéral dans sa volonté affichée depuis le milieu des années soixante-dix, de limiter les possibilités de communication inter-universités des étudiants. L'absence totale d'« espace de concertation » en dehors des campus, où la représentation nationale des étudiants puisse faire valoir ses vues, a jusqu'à ce jour induit une logique de l'affrontement entre les étudiants et l'État, faute d'interlocuteur[22].

Dans ce contexte, la question de la représentativité des instances nationales de coordination des Unions locales s'est rapidement posée. Dans ses phases d'existence légale, la NUNS fit l'objet, pour son contrôle, d'une lutte sans merci entre les Unions locales des grandes universités fédérales pour attirer vers elles son siège exécutif :

> « Au niveau national la principale ligne de clivage est souvent l'université : généralement les quatre universités s'allient et tentent de discréditer celle ou se trouve le secrétariat de la NUNS. Ainsi Ibadan, qui se trouva sous le feu des attaques en 1968, prit grand plaisir à discréditer l'université où fut transféré le siège de l'organisation en 1969, et où les vives protestations au nom de l'intégrité, de l'austérité et de l'efficacité retournèrent rapidement dans la fondrière habituelle de la corruption et de l'incompétence »[23].

La structure de la NUNS diffère alors peu de celles des Unions locales, d'où la similitude des problèmes évoqués par P. Van den Ber-

20. S. Okeowo, *op. cit.*, p. 91.
21. *Ibid.*
22. A. A. Yusuf, *op. cit.*, p. 248. et A. O Sanda, *op. cit.*, p. 101.
23. P. Van den Berghe, *op. cit.*, p. 178. Les cinq universités auxquelles l'auteur fait référence sont Ibadan (UI), Ifé (OAU), Lagos (Unilag), Nsukka (University of Nigeria) et Zaria (ABU)

ghe. Jouissant de l'affiliation automatique de ces dernières, la coordination nationale constitue de la même manière que les EXCO d'Unions un organe financièrement aisé, au fonctionnement autonome, dont les possibilités de contrôle des actions sont réduites par les perturbations fréquentes du fonctionnement du système universitaire.

Avec la multiplication des établissements, la NUNS (NANS depuis 1986) s'est peu à peu coupée de sa base militante. L'assemblée nationale, élue une fois par an, est composée de délégués des zones représentant les Unions locales. Or, depuis plus de quinze ans, il n'est pas au Nigeria une seule session qui ait débuté à la même date pour toutes les universités, pas une seule année qui n'ait été marquée par la fermeture d'un ou de plusieurs établissements, et par l'interdiction d'une ou de plusieurs Unions locales. Les délégués de zones disposent rarement dans ces conditions d'un mandat représentatif de l'ensemble des universités concernées, d'où les polémiques internes au mouvement qui accompagnent chaque action nationale entreprise par la NANS.

A cette confusion, il faut ajouter celle provoquée par les suspensions régulières (quasi permanentes depuis 1986) des activités de la NANS par les services du gouvernement fédéral[24]. A la question de la représentativité du leadership étudiant, s'ajoutent alors celles de l'information des étudiants, et de la destination des ultimatums et messages adressés par la NANS officiellement dissoute.

La « révolte nationale » de 1991 dont j'ai suivi le déroulement à UI et analysé le retentissement médiatique s'inscrivait précisément dans ce contexte, et m'a donné une occasion d'évaluer les formes de communication existant entre étudiants des différents campus. Lors d'un congrès tenu à l'université d'Ilorin en avril 1991, la NANS lança au gouvernement fédéral un ultimatum de trente jours concernant un ensemble disparate de revendications d'« intérêt national » ou propres à la condition étudiante[25]. A UI, le texte des revendications fut affiché sur les panneaux de SUB une semaine après son adoption, sans provoquer le type d'attroupements observés habituellement au lendemain des réunions de l'Union. Les réseaux de propagation d'informations et de rumeurs, d'ordinaire si efficaces sur le campus, n'ont donné les

---

24. S. Bako précise sans nuance à ce sujet qu'« il y a maintenant douze ans que leurs syndicats nationaux et locaux ont été interdits. L'administration Babangida est allée plus loin en promulguant des décrets draconiens, tels que le décret 47 de 1989 qui restreint le syndicalisme étudiant dans les institutions du tertiaire et le décret 49 de 1989 qui interdit aux étudiants de prendre part aux manifestations. Toute infraction à ces règles est passible d'emprisonnement, sans possibilité de compenser par une amende », « Education et ajustement en Afrique : Conditionnalités et résistances », in M. Diouf et M. Mamdani (eds), *Liberté académique en Afrique*, 1994, p. 183.

25. 24th Senate meeting, 27 avril 1991. Parmi les neuf points de l'ultimatum, notons en particulier : déclaration d'un état d'urgence sur l'éducation, abrogation des décrets 2 et 47, suspension du programme de transition vers le régime civil, attribution d'une bourse de deux mille nairas pour tous les étudiants nigérians.

jours suivants aucun relief à cette offensive de la NANS, à laquelle l'Union locale décida rapidement de ne pas s'associer. Sans doute les grèves de 1989 et leurs conséquences (notamment la fermeture de l'université pour six mois), encore présentes dans toutes les mémoires, n'y étaient-elles pas étrangères, ni la crise qui, deux mois plus tôt, avait marqué, comme à l'accoutumée, l'élection du nouvel EXCO du syndicat national[26]. Hormis les assidus de SUB où des mini-meetings se tenaient tous les jours, personne dans les couloirs de UI ne connaissait les positions adoptées par ABU, BUK ou Nsukka, d'où les nouvelles n'arrivaient que distillées par les médias gouvernementaux[27]. On s'inquiétait plus volontiers de l'attitude des voisins de OAU et de Unilag où la plupart des *Uites* avaient des collatéraux.

Les messages de la NANS, adressés par voie de presse indépendante pour justifier leurs demandes, n'ont réussi à mobiliser ni des étudiants mal informés, restés spectateurs des affrontements parfois violents, que le sujet occasionna au sein de leurs Unions locales, ni une population effrayée par les allégations et les menaces brandies par le gouvernement :

> « La population étudiante était divisée sur les demandes que la NANS avait formulées et sur le principe d'un mouvement de protestation nationale au terme de l'ultimatum. Le 26 mai, un grand nombre d'établissements s'étaient désolidarisés du mouvement projeté, et un grand nombre d'autres y étaient indifférents ou appréhendaient les effets de l'imminence d'un affrontement gouvernement/étudiants sur leurs programmes. Seuls quelques établissements, notamment les universités de Jos, d'Ibadan et l'université Obafemi Awolowo de Ifé, restaient engagés dans la protestation, mais la confusion était perceptible dans les rangs des étudiants. [...] La propagande massive du gouvernement contre les étudiants arriva à ses fins. Comme le soutien massif de la population, qui

26. Cet EXCO ne fut reconnu que par une minorité d'Unions locales. On remarque qu'aux pressions exercées dans les années 60 par les Unions d'universités pour s'accaparer la direction de la NUNS (cf. P. Van den Berghe), correspondent aujourd'hui celles des groupes d'Unions issus du découpage de la NANS en zones. Dans le cas présent par exemple, la convention pour l'élection de l'EXCO, initialement prévue à Bauchi, s'est finalement tenue à Benin City, en raison de la fermeture du *Polytechnic* de Bauchi. En guise de protestation, les délégués de la zone nord qui avaient proposé Sokoto en remplacement, ont boycotté cette convention. La légitimité du nouvel EXCO de la NANS fut également entamée par la non-participation de UI et de OAU, dont les nouveaux délégués n'avaient toujours pas été élus. (L. Akande, « Leadership Crisis Hits NANS », *The Guardian*, 17 février 1991, p. 5.

27. Les actualités locales, nationales et internationales sont suivies par les étudiants surtout à la télévision (une dans chaque hall, et une à SUB) et sur les ondes de la radio d'État de l'Oyo. Des journaux (essentiellement le *Nigerian Tribune*, propriété de l'État) sont également disponibles en lecture sur place dans les cafétérias de certains halls. La presse indépendante en vente sur le campus est en revanche surtout achetée par les enseignants (le prix d'un quotidien équivaut à celui de deux repas à la cafétéria centrale).

avait permis le succès des protestations étudiantes de 1988 et 1989, ne se matérialisa pas cette fois-ci, un leader étudiant de OAU déclara : « Le gouvernement nous a eus cette fois-ci en atteignant le public le premier. La prochaine fois nous l'atteindrons les premiers ». Manifestement, alors que le gouvernement a échoué à générer une opposition active de la population aux étudiants, il a réussi à en empêcher le soutien »[28].

La confusion évoquée ici dans les rangs des étudiants atteignit à UI son paroxysme dans les quarante-huit heures précédant la fin de l'ultimatum. Les forces de l'ordre massées jour et nuit aux grilles du campus, et la fouille systématique des sacs et des coffres de voiture à la porte principale, installèrent un climat de peur sur le campus. Des files d'attente commencèrent à se former aux arrêts de bus et de taxis des halls, la désertion du campus s'annonçait au barda que les étudiants emportaient à la hâte, ne laissant dans leur chambre que les affiches et la literie.

Le soir de l'ultimatum, Awolowo s'anima presque comme tous les dimanches, lorsque les étudiants rentrent de week-end ou de leurs meetings religieux. Sur le parapet du bloc A, des groupes d'étudiants (tes) se communiquaient les dernières informations sur le mouvement. L'Union de UI s'était, semble-t-il, dans un dernier revirement, désolidarisée de la NANS. Vers vingt-deux heures, une voix annonça au moyen du mégaphone du hall que les cinq cents nairas attendus par les étudiants en dernière année de licence seraient distribués le mardi[29], que chaque étudiant concerné devait en conséquence contacter au plus vite son association d'État. Au silence général (rarement observé lors d'une annonce publique) succédèrent des applaudissements, des embrassades et des soupirs de soulagement. L'affrontement n'aurait pas lieu, le gouvernement avait fait un pas, certains étudiants parlaient de victoire, personne en tous cas ne s'interrogea sur la provenance du message qui, renseignements pris auprès du ministre des Affaires sociales, venait d'être délivré par un individu sans aucun mandat. L'effet de l'annonce avait joué à plein, les étudiants regagnaient maintenant leurs chambres en s'adressant dans les couloirs le V de la victoire.

De grands hommes d'État nigérians et de brillants intellectuels se sont exercés au jeu du pouvoir et de la communication, lorsque, étudiants, ils animaient le mouvement syndical national. Actuels leaders de la NANS et administrateurs des universités se renvoient tour à tour, par presse et colloques interposés, ces généalogies prestigieuses. Les premiers se targuent d'en être les héritiers, alors qu'elles témoignent

---

28. « Going for the kill », dossier publié dans la lettre trimestrielle (*Liberty*, vol. 2, n° 2, juin août 1991) de l'organisation non-gouvernementale *Civil Liberties Organisation*.
29. Cette somme, promise depuis plus d'un an comme un cadeau aux étudiants par le Général Babangida en personne, ne figurait même plus dans les revendications de la NANS.

pour les seconds, de l'époque révolue d'un leadership responsable, comme le soulignait le secrétaire de la NUC en 1978 pour justifier la dissolution de la NUNS[30]. Façade du mouvement étudiant sans grande représentativité dans les campus, cette organisation occupe malgré tout une fonction particulière dans le système de relations qui unissent autour de l'université le gouvernement, les étudiants, le personnel enseignant et administratif, et les parents. Même en période de proscription, la NANS entretient, en maintenant ses activités et en communiquant directement avec le « off campus » par voie de presse, l'image symbolique d'une intégration nationale de la population étudiante, image que le gouvernement s'emploie à saper, selon un scénario toujours répété, marqué par la recherche d'un monopole du discours nationaliste et par l'isolation forcée du leadership national étudiant.

Pouvoirs et privilèges des leaders étudiants : professionnalisation et autonomisation des comités exécutifs de Hall

L'analyse de l'évolution du leadership étudiant au Nigeria, proposée ci-dessus, tend à isoler les instances dirigeantes de leurs sphères de représentation. Aujourd'hui dénuées de tout rôle de participation dans la gestion des universités, les Unions conservent, au niveau local, une autorité sur les étudiants qu'elles représentent, au travers des associations qui leur sont affiliées, mais aussi par l'animation culturelle et sportive qu'elles ont toujours en charge. Nous avons vu que les dysfonctionnements relevés dans la délégation de pouvoir ne tenaient pas à la constitution même des Unions, mais à leur marginalisation progressive par rapport aux décisions affectant le devenir des étudiants, tant au niveau local qu'au niveau national. Dans la plupart des universités, les étudiants ne versent plus de cotisation à leur Union, ne participent plus aux congrès où l'élection se joue entre petites factions représentant des intérêts de plus en plus extérieurs aux campus. Cette « posture anti-Unioniste », pour reprendre l'expression de S. Okeowo, a eu tendance à s'accentuer dans les dernières-nées des universités d'État. La politique non résidentielle qui y est adoptée limite les regroupements et désarticule le processus d'intégration de la population étudiante caractéristique des universités de première génération comme UI. Il n'y a guère aujourd'hui qu'à l'échelon des cités universitaires que l'on puisse rapprocher les équipes dirigeantes des réalités et des logiques sociales qui les produisent. Les constitutions des résidences de UI, ABU, Uniben, Unilag, OAU, Uniport... stipulent aujourd'hui encore l'adhésion automatique des étudiants à l'association

30. J. Aminu, *op. cit.*, p. 27.

de leur hall, par prélèvement automatique de leurs cotisations sur leurs droits de résidence. L'observation participante menée à Awolowo m'a permis d'analyser la double dimension du rôle des EXCO de hall (gestion et représentation) et ses transformations face à la déréliction et à l'état de déliquescence dans lesquels sombrent les cités universitaires nigérianes.

Étendue des pouvoirs de l'exécutif des halls

A Ibadan, les élections au conseil de représentation des étudiants (organe législatif de l'Union) s'opèrent à partir des halls de résidence, contrairement à certaines autres universités où ce sont les départements qui organisent ces élections. Les membres des EXCO de halls sont également élus au suffrage direct par les résidents[31].

Les halls sont donc dans l'année les terrains privilégiés de deux campagnes électorales. Par tradition (voir troisième partie), ce sont surtout les cités Azikiwe et Independence qui se disputent la domination de l'Union, aussi bien au niveau du SRC (où leurs effectifs leur assurent les plus fortes représentations) qu'à celui de l'EXCO. Les campagnes y sont les plus animées (circulation des candidats dans les couloirs, utilisation de mégaphones, affichages des professions de foi, installation de permanences dans la cafétéria ou les épiceries), et le rôle des représentants du hall y est déterminant dans la promotion de tel ou tel candidat[32].

Les campagnes pour l'élection des EXCO de hall se ressemblent, quant à elles, quelles que soient les résidences (UG, PG, filles ou garçons). Une fois élu, l'EXCO du hall dispose des pleins pouvoirs sur la gestion du budget pendant une session. Le comité communique d'ordinaire directement avec les résidents par le biais de l'assemblée générale (une fois par session au minimum) et par celui du journal du hall. Cela dit, à l'inverse des dirigeants de l'Union, ceux du hall sont connus de tous leurs électeurs, dont ils partagent le quotidien. A mon arrivée à Awolowo, plusieurs ministres[33] me furent présentés qui insis-

31. Voir la constitution de Mellanby Hall en annexe 3.

32. P. Van den Berghe (*op. cit.*, p. 176) soulignait déjà ce phénomène à la fin des années 60 : « Les halls sont la principale base d'organisation et de représentation dans les activités politiques étudiantes. Chaque hall élit chaque année son équipe dirigeante et ses représentants au *Student Representative Council* de l'université. Comme la représentation à cet échelon est proportionnelle, les halls les plus récents, qui sont également les plus grands, pèsent d'un poids plus important que les autres, et comme les préférences pour l'élection de l'EXCO de l'Union suivent en partie les affiliations résidentielles, les candidats des plus grands halls ont plus de chances d'être élus ».

33. Terme généralement retenu pour qualifier les administrateurs membres de l'EXCO (voir la constitution de Mellanby hall en annexe 3).

tèrent sur leur disponibilité à favoriser mon insertion au sein des *Awoites*. Cette communication directe rendue possible par la proximité résidentielle avait pour première conséquence d'affaiblir la position du *Hall Representative Council* (HRC). A quoi bon en effet contacter son délégué de bloc aux pouvoirs limités, puisqu'à deux pas de là, les ministres ont seuls la véritable capacité de démêler les conflits de voisinage, d'usage de la salle de télévision, ou de faire entendre immédiatement les griefs des résidants à l'administration du hall. De ce côté-ci l'interlocuteur privilégié de l'EXCO était à Awolowo le superviseur. Placé sous la seule autorité du *warden*, le superviseur cumule les fonctions de chef du personnel et de surveillant général du hall. Jusque dans les années 70, avec la présence effective du *warden* dans les halls de UI[34], soit à temps partiel, soit à plein temps (Azikiwe et Independence halls), et le nombre important de salariés affectés à l'entretien et la restauration, le superviseur entretenait peu de relations avec les étudiants. Il est désormais le seul représentant permanent des autorités du hall, le *warden* se contentant de quelques permanences, et le personnel domestique ayant été progressivement remplacé par des commerçants d'Ibadan (restauration, épicerie) ou des entreprises privées (nettoyage).

Il m'avait été signifié à mon arrivée à Awolowo, qu'une rencontre avec le *warden* s'imposait à tout nouveau venu. Malgré mes demandes répétées auprès du superviseur je n'ai jamais obtenu ce rendez-vous, ni même croisé le *warden* dans les couloirs en trois mois de séjour continu dans le hall. Dans les faits donc (voir en deuxième partie le récit de mon installation), le superviseur assurait lui-même le contrôle des attributions de chambres, une fois les admissions administratives acquises. Il partageait à Awolowo ce pouvoir et bien d'autres avec les membres de l'EXCO sans qu'aucune prédisposition légale ne les y convie. C'est ainsi que mon second co-locataire s'installa dans ma chambre, ayant obtenu, sur pression du ministre des Affaires sociales du hall, d'être logé « avec le Français », après avoir été affecté dans une chambre qu'il jugeait trop bruyante. Une demande similaire, formulée par écrit par un étudiant sud-africain auprès du *warden*, venait d'être rejetée en raison de mon statut d'étudiant en doctorat qui m'assurait le privilège d'une chambre non partagée. Je fus à plusieurs occasions le témoin de ce pouvoir (le plus significatif aux yeux des résidents) qu'exerçaient ensemble l'EXCO et le superviseur sur les attributions de chambres. L'hébergement des squatters ne pouvait se faire sans leur consentement. Les chambres vides de mon bloc s'animaient parfois pour quelques jours sans que personne n'y prêtât attention.

34. Voir le chapitre 7 au sujet des fonctions du *warden* à cette époque. La session 1972/73 marque un premier tournant dans l'administration des halls, puisque les *wardens* et leurs assistants ne résident plus à proximité des halls. Avec le départ, cette même année, des *wardens* de Azikiwe et Independence halls, toutes les cités sont dirigées à temps partiel par des enseignants (O. Ikime, *op. cit.*, p. 242).

D'autres fois, le superviseur, accompagné d'un ou deux ministres, en forçait la porte et procédait à des expulsions sans ordonnance. A ce même étage, un étudiant en doctorat d'agronomie (n'ayant pas obtenu sa chambre à Balewa hall), ne devait son maintien depuis plusieurs mois, dans la lingerie, qu'au bon vouloir du superviseur, et surtout à son origine villageoise commune avec celle du président de l'EXCO.

A cette emprise manifeste sur les problèmes de logement, s'ajoutait le contrôle de l'EXCO sur les activités commerciales à l'intérieur du hall. Selon la constitution, les prérogatives du ministre en charge des cantines et épiceries sont claires et limitées au contrôle des prix et de la qualité de la nourriture proposée. Dans les faits, aucune activité commerciale ne pouvait se pratiquer sans le consentement de ce dernier. L'ensemble du hall tirait d'ailleurs parfois avantage de ce marchandage, significatif de la démission de l'administration : à l'occasion de la semaine d'animation de 1991, les épiceries et le restaurant financèrent une partie des investissements nécessaires. En règle générale cependant, les présomptions de corruption pesaient plus lourd sur les épaules des dirigeants, et les critiques des étudiants se montraient plus acerbes (sur les panneaux d'expression de la loge, ou dans la presse étudiante) sur des arrangements dont ils se savaient exclus.

Conformément au règlement, l'EXCO de Awolowo avait principalement en charge la gestion des cotisations des résidents (perçues sur les *hall dues*), ainsi que celle du matériel socio-éducatif : télévision, magnétoscope, équipements sportifs (filet de volley-ball, ballons, maillots de l'équipe de football du hall), et l'organisation de manifestations sportives et culturelles. C'est également de l'EXCO que relevait le prêt de salles aux groupes religieux, aux associations, ou aux particuliers (anniversaires... etc.). En somme, les liens de dépendance entre les étudiants et leurs dirigeants s'étendaient à tous les aspects de la vie sociale du hall, même si comme je l'ai déjà dit, le pouvoir de l'EXCO ne s'exerçait pas avec la même autorité sur tout le monde. L'accès à la salle de télévision nécessitait ainsi l'emprunt préalable de la clef auprès du ministre des affaires sociales, logé au second étage du bloc B où les plus jeunes et les filles hésitaient à se rendre[35]. C'est également à son autorité qu'étaient soumises l'installation du magnétoscope et la sélection des cassettes vidéo. De la même manière le ministre des sports contrôlait l'accès au terrain de volley ball ou à la table de ping pong (il gardait dans sa chambre les filets, le ballon, les raquettes et les balles), et il était fort rare de voir les étudiantes ou les *kids* occuper ces installations.

La capacité de l'EXCO à mobiliser les résidents malgré les griefs dont il était régulièrement la cible, pouvait se mesurer à l'occasion des rencontres sportives (plus de cent-cinquante *Awoites*, garçons et filles,

---

35. Cf. chapitre 11 sur les appropriations de territoires à l'intérieur d'Awolowo Hall.

avaient cette année-là fait le déplacement jusqu'au complexe sportif de UI pour supporter leur équipe de volley-ball en quart de finale du tournoi inter-halls ; ils étaient plusieurs centaines, massés devant la loge ou aux fenêtres du Class bar, à célébrer quelques jours plus tard le retour triomphal de leurs footballeurs, porteurs de la coupe inter-halls 1991), et au moment de l'organisation de la semaine d'animation du hall. L'enjeu de cette semaine est double, puisque, au travers de la surenchère entre les cités dans la démonstration de l'« esprit de corps » du hall et de son imagination, chaque EXCO joue la légitimité de son mandat sur sa capacité à mobiliser ses résidents, à attirer des sponsors et des personnalités, et sur la part du budget qu'il a su préserver pour cette manifestation de fin de session[36]. Lors de l'édition 1991, l'EXCO d'Awolowo fit preuve d'un professionnalisme salué par les articles dithyrambiques de la presse étudiante et par l'accueil que reçurent sur le campus le carnaval et la soirée-variétés. Omniprésente dans les relations quotidiennes à l'intérieur du hall, la distance sociale induite par la hiérarchie statutaire entre *post et undergraduates* fut oubliée le temps de la semaine de préparation des festivités, où les chambres vides du bloc H servaient de salles de répétitions de scénettes, à des groupes mixtes d'étudiants de tous âges. Le carnaval, soutenu par l'entreprise Coca-Cola (prêt de camions pour transporter les étudiants) et par divers commerçants de la ville ou du campus, fut un succès digne de la « grande époque » de UI. L'EXCO n'avait pas ménagé ses efforts pour mobiliser les étudiants, mêmes les moins disposés à s'exhiber dans de telles manifestations, en particulier les « aînés » et les étrangers. Je fus surpris de retrouver ces derniers dans le cortège du carnaval, un chapeau pointu sur la tête, vêtus d'un dossard qui les confondait en une masse unique, dont seul ressortait le vert du déguisement des étudiants étrangers, l'une des fiertés du hall.

Les membres de l'EXCO, omniprésents durant toute la semaine, ne s'effacèrent que le soir de la soirée-variétés dont ils avaient confié l'animation à des spécialistes professionnels, connus de tous à UI. Les commerçants du hall avaient également fait le déplacement. Le Class Bar, Bello Twins et Daffy Enterprises proposaient boissons et snacks aux portes de Trenchard Hall pendant que le *Suyaman* s'activait autour de son brasero.

Et puisque la venue à Awolowo Hall de personnalités devait consacrer le succès de la « semaine », un dîner formel fut organisé le dernier soir à la cantine, débarrassée pour la circonstance de ses nappes de

36. Tous les moyens furent employés pour assurer l'autofinancement de la « semaine ». En parallèle aux attractions payantes (rencontres sportives, soirée-variétés), la coutume veut que l'accès au hall en fête soit payant pour les non-résidents. A Awolowo, une caisse fut installée toute la semaine à la loge. Un tarif de deux nairas était appliqué à tous les visiteurs à partir de seize heures, heure à laquelle les sponsors faisaient étalage dans la loge de leurs produits à vendre (vêtements, Hi-Fi, cassettes...).

plastique et de ses chaises dépareillées. Les membres de l'EXCO en costumes et cravates y côtoyaient, au vu de tout le monde (la cantine est visible de tous les blocs), les officiels du hall, quelques hôtes (le vice-chancelier s'était fait représenter) parmi lesquels un responsable commercial de Coca-Cola, et une poignée d'étudiants invités (pour lesquels le repas était payant).

Les halls n'ont pas à UI l'apanage de telles semaines d'animation : l'Union, certains départements et quelques associations religieuses ou « welfarist » en organisent également. Ce sont cependant celles des halls qui sont les plus attendues dans une université résidentielle comme celle d'Ibadan. Elles sont l'élément principal de valorisation de la capacité des halls à s'organiser, et à obtenir des aides extérieures au campus. Une « semaine » réussie est une consécration pour le hall et son EXCO dans la compétition qui se joue entre les cités universitaires ; elle doit également assurer la perpétuation de l'excellence à laquelle les résidents d'un même hall doivent, selon ses statuts, rester attachés. Dans le compte-rendu de la « semaine » qu'établit en principe le journal du hall, les comparaisons avec les festivités passées sont systématiques dans les bilans dressés par chacun des ministres en fonctions. Par tradition, l'interview du *warden* couronne cette édition et achève la consécration de l'EXCO en insistant sur les efforts déployés pour maintenir haut l'étendard du hall dans les conditions économiques précaires du moment.

Contre-pouvoirs et contrôles des activités de l'EXCO

La « professionnalisation » des EXCO de halls, si elle a conduit au renforcement de leur pouvoir par rapport aux instances législatives des halls, ne s'est pas accompagnée de la disparition des formes de contrôle des étudiants sur les activités de leurs leaders, observée au niveau de l'Union locale et de la NANS. Au jeu classique et institutionnalisé de la représentation, se sont peu à peu substituées des formes plus subtiles de contre-pouvoir et d'expression des étudiants. Les comptes de l'association du hall en particulier sont surveillés par les résidents, au travers notamment des associations dont ils sont membres. Le *Baptist Fellowship* de Awolowo le fut, par exemple en 1991, à l'initiative d'un mouvement de protestation contre la gestion des ressources du hall. Contraint de payer une location pour la salle d'étude qu'il occupait une soirée par semaine, ce groupe religieux s'insurgea publiquement de ne pas voir figurer ce loyer dans les recettes des comptes en fin de session.

Dans un premier temps, ce mécontentement s'exprima sous forme d'affichage de textes sur les panneaux d'information et d'expression du hall. Ces panneaux, placés à l'entrée des résidences, ne subissent aucune forme de censure (contrairement à ceux de SUB où les textes placés sous verre et sous clef doivent être d'abord transmis au ministre de l'information de l'Union), et sont devenus les véhicules les plus efficaces de l'information, des rumeurs, et des « coups de colère » des étudiants. Awolowo comptait deux tableaux de ce type, en plus de celui réservé aux communications de l'EXCO, placés aux endroits de passage obligé des résidents. Les premiers papiers du délégué local du *Baptist Students'Fellowship* en suscitèrent rapidement d'autres, anonymes ceux-là, s'interrogeant sur le devenir des recettes de la « semaine ». L'intérêt porté à ce débat, habituellement limité à un petit groupe de *postgraduates* (dont les articles s'apparentaient le plus souvent à des essais politiques d'un accès difficile pour la plupart des étudiants), s'étendit rapidement à toutes les populations étudiantes du « village ». Durant plus d'une semaine, la bousculade fut de rigueur devant le panneau intérieur où le débat s'était engagé. A tous moments de la journée, les étudiants rentrant de cours y croisaient leurs collègues en attente du bus, à tel point qu'une sorte de forum permanent finit par s'établir à cet endroit. A la demande d'un groupe de *postgraduates*, au nombre desquels figuraient deux ou trois membres de l'EXCO, une assemblée générale extraordinaire fut convoquée à la hâte. Elle se tint dans la cour centrale du hall, où pour l'occasion, on avait sorti et disposé en arc de cercle les chaises et les banquettes de la salle de télévision. L'équipe dirigeante du hall faisait face à l'assemblée (une cinquantaine, puis une centaine de personnes, surtout des PG). Un président de séance fut désigné au sein du groupe à l'initiative de l'assemblée. L'ordre du jour – en fait une longue liste de chefs d'accusation – fut voté à main levée, et le véritable débat ne s'engagea qu'au terme d'une heure de discussions et d'invectives sur des questions de forme. Les membres de l'EXCO furent appelés un à un à se lever, et à venir justifier le bilan comptable de leur exercice, debout devant l'assemblée. A chaque invective, à chaque témoignage ou dénonciation, le hall s'emplissait d'une rumeur qui attirait les étudiants, toujours plus nombreux, aux balcons de chambres, d'où fusaient toutes sortes d'insultes et de sifflets. La réunion s'acheva tard dans la nuit sur quelques empoignades et sur la convocation d'un congrès pour que soit légalement entérinée l'exclusion d'au moins deux ministres, accusés du détournement des recettes de la « semaine ». A huit heures le lendemain matin, la cour avait retrouvé son aspect normal ; quelques-uns des organisateurs de la fronde ramassaient les dernières bouteilles vides et réinstallaient le filet de volley-ball, tandis qu'un autre, debout à l'entrée de la loge, expliquait aux résidents sur le départ, les dernières décisions de l'assemblée.

Cet exemple de renversement de l'autorité à l'échelle d'un hall me semble très caractéristique des formes que prend aujourd'hui l'expression collective du mécontentement chez les étudiants. Les associations, édifiées sur de solides bases résidentielles, exercent une vigilance constante sur la gestion des halls et sur les EXCO à l'autorité desquels elles sont soumises pour l'organisation de leurs activités. Les étudiants qui émergent de ces mécontentements sont eux-mêmes rompus à l'exercice du leadership comme en témoigne, dans l'exemple ci-dessus, leur promptitude à structurer la colère des résidents. Les instances légales de la représentation (ici le congrès du hall) s'avèrent totalement incapables d'exercer leurs prérogatives, témoignant ainsi de leur inadaptation aux conditions actuelles de logement en résidence universitaire[37].

J'ai eu, durant le même séjour, l'occasion d'observer des exemples similaires de mobilisation dans d'autres halls, comme à Independence lors du jugement d'un cambrioleur, ou à Azikiwe à propos de l'accès à la salle de télévision. A chaque fois, le mécontentement se soldait par une mise en cause de membres de l'EXCO, contraints à la démission et au remboursement des sommes disparues. Jamais l'administration de l'université ne manifesta son autorité dans ces affaires, dont certaines concernaient des délits de droit commun ou des entraves graves à la constitution de l'université. Enfin de tels exemples de mobilisation, spontanée en apparence, s'observent également, bien que plus rarement, dans les facultés ou à l'échelle du campus en général, et ne concernent pas uniquement les malversations des leaders étudiants.

Que les EXCO de halls, d'Unions ou de la NANS, soient ou aient toujours été des « laboratoires d'apprentissage de la corruption »[38], ne signifie pas, pour peu que l'on observe *in situ* les mécanismes de la participation et de la délégation de pouvoir chez les étudiants, qu'il y ait absence de contrôle de ces derniers sur la gestion de leurs équipes dirigeantes. Aux taux d'abstention toujours plus spectaculaires enregistrés lors des élections des Unions répond aujourd'hui l'interpellation directe des leaders sur leurs activités.

En conclusion, il semble que l'effacement progressif du contrôle administratif sur les activités extra-scolaires des étudiants ait, dans un même mouvement, contribué au renforcement et à la fragilisation de leurs instances de pouvoir exécutif. En effet, l'éviction des représentants étudiants des instances suprêmes de décision des universités, l'inauguration de l'affiliation volontaire des étudiants à leur Union locale, ou encore l'arrêt du versement des subventions aux associations étudiantes, ont isolé les EXCO dans leur gestion de ressources beaucoup plus diversifiées. Les instances législatives des Unions, inscrites dans un cadre constitutionnel conçu à une époque où elles fédéraient l'ensemble des associations étudiantes, ne disposent plus guère aujourd'hui de base représentative, ni de la capacité de mobilisation né-

37. Pour la procédure normale de convocation d'un congrès, voir la constitution de Mellanby Hall en annexe 3. Remarquons que dans l'exemple exposé ici, les squatters comme les « landlords » étaient présents à l'assemblée ou aux balcons.

38. P. Van den Berghe, *op. cit.*, p. 176.

cessaire à un véritable équilibre des pouvoirs. On remarque alors que la mobilisation des étudiants, sur des questions concernant leur devenir sur le campus, s'inscrit de plus en plus en dehors de leurs structures légales de représentation, au travers notamment d'associations indépendantes supportant mal aujourd'hui le contrôle des EXCO de halls ou d'Unions sur les infrastructures de la vie étudiante. On peut remarquer qu'individuellement les étudiants s'accommodent fort bien de cette gestion clientéliste. Mais que le professionnalisme d'un EXCO soit défaillant (leurs relations avec les sponsors extérieurs sont particulièrement surveillées), et les contre-pouvoirs s'organisent avec d'autant plus d'efficacité que la participation financière des étudiants au budget de cet EXCO est importante.

Conclusion

La question de la prise en charge totale des étudiants dans les universités nigérianes s'est posée pour la première fois il y a près de vingt ans, alors que le pays jouissait depuis peu d'une confortable rente pétrolière. La croissance des effectifs alors enregistrée augurait d'une congestion rapide des universités, et plus particulièrement de celles du sud du pays. Celle-ci intervint effectivement dès le milieu des années soixante-dix, en pleine période de fédéralisation du système universitaire[1]. Le gouvernement, via la NUC, ayant dépossédé les universités de leur pouvoir de régulation des effectifs étudiants, se trouva directement confronté aux tensions sociales consécutives à cette congestion. Les étudiants d'alors rencontrèrent des difficultés matérielles conséquentes (infrastructures insuffisantes), alors que leurs associations et syndicats, largement subventionnés, disposaient de la liberté académique nécessaire à leur mobilisation.

La mise en place d'une politique de quotas d'admission constitua une première réponse gouvernementale, limitant les flux étudiants à l'intérieur du pays et du même coup la capacité des associations à se fédérer. Un train de mesures répressives lui succéda rapidement et se solda en 1978 par l'une des plus grandes révoltes étudiantes qu'ait connue le pays. Cette crise relança le débat sur le coût du système résidentiel alors en vigueur dans toutes les universités, mais également sur ses dangers. Les recommandations émises alors par les plus hautes personnalités de la NUC débouchèrent sur la création des universités d'État entre 1981 et 1983. Construites loin des capitales d'États, dans de petits centres urbains, la plupart de ces universités développent aujourd'hui une politique non résidentielle[2] défendue avec emphase pour ses vertus éducatives, par les représentants du ministère de l'Éducation et par leurs administrateurs :

> « Nous pensons que les universités non résidentielles seront mieux adaptées à la maturation des étudiants. Ceux-ci seront amenés à se prendre

1. Cf. chapitre 3.
2. Cf. chapitre 5 pour la présentation de l'université non-résidentielle de l'Ogun State.

en charge, à développer un plus grand sens des responsabilités. Ils apprendront également la valeur de l'argent, et ce qui est plus important, à apprécier et à comprendre les conditions de vie de monsieur tout le monde »[3].

On ne trouve dans ces établissements, ni conseils de halls, ni associations *welfarist* (les étudiants sont recrutés dans l'État d'implantation de l'université). Les Unions étudiantes elles-mêmes, quand la constitution en prévoit l'existence, n'y retrouvent pas le terrain propice à la mobilisation étudiante : collèges électoraux organisés dans les départements, pas ou peu de fonctions de gestion d'infrastructures, dispersion des étudiants avec la généralisation des systèmes « multi-campus »[4]. La même tendance s'observe dans les collèges polytechniques et d'éducation construits après 1981. Les étudiants de ces établissements, originaires des communautés rurales environnantes, n'ont pas connu les migrations scolaires que leurs homologues des grandes universités fédérales ont entamées parfois dès le secondaire. Les problèmes de logement auxquels ils sont confrontés sont également sans commune mesure avec la spéculation sur les locations que suscite la présence des grandes universités dans des villes déjà surpeuplées.

Le processus de transformation des associations étudiantes observé dans les universités résidentielles fédérales peut donc être interprété comme une forme de résistance des étudiants face à un désengagement volontaire de l'État de ses fonctions d'assistance sociale. Confortés par nombre d'universitaires dans l'opinion selon laquelle seul le système résidentiel crée les conditions d'un véritable apprentissage intellectuel[5], les étudiants entretiennent, au travers du maintien d'un tissu associatif, des réseaux de solidarité pour palier l'absence ou les carences des service sociaux sur les campus. C'est également au travers de cette vie associative, que sont perpétués les rituels spectaculaires qui associent, dans l'imaginaire collectif, expérience universitaire et système résidentiel.

Dans cette partie, j'ai cherché à montrer qu'un ensemble de variables conjoncturelles (politiques, économiques, ethniques et religieuses) venaient localement modifier ce processus de redéfinition des modèles traditionnels d'intégration sur les campus. La force et l'entretien de liens affinitaires préétablis et l'existence d'un enjeu économique me semblent être les invariants nécessaires à la perpétuation de la dynami-

3. I. O. Oladapo (président du comité des vice-chanceliers des universités d'États), « The emergence of State and private universities », in NUC (ed), 1988, p. 70.

4. « Bien que plus coûteux qu'une université à un seul campus, le système « multi-campus » accentuera l'intérêt porté par toutes les communautés de l'État à leur université » *Ibid.* p. 67.

5. Notamment dans les entretiens qu'ils accordent à la presse étudiante. Rappelons que le personnel est également affecté par le manque de logements sur les campus, et qu'il développe des stratégies similaires à celles des étudiants (sous-location de garages transformés en logements...).

que associative étudiante. Or dans chacun des exemples examinés dans cette partie, nous voyons que la réunion de ces deux propriétés se produit localement sous l'influence des variables évoquées ci-dessus. L'exemple de l'association des étudiants de l'État de Rivers à ABU montre bien qu'une association perdant ses fonctions administratives peut maintenir son activité pour peu que, dans le contexte, l'expression collective d'une identité communautaire serve l'intégration d'étudiants ne parlant pas la langue de la région et n'en pratiquant pas la religion dominante. A Ibadan où le brassage culturel est plus important, tant sur le campus que dans la ville, on remarque que ce type d'association ne survit que dans les rares cas où la valorisation d'une spécificité culturelle s'accompagne d'une mise en réseau de solidarité économique, débordant les murs du campus (voir les associations étudiantes des États de l'Imo et de l'Anambra).

L'affaiblissement du contrôle institutionnel sur les activités socioculturelles des étudiants, loin de produire l'effondrement des mécanismes traditionnels d'intégration des étudiants, contribue à stimuler un redéploiement des réseaux associatifs, sur une base tout aussi résidentielle, mais s'ouvrant à l'environnement socio-économique immédiat des campus. L'expression des revendications se détourne elle-même des autorités universitaires, et sort de son cadre constitutionnel pour s'adresser directement au hors-campus (exemple de la NANS en période de proscription). Enfin cette soumission croissante de la vie associative étudiante à des contrôles sociaux et économiques extérieurs, s'exprime au travers de la réorganisation du leadership, jugé notamment sur sa capacité à attirer les sponsors (les EXCO de halls à Ibadan), et sanctionné, s'il y a lieu, selon des procédures qui empruntent de moins en moins les chemins institutionnels classiques de la représentation étudiante.

Au-delà du système résidentiel : les enjeux de la sauvegarde d'un statut étudiant dans la société nigériane

Les processus de transformation de l'identité sociale et du statut de la population étudiante dans la société nigériane subissent une accélération dans le contexte actuel de crise économique. Ceci ne signifie en aucun cas que l'université nigériane ait été, par le passé, une institution figée reproduisant à l'identique, d'année en année, sa structure hiérarchique interne. Nous percevons bien au contraire le début de ce processus dès les années 60, et son affirmation politique apparaît clairement dans le train de mesures prises par le gouvernement fédéral au sortir de la guerre du Biafra.

Le « caractère fédéral », la multiplication des États et l'accroissement des inégalités socio-économiques

Jusqu'au début des années 80, l'évolution du profil social de la population étudiante suit globalement la massification enregistrée à tous les niveaux d'enseignement. Les exclus des toutes premières promotions d'étudiants nigérians accèdent rapidement à l'enseignement supérieur sous les effets conjugués de la multiplication des établissements, et surtout de l'extension du champ de l'enseignement supérieur aux universités d'États et aux collèges polytechniques et d'éducation.

Le statut des étudiants durant cette période tend à produire une image faussement homogène de leur identité et de leurs conditions d'études. Quels que soient leur sexe, leur origine géographique et sociale, les étudiants disposent en effet de revenus substantiels attribués par leur État d'origine et d'une prise en charge de leurs besoins sur les campus par les établissements. Il apparaît cependant, à la lecture des statistiques et des monographies disponibles, que les universités dites de « première génération », mieux équipées et au choix de cursus plus étendu, adaptent les mesures d'homogénéisation des cycles et de la sélection prises par le gouvernement fédéral à partir de 1975, à leur poursuite d'un recrutement élitiste des étudiants. Cette stratégie ne se fait d'ailleurs pas à l'insu du gouvernement, qui, au-delà d'un discours égalitariste, encourage cette dualité du système, qui permet de reproduire une petite élite dirigeante et de fournir à l'industrie et à l'administration les cadres dont elles ont besoin.

Deux éléments sont venus par la suite précipiter ce processus de fragmentation de l'identité étudiante : le « caractère fédéral » de la constitution nigériane d'une part, et une conjoncture d'instabilité économique et institutionnelle à partir des années 80 d'autre part.

Les gouvernements militaires des années soixante-dix ont mené une politique de centralisation du système qui a paradoxalement débouché sur une régionalisation de la sphère de recrutement des établissements. La politique de rééquilibrage, formalisée par la constitution de 1979 selon le principe du « caractère fédéral »[6], et supposée accompagner la centralisation, a en fait rapidement conduit à un éparpillement des institutions qui n'a en aucun cas permis de combler le sous-développement de certains États dans le domaine éducatif. Cet éparpillement s'est accru à partir de 1981 avec la création des universités d'États, et n'a cessé d'accompagner depuis lors le perpétuel mouvement d'émiettement de la Fédération nigériane[7]. Désormais, chaque

6. Voir D. C. Bach, « Les effets pervers du fédéralisme nigérian », *Politique africaine,* n° 32, décembre 1988, p. 24.
7. Sur la dynamique de cette fragmentation, voir R.T. Suberu, « 1991 State and Local Government Reorganization in Nigeria », *Travaux et documents*, CEAN/IFRA, 1994.

État tend à assurer lui-même la formation de ses cadres, en n'accordant de bourses d'étude qu'à ceux de ses ressortissants inscrits dans l'université ou le collège de l'État, et en instituant des pratiques discriminatoires à l'égard des « non-indigènes », notamment au niveau du recrutement des candidats. Les étudiants se voient de plus en plus contraints de se replier sur les institutions de « leur » État.

Ces mesures politiques ont été prises dans un climat économique morose dès le début des années 80. Le développement des universités d'États a été brutalement interrompu au moment où l'attribution systématique de bourses d'études était abandonnée. Nombre d'universités nigérianes en portent aujourd'hui encore les traces (constructions inachevées de résidences universitaires, de facultés...), et seules les plus anciennes, notamment parce qu'elles sont soutenues depuis fort longtemps par des fondations étrangères, ont pu maintenir à peu près tous leurs programmes d'enseignement.

C'est dans ce contexte de crise que sont venues s'ajouter les restrictions budgétaires incluses dans les « conditionnalités » du Programme d'ajustement structurel. Ces nouvelles contraintes ont achevé la construction politique des inégalités d'accès à l'enseignement supérieur, en poussant l'État à se désengager totalement de toutes ses fonctions d'assistance aux étudiants. La déscolarisation, observée dans les écoles primaires dès le début des années 80, atteint l'enseignement supérieur à l'aube des années 90. Les campus des universités fédérales, épargnés un temps par une crise frappant plus durement les institutions d'États plus jeunes et plus fragiles, entrent à leur tour dans la spirale de la déliquescence. A partir de 1987, la plupart des services offerts aux étudiants et au personnel passent au secteur privé et deviennent payants. Le système résidentiel, extrêmement coûteux, est écarté des programmes de construction de nouvelles institutions, et son caractère systématique est aujourd'hui abandonné sur les campus de première et seconde générations.

L'ambivalence des conduites et des pratiques étudiantes : d'une individualisation du rapport aux études à l'expression d'une identité collective

Il me faut encore une fois relativiser l'expérience et les réflexions contenues dans ce livre. La population étudiante de l'université d'Ibadan ne ressemble ni à celle de l'université de Kano (elle-même fédérale et résidentielle), ni à celle de l'université d'Ago Iwoye (université non résidentielle de l'État d'Ogun), même si c'est un processus similaire qui a conduit aux recompositions observées ici ou là. En cinquante ans, les *uites* ont été tour à tour issus d'une petite élite urbaine de nantis (années 50) puis recrutés très largement dans le monde rural (années 60 et début 70). Au profil typique de l'étudiant boursier, d'origine modeste et rurale, tend à se substituer depuis une dizaine d'années celui d'un jeune citadin (garçon ou fille), issu des classes moyennes nigérianes (salariés, commerçants). Les effectifs d'étudiants originaires de la bourgeoisie du Sud augmentent nettement sur cette même période au point de menacer la stabilité de la structure hiérarchique de cette population, fondée jusqu'alors sur un principe associant « séniorité » et mandarinat.

Ces recompositions sociales et la dégradation des campus, largement dépendantes de variables externes à l'université, ont stimulé une forme d'adaptation, voire de résistance ou de conservatisme, de la part de la majorité des étudiants aujourd'hui menacés de déclassement et de marginalisation. C'est sur le constat d'une ambivalence des conduites et des pratiques étudiantes que convergent les différents axes de l'approche ethnographique menée à Ibadan.

D'un côté, les signes d'une individualisation du rapport aux études sont manifestes. Les associations corporatives ont perdu leur fonction de palier d'intégration des étudiants à la communauté universitaire. Les étudiants se rendent aujourd'hui seuls à leur département, et les relations entre pairs d'une même promotion sont réduites au stricte minimum, comme on le voit dans l'exemple cité en avant-propos. Le fait que les observations que j'ai rapportées de UI laissent si peu de place à la classe et au département n'est pas dû à un biais introduit par ma situation d'observation à l'intérieur du campus. La relation pédagogique se réduit progressivement et dans des conditions chaotiques à la stricte livraison d'un savoir à un « public ». La dissociation des deux fonctions initiales de l'université (transmission des normes et des valeurs attachées au futur statut des étudiants d'une part, et transmission des connaissances d'autre part), a conduit à une marginalisation de la dimension académique du processus de socialisation des étudiants.

Sans doute cette situation est-elle caractéristique d'un état de crise. Elle présente en cela des analogies avec la situation des universités françaises décrite par D. Lapeyronnie et J.-L. Marie. L'absence d'adéquation entre l'offre et la demande du « marché » affecte en retour l'activité d'enseignement, marquée par un déclassement de la fonction d'enseignant, et par la pérennité de méthodes pédagogiques obsolètes faute de moyens et de formation des nouvelles recrues[8]. Pourtant, la marginalisation de la fonction de transmission du savoir n'a pas entraîné sur les campus nigérians de désintégration du « milieu » étudiant, comme ce fut le cas en France[9]. Autrement dit, et il

8. D. Lapeyronnie, J.-L. Marie, *Campus Blues, les étudiants face à leurs études,* Le Seuil, 1992, chapitre 4 : « La crise universitaire ».

9. *Ibid.* pp. 25-33. Les auteurs parlent de désocialisation. Le processus est mentionné dès 1964 par P. Bourdieu et J.-C. Passeron qui opposent sur ce point les universités aux classes préparatoires et aux grandes écoles : « Privé de soutiens institutionnels et de cadres sociaux, de plus en plus éloigné des traditions péri-

s'agit là du principal enseignement que je tire de cette recherche, le rapport pédagogique ou plus généralement les « impératifs scolaires de l'apprentissage »[10] ne structurent pas au Nigeria la vie étudiante dans son ensemble, parce que le statut étudiant ne se définit pas uniquement en référence à l'avenir professionnel auquel il est censé préparer.

Quelles que soient les atteintes qui lui ont été portées, et en dépit du rôle marginal des universités dans la reproduction de l'élite dirigeante, le statut étudiant reste un privilège dans la société nigériane. Rappelons que la population scolarisée dans l'enseignement supérieur n'atteint pas 3 pour 1 000 habitants, soit un taux dix fois inférieur à celui des pays européens, et que les établissements admettent en moyenne moins de 20 % des candidats. Si le statut étudiant continue à exercer cette force attractive en période de crise, c'est non seulement parce le diplôme le plus élevé constitue malgré tout une chance de « salut » professionnel supplémentaire, mais également parce que ce statut se définit pour la plupart des Nigérians par rapport au présent de la condition étudiante, et en référence à une représentation idéalisée de cette condition largement entretenue par les acteurs du système.

C'est dans cette optique qu'il faut, je crois, interpréter les formes de résistances opposées par les étudiants eux-mêmes à la dégradation de leurs conditions de vie sur les campus, et à la fragmentation de leur univers. Comme les enseignants de rang subalterne défendent avec le plus d'acharnement quelques traits symboliques du prestige de leur fonction, les étudiants d'origine populaire projettent au-delà des murs de l'université et en direction des nouveaux inscrits, l'image d'une identité communautaire. La reprise en main par les étudiants de services autrefois assurés par l'université, la perpétuation de rituels symbolisant la progression dans une hiérarchie bâtie sur le niveau scolaire, le maintien d'une coordination nationale des Unions malgré sa proscription depuis plus de quinze ans, sont autant d'éléments significatifs de cette résistance collective aux menaces de désintégration du milieu universitaire.

Le système résidentiel apparaît dans ces conditions, à la fois comme le catalyseur des processus de transformation de l'identité et du statut étudiant, et comme l'ultime rempart à un « vide organisationnel » qui

mées de la vie estudiantine, le milieu étudiant est peut-être moins intégré aujourd'hui que jamais [...] L'absence de stéréotypes réciproques ou de relations à plaisanterie témoigne du défaut d'esprit de corps et surtout de la rareté des contacts et des échanges [...] Enfin l'interconnaissance entre condisciples (et à fortiori entre étudiants de disciplines différentes) reste très faible [...] les seuls réseaux d'interconnaissance qui aient quelque continuité ou quelque consistance sont ceux qui datent d'une scolarité antérieure ou qui reposent sur des liens sociaux extérieurs... », *Les héritiers. Les étudiants et la culture*, Editions de minuit, 1964, p. 54.

10. P. Bourdieu et J.-C. Passeron, *op. cit.*, p. 52.

renforcerait les inégalités sociales[11]. La plupart des étudiants de l'université d'Ibadan ne conçoivent pas la possibilité de suivre des études dans une telle ville sans résider sur le campus. La cité universitaire, en dépit de son surpeuplement, concrétise le désir d'indépendance de l'étudiant vis-à-vis de sa famille, en minimisant le coût de sa scolarité. En l'absence d'aides de l'État, les étudiants dépendent de plus en plus directement des ressources de leurs parents. Tant que les besoins se limitent à la nourriture et aux fournitures scolaires, les étudiants peuvent s'adresser alternativement à un frère « déjà installé », puis à divers membres de la famille au « village ». La charge financière que représente l'étudiant, collectivement supportée, n'est alors pas supérieure à celle que représente un jeune scolarisé envoyé en ville chez un « tuteur ». Le système résidentiel offre de ce point de vue une forme d'intégration progressive et à moindre coût des jeunes dans l'environnement urbain. Il est encore la meilleure garantie pour un jeune Nigérian de mener jusqu'à son terme son projet de formation.

La tendance est aujourd'hui à l'abandon de ce principe résidentiel. A peine ne subsiste-t-il que dans les grandes universités fédérales. Il est depuis plus de dix ans menacé par une volonté politique clairement exprimée de le voir disparaître et par une conjoncture économique défavorable. Nous avons vu, avec l'exemple du collège d'éducation de l'État d'Oyo, que certains établissements ont d'ores et déjà interrompu leur politique résidentielle. Cette situation entraîne une déstructuration du tissu associatif étudiant, traditionnellement constitué à partir des halls de résidence, en même temps qu'elle interrompt la perpétuation de ces rituels liés à une conception intégrative de la formation.

L'observation attentive, à l'intérieur d'un campus, voire d'une cité universitaire, des conséquences de la crise de l'institution universitaire sur l'intégration de la population étudiante, par les transformations des pratiques et les formes de résistances qu'elle révèle, permet de mesurer les enjeux qui à tous les échelons pèsent sur le système éducatif. La dépréciation générale de ce système, dont j'ai analysé ici l'une des composantes, s'inscrit dans un mode de gestion des ressources humaines que la pratique nigeriane du fédéralisme, et les « conditionnalités » du Programme d'ajustement structurel tendent à transformer en facteur de « désintégration par le bas »[12] plutôt qu'en élément de socialisation et de construction nationale.

---

11. D. Lapeyronnie et J.-L. Marie, *op. cit.*, p. 27.
12. D. C. Bach, *op. cit.*, p. 30.

Vers de nouvelles formes de recrutement des élites nigerianes ?

Je suis revenu en 1995 au Nigeria pour y interroger cette fois-ci les perspectives professionnelles que se fixent les étudiants et les moyens qu'ils se donnent pour y parvenir. Ce séjour m'a permis de visiter plus longuement les universités d'États auxquelles je fais ici ou là référence dans les pages qui précèdent.

Alors que l'enquête dont il est fait état dans ce livre se déroulait dans un contexte politique transitoire, qui annonçait pour 1993 un retour des civils démocratiquement élus au pouvoir, l'année 1995 marquait la réouverture des universités après deux ans d'interruptions incessantes de leurs activités, dont huit mois de fermeture totale. Durant cette période, marquée par l'échec de la transition démocratique et par un retour en force des militaires aux commandes de l'État, étudiants et enseignants ont pu constater l'intérêt que portent les dirigeants du pays à leurs conditions d'existence : après huit mois de grève, c'est sans aucune garantie que les enseignants ont repris de guerre lasse le chemin des facultés[13].

Les étudiants portent un regard très lucide sur les perspectives que leur ouvrent des diplômes acquis dans de telles conditions. En témoignent leur participation active aux manifestations contre la « confiscation de la démocratie » par la junte militaire. Étudiants et enseignants s'accrochent à cette revendication comme si le destin de l'université y était inéluctablement lié. Les propos recueillis[14] traduisent pourtant dans le même temps une anticipation du fossé qui se creuse entre quelques anciennes universités fédérales, parmi lesquelles celles d'Ibadan, où subsiste une vie sociale étudiante, où des colloques continuent à se tenir, et les autres, établissement fédéraux de la deuxième génération et universités d'États, dont la situation de détresse matérielle révèle une politique délibérée d'abandon et annonce les recompositions qui se font jour dans ce système.

Il semble en effet évident qu'une fois levée l'hypothèque que les institutions non démocratiques du Nigeria font peser sur la réhabilitation du titre universitaire comme vecteur de la mobilité sociale, l'enseignement supérieur nigérian restera confronté, comme nombre de ses voisins, à l'internationalisation de la formation des élites nationales, et à un marché de l'emploi qualifié dans le public très étriqué. Quel sera alors le sort de la formation universitaire, actuellement quasi exclusivement destinée à ce secteur d'activité ?

---

13. Y. Lebeau, « L'interminable transition démocratique au Nigeria : les universités dans la tourmente », *L'Afrique politique 1996*, CEAN/Karthala, 1996.
14. Cette enquête, menée avec le concours de l'Institut français de recherche en Afrique (IFRA), m'a permis de recueillir cinquante-cinq entretiens biographiques auprès d'étudiants (tes) de six universités.

Les domaines du possible divergent nettement entre étudiants de tel ou tel type d'établissement. Dès à présent, les enfants des classes les plus aisées savent qu'ils acquerront ailleurs leur véritable formation. Ils se servent de leur licence nigériane, obtenue de préférence dans une université fédérale, comme d'un baccalauréat pour reprendre en première année leurs études dans des établissements étrangers, aux États-Unis, au Canada ou en Grande-Bretagne, là où un membre bien installé de la famille les accueillera. Les autres en rêvent... Dans les couloirs des facultés et dans les chambres de cités universitaires, on s'échange aujourd'hui les publicités pour les MBA[15] proposés par les universités privées américaines et canadiennes. Certains étudiants dépensent de fortunes pour se procurer les formulaires d'admission, avancent parfois des frais d'inscription que jamais ils ne récupèrent lorsque les ambassades concernées leur ont refusé le visa au regard de leur situation économique.

L'autorisation récente de création d'institutions supérieures privées peut être considérée comme un choix politique de la classe dirigeante (soutenue sur ce point par la Banque mondiale) pour résoudre à court terme le problème de l'adéquation des formations supérieures au marché de l'emploi. Les instituts supérieurs de management que l'on voit déjà fleurir à Lagos pourraient bien d'ici peu produire des MBA sous contrôle d'établissements transnationaux, comme en Europe de l'Est depuis le début des années quatre-vingt dix[16]. Curieux destin, un peu plus de 30 ans après l'émancipation de l'université d'Ibadan de sa tutelle londonienne.

---

15. Master of Business and Administration.
16. Sur les recompositions en cours du marché de l'enseignement supérieur en Europe de l'Est, voir notamment D. Broady, M. de Saint-Martin, M. Palme (eds), *Les élites. Formation, reconversion, internationalisation*, CSEC/EHESS, Paris, 1995.

ANNEXE 1

CARTES ET PLANS

A – Nigeria : Cartes des États fédéraux

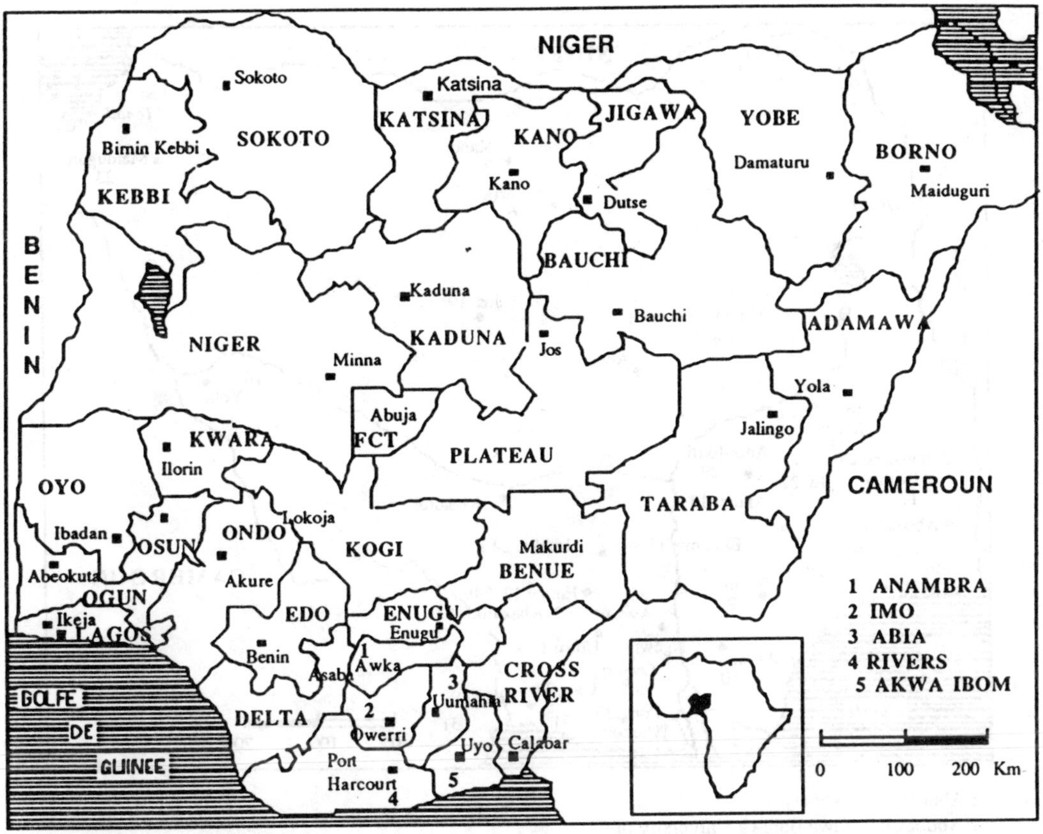

La Fédération nigériane :

Elle regroupe en 1994 30 Etats et 589 gouvernements locaux.
Superficie : 923.768 km^2
Population : entre 88.514.501 (recensement 1991) et 116 millions (estimation Nations Unies 1993).
Densité au km^2 : 95,8 (nov.1991).
Croissance démographique : 2,7% par an
PIB : 34 milliars de dollars
Exportations : 12 milliards de dollars (dont 11,5 pour le pétrole)
Dette extérieure : de 30 à 40 milliars de dollars selon les sources (11,3% du PNB en 1992).
Inflation : 100%

Sources : *Africa South of the Sahara 1994*, Europa Publications Limited, sept. 1993.
E. Omoluabi, *Nigeria : données de base sur la population*, CEPED, Paris, juin 1994.
R.T. Suberu, "1991 State and Local Government Reorganization in Nigeria", *Travaux et documents*, n° 41, CEAN/IFRA, 1994.

B – Nigeria : localisation des universités

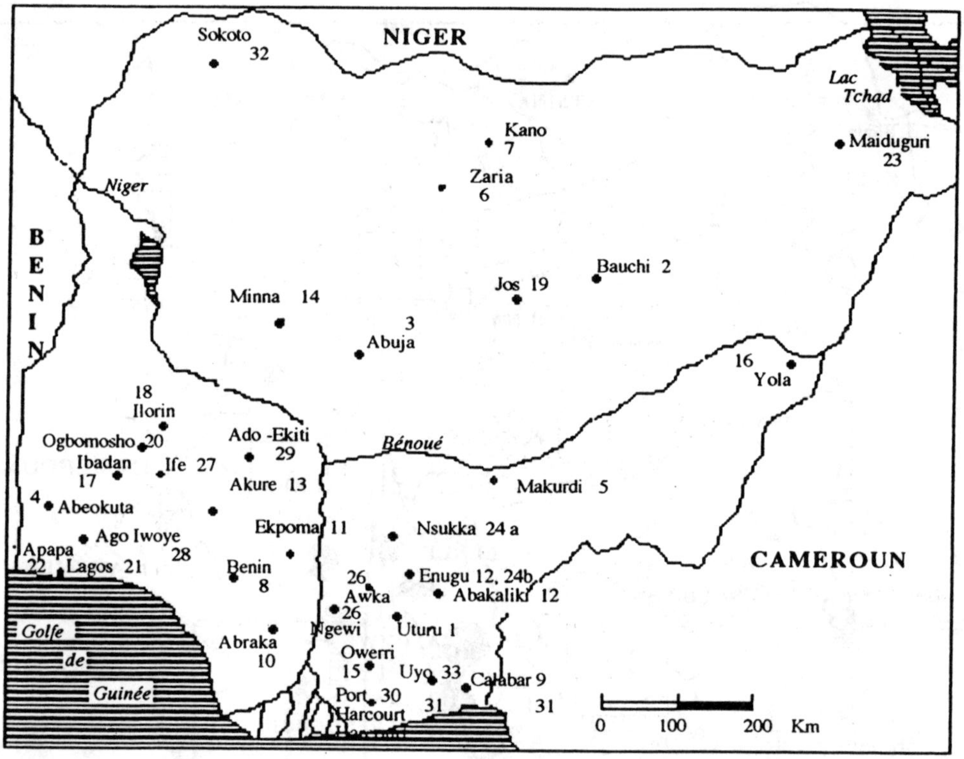

1 Abia State University
2 Abubakar Tafawa Balewa University of Technology
3 University of Abuja
4 University of Agriculture, Abeokuta
5 University of Agriculture, Makurdi
6 Ahmadu Bello University
7 Bayero University, Kano
8 University of Benin
9 University of Calabar
10 Delta State University
11 Edo State University
12 Enugu State University of Science and Technology
13 Federal University of Technology, Akure
14 Federal University of Technology, Minna
15 Federal University of Technology, Owerri
16 Federal University of Technology, Yola
17 University of Ibadan
18 University of Ilorin
19 University of Jos
20 Ladoke Akintola University of Technology
21 University of Lagos
22 Lagos State University
23 University of Maiduguri
24 University of Nigeria
25 Nigerian Defence Academy
26 Nnamdi Azikiwe University
27 Obafemi Awolowo University
28 Ogun State University
29 Ondo State University
30 University of Port Harcourt
31 Rivers State University of Science and Technology
32 Usmanu Danfodiyo University
33 University of Uyo

source : Commonweath Universities Yearbook, 1993

C – Université d'Ibadan :
plan de situation des halls et des facultés

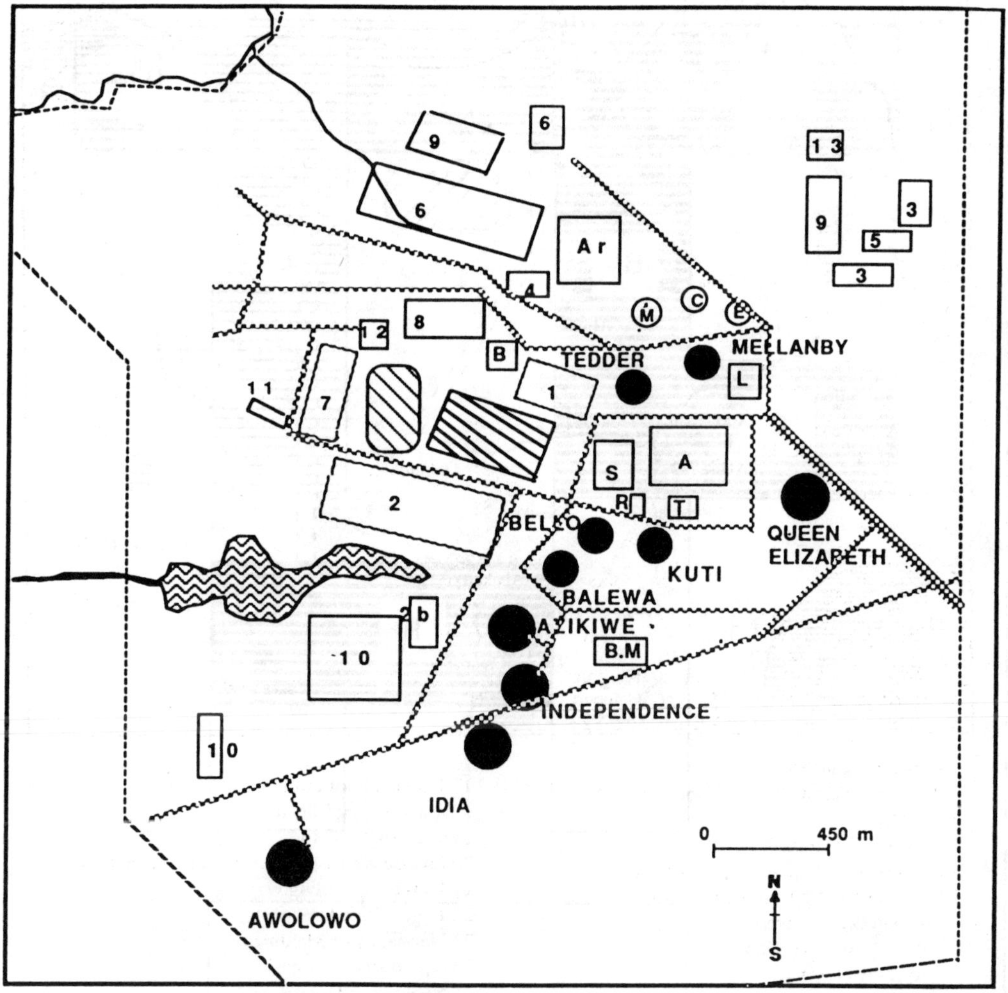

limites du campus
principales rues
terrains de sport

M= mosquée E= église C= chapelle
B= biblio. A= administration S= SUB
R= resto U. T= théâtre L= librairire
Ar= archives B.M= black market

facultés : 1= Arts, 2= Science, 3 = college de medecine, 4 = sciences cliniques
5 = pharmacie, 6= Agric. et forets, 7= sciences sociales, 8= Education
9 = Vet., 10 = techno, 11= droit, 12= etudes africaines 13= post graduate school

D – Awolowo Hall en 1992

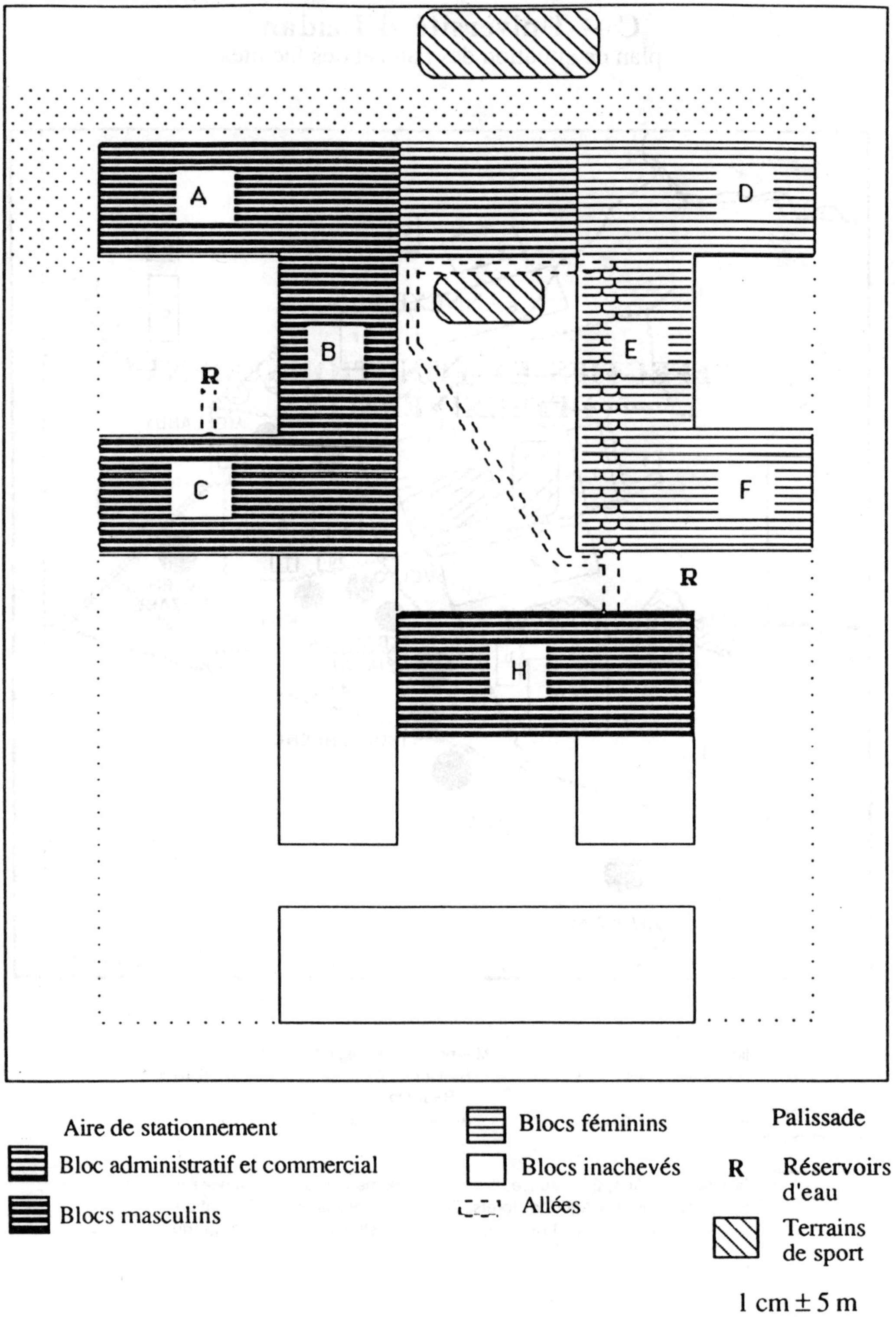

ANNEXE 2

EFFECTIFS ET FONCTIONNEMENT DES UNIVERSITÉS

A – Evolution des effectifs scolaires
(primaire, secondaire, supérieur)
par continents ou groupes de pays

Continents, grandes régions et groupes de pays	Années	Effectifs scolaires (milliers)			
		Total	Primaire	secondaire	supérieur
Afrique (sauf pays arabes)	1975	38 779	38 813	4 657	305
	1980	59 812	50 371	8 913	528
	1985	67 469	54 896	11 725	848
	1989	72 341	58 415	12 901	1 026
	1990	75 307	60 689	13 530	1 088
	1975-1980	9,1	8,3	13,9	11,6
	1980-1990	2,3	1,9	4,3	7,5
Pays arabes	1975-1980	5,8	4,3	9,0	10,4
	1980-1990	4,1	3,3	5,9	5,2
Europe (y compris ex-URSS)	1975-1980	–0,2	–0,8	–0,1	2,0
	1980-1990	0,2	0,1	–0,2	2,1
Amérique Latine et Caraïbes	1975-1980	3,8	2,9	7,0	6,1
	1980-1990	2,0	1,6	3,0	4,4

Source : UNESCO, *Annuaire statistique,* 1992.
% 1975-1980 et 1980-1990 = Accroissement moyen annuel des effectifs scolaires de 1975 à 1980 et de 1980 à 1990, en pourcentage.

B – Schéma du système éducatif nigérian (6-3-3-4 system)

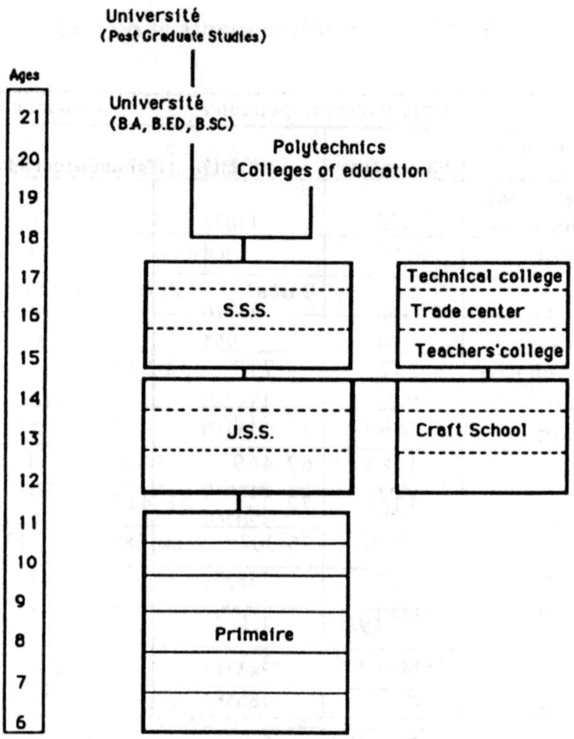

Source : T.F. AIYEPEKU, *6-3-3-4 System of Education in Nigeria*, NPS Educational, Ibadan, 1989.

Conditions d'entrée en université avant la généralisation des SSS.

Cursus secondaire	**Examens et diplômes**	**Entrée en université**	**cycle universitaire**
Grammar school (fifth form)	CGE ou S.C "O Level"	Examen JAMB (UME ou PCEE)	Licence (Bachelor degree) en 4 ans(preliminar year courses)
High School (sixth form)	GCE ou HSC "A Level"	"direct entry"	Licence en 3 ans

C – L'éducation au Nigeria durant la période coloniale

Nombre d'établissements et d'élèves

Année		Enseignement primaire		Enseignement secondaire	
		Etablissements	Effectifs	Etablissements	Effectifs
1906	Sud	126	11872	1	20
	Nord	1	n.d	0	0
1912	Sud	150	35716	10	67
	Nord	34	954	0	0
1926	Sud	3828	138249	18	518
	Nord	125	5210	0	0
1937	Sud	3533	218610	26	4285
	Nord	539	20269	1	65
1947	Sud	4984	538391	43	9657
	Nord	1110	70962	3	251
1957	Sud	13473	2343317	176	28218
	Nord	2080	185484	18	3643

Source : J.S. COLEMAN, *Nigeria : Background to Nationalism*, University of California Press, Berkeley, 1965, p. 134.

Dépenses du gouvernement central par postes (en % du total des dépenses)

Postes budgétaires	1930	1933	1938	1947	1961
Administration	18,3	18,4	14,1	13,5	16,6
Défense	8	8,1	6,1	3,5	8,3
Justice et police	9,2	8	8	11,9	9,4
Education	6,4	6,2	5,3	12,2	6,1

Source : O. NNOLI, *Ethnic politics in Nigeria*, Fourth Dimension Publishers, Enugu, 1980, p.78, table 3.1.

D – L'enseignement secondaire au Nigeria :
Nombre d'écoles (Grammar/Commercial Schools) et effectifs, 1975-1976 – 1980-1981

Etat	Nbre d'ét.	effectif	Nbre d'ét.	effectif	Nbre d'ét.	effectif	Nbre d'ét.	effectif	Nbre d'ét.	effectif	Nbre d'ét.	effectif
	1975-76		1976-77		1977-78		1978-79		1979-80		1980-81	
Anambra	95	64601	131	80346	186	97313	249	112786	370	145780	445	175588
Bauchi	10	4225	10	4697	12	5132	25	8407	48	13359	48	21928
Bendel	149	82407	147	95330	167	107011	187	122663	267	185216	467	255366
Benue	58	14311	69	22355	75	30870	158	46728	183	44728	185	46970
Borno	17	5282	17	6240	23	8231	23	10381	59	14000	59	14700
Cross River	91	40213	98	50362	134	66341	178	87506	210	105417	440	126495
Congola	18	6405	22	8068	27	10025	35	15233	44	19983	44	20982
Imo	127	85998	147	110140	221	155858	276	173935	350	251000	410	440000
Kaduna	29	18606	34	23680	40	32440	48	35318	74	34738	74	44837
Kano	20	7482	25	10095	30	12987	30	16957	33	19768	48	55034
Kwara	70	27856	78	31806	80	38243	75	47725	105	60657	161	74739
Lagos	110	64232	93	78331	98	82956	79	89139	125	154000	226	215600
Niger	13	4342	14	5048	17	6312	17	7640	27	10770	27	11308
Ogun	99	43812	97	46938	106	50674	119	54000	151	73071	326	125326
Ondo	233	72081	261	78468	261	81879	252	85589	252	139258	419	203815
Oyo	261	113287	300	128136	293	147786	328	165476	378	204318	687	262229
Plateau	38	11330	43	12534	49	16678	51	20914	75	26638	75	27970
Rivers	52	32080	52	33027	87	49538	95	48829	97	74606	137	81644
Sokoto	23	6367	22	6553	22	7638	26	9628	58	20565	58	21593
NIGERIA	**1513**	**704917**	**1660**	**832154**	**1928**	**1007912**	**2251**	**1159401**	**2908**	**1557877**	**4334**	**2226124**

Source : J.A. ATANDA, T.N. TAMUNO (eds), *Nigeria since Independence. The first 25 Years*, vol. III "Education", op. cit., p. 254

E – Effectifs enseignement primaire et secondaire au Nigeria : 1980-1991

Enseignement primaire : personnel enseignant et élèves

Année	Ecoles	Personnel enseignant		Elèves inscrits		Nbre élèves
		total	% féminin	total	% féminin	par maître
1980	36524	369 636	33	13 760 030	43	37
1985	35433	292 821	?	12 914 870	44	44
1988	34911	308 182	34	12 690 798	42	41
1989	34904	344 221	45	12 721 087	45	37
1990	35433	331 915	43	13 607 249	43	41
1991	35446	353 600	43	13 776 854	44	39

Enseignement secondaire : personnel enseignant et élèves

Type d'enseignement	Année	Personnel enseignant		Elèves inscrits	
		total	féminin en %	total	féminin en %
Général	1980	61 755	8	1 995 917	36
	1989	?	?	2 522 680	43
	1990	?	?	2 691 740	43
Normal	1980	8 952	81	282 244	36
(Teacher	1989	?	?	96 845	42
Training)	1990	?	?	103 170	44
Technique	1980	10 785	38	67 943	17
	1989	?	?	130 003	47
	1990			113 556	45
Total	1980	81492	20	2 345 604	35
	1985	?	?	3 102 126	43
	1988	134 400	31	2 941 781	41
	1989	138 246	32	2 749 528	43
	1990	142 007	33	2 908 466	43
	1991	141 497	32	3 121 277	42

Source : UNESCO, *Annuaire statistique 1992*

F – Candidatures et admissions dans les universités et les collèges d'éducation du Nigeria, année 1990-1991

Candidatures (programme "first degree") selon les Etats

Etats	Nbre de candidature	% du total des candidatures	Admissions	% du total des admissions
Akwa Ibom	10068	3,5	1338	2,7
Anambra	29281	10,1	495	10,2
Bauchi	2033	0,7	366	0,7
Bendel	42254	14,6	6828	14
Benue	9729	3,4	1532	3,1
Borno	2628	0,9	463	1
Cross River	5974	2,1	972	2
Congola	2944	1	543	1,1
Imo	35337	12,2	6014	12,3
Kaduna	4607	1,6	707	1,5
Kano	3916	1,3	856	1,8
Katsina	900	0,3	155	0,3
Kwara	18053	6,2	2756	5,7
Lagos	14175	4,9	2943	6
Niger	2870	1	574	1,2
Ogun	22086	7,6	4152	8,5
Ondo	22546	7,8	3814	7,8
Oyo	36683	12,6	5059	10,4
Plateau	4151	1,4	843	1,7
Rivers	13969	4,8	2689	5,5
Sokoto	2437	0,8	489	1
CEDEAO	2692	0,9	476	1
Afrique	532	0,2	87	0,2
Autres	432	0,1	114	0,2
Total	**290296**	**100**	**48726**	**100**

selon les facultés (université seulement, programme "first degree").

Faculté ou enseignement	Nombre de candidatures	% du total	Nombre de candidats admis	% d'admissions
Gestion	47972	16,5	3513	7,2
Agriculture	11582	4	3154	6,5
Education	34115	11,8	9093	18,7
Lettres	26730	9,2	5723	11,7
Formations d'ingénieurs et de techniciens	27780	9,6	6801	14,7
Sciences	21566	7,4	9090	18,7
Sciences sociales	40938	14,1	5617	11,5
Total	**290296**	**100**	**48726**	**100**

Source : Joint Admission and Matriculation Board, Ikoyi, Lagos.

G – Universités nigérianes : effectifs

Nombre d'enseignants pour cent étudiants en 1993

ATBU Bauchi	2389	196	8,2
U of Abuja	575	81	14
U of Agric. Abeokuta	2354	103	4,4
ABU Zaria	15103	1643	10,9
FUT Akure	2666	199	7,5
BU Kano	6309	446	7,1
Edo State U	9757	449	4,6
U of Benin	16615	678	4,1
U of Calabar	14393	1063	7,4
Enugu State UST	9267	287	3,1
U.I.	12645	1137	9
Ilorin	10200	450	4,4
Imo State U	8870	360	4,1
Unijos	14561	531	3,6
LASU Lagos	3950	249	6,3
Unilag	23309	675	2,9
U of Maiduguri	9200	828	9
Makurdi Fed U of Agric.	2172	186	8,6
U of Nig. Nsukka	18408	874	4,7
OAU Ife	15732	921	5,9
Ogun State U	5000	400	8
Ondo State U	4686	226	4,8
FUT Owerri	3008	146	4,9
Uniport	6621	394	6
Rivers State UST	5344	430	8
UDU Sokoto	4920	289	5,9
U of Uyo	10500	432	4,1
FUT Yola	3515	140	4

Source : *The World of Learning 1994*, Europa Publications Limited, sept. 1993.

Effectifs totaux par sexe, 1962/63 - 1989-90

année	H	F	Total	%F
1962/63	3299	307	3606	8,5
1964/65	6128	591	6719	8,8
1966/67			9170	
1973/74			23321	
1985/86			135670	
1986/87	113645	36968	150613	24,5
1987/88	118923	41784	160707	26
1988/89	125880	46524	172404	27
1989/90	133189	49681	182870	27

sources : A.B. FAFUNWA, 1973 ; NUC, 1989 ; CUYB, 1993.

H – Dépenses d'éducation au Nigeria

Dépenses courantes du Gouvernement fédéral en 1984-89 (en millions de nairas)

Secteurs	1984	1985	1986	1987	1988	1989
Education	656	697	484	353	248	1067
Santé	87	164	247	65	260	327
Services collectifs	23	271	131	49	163	199
Défense	802	1101	733	1973	830	957
Sécurité intérieure	494	536	429	1101	521	644
Service de la dette	1529	2884	3005	6181	6916	13030

Source : Rapports annuels et état des comptes, Budgets (1984-89), Banque centrale du Nigeria. Cité dans S. BAKO, 1994, p.180.

Subventions du Gouvernement Fédéral aux université (en nairas)

Année	Montant (nairas)
1983	381253449
1984	439920654
1985	432540000
1986	394966824
1987	304479411

Source : *Sunday New Nigerian*, 8 avril 1990, cité dans S. BAKO, 1994.

I – Dépenses publiques d'enseignement : comparaisons internationales par niveaux d'étude

Pays	dépenses publiques d'enseignement (en % du PNB) 1960	1988-90	D. P. d'enseignement (en% des D.P. totales) 1988-90	D.P. d'enseignement primaire et secondaire (en % de tous les niveaux) 1987-90	D.P. d'enseignement supérieur (en % de tous les niveaux) 1987-90
Nigéria	1,5	1,7	12,0	57	-
Sénégal	2,4	4,6	-	60	23
Gabon	2,1	5,7	9,4	-	-
Zimbabwe	0,5	8,2	15,0	88	8
Kenya	4,6	6,4	27,0	77	15
Tunisie	3,3	6,0	14,1	83	17
Brésil	1,9	3,9	17,7	60	18
Thaïlande	2,3	3,8	20,0	78	15

Source : PNUD, *Rapport mondial sur le développement humain 1993*

ANNEXE 3

RÈGLEMENTS ET STATUTS DE LA VIE ÉTUDIANTE

Réglements et statuts de la vie estudiantine

I – Constitution de l'« International Students'Association », section de l'université d'Ibadan[1]

Préambule

Nous, membres de l'*International Students' Association* de l'université d'Ibadan, dans le but d'organiser une Union efficace des étudiants étrangers, d'exprimer et d'harmoniser les intérêts de l'Union vis-à-vis de la population étudiante et de l'administration de l'université, de dégager des moyens pour la promotion de l'esprit d'unité au sein des étudiants étrangers et pour leur acceptation par la population étudiante toute entière [...], décrétons et établissons cette constitution de l'*International Students'Association.*

Art. I : Nom

Art II : Objectifs

1- Créer et maintenir des liens directs entre les étudiants étrangers et l'administration de l'université d'Ibadan afin de s'assurer que des solutions seront trouvées aux problèmes auxquels sont confrontés les étudiants étrangers, c'est-à-dire :

- Immigration, émigration (spécialement l'obtention des permis de résidence pour les nouveaux)
- Logement
- Finance
- Sécurité et bien être.

2- Promouvoir les interactions sociales, culturelles et éducatives entre les membres de l'association et les gens de notre pays d'accueil dans le but de contribuer à une meilleure entente internationale.

1. Traduction abrégée de la constitution amendée en 1984, toujours en vigueur en 1995, sous le titre original « The Constitution of the International Students' Association – University of Ibadan branch. »

3- Organiser des activités dans le but de stimuler les échanges internationaux, comme la semaine internationale, des symposiums et des activités récréatives.

4- Informer les nouveaux étudiants étrangers sur les possibilités d'orientation.

Article III – Adhésion

1- (a) L'adhésion est ouverte aux étudiants de toutes les nations représentées dans cette université.

(b) Tous les étudiants étrangers sont automatiquement membres de cette association pour peu qu'ils paient leurs droits.

(c) Les étudiants nigérians peuvent adhérer [...] Leur nombre n'excédera pas 5 % de la population étrangère de l'association.

Article IV – Patrons et membres honoraires

1- L'association aura deux patrons :

(a) Un professeur de l'université d'Ibadan.

(b) L'ambassadeur de l'un des pays représentés, nommé par l'exécutif [...] Ce poste fera l'objet d'une rotation annuelle au sein des divers ambassadeurs.

2- l'association aura deux conseillers membres du personnel enseignant.

3- Les anciens membres, les membres du personnel et leur famille qui le souhaitent pourront devenir membres honoraires.

Article V – l'Exécutif

1- Qualifications :
Ne peuvent être élus au poste de président que des étudiants étrangers

2- Le cabinet comprendra :

(a) Un président
(b) Un vice-président
(c) Un secrétaire et son assistant
(d) Un officier des relations publiques (PRO)
(e) Un secrétaire financier
(f) Un trésorier
(g) Trois secrétaires sociaux

Article VI – Fonctions de l'Exécutif

Le président

1- Sera le porte-parole en chef de l'association dans les affaires intérieures et extérieures.

2- Convoquera toutes les réunions de l'Exécutif ou de l'association.

3- Présidera toutes les réunions.

4- Aura un pouvoir de décision en cas d'égalité de voix.

5- Coordonnera les activités des autres membres du bureau.

6 et 7- Délégation de pouvoir.

Le vice-président

Le secrétaire et son assistant

L'officier des relations publiques (PRO)

1- Aura en charge la publicité pour les activités de l'association.

2- Assurera à l'extérieur une bonne image de l'association.

Le secrétaire financier

1- Collectera les cotisations, transmises ensuite au trésorier.

2- Tiendra une comptabilité à jour de toutes les sommes engagées.

4- Donnera un rapport financier écrit à la fin de son mandat à l'assemblée (*house*).

5- Approuvera toutes les dépenses avant déboursement par le trésorier.

Le trésorier

1- Aura la responsabilité de la bonne garde de l'argent appartenant à l'association.

2- N'aura jamais en sa possession plus de 50 nairas, le reste de l'argent de l'association restant sur son compte en banque.

3- Contresignera avec le président toutes les transactions monétaires – chèques... etc. (Notez que la banque sera choisie par l'exécutif en cours).

4- Enverra au secrétaire financier les rapports de transactions.

Les secrétaires sociaux

1- Seront responsables du planning et de l'effectivité des activités sociales de l'association.

2- Coopéreront avec le PRO dans des tâches communes.

Article VII – Commissions permanentes et commissions ad hoc

1- Une commission permanente des affaires sociales sera nommée par l'assemblée. Elle comprendra outre le président en tant que *chairman*, le secrétaire-assistant comme secrétaire et un représentant de chaque hall de résidence.

2 – Des commissions *ad hoc* seront désignées si nécessaire par l'Exécutif.

Article VIII – Fonctions de la commission des affaires sociales

Article IX – Élections

IX A :

1- La commission des affaires sociales mettra en place une commission électorale au moins deux semaines avant le dernier meeting général

2- La commission comprendra cinq membres (pas plus d'un par pays)...

IX B :

1- Les élections auront lieu dans les dernières semaines de la session...

2- Quorum...

3- Le vote sera réservé aux membres inscrits, à jour de leur cotisation, et se fera soit à bulletin secret soit à main levée.

4- Si possible, pas plus de deux candidats par pays n'entreront dans l'Exécutif.

Article X – Démission ou révocation d'un membre de l'Exécutif

1- Tout membre de l'association et tout membre de l'EXCO doivent signaler leur désir de démissionner par lettre adressée au cabinet...

2- Les membres peuvent aussi être, individuellement ou collectivement révoqués par l'assemblée générale...

Article XI – Réunions

1- Les réunions seront convoquées au moins deux fois par semestre.

2- Un quart des membres de l'assemblée peuvent convoquer une assemblée générale extraordinaire.

3- L'assistance à toutes les réunions est obligatoire

Article XII – Finances

1- L'adhésion sera fixée à X nairas par session et par membre, payable en une fois.

2- I.S.A. se réserve la possibilité de lever toute souscription supplémentaire pour des activités sociales et des cas d'urgence.

3- Banque et compte...

4- Signatures...

5- Les comptes de l'association seront soumis à vérification comptable au moins deux fois par session par deux membres choisis par l'assemblée.

Article XIII – Discipline et sanctions

1- Exécutif

Les irrégularités suivantes seront passibles de mesures disciplinaires :

(a) Absence à trois réunions consécutives de l'EXCO sans permission écrite considérée comme valable par le président et le secrétaire.

(b) Détournement des fonds de l'association.

(d) Que l'ensemble de l'exécutif soit suspecté d'être coupable d'irrégularités ou d'inefficacité dans ses fonctions, et une réunion générale d'urgence sera convoquée, une commission spéciale constituée pour enquêter et faire des recommandations à l'assemblée en vue de mesures disciplinaires éventuelles.

2- Général

(a) Tout comportement considéré comme une offense faite à l'association (agression, vol, ivresse...) sera passible de sanctions comme la suspension des droits, le paiement d'une amende... déterminées par l'exécutif.

Article XIV – Interprétation

1- Si des doutes surviennent sur l'interprétation de l'une des clauses de la constitution, l'Exécutif mettra sur pied une commission [...] dont l'interprétation finale sera soumise à l'assemblée.

Article XV – Amendements :

(cf. règlement de la vie associative étudiante)

II – Réglementation relative aux associations et à l'Union des étudiants, *Université Ahmadu Bello, Zaria*[2]

L'Union des étudiants est l'organe représentatif des étudiants à l'université. Tous les étudiants inscrits peuvent en devenir membres, moyennant paiement d'une souscription annuelle.

L'Union sert de canal effectif pour la coordination de l'implication des étudiants dans la gestion de l'université, et a pour objectif l'initiation à un leadership mature et responsable. La fonction générale de l'Union est de développer et de gérer les intérêts culturels sociaux et sportifs des étudiants, et d'être une tribune d'élaboration de propositions visant à accroître le bien-être des étudiants.

L'instance dirigeante de l'Union est la « Student Representative Assembly » (SRA) où chaque hall est représenté sur une base proportionnelle.

En accord avec la constitution de l'Union, cette dernière élit à chaque session les dix membres exécutifs suivants : président, vice-président, secrétaire, secrétaire-assistant, trésorier, officier des relations publiques, administrateur des sports, ministre de l'alimentation, responsable des affaires sociales, administrateur social.

Les bureaux de l'Union sont rassemblés dans le *Students'Union Building*. L'Union engage son propre secrétariat, elle dispose actuellement de deux véhicules dont elle assure l'entretien.

En accord avec les directives des autorités de l'université, les procédures suivantes doivent être suivies avant que toute décision de l'assemblée générale de l'Union, concernant l'université dans son ensemble (boycott de cours, manifestations...), ne devienne effective :

(i) Un référendum voté à bulletin secret.

(ii) 50 % au moins des étudiants membres de l'Union doivent participer au référendum.

(iii) Le référendum doit être tranché par la majorité simple des suffrages exprimés.

(iv) Le référendum doit être tenu sous la surveillance du doyen des affaires étudiantes.

---

2. Traduit du *Student Handbook 1990/91*, Student Affairs Division, Ahmadu Bello University, Zaria, 1990.

Organisations étudiantes

L'université a une politique d'encouragement des étudiants à s'organiser ou à rejoindre les organisations qui contribuent à la vie académique, culturelle, récréative et sociale de l'université, et qui développent les interactions entre étudiants en dehors des salles de cours. Ces organisations parrainent diverses activités, telles que des conférences, des « portes ouvertes », des fêtes, des excursions, des expositions, des pièces de théâtre… etc.

Voici, par exemple quelques-unes des organisations étudiantes enregistrées :

A – associations « professionnelles »

Association des étudiants en art dramatique
Association pour la littérature anglaise
Association des auteurs littéraires
Association nigériane des étudiants en géologie
Association des étudiants en sciences sociales
Société étudiante d'histoire

B – clubs sociaux

Connexion alpha beta
Club des Kegites (buveurs de vin de palme)
Club du zodiac
Club Venus
Club de Jazz
Le grand cercle
Club international des armes
Ras Reggae international
La nuit exquise

C – associations bienfaitrices

Rotary club
ABU Jaycees

D – associations d'États

Union des étudiants de l'État de Benue (BESSU)
Union nationale des étudiants de l'Anambra (NUASS)
Union nationale des étudiants de l'État de Lagos

E – associations politiques

Étudiants nigérians solidaires avec la Palestine
Solidarité avec la jeunesse d'Afrique du Sud (YSSAN)

Enregistrement des organisations étudiantes

L'université s'est fixée pour règle de n'encourager ni ne reconnaître aucune organisation étudiante, dont la composition refléterait une discrimination à caractère racial, sexuel ou religieux. Ainsi les organisations étudiantes de type tribal ou ethnique ne sont pas reconnues.

Les organisations étudiantes doivent remplir les conditions suivantes pour obtenir la reconnaissance officielle de l'université :

(i) Intention de mener des activités compatibles avec les fonctions éducatives et sociales, ainsi qu'avec la politique suivie par l'université, telle qu'approuvée par le sénat et le conseil.

(ii) Intention de gérer une organisation et des activités régulières, prouvées par une constitution, des statuts et règlements, un rapport sur l'état et les sources du financement des activités annoncées.

(iii) Preuve qu'aucune organisation étudiante déjà en place ne répond aux mêmes besoins que celle envisagée.

(iv) Intérêt de la population étudiante pour l'organisation proposée, démontrée par le nombre d'adhérents, ou le nombre projeté.

(v) Signalement du « patron » de l'association (obligatoirement membre du personnel de l'université).

Les pièces suivantes doivent être transmises au doyen du « student Affairs »

- Deux exemplaires de la constitution et du règlement intérieur. Les futurs amendements devront être notifiés dans les quatorze jours suivants leur adoption.
- Noms, numéros d'immatriculation, halls, facultés, départements et adresses des administrateurs.
- Signature du « patron » (« senior staff », employé à plein-temps par l'université)
- Attestation du « patron », certifiant qu'au moins vingt étudiants forment le noyau de l'association.
- Exposé des objectifs et activités proposés, s'inscrivant dans le cadre des contributions attendues, à la vie culturelle sociale ou académique du campus.
- Affiliations, s'il y a lieu, à des organisations extérieures.
- Exposé des supports financiers et modalités de gestion envisagés.
- Déclaration de soutien de la part du chef de département, du doyen de la faculté… si l'organisation doit être financièrement aidée par une ou plusieurs unités administratives de l'université.
- Une copie du rapport annuel de l'année précédente.

-Les organisations étudiantes peuvent être dissoutes de leur propre initiative, ou sur ordre du doyen si l'organisation n'a pas rempli le formulaire d'enregistrement deux années de suite, ou encore sur ordre du doyen avec l'aval du secrétaire du bureau des inscriptions, dans tous les cas de violation des lois de l'université et du présent règlement, de manquement au respect des lois du Nigeria ou à celui des règles de décence et de bonne moralité exigées par l'université.

Privilèges de la reconnaissance officielle

Les organisations étudiantes accréditées ont droit aux privilèges suivants :

- Utilisation des installations de l'université, assujettie au paiement des frais occasionnés et au respect du planning de réservation et des conditions d'utilisation de ces équipements.
- Utilisation du nom de l'université dans leur intitulé officiel.
- Possibilité de demande d'assistance financière ou matérielle auprès de l'Union des étudiants ou de l'université, pour des activités spécifiques.

Règles générales régissant les organisations étudiantes

1- L'immatriculation d'une organisation étudiante ne doit pas être interprétée comme un accord, un soutien ou une approbation de la part de l'université, mais simplement comme une reconnaissance des droits de l'organisation à exister au sein de l'université sous les conditions qui régissent son fonctionnement.

2- Seuls les membres *bona fide* du personnel et les étudiants inscrits à l'université sont éligibles dans les organisations étudiantes. D'autres personnes peuvent adhérer au titre de membre associé si la constitution de l'organisation le prévoit.

3- Toutes les organisations doivent tenir une comptabilité selon le modèle du formulaire proposé par le *Student Welfare Board*. Tous les fonds recueillis par les organisations étudiantes, par quelque moyen que se soit, relèvent de leur responsabilité financière.

Activités impliquant des invités extérieurs au campus

En vertu du traditionnel respect de l'université pour la liberté d'expression, les organisations étudiantes sont autorisées à exercer des activités associant les invités de leur choix, extérieurs au campus.

Cependant, l'université a l'obligation se s'assurer que les activités menées sur le campus, le sont de façon appropriée pour la communauté académique. Si un gouverneur, un ministre, un responsable de mission diplomatique, ou toute autre personnalité importante extérieure à l'université, est invité, le doyen du *Student Affairs* doit en être informé dix jours au moins avant la date prévue d'arrivée de l'invité sur le campus. ceci pour permettre au secrétariat du *Student Affairs* de coordonner l'événement avec d'autres activités prévues sur le campus, d'en informer le vice-chancelier, et d'éviter ainsi toute concurrence inutile pour l'audience et l'usage des installations de l'université. Il est important que les invités soient signalés à leur arrivée sur le campus.

III – Extraits de la Constitution d'un hall [3]

Article I : Citations, interprétation.

Article II Préambule

Nous, membres de Mellanby Hall :

(i) Reconnaissons la compétence de la constitution de l'université.

(ii) Admettons que les lois de l'université relatives au logement nous gouvernent.

(iii) Acceptons que la constitution du hall soit complémentaire et non en contradiction avec les lois de l'université.

(iv) Définissons principalement cette constitution de hall comme un guide pour la conduite des élections du hall et de l'exécutif, et pour le développement du sentiment d'appartenance à un corps unique chez nos membres. [...]

(viii) Enfin nous nous engageons en tant que *Great Mellanbites*, à entretenir l'esprit du Mellanbisme. Ceci inclut une allégeance au hall et une contribution à son avancement par tous les moyens.

Article 3 : Qualité de membre

a. Membres ordinaires : tous les étudiants logés dans ce hall en seront automatiquement membres.
b. Membres honoraires
c. Membres perpétuels

Article 4 : Comité exécutif du hall

Les administrateurs suivants composeront l'EXCO
(a) le président
(b) Le vice-président
(c) Le secrétaire
(d) Le ministre des Sports
(e) Le ministre des Affaires sociales
(f) Le ministre de la Santé

3. Traduction de la constitution de Mellanby Hall, d'après *Mellanby Hall Handbook*, 1990.

(g) Le ministre de l'Intérieur
(h) Le trésorier
(i) Le ministre du Budget
(j) le ministre de l'Information et de la Propagande.

Article 5 : Fonctions des membres de l'exécutif :

- Le président

Sera responsable de la coordination des activités de tous les autres membres de l'EXCO

N'aura de droit de vote qu'en cas d'égalité de voix.

Aura la signature du compte du hall.

- Le vice-président
- Le secrétaire

Fera le compte-rendu des réunions de l'EXCO et des meetings du hall.

Convoquera, sur décision du président, les meetings du hall et du comité.

Présidera le comité électoral.

- Le ministre des Sports

Aura en charge le matériel, les équipements et l'organisation de toutes les activités sportives du hall.

-Le ministre des Affaires sociales

Aura la responsabilité de l'organisation des activités sociales du hall (notamment des « parties »)

Aura le pouvoir de désigner un comité social pour l'aider à organiser toute manifestation sociale ou culturelle.

- Le ministre de la Santé.

Aura le contrôle et la responsabilité de la boite des « premiers secours »

Prendra soins des étudiants malades

Signalera au médecin tous les cas de maladie sérieuse.

Tiendra le registre des médicaments entrés et sortis.

Sera responsable de l'état sanitaire du hall

- Le trésorier

Percevra les droits et cotisations relatifs au hall.

Tiendra les comptes et aura en charge l'argent du hall

Donnera un état des comptes du hall deux semaines avant la fin de chaque semestre.

Cherchera les moyens de maintenir la stabilité financière du hall.

Soumettra son rapport financier et l'argent du hall qu'il a en sa possession au *warden,* deux semaines avant la fin de son mandat.

Aura la signature du compte.

Percevra les loyers et droits tirés de la *Junior Common Room* et de la salle de télévision.

- Le ministre de l'Intérieur

Aura la responsabilité du confort du hall, et de l'état du matériel en général.

Aura le pouvoir discrétionnaire d'attribuer des autorisations d'utilisation de certaines sections du hall.

- Le ministre de l'Alimentation

Aura en charge les question d'alimentation.

Mènera régulièrement des enquêtes de marché pour réguler les prix des denrées du magasin d'alimentation.

Aura en charge la nourriture et les boissons durant la « semaine du hall ».

- Le ministre de l'Information et de la Propagande

Aura en charge le système d'information du hall : ceci inclut la mise à disposition de journaux, périodiques, etc.

Assurera l'entretien de relations étroites entre le hall et ses anciens membres.

Sera le président du club de la presse de Mellanby.

Article 6 : Le « Hall Representative Council » (HCR)

a. Le congrès des représentants de blocs formera le noyau de l'action politique. Il en sera l'instance suprême, ses décisions seront finales et commanderont le comité du hall. Les membres de ce HCR seront désignés par les administrateurs électoraux.

b. Le congrès sera composé de 22 membres, dont 10 du bloc A, 2 du bloc B, 6 du bloc C, quatre du bloc D, plus les administrateurs du hall.

c. Le HRC élira en son sein, un porte-parole et un secrétaire.

d. Les représentants de chaque bloc informeront dûment, par communiqué, les membres de leur bloc de toutes les décisions prises en réunion.

e. Le HCR aura le pouvoir de renvoyer tout administrateur jugé inapte.

Article 7 : Élection des administrateurs

a. Les administrateurs du hall seront élus par les membres du hall à bulletin secret.

b. Le *warden* désignera trois officiers électoraux. Ceux-ci seront de préférence en dernière année.

e. Des dispositions seront prises pour que chaque candidat à l'administration du Hall dispose d'au moins quatre jours de campagne. Les officiers électoraux fixeront la date et publieront le règlement des élections.

Article 9 : Finances

a. (i) Chaque membre résident du hall paiera des droits annuels.

(ii) Après considération des besoins du hall, le comité déterminera le montant de la contribution de chaque résident.

b. Ces contributions viendront compléter, le cas échéant, les subventions des autorités du hall.

Article 10 : Student Representative council *(SRC) de l'Union des étudiants.*

a. Les élections de membres du hall au *Student Representative Council* se feront dans le cadre de la réglementation établie par les officiers électoraux de l'Union des étudiants.

b. Aucun administrateur du hall ne peut poser sa candidature à l'élection du SRC.

ANNEXE 4

L'UNIVERSITÉ D'IBADAN

Cités universitaires de l'université d'Ibadan : Noms des halls, nombre[1] et statut des résidents

Mellanby Hall porte le nom du premier principal de l'université-collège, 830 résidents en 1993 (H, UG).

Tedder Hall porte le nom de la personnalité qui en posa la première pierre en 1953 (chancelier de l'université de Cambridge). 780 résidents en 1993 (H, UG).

Kuti Hall fut ainsi nommé en l'honneur du professeur nigérian Ransome-Kuti (membre de la commission Elliot en 1945). 1 000 résidents en 1993 (H, UG).

Queen Elizabeth Hall fut le premier hall féminin. Il porte le nom de Queen Elizabeth II de Grande Bretagne en commémoration de sa visite au Nigeria, alors colonie britannique, et au collège en 1956. 850 résidentes en 1993 (F, PG/UG).

Alexander Brown Hall du nom d'un des membres fondateurs de la faculté de médecine, n'est pas situé sur le campus principal mais sur celui de la faculté de médecine. 1 000 résidents en 1993 (H, UG).

Sultan Bello Hall porte le nom de Muhammad Bello, célèbre réformateur musulman du califat de Sokoto au XIXe siècle. 1 000 étudiants en 1993 (H, UG).

Independence Hall fut construit deux ans après l'indépendance du Nigeria. 729 résidents en 1993 (H, UG).

Nnami Azikiwe Hall honore le premier chef d'État du Nigeria indépendant. 989 étudiants en 1993 (H, UG).

Tafawa Balewa Hall rend hommage au premier Premier ministre du Nigeria indépendant. 580 résidents en 1993 (H/F, PG).

Idia Hall, deuxième hall féminin. 405 résidentes en 1993. (F, UG)

Obafemi Awolowo porte le nom du leader yoruba de l'*Action Group*, 303 résidents en 1993 (H/F, PG/UG).

1. Les chiffres sont tirés du *Commonwealth Universities Yearbook 1993*. Les effectifs des cités Independence, Azikiwe, Idia, et Awolowo peuvent être multipliés par deux, car le nombre de lit par chambre y est deux fois supérieur à celui annoncé dans ce répertoire. Les squatters ne sont bien entendu pas pris en compte dans ces calculs.

ANNEXE 5

LE COÛT DE LA VIE ESTUDIANTINE

Note sur le coût de la vie étudiante

Le Nigeria connaît depuis le milieu des années 80 une grave crise économique et financière, dont les indicateurs les plus visibles sont le niveau d'endettement du pays, les dévaluations successives et de plus en plus rapprochée de la monnaie et un taux d'inflation entre 50 et 100 %.

Sans entrer dans les détails, il faut signaler ici que la dette publique du Nigeria situe ce pays, dès le début des années 80, au premier rang des débiteurs africains. Le caractère atypique de cette dette tient alors au fait que malgré les premiers soubresauts du marché pétrolier mondial, le Nigeria dispose encore d'une rente qui lui assure une situation plus prospère qu'ailleurs sur le continent africain. Les conséquences de l'effondrement dramatique du prix du pétrole en 1986 marquent en fait la précipitation d'un processus enclenché depuis plusieurs années. En somme, le déficit de ressources financières auquel le pays est alors confronté tient autant à la genèse même de la dette nigériane qu'au contre-choc pétrolier :

> « La crise financière nigériane est fondamentalement la rançon d'une désorganisation des structures socio-économiques causée par la rente pétrolière. [...] Plus d'une décennie d'aggravation des déviations monétaires et de délabrement du fonctionnement financier a accouché d'une économie dont le moteur est devenu l'endettement. Ce phénomène financier que nous nous sommes efforcés de mettre en avant nous paraît ici, comme pour d'autres économies, plus fondamental que la contrainte extérieure, pourtant particulièrement évidente dans le cas du Nigeria avec les soubresauts du marché pétrolier »[1].

L'injection nécessaire de capitaux dans l'économie conduisit le régime du général Babangida a annoncé en juillet 1986 un programme d'ajustement structurel de deux ans, destiné à augmenter les exportations de produits non pétroliers, à réduire les importations de biens

1. O. Vallée, « Système naira et crise financière », in D. C. Bach, J. Egg et J. Philippe (éds), *Nigeria. Un pouvoir en puissance,* Paris, Karthala, 1987, pp. 39-51.

pouvant être produits localement, à atteindre l'autosuffisance alimentaire, et à accroître le rôle du secteur privé. L'une des principales figures de ce programme fut la création de deux taux de change de la monnaie sur le marché monétaire[2], dont le second (Second Foreign Exchange Market), qui servait aux transactions commerciales, correspondait *grosso modo* à la valeur du naira sur le marché parallèle, soit au taux de change d'équilibre qui aurait dû mesurer le seuil de dévaluation de cette monnaie[3]. Sur ce second marché (SFEM), le taux de change entre le naira et le dollar s'établissait fin 1986 à 4,20 nairas un pour un dollar, alors que fin 1983 il était de 1,3369 dollar pour un naira, soit une dévaluation de fait de 68 %.[4]

Cette faiblesse de la monnaie nationale sur le marché international des devises, officialisée dès l'année suivante par l'abandon du marché libre partiel des changes au profit d'un système de mise aux enchères des devises bimensuelle sur un marché unique (FEM), s'est précipitée au tournant des années 90 (7 nairas pour un dollar en 1990), pour se stabiliser autour de 25 nairas pour un dollar depuis 1992[5].

Sur la même période, le pays a connu une série de hausse des prix à la consommation consécutive aux multiples dévaluations (85 % de biens de première nécessité sont importés). Selon le FMI, le taux annuel d'inflation était en moyenne de 17,7 % sur la décennie 80-90. Les prix à la consommation ont augmenté de 13 % en 1991, et de 46 % en 1992[6].

Le pouvoir d'achat des étudiants et des enseignants s'est véritablement effondré en dix ans puisque les dévaluations et l'inflation ne se sont accompagnées d'aucun réajustement des salaires et des bourses, les budgets étant précisément soumis à des mesures d'austérité recommandées par la Banque mondial.[7]. Ces phénomènes économiques ont eu des répercutions brutales sur le niveau de vie des étudiants, perceptibles d'une année sur l'autre, et rendant impossible les comparaisons de prix. Les indications données ci-dessous ne valent que pour l'année 1991 sur le campus d'Ibadan. Les prix parfois surréalistes de certains produits tiennent soit à leur rareté sur le marché pour des rai-

2. *Africa South of the Sahara 1994*, Europa Publications Limited, Londres, sept. 1993, p. 661.
3. O. Vallée, *op. cit.*, p. 47.
4. *Ibid.*, p. 50.
5. C. Nwokoh, « Free fall of the Naira. More devaluation spells doom for the economy », *The African Guardian*, 8 mars 1993, p. 30.
6. *Africa South of Sahara 1994*, *op. cit.*, p. 661.
7. Une revalorisation des salaires est intervenue le 1er juin 1992. L'échelle des salaires annuels pour chacun des grades du personnel enseignant est désormais la suivante : Graduate Assistant, 13476 N – 17826 N. Assistant Lecturer, 14578 N – 22794 N. Lecturer grade II, 15469 N – 26779 N. Lecturer grade I 20289 N – 34769. Senior lecturer, 24690 N – 37008N. Associate Professor, 26135 N – 41483 N. Professor, 29211 N – 46221 N. Chiffres tirés du *Commonwealth Universities Yearbook 1993,* p. 1837.

sons liées à la nature des circuits de distribution (cas de certaines denrées alimentaires, du kérosène...), soit au fait qu'ils sont importés et donc dépendants des cours du naira sur le marché officiel ou sur le marché parallèle. En comparaison les prix dérisoires de certains services tiennent au faible coût de la main-d'œuvre nigériane.

En 1991, le naira s'échangeait sur le marché officiel (FEM) au taux moyen de 12 nairas pour un dollar. Sur le marché parallèle, ce taux avoisinait les 15 pour un.

Produits	**Prix**
Stylo à bille	1,50 N
Photocopie	1,50 N
Dactylographie (une page)	1,50 N
Journal	2,50 N
Hebdomadaire	10,00 N
Assiette de gari	1,50 N
Petite bouteille de Coca ou Fanta	3,00 N
Cigarette américaine (une)	1,00 N
Livre scolaire édité au Nigeria	± 50,00 N
Dictionnaire importé	± 300,00 N
Portage d'un seau d'eau (Awolowo Hall)	
Taxi interne (campus cab)	1,00 N
Bus interne	1,00 N
Minibus ville (un trajet)	0,10 N (10 kobos)
Taxi Ibadan Lagos	50 kobos (UI./centre-ville = 1 N)
Droits d'inscription :	20,00 N
- à l'université (P.G. uniquement)	entre 500 et 1500 N selon la faculté
- en cité universitaire	90,0 N
Cassette audio enregistrée	15,0 N

Les prix proposés ne valent bien entendu que cette année 1991, et pour l'université d'Ibadan. A titre de comparaison, en 1995, le stylo à bille coûte 10 N, l'hebdomadaire 50 N, l'assiette de gari environ 15 N, le dictionnaire importé autour de 1000 N.

Table des sigles et abréviations

ASUU	Academic Staff Union of Universities
BSF	Baptist Students Fellowship
BUK	Bayero University Kano
EXCO	Executive Council
FCE	Federal College of Education
FUT	Federal University of Technology
GCE	General Certificate of Education
HND	Higher National Diploma
HSC	Higher School Certificate
IVCU	Ibadan Evangelical Christian Union
JAMB	Joint Admission and Matriculation Board
JME	Joint Matriculation Examination
JSS	Junior Secondary School
LASU	Lagos State University
MSS	Muslim Students Society
NANS	National association of Nigerian Students
NCCE	National Commission for Colleges of Education
NCE	Nigerian Certificate of Education
NUC	National Universities Commission
NUNS	National Union of Nigerian Students
NYSC	National Youth Service Corps
OAU	Obafemi Awolowo University (Ifé, U. fédérale)
PG	Postgraduate (student)
PCEE	Polytechnics and Colleges of Education Examination
SAO	Student Affairs Officer
SAP	Structural Adjustment Programme
SCM	Student Christian Movement
SRC	Students Representative Council
SSS	Senior Secondary School
SUB	Student Union Building
TTC	Teachers'Training College
UG	Undergraduate (student)

UDU	Usman Danfodyio University (Sokoto)
UI	University of Ibadan
UME	Universities Matriculation Examination
UNIBEN	University of Benin
UNIJOS	University of Jos
UNILAG	University of Lagos
UNIPORT	University of Port Harcourt
UPE	Universal Primary Education
WAEC	West African Examination Council
WASC	West African School Certificate

Glossaire

Agbada : tunique ample (vêtement traditionnel yoruba).
Alhaji : terme arabe. Personne ayant effectuée un pèlerinage à la Mecque.
Amala : purée d'igname séché.
Awoite : le suffixe « ite » est employé pour signifier une appartenance communautaire. Les *awoites* sont les étudiants logés à Awolowo Hall.
Bed Space : emplacement alloué en cité universitaire à un étudiant.
Bendelite : originaires de l'ancien État de Bendel.
Born Again : cette « nouvelle » forme d'expression de la foi religieuse est apparue au Nigeria dans les années quatre-vingt avec la naissance des églises dites sécessionnistes, appelées « Pentcoastal Churches ». Le mouvement *Born Again* exprime surtout un rajeunissement des formes de l'expression de la foi et du prosélytisme (concerts, messages publicitaires à la télévision et sur les radios).
Bush : ce terme (la brousse en anglais) est souvent employé dans un sens péjoratif (un « bled », un « trou »). On dit des *awoites* qu'ils sont des *bushmen* parce que leur cité est très excentrée sur le campus par rapport aux lieux d'animation comme le *Student Union Building* ou le théâtre. A Ibadan, le *bush* désigne souvent aussi le Nord du Nigeria.
Catchment Area : zone de recrutement des universités et collèges fédéraux. Cette zone couvre un nombre variable d'États selon l'implantation de l'établissement.
Dodo : plantain frit.
Dash : verbe et nom. Désigne à la fois le pourboire, le dessous-de-table et le simple cadeau.
Eba : polenta de manioc.
Fellowship : ici dans le sens de groupe religieux.
Fufu (foufou, foofoo) : manioc ou igname pilé fermenté.
Gari : semoule de manioc.
Guest House : petit hôtel sur le campus où logent les visiteurs (enseignants et chercheurs de passage).
Indirect Rule : système d'administration indirecte en vertu duquel l'autorité coloniale s'exerce par l'entremise des autorités traditionnelles.
Jambite : sont ainsi appelés les nouveaux venus, signalant par là leur succès aux épreuves d'entrée en université, mises en place par le JAMB (Joint Admission Matriculation Board).
Jollof Rice : riz cuisiné à l'huile de palme.

Junior/Senior Staff : il existe deux axes de différenciation administrative du personnel de l'université. Le premier oppose le personnel enseignant aux autres salariés (*academic/non academic staff*). Le second distingue les salariés selon leur grade sur une échelle graduée de 1 à 15 (USS 1... USS 15), dont le *junior staff* occupe les échelons 1 à 5. Ce personnel subalterne (gardiens, ouvriers d'entretien, jardiniers...) vit dans des quartiers séparés de ceux du *senior staff* (personnel enseignant, chercheurs, personnel administratif, responsables des services techniques). Les services proposés à ces deux catégories de personnel sur les campus sont également distincts (cantines, écoles pour les enfants...).
Landlord : désigne l'hôte d'un squatter en cité universitaire.
Middle Belt : région située au centre géographique du Nigeria, le long des fleuves Niger et Bénoué.
Oga : marque de respect. **Oga Patata** : personnalité très importante.
Oyibo. : terme yoruba par lequel on désigne une personne de couleur blanche.
Postgraduate/Undergraduate : la « *graduation* » (remise officielle du diplôme) sanctionne la fin du premier cycle d'études universitaires (*bachelor's degree,* équivalent de la licence française en quatre années). Le terme *postgraduate* désigne donc les étudiants en maîtrise (*master*) et en doctorat (*PHD*). Les *undergraduates* se distinguent selon leur année d'étude en *100 Level* (ou *Jambites*), *200 level, 300 level, 400 level* (ou *final year*).
Room-Mate : camarade de chambre en cité universitaire. Ce terme ne s'emploie qu'entre locataires officiels.
Seven Sisters : sont ainsi appelées les sept universités fédérales de la deuxième génération (créées en 1975).
Sixth Form : dans l'ancien système d'enseignement secondaire (avant le 6-3-3-4 System), le sixth form correspondait aux deux dernières années du cycle, destinées à préparer les élèves à l'entrée en université.
Soft : (de soft drink) Boisson gazeuse non alcoolisée.
Standard : degré d'excellence, niveau, qualité. Ce terme est employé dans deux extraits d'entretiens. Mr Amadi l'utilise dans le sens de niveau de vie (des étudiants dans les halls). Mr Mbajiorgu l'emploie à propos du niveau scolaire requis à l'entrée en université.
Suya : brochette de boeuf pané (parfois de mouton ou de chameau). Spécialité du Nord, vendue à Ibadan par des commerçants hausa.
UIte : étudiant de UI (University of Ibadan).
Warden : directeur de cité universitaire.
Woodites (de wood = bois) : étudiants logés dans des dortoirs préfabriqués.

Références bibliographiques

Academic Staff Union of Universities of Nigeria, *The Killings at ABU,* Zaria, ASUU, ABU Branch, 1986.

Adamu A. U., *Science, Schooling and Manpower Production in Nigeria. A Study of Kano State Science Secondary Schools, 1977-1987,* thèse, University of Sussex, 1988.

Adejunmobi A., « Coping Strategies for Survival among Unemployed Nigerian Graduates », Ibadan, *NISER monograph series*, n° 12, 1991.

Ademisokun-Turton D., « Managing the Nigerian Higher Education in Transition, 1954-1985 : Problems and Challenges in Periods of Uncertainity », in A. O. SANDA (ed), *Understanding Higher Educational Administration in Nigeria*, Ibadan, Fact Finders International, 1991, pp. 37-54.

Ademuwagun Z.A., *An Investigation of the Relationship between Yoruba Culture and Formal Education in Nigeria*, thèse, Boston University, 1965.

Ahmadu Bello University Press, *A History of ABU 1962-87*, Zaria, ABU Press, 1989.

Ahmadu Bello University, *Student Handbook 1990-1991*, Student Affairs Division, office of the V. C, Zaria, 1990.

Aiyepeku T.F., *6-3-3-4 System of Education in Nigeria,* Ibadan, NPS Educational, 1989.

Ajayi J.-F. Ade, Tamuno T.N. (eds), *The University of Ibadan. A History of the First 25 Years,* Ibadan, Ibadan University Press, 1973.

Ajayi J.-F. Ade, « Nigerian National System of Education : The Challenges of Today », in O.O. Akinkugbe (ed), *Nigeria and Education. The Challenges Ahead,* Proceedings and Policy Recommendations of the 2nd Obafemi Awolowo Foundation Dialogue, Ibadan, Spectrum, 1994.

Ajibade E.S., *Impact of Student Participation in University Governance on Campus Activism and Goal Achievement in Nigerian Universities,* thèse, University of Ibadan, 1983.

Akpan P.A., « The Spatial Aspects of Higher Education in Nigeria », *Higher Education*, vol. 16 (5), 1987, pp. 545-560.

Aminu J., *Quality and Stress in Nigerian Education,* Maiduguri, Northern Nigerian Publishing Company and University of Maiduguri, 1986.

Amselle J.-L., *Logiques métisses. Anthropologie de l'identité en Afrique et ailleurs,* Paris, Payot, 1990.

Atanda J.A., *An Introduction to Yoruba Culture,* Ibadan, Ibadan University Press, 1980.

Atanda J.A., « Paradoxes and Problems of Religion and Secularism in Nigeria : Suggestions for Solution », in Atanda J.A., Ashiwaju G., Abubakar Y. (eds), *Nigeria Since Independence. The First 25 Years*, vol. 9 « religion », Ibadan, Heinemann, 1989.

Atanda J.A., Tamuno T.N. (eds), *Nigeria Since Independence. The First 25 years*, vol. 3 « Education », Ibadan, Heinemann, 1989.

Ayandele E. A., *The Educated Elite in the Nigerian Society*, Ibadan, Ibadan University Press, 1974.

B.U.K, *Calendar 1986/87 1987/88,* Bayero University Kano, 1986, 121 p.

B.U.K, *Student Handbook 1990-1991,* Bayero University Kano, 1990, 62 p.

B.U.K, *Student Handbook 1991/92,* Bayero University Kano, 1991, 67 p.

Bach D.C. (ed), *Le Nigeria contemporain*, Paris, Éditions du CNRS, 1986.

Bach D.C., Egg J., Philippe J. (éds), *Nigeria. Un pouvoir en puissance,* Paris, Karthala, 1988.

Bach D. C, « Les effets pervers du fédéralisme nigérian », *Politique africaine,* n° 32, déc. 1988, pp. 22-30.

Bakis H., *Les réseaux et leurs enjeux sociaux,* Paris, PUF, coll. « Que sais-je ? », 1993.

Bako S., « Éducation et ajustement en Afrique : Conditionnalités et résistance », in Diouf M. et Mamdani M. (eds), *Liberté académique en Afrique,* Dakar, CODESRIA, 1994, pp. 171-201.

Balandier G., *Afrique ambiguë,* Paris, Plon, 1957.

Bayart J.-F., *L'État en Afrique : la politique du ventre,* Paris, Fayard, 1989.

Becker H.S., *Outsiders. Études de sociologie de la déviance,* Paris, Métailié, 1985 (1ère éd. 1963).

Becker H.S., « Studying Urban Schools », *Doing things together « selected papers »*, Chicago, Northwestern University Press, 1986, pp. 161-190.

Beckett P., O'Connel J., *Education and Power in Nigeria,* Londres, Hodder and Stoughton, 1977.

Bello H., Idowu D., « Revolution in the House of God », Lagos, *Sunday Times* (Daily Times), 6 Juil. 1991.

Biraimah K. L., « Class, Gender, and Life Chances : A Nigerian University Case Study », *Comparative Education Review,* vol. 31, n° 4, 1987, pp. 570-582.

Bloom L. ; Woodhouse H., « Nigerian Higher Education : Policy and Practice », *Canadian and International Education,* vol 17, n° 2, 1988, pp. 5-21.

Boahen A. A. (dir. Vol.), *Histoire générale de l'Afrique. VII L'Afrique sous domination coloniale 1880-1935,* Paris, Présence africaine/Ecidef/Unesco, 1987.

Bourdieu P. ; Passeron J.-C., *Les héritiers. Les étudiants et la culture,* Paris, Minuit, 1964.

Bourdieu P., « Variations et invariants. Eléments pour une histoire structurale du champ des grandes écoles », *Actes de la Recherche en Sciences Sociales,* n° 70, 1987, pp. 3-30.

Bourdieu P., « Introduction à la socioanalyse », *Actes de la Recherche en Sciences Sociales*, n° 90, 1991, pp. 3-5.

Bourgi A., « Étudiants : Où mènera le désespoir ? », *Jeune Afrique*, n° 1519, 1990, pp. 40-50.

Briggs B., « Investment in Secondary Education in Nigeria : Exploration by Rate-of-Return Analysis », Ibadan, *NISER Monograph Series*, n° 6, 1979.

Broady D., Saint Martin M. de, Palme M. (eds), *Les élites. Formation, reconversion, internationalisation*, Actes du colloque de Stokholm, Paris, CSEC/EHESS, 1995.

Bromberger C., « Les dieux de l'Ohême », *Autrement*, HS, n° 36, *Marseille. Histoires de famille*, fevrier 1989, pp. 160-171.

Brothers J., Hatch S. (eds), *Residence and Student Life : A Sociological Inquiry into Residence in Higher Education*, Londres, Tavistock Publication, 1971.

Calhoun C.J., Ianni F.A., « Notes on the Social Organization of High Schools », in Calhoun C.J. ; Ianni F.A. (eds), *The Anthropological Study of Education*, La Haye, Mouton, 1976.

Carron G., « La crise de l'éducation en Afrique subsaharienne », in *Sociétés africaines en développement*, Paris, Masson, 1992, pp. 93-103.

Chouteau I., *Essai monographique sur la vie sociale en résidence universitaire*, Mémoire de maîtrise de psychologie sociale, Université de Nantes, 1992.

Chuta E.J., « Student Loans in Nigeria », *Higher Education*, n° 23 (4), juin 1992, pp. 442-449.

Copans J., « Une relecture actuelle : A passage to Brazzaville », postface à G. Balandier, *Sociologie des Brazzaville noires*, Paris, Presses de la FNSP, 1985, pp. 281-295.

Copans J., « Le terrain ethnologique depuis l'Afrique orientale et australe, anglophone et lusophone », *Bulletin de l'AFA*, « Le Terrain », n° 29/30, 1987, pp. 145-149.

Copans J., *La longue marche de la modernité africaine. Savoirs, intellectuels, démocratie*, Paris, Karthala, 1990.

Coquery-Vidrovitch C., *Afrique Noire. Permanences et ruptures*, Paris, Payot, 1985.

Cornevin M., *Histoire de l'Afrique contemporaine. De la deuxième guerre mondiale à nos jours*, Paris, Petite Bibliothèque Payot, 1972.

Crowder M., *The Story of Nigeria*, Londres, Faber & Faber, 1966.

Crowder M., *West Africa under Colonial Rule*, Londres, Hutchinson & C°, 1968.

Crowder M. (ed), *The Cambridge History of Africa*, vol VIII, Cambridge University Press, 1984.

Csapo M., « Religious, Social and Economic Factors Hindering the Education of Girls in Northern Nigeria », *Comparative Education*, vol. 17, n° 3, 1981, pp. 311-319.

Dada A. (ed), *Mass Failure in Public Examinations (Causes and Problems)*, Ibadan, Heinemann, 1987.

Daloz J.-P., « L'administration locale au Nigeria », *Politique africaine*, n° 32, 1988, pp. 91-94.

Danjuma A M., *Effects of Schooling and Environment on Reasonning Ability of Hausa Secondary School Students,* thèse, Faculty of Education. Bayero University Kano, 1983.

Dell W., « Saint Dominics : An ethnographic Note on a Cambridge College », *Actes de la Recherche en Sciences Sociales,* n° 70, 1987.

Derouet J.-L., Henriot-Van Zaten A., Sirota R., « Approches ethnographiques en sociologie de l'éducation : l'école et la communauté, l'établissement scolaire, la classe », *Sociologie de l'éducation. Dix ans de recherches,* Paris, INRP, L'Harmattan, 1990.

Dubet F., « Dimensions et figures de l'expérience étudiante dans l'université de masse », *Revue française de sociologie,* XXXV-4, 1994, pp. 511-532.

Duby G. (ed), *Histoire de la France urbaine. Tome 5 La ville aujourd'hui. Croissance urbaine et crise du citadin,* Paris, Seuil, 1985.

Dujardin P. (ed), *Du groupe au réseau. Réseaux religieux, politiques, professionnels,* Paris, Editions du CNRS, 1988.

Edozien L., « Reminiscences of an Ibadan Student Leader », in T.N. Tamuno (ed), *Ibadan Voices. Ibadan University in Transition,* Ibadan, Ibadan University Press, 1981, pp. 233-253.

Ekoko A.E., Amadi L.O., « Religion and Stability in Nigeria », in Atanda J.A. ; Ashiwaju G. ; Abubakar Y. (eds), *Nigeria since Independence. The first 25 Years,* vol. 9 « religion », Ibadan, Heineman, 1989, pp. 110-133.

Enaohwo J. O., « Age-Earnings Profiles of Educated Persons in the Nigerian Setting », *Canadian and International Education,* vol. 17, n° 2, 1988, pp. 75-83.

Erinosho O., « Round Table on Nigerian Sociology : Thirty-Three Years of Sociology in Nigeria », *International Sociology,* vol. 9, n° 2, 1994, pp. 209-216.

Fafunwa A. B., *A History of Nigerian Higher Education,* Lagos, Macmillan et C°, 1971.

Federal Republic of Nigeria, *National Policy on Education,* Lagos, NERDC Press, 1981.

Federal University of Maiduguri, *1990-1992 calendar,* Maiduguri, 1990.

Felonneau M.-L., « Les étudiants et leurs territoires. La cartographie cognitive comme instrument de mesure de l'appropriation spatiale », *Revue française de sociologie,* XXXV-4, dec. 1994, pp. 533-558.

Goffman E., *Asiles. Études sur la condition sociale des malades mentaux et autres reclus,* Paris, Minuit, 1968.

Goffman E., *La mise en scène de la vie quotidienne. 2 : Les relations en public,* Paris, Minuit, 1973.

Goffman E., *Stigmate. Les usages sociaux des handicaps,* Paris, Minuit, 1975 (1963).

Goldthorpe J.E., *An African Elite : Makerere College Students, 1922-1960,* Londres, Oxford University Press, 1965.

Hall E.T., *La dimension cachée,* Paris, Points/Seuil, 1971.

Hatt D.G., « Response to « Nigerian Higher Education » A Critique of the Liberal Position », *Canadian and International Education,* vol. 17, n° 2, 1988, pp. 22-27.

Hollos M., « Migration, Education, and the Status of Women in Southern Nigeria », *American Anthropologist,* vol 93 (4), 1991, pp. 852-870.

Ibrahim J., « Les uniformes des lycéennes nigérianes », *Politique africaine,* n° 29, 1988, pp. 101-108.

Ibrahim J., « La société contre le bi-partisme ? », *Politique africaine*, n° 32, 1988, pp. 7-20.

Ibrahim J., « The State Accumulation and Democratic Forces in Nigeria », in Rudebeck L. (ed), *When Democracy Makes Sense. Studies in the Democratic Potential of Third World Popular Movements,* Akut, Uppsala University, 1991, pp. 105-129.

Ibrahim J., « Démocratie à la nigériane : les électeurs font la queue », *Politique africaine*, n° 43, 1991, pp. 131-135.

Igué J.O., « Urbanisation, cultures et État -nation », in Bach D.C. (ed), *Le Nigeria contemporain*, Paris, Editions du CNRS, 1986, pp. 65-75.

Ike V. C, *The Naked Gods,* Glasgow, Fontana/Collins, 1970.

Ike V.C., *University Development in Africa. The Nigerian Experience,* Ibadan, Oxford University Press, 1976.

Ike V.C., Obiechina E., Umeh J.A., *The University of Nigeria, 1960-1985 : An Experiment in Higher Education,* Nsukka, University of Nsukka Press, 1986.

Ikime O., « Problems of Student Welfare », in Ajayi J.F. & Tamuno T.N. (eds), *The University of Ibadan 1948-1973 : A History of the First 25 Years,* Ibadan, Ibadan University Press, 1973, pp. 237-265.

Ityaviar D.A., « The Deepening Crisis in Nigerian Education : A Contribution to the Debate on the Demise of Universal Primary Education », *Afrika Spectrum*, 21 (2), 1986.

Jeyifo B., *The Yoruba Popular Travelling Theatre of Nigeria,* Lagos, Nigeria Magazine Publication, 1984.

Kilani M., « Du texte au terrain. Sur l'écriture de l'anthropologie », *Communications,* n° 58, 1994, pp. 45-58.

Klineberg O., Zavalloni M., *Nationalism and Tribalism among African Students,* La Haye, Mouton, 1969.

Kuhn T., *La structure des révolutions scientifiques,* Paris, Flammarion, 1983.

Krieger M. « Education and development in Western Nigeria : The Legacy of S. O. Awokoya, 1952-1985 », *The International Journal of African Historical Studies*, 20 (4), 1987, pp. 647-667.

Lange M.F., « Systèmes scolaires et développement : discours et pratiques », *Politique africaine*, n° 43, 1991, pp. 105-121.

Lapeyronnie D., Marie J.-L., *Campus Blues. Les étudiants face à leurs études,* Paris, Seuil, 1992.

Lebeau Y., *Stinking Varsity. Approche sociologique des conditions d'existence des étudiants sur un campus nigérian,* mémoire de maîtrise, université de Nantes, 1987.

Lebeau Y., *Identité et statut de la population étudiante au Nigeria,* mémoire de D.E.A., Paris, Ecole des hautes études en sciences sociales, 1990.

Lebeau Y., « Une démarche en quête d'acteurs : réajustements de la recherche sur le système éducatif Nigerian », Les cahiers *Pratiques sociales et travail,* n° 21, ORSTOM dept SUD, 1994, pp. 29-51.

Lebeau Y., *Dans l'univers fragmenté des campus nigérians. Etude des transformations de l'identité sociale et du statut de la population étudiante au Nigeria,* Thèse de doctorat, Paris, Ecole des Hautes études en sciences sociales, 1995.

Lebeau Y., « L'interminable transition démocratique au Nigeria : les universités dans la tourmente », *L'Afrique politique 1996*, Paris, CEAN/Karthala, 1996.

Liberty, « Going for the kill », *Liberty Quaterly Newsletter of Civil Liberties Organisation,* vol. 2, n° 2, Lagos, 1991, pp. 6-12.

Lubeck P.M., « Islamic Networks and Urban Capitalism », *Cahiers d'études africaines*, 81-83, XXI- I-3, pp. 67-78.

M'Bokolo E. (ed), *Afrique noire : histoire et civilisations,* t. 2 XIXe XXe siècles, Paris, Hatier Aupelf, 1992.

Makinwa-Adebusoye P. K., « Women Migrants in Nigeria », *International Sociology,* vol. 9, n° 2, 1994, pp. 223-236.

Mann B., Spradley J., *Les bars, les femmes et la culture. Femmes au travail dans un monde d'hommes,* Paris, P.U.F., 1979 (1975).

Marguerat Y., Poitou D. (eds), *A l'écoute des enfants de la rue en Afrique noire,* Paris, Fayard, 1994.

Martin J.-C., Suaud C, « Le Puy du Fou. L'interminable réinvention du paysan vendéen », *Actes de la Recherche en sciences sociales*, 93, 1992, pp. 21-37.

Mbembe A., *Afriques indociles. Christianisme, pouvoir et État en société postcoloniale,* Paris, Karthala, 1988.

Molinari J.-P., *Les étudiants*, Paris, Editions ouvrières, 1992.

Monde (Le), « Les universités africaines à bout de souffle », Dossier Campus, *le Monde*, jeudi 7 janvier 1993.

NUC, *20 Years of University Education in Nigeria,* National Universities Commission Nigeria, Lagos, 1983.

NUC, *Annual Report january 1987 – December 1987*, National Universities Commission Nigeria, Lagos 1987.

NUC, *25 Years of Centralised University Education in Nigeria,* National Universities Commission Nigeria, Lagos, 1988.

NUC, *Annual Report January 1989 – December 1989*, National Universities Commission Nigeria, Lagos 1989.

Nnoli O., *Ethnic Politics in Nigeria*, Enugu, Fourth Dimension Publishers, 1978.

Nwa-Chil C. C., « Resistance to Early Western Education in Eastern Nigeria », in Calhoun ; Ianni (eds), *The Anthropological Study of Education,* La Haye, Mouton, 1976, pp. 43-55.

Nwauwa A. O., « The British Establishment of Universities in Tropical Africa, 1920-1948. A Reaction against the Spread of American 'Radical' Influence », *Cahiers d'études africaines*, 130, XXXIII-2, pp. 247-274.

Obioha N. E., « Problems and Challenges of Educational Research in Nigeria », *Postgraduate open lecture series,* vol. 1, n° 12, University of Jos, 1984.

Oduleye S. O., « Decline in Nigerian Universities », *Higher Education,* vol. 14 (1), 1985.

Odumuh A.E., *Nigerian English,* Zaria, Ahmadu Bello University Press, 1987.

Ogun State University, *1987-1992 Calendar,* Ago-Iwoye, Ogun State University, 1990.

Ogunbiyi Y., *Drama and Theatre in Nigeria : A Critical Source Book,* Lagos, Nigeria Magazine Publication, 1981.

Ogunsanya M., « Trends in the Provision of Students Welfare Facilities in the Nigerian University System », *The Sage,* Awolowo Hall, vol. 1, no 1, Ibadan 1988.

Ojo F., *Nigerian Universities and High Level Manpower Development,* Lagos, Lagos University Press, 1983.

Ojo J.-D., *Students' Unrest in Nigerian Universities. A Legal and Historical Approach,* Ibadan, Spectrum/IFRA, 1995.

Okeowo S., « Student Unionism on Nigerian University Campuses : A Curse or Blessing ? », in NUC (ed), *25 Years of Centralised University Education in Nigeria,* Lagos, 1988, pp. 89-97.

Okudu S.J., « The Ibadan Syndrome of Excellence and the Nigerian University System », in NUC (ed), *20 Years of University Education in Nigeria,* 1983, pp. 77-83.

Oladapo I. O., « The Emergence of State and Private Universities », in NUC (ed) *25 Years of Centralised University Education in Nigeria,* Lagos, 1988, pp. 59-73.

Omoregie P. O., « Financial Stress and Survival Strategies for the University System », *Postgraduate open lecture series,* vol. 1, n° 6, University of Jos, 1984.

Oni B., « Determinants of the Structure of Academic Staff in Selected Universities 1980-1981 – 1984-1985 », *NISER Monograph Series,* n° 9, Ibadan 1991.

Osofisan F., « Discours (peu) académique. Les humanités contribuent-elles à l'humanisation ? », *Politique africaine,* n° 13, 1984, p. 65.

Perrenoud P., « Anatomie de l'excellence scolaire », *Autrement,* n° 86, 1987, pp. 100-105.

Perrenoud P., « Sociologie de l'excellence ordinaire : diversité des normes et fabrication des hiérarchies », *Autrement,* n° 86, 1987, pp. 62-75.

Philippe J., « Le Nigeria au milieu du gué », *Politique africaine,* n° 34, 1989, pp. 103-108.

Pittin R., « Selective Education : Issues of Gender, Class and Ideology in Northern Nigeria », *Review of African Political Economy,* n° 48, 1990, pp. 7-25.

Ricard A., *L'invention du théâtre. Le théâtre et les comédiens en Afrique Noire,* Lausanne, Editions l'Age d'Homme, 1986.

Ricard A., « Les humanités peuvent contribuer à l'humanisation », *Politique africaine,* n° 39, 1990, pp. 124-133.

Salako B., *Our UI*, Lagos, Lyntana Books, 1990.

Sanda A. O. (ed), *Understanding Higher Educational Administration in Nigeria,* Ibadan, Fact Finders International, 1991.

Schudson M., « La culture et l'intégration des sociétés nationales », *Revue internationale des sciences sociales,* n° 139, 1994, pp.79-100.

Sirota R., *L'école primaire au quotidien,* Paris, PUF, 1988.

Smelser N.J., « Les théories sociologiques », Revue internationale des sciences sociales, n° 139, 1994.

Suberu R. T., « The Struggle for New States in Nigeria, 1976-1990 », *African Affairs. The Journal of the Royal African Society,* vol 90, n° 361, 1991, pp. 499-522.

Suberu R.T., « 1991 State and Local Government Reorganizations in Nigeria », *Travaux et documents,* CEAN/IFRA, n° 41, 1994.

Tamuno T. N., *Nigerian Universities, their Students and their Society*, Panel on Nigeria Since Independence History Project, Ibadan 1989.

Tamuno T. N. (ed), *Ibadan Voices. Ibadan University in Transition,* Ibadan, Ibadan University Press, 1981.

Tedga P.J.M., *L'enseignement supérieur en Afrique noire francophone : la catastrophe ?,* Paris, L'Harmattan, 1988.

Touraine A., *Université et société aux États Unis,* Paris, Seuil, 1972.

Van den Berghe P.L., *Power an privilege at an African university*, Londres, Routlege & Kegan Paul, 1973.

Vidal C., *Sociologie des passions (Côte d'Ivoire, Rwanda)*, Paris, Karthala, 1991.

Yusuf A. A., *The State, Students'Movement and Democratic Struggles in Nigeria, 1925-1990,* mémoire de maîtrise, département de sciences politiques, Zaria, Ahmadu Bello University, 2 vol. 1991.

Table des matières

TROISIÈME PARTIE
LA SYMBOLIQUE DES TERRITOIRES

QUATRIÈME PARTIE
ALTERNATIVES À CONTRE-COURANT

Achevé d'imprimer par Corlet, Imprimeur, S.A.
14110 Condé-sur-Noireau (France)
N° d'Imprimeur : 24673 - Dépôt légal : juin 1997
Imprimé en C.E.E.